Kritische politische Europabildung

Band 10 der Reihe „Erfahrungsorientierter Politikunterricht“

Bibliografische Information der Deutschen Nationalbibliothek
Die Deutsche Nationalbibliothek verzeichnet diese Publikation in der Deutschen Nationalbibliografie; detaillierte bibliografische Daten sind im Internet über https://portal.dnb.de abrufbar.

Gedruckt auf säurefreiem und alterungsbeständigem Papier.

www.budrich.de

ISBN 978-3-934575-72-1 (Paperback)
eISBN 978-3-8474-1409-4 (eBook)

Umschlaggestaltung: Bettina Lehfeldt, Kleinmachnow – www.lehfeldtgraphic.de
Druck: Books on Demand GmbH, Norderstedt
Printed in Europe

Andreas Eis, Claire Moulin-Doos (Hrsg.)

Kritische politische Europabildung

Die Vielfachkrise Europas als kollektive Lerngelegenheit?

Prolog Verlag
Immenhausen bei Kassel 2018

Inhalt

Andreas Eis/Claire Moulin-Doos

Europäische (Des)Integration als kollektive Lerngelegenheit? Aufgaben kritischer politischer Europabildung

Zusammenfassung: In der Einleitung des Bandes werden Defizite politischer Europabildung begründet, die insbesondere in der Schule nach wie vor von einem affirmativen Grundkonsens dominiert werden. Der anhaltenden Vielfachkrise europäischer Integration und demokratischer Gestaltbarkeit von Politik und Wirtschaft wird Politische Bildung jedoch weder durch eine europapatriotische Werteorientierung noch durch eine Reduzierung ‚der europäischen Idee' auf eine vermeintlich bruchlose Fortschrittserzählung gerecht. Die im Band vertretenen kritischen Zugänge gesellschaftswissenschaftlicher Europaforschung werden skizziert und mit Blick auf ihren Beitrag für eine kritische politische Europabildung in Schulen, Ausbildung, non-formaler Bildung und sozialen Bewegungen zusammengeführt.

Schlüsselbegriffe: Integration, Krise der EU, Politisierung, Kritik, kritische Europaforschung, kritische politische Bildung, Konfliktorientierung, Subjektorientierung, Herrschaftskritik, Hegemonie

European (Des)Integration as Collective Learning Opportunity? Challenge for a Critical Civic Education about Europe.

Abstract: In the introduction of this edited Book, the shortcomings of civic Education about Europe are substantiated. In Germany, civic Education about Europe is mostly dominated by an affirmative consensus. A patriotic value orientation towards Europe and the reduction of the "European Idea" to a supposedly seamlessly progress narrative do not do justice to the actual crisis of the European Integration and of the democratic implementation of politics and economy. The critical approaches of social research on Europe represented in this book are introduced with regard to their contribution to critical civic education about Europe in schools, apprenticeship, non-formal education and social movements.

Keywords: Integration, EU Crisis, politicisation, critic, critical research on Europe, critical civic education, conflict oriented, subject oriented, critic of domination, hegemony

Mit der europäischen Idee verbinden viele Menschen seit über 50 Jahren eine immer engere Kooperation von ehemals gegeneinander Krieg führenden Staaten. Die Integration immer weiterer Länder und Politikbereiche wird mit einer weitgehend stabilen Friedensordnung und mit wachsendem Wohlstand assoziiert. Viele ehemalige diktatorische Systeme in Süd- und Osteuropa gehören heute zur Europäischen Union. Mittlerweile sind jedoch einige Mitgliedstaaten mit hohen Staatsschulden und viele mit ernsthaften Regierungs- und Gesellschaftskrisen konfrontiert. Großbritannien entschied sich für den Austritt aus der EU. Nicht nur der Fortbestand der gemeinsamen Währung steht in Frage, sondern in nahezu allen Mitgliedstaaten wird über zunehmende soziale Spaltungen, eine Krise der Repräsentation und die Rückführung von Kompetenzen von der europäischen zur nationalstaatlichen Ebene heftig gestritten. Werden Demokratie, Sozial- und liberaler Rechtsstaat durch europäische Integrationsprozesse tatsächlich gestärkt? Oder müssen sie vielmehr gegen die Logik transnationalen Regierens und offener Märkte gesichert werden? In immer mehr Ländern formieren sich starke populistische und nationalistische Bewegungen, die den Verlust an politischer Handlungsfähigkeit, kultureller Identität und sozialer Sicherheit beklagen und statt eines supranationalen Regierens durch Verwaltungs-, Wirtschafts- und Rechtsexpert*innen[1] eine Rückführung demokratischer Mitgestaltung auf einzelstaatlicher Ebene einfordern.

Sind damit die europäische Idee selbst in der Krise und der Bestand der Europäischen Union insgesamt bedroht? Die europäische Krisenpolitik hat auch das Selbstverständnis europapolitischer Bildung verändert. Bislang dominierten weitgehend affirmative Konzepte europabezogener Bildung. Im Sinne der KMK-Empfehlungen von 1978 und 2008 gilt es als „pädagogische Aufgabe" mit Beginn der Grundschule, „ein Bewusstsein europäischer Zusammengehörigkeit" zu fördern und so einen Beitrag zur Entwicklung einer europäischen Identität zu leisten (KMK 1978/2008: 5; vgl. Bade in diesem Band). Die zentralen Fragen, inwiefern überstaatliche Gesetzgebung und politische Gestaltung überhaupt demokratisch stattfinden kann und wie viel, bzw. welche Art Kritik notwendig ist, um Europa zu politisieren und damit zu demokratisieren, werden in der (schulischen) Europabildung vielfach nicht gestellt.

Der vorliegende Band geht von einer Analyse der politischen und gesellschaftlichen Vielfachkrise in Europa aus, die sowohl ‚die europäischen Ideen' von Integration, Wohlstand und Frieden als auch das demokratische Selbstverständnis nachhaltig infrage stellt. Gleichzeitig stellt sich für die politischen und sozialen Kämpfe in Europa – ebenso wie für die Politische Bildung – die Frage, inwiefern diese Krisenphänomene auch alternative Entscheidungssituationen eröffnen und zu „kollektiven Lernprozessen" (Steffens), also auch zu neuen politischen Gestaltungsoptionen führen können. Werden diese sozialen Auseinandersetzungen über sehr unterschiedliche Europaprojekte überhaupt in der Politischen Bildung thematisiert? Oder wird insbesondere in der schulischen Bildung die europäische Erzählung immer noch auf die Versprechen der Gründungsverträge reduziert, auf die vier Grundfreiheiten[2] des Binnenmarkts, die großen „Vorteile Europas" für Arbeitnehmerinnen und Verbraucher, das Friedensprojekt etc., wie sie in bunten EU-Broschüren und vielen Schulbüchern vielfach ohne jede Problematisierung beworben werden?

In der folgenden Einleitung werden wir zunächst einen – vorläufigen – Arbeitsbegriff europäischer Integrations- und Desintegrationsprozesse entwickeln. Die zentrale These wird dabei sein, dass sich ‚Europa' nicht in einer singulären Krise befindet, sondern dass die ‚Narrationen' europäischer Integration als politische Metapher die höchst konfliktreichen sozialen Kämpfe um sehr unterschiedliche Vorstellungen, Ideen und Projekte darüber verdecken, was ‚ein gemeinsames Europa' bestimmen könnte und sollte. Diese Konfliktlinien und sozialen Kämpfe sichtbar zu machen, zu verstehen und alternative Handlungsoptionen für und in Europa, d. h. auch in den Mitgliedsstaaten, Regionen bis hin zu Städten und Gemeinden, zu analysieren und zu erproben, ist sicherlich *ein* gemeinsamer Anspruch der Autor*innen dieses Bandes und eines gesellschaftskritischen Verständnisses europapolitischer Bildung. In einem weiteren Teil werden wir – ebenso vorläufig – unterschiedliche Perspektiven kritischer Bildungs- und Wissenschaftsverständnisse skizzieren, für die exemplarisch die Beteiligten dieses Bandes stehen können.

---

[1] Im Band gibt es keine vereinheitlichte Form der gendergerechten Sprache, die Autor*innen haben jeweils selbst entschieden, welche Schreibweise sie bevorzugen. Es wird davon ausgegangen, dass Geschlecht eine soziale Konstruktion ist und kennzeichnen mit dem Asterisken (*) eine nicht binäre Schreibweise. Bei Nennung mehrerer Personengruppen verwenden wir zur besseren Lesbarkeit des Textes auch generalisierende weibliche und männliche Formen, wie z. B. „die Herausgeber und Autorinnen des Bandes" oder „Studentinnen und Arbeitnehmer" etc.

[2] Freier Verkehr von Waren, Personen, Dienstleistungen und Kapital.

1 Europa, welches Europa? – Europa als Integrations-, Krisen- oder Konflikterzählung?

Die politische Integration Europas ist ein offener, konfliktreicher Prozess. Die Geschichte der europäischen Einigung ist immer wieder durch ein „Ineinander von Auf- und Zusammenbrüchen“ (Beck/Grande 2004, 13) sowie durch existentielle (Vertrauens)Krisen gekennzeichnet. Viele Menschen verbinden mit der Übertragung staatlicher Aufgaben auf eine supranationale Ebene nicht nur Hoffnungen auf bessere Problemlösungen, sondern auch Verunsicherung, Bedrohung sowie Ausgrenzung und Entmündigung (Voßkuhle 2012). Prozesse der Europäisierung beschränken sich nicht nur auf die Transformation von Staatlichkeit, sondern sind mit einem tiefgreifenden Wandel der Bedingungen politischer Sozialisation verbunden. Ob Wirtschafts- und Finanzkrisen, die Krisen der sozialen Sicherung, die Krise der Bildungsgerechtigkeit oder des gesellschaftlichen Umgangs mit Naturressourcen: Die derzeitige Vielfachkrise in Europa ist Ausdruck einer demokratischen Transformationskrise, bietet aber auch die Chance für gesellschaftliche Lern- und Gestaltungsprozesse (Steffens 2010).

Die erste wichtige Frage ist, von welchem Europa wir überhaupt reden. Es gibt nicht nur ein Modell europäischer Integration. Seit dem Zweiten Weltkrieg stehen sich vielmehr sehr kontroverse Konzepte gegenüber: das „Europa der Vaterländer“ vs. „Vereinigte Staaten von Europa“; eine Freihandelszone vs. eine politische und soziale Solidargemeinschaft; aber auch unterschiedliche regionale Konzepte der Kooperation und Integration: die westeuropäische Integration Deutschlands in die EG und NATO, Ost- und Süderweiterungen mit der Türkei als Mitglied der Zollunion und EU-Beitrittskandidat vs. ein gesamteuropäischer Europarat (mit Russland und dem Europäischen Gerichtshof für Menschenrechte) oder eine Eurasische Union als neues „Konkurrenzmodell“ zur Westintegration[3]. Die Debatte über Integration und Desintegration sollte sich nicht nur auf die Mitgliedstaaten der EU oder der Eurozone beschränken, auch die Schweiz, Norwegen, Island und demnächst Großbritannien sind wirtschaftspolitisch durch den Europäischen Wirtschaftsraum, die Zollunion, z. T. durch das Schengener Abkommen (Schweiz) und bilaterale Verträge sehr eng mit der EU verbunden. Diese vielfältigen Organisationen wurden als zwischenstaatliche Institutionen gegründet und entwickelten sehr unterschiedliche Modelle wirtschaftlicher, kultureller, menschenrechtlicher sowie politischer und sozialer Zusammenarbeit. Diese Kooperationen vollzogen sich bislang weitgehend auf völkerrechtlicher und diplomatischer Regierungsebene. Mit Austausch- und Bildungsprogrammen (Sokrates, Erasmus, Bologna, *Citizenship Education* Programme des Europarates u. v. a.) sollte ergänzend zur wirtschaftlichen Integration auch eine kulturelle und soziale Dimension gestärkt werden; mit der Direktwahl des Europäischen Parlaments (1979) wurde ein erster, zunächst eher symbolischer, Schritt einer möglichen Parlamentarisierung der EG/EU eröffnet. Inwiefern die seit dem Vertrag von Maastricht 1992 eingeführte Unionsbürgerschaft (Art. 17 EGV) sich eher in liberalen Rechtsansprüchen von Marktteilnehmer*innen erschöpft oder tatsächlich auch eine politische, demokratische Befähigung als wirkungsvolle Mit-Akteur*innen umfasst, bleibt ebenso umstritten (Eis/Moulin-Doos 2017) wie die Frage, ob es sich bei der Europäischen Union überhaupt um ein demokratisches Regierungs- und Gesellschaftssystem handelt (vgl. Moulin-Doos in diesem Band).

[3]Die Eurasische Wirtschaftsunion (gegründet 2000 als Eurasische Wirtschaftsgemeinschaft) sichert einen (neuen) wirtschaftlichen Einflussbereich Russlands nach dem Zusammenbruch der UdSSR und der ehemaligen osteuropäischen Integrationsmodelle wie der „Rat für gegenseitige Wirtschaftshilfe“ und das Verteidigungsbündnis der Warschauer Vertragsstaaten. Die Eurasische Union versucht zugleich die immer stärkere Westintegration ehemaliger Gliedstaaten der UdSSR (wie die Baltischen Staaten und die Ukraine) zu kompensieren.

Mit was für einem Europa sind wir konfrontiert? Kann überhaupt noch von einem Integrationsprojekt die Rede sein oder geht es seit den letzten Jahren nicht eher darum, den Zerfall der EU abzuwenden, also um Desintegration und Dauerkrisen? Die Zuspitzung und die möglichen Auswege aus der Krise der Europäischen Union zeigen sich vielfach in falschen, weil verkürzten, Alternativen. Europabefürworter verteidigen ‚das' europäische Integrations-, Friedens- und Wohlstandsprojekt gegenüber EU- oder Euro-Gegnerinnen, die für eine Rückkehr zu einzelstaatlichen (nationalen) sozialen Sicherungen und demokratischer Mitbestimmung plädieren. Verfechter*innen einer offenen Gesellschaft der Vielfalt vertreten den Anspruch, als Demos die politisch-kulturellen Grundlagen und Grenzen des Zusammenlebens immer wieder neu auszuhandeln. Verteidiger*innen ethnisch oder kulturell homogener Gemeinschaften verweisen hingegen darauf, dass politische Selbst- und Mitbestimmung nur mit Bezug auf ‚abendländische' Werte, kulturell abgegrenzte Räume und die Wahrung sozialer Besitzstände für eine privilegierte Gemeinschaft gesichert werden könnten. Kosmopolit*innen greifen auf naturrechtliche oder vernunftbasierte Argumente zur Begründung universeller Menschenrechte und Demokratievorstellungen zurück, die zum Maßstab globaler Entwicklung erhoben werden, während Verfechter*innen offener Grenzen und Märkte für Wirtschaftsakteure weiterhin auf den ‚fairen' Ausgleich durch Wettbewerb, Marktmechanismen und die sozialen Selbstheilungskräfte jenseits staatlicher Regulierung hoffen.

Es geht nicht um die einfache Alternative „Mehr Europa wagen" oder „Rückkehr zum nationalen Wohlfahrtstaat" und auch nicht um die Alternative europäische bzw. Weltbürgerschaft oder nationale Bürgerschaft. Was Europa ausmacht, welches Europa „wir" wollen, wer zu diesem Kollektivsubjekt „wir" als Europabürger*innen mit welchen politischen, sozialen, kulturellen Gestaltungsmöglichkeiten und Rechten dazu gehören soll, erschöpft sich weder in „alternativlosen" Zielen des „vereinten Europas" noch in vermeintlichen Pro-Contra-Optionen wie: „Chance, Frieden, Kraft" statt „Chaos? Frust? Krise?" (Bundesregierung 2017).

Europa ist nicht nur eine Erfolgsgeschichte. Der Integrationsprozess ist ebenso mit Mechanismen der Ausgrenzung, Desintegration und Entdemokratisierung verbunden. Die Frage des Demokratiedefizits stellt sich gleichwohl nicht nur auf der Ebene von Institutionen und Entscheidungen. Die Akteure, Strukturen und Formen politischer Machtausübung sind vielfältiger und undurchsichtiger – keineswegs auf Institutionen und Parteien beschränkt. Prozesse der Europäisierung und Globalisierung sind durch Grenzverschiebungen und damit immer auch durch neue Mechanismen der Inklusion und Exklusion gekennzeichnet. Ausgangspunkt kritischer Europabildung könnte es sein, an diesen Entgrenzungs- und Ausgrenzungserfahrungen anzuknüpfen und die neuen Formen der (Selbst)Regierung und politischen Steuerung zu thematisieren (Eis/Salomon 2014).

2 Welche Kritik? Was ist kritische Politische Bildung?

Die Autor*innen dieses Bandes teilen nicht alle das gleiche Verständnis von Kritik und (kritischer) Politischer Bildung. Inwiefern lässt sich überhaupt ein explizit ‚kritischer' Anspruch von Wissenschaft und Bildung begründen? Oder stellt dieser nicht vielmehr einen „tautologischen Monopolisierungsversuch" (Sander 2013, 242) dar, der mit einem politisch-ideologischen Erkenntnisinteresse verbunden ist, da das Selbstverständnis von Aufklärung, Bildung und freier Wissenschaft doch generell auf kritischem Denken, dem Infragestellen und Prüfen von Geltungsansprüchen beruhe? Der zentrale Einwand gegen eine „kritische Politische Bildung" lautet, „dass es sich bei der expliziten Analyse von Macht- und Herrschaftsverhältnissen, des Abbaus von Unterdrückung, Ausbeutung und sozialer Ungleichheit oder Analysen zu den Möglichkeiten von Demokratisierung um *politische* Zielbestimmungen und nicht um *wissenschaftliche* Kategorien handele“ (Lösch/Eis 2018, 1; vgl. Sander 2013, 242). Diese Forderung nach einer möglichen „politik- und ideologiefreien“ Forschung und Lehre wurde – spätestens seit dem Positivismusstreit der 1960er Jahre – immer wieder kritisiert, da Wissenschaft nie völlig frei von politischen und ideologischen Zielbestimmungen sein könne.

Die Ansätze kritischer Gesellschaftswissenschaft haben sich ausdifferenziert und lassen sich weder auf die klassische Kritische Theorie der Frankfurter Schule noch auf Ansätze materialistischer Staatstheorie oder auf diskursive Wissens-, Macht- und Subjektstrukturen reduzieren, wie sie mit poststrukturalistischen Zugängen untersucht werden. Kritische Wissenschaft – in welcher Tradition auch immer – kann den Kritikbegriff sicher nicht für sich allein beanspruchen. Dennoch zeigen sich deutliche Unterschiede zwischen den wissenschafts- und gesellschaftstheoretischen Prämissen, z. B. des „Kritischen Rationalismus“ im Vergleich zur „Kritischen Theorie“ der Frankfurter Schule:

> „Während es Popper um die formale Überprüfung von Hypothesen, Argumenten und Schlussfolgerungen wissenschaftlicher Arbeiten ging (vgl. Bauer 2013, 26; Lösch 2013, 173), erweitert die Kritische Theorie die Überprüfung und Reflexion auf die zu Grunde gelegten Prämissen, Ideologien, Gesellschaftstheorien, materiellen Grundlagen und insbesondere auf ‚die je eigene, historisch-konkret zu kontextualisierende Verstrickung in Herrschaft‘ (Bauer 2013, 26).“ (Lösch/Eis 2018, 2)

Liegt der Schwerpunkt der Kritischen Theorie auf Gesellschaftsanalyse und Herrschaftskritik, haben poststrukturalistische und radikaldemokratische Positionen das Theoriespektrum deutlich erweitert und auch

> „einige Denkweisen der älteren Kritischen Theorie und des Marxismus herausgefordert, etwa hinsichtlich einer notwendigen Selbstkritik, linearer Fortschrittslogik, deterministischer Entwicklungen oder einer Dezentrierung des Subjektbegriffs. Zur Ideologiekritik tritt also die Dekonstruktion von machtförmigen Kategorien, Diskursen und gesellschaftlichen Normsetzungen.“ (ebd.)

Kritik stellt sich somit weder als ein „formal zu lernendes“ wissenschaftliches Verfahren noch als Methode oder gar als instrumentelle Kompetenz dar.

Im vorliegenden Band können wir (mindestens) vier Kritikbegriffe und verschiedene Zugänge kritischer Gesellschaftsanalyse unterscheiden. Diese Kritikverständnisse wiederum konzipieren ihre Rolle in der Gesellschaft auf unterschiedliche Weise.

(1) *Erkenntnistheoretische Kritik* ist eine Kritik, die auf gesicherte Erkenntnisse zielt und sich gegen die selbst aufgestellten Theorien richtet (Popper). Kritik ist hier eine Notwendigkeit für jeden Erkenntnisprozess: Wir entwickeln Theorien, die möglichst die Wirklichkeit erfassen (es jedoch nie schaffen) und lassen dann empirisch basierte Kritik gegen sie laufen. Theorien, die nicht kritisierbar sind, werden im Erkenntnisprozess disqualifiziert.

(2) Kritik gegen unhinterfragte Werte bzw. Diskurse ist ein *dekonstruktivistischer* bzw. *nicht-essentialistischer Kritikbegriff*, der als Ideologiekritik universale, quasi unhinterfragbare Diskurse, Kategorien, Werte oder ‚hegemoniale Wahrheiten’ als Denkvoraussetzungen offenlegt.

(3) Ein Verständnis von *Herrschafts- und Hegemoniekritik* steht in der Tradition materialistischer Gesellschaftsanalyse. Hier werden sozioökonomische Macht- und Herrschaftsverhältnisse analysiert, die nicht zuletzt auch durch Bildung und Wissenschaft stabilisiert werden. Forschung und Lehre stehen nicht außerhalb, sondern sind Teil von Kämpfen um Hegemonie und gesellschaftliche Deutungsmacht.

(4) Ein weiteres Verständnis kritischer Gesellschaftsforschung geht über die Analyse und Kritik bestehender Verhältnisse hinaus und versteht *Kritik als Gesellschaftsveränderung*. Die Kritik richtet sich hier gegen vermeintlich alternativlose Entwicklungen, Ordnungsvorstel-

lungen und begrenzte Handlungsräume, aber auch gegen ein Verständnis von wissenschaftlicher Forschung, die sich nur auf Gegenwartsanalysen oder historisch abgeschlossene Phänomene beziehen könne. Zu einem *emanzipatorischen Kritikbegriff* wird dieses Verständnis, indem es auf eine aktive Befähigung der Subjekte und subalterner Gruppen abzielt und damit Möglichkeiten gegenhegemonialer Strategien eröffnet, die zum Abbau von Ausbeutung, Ungleichheit und Herrschaft beitragen.

Dies kann nur eine erste schematische Einteilung darstellen, und die vier Kritikkonzepte sowie eine mögliche Zuordnung der Beiträge überschneiden sich in mehrfacher Hinsicht. Alle Kritikkonzepte richten sich auf unterschiedliche Weise an die gegenwärtige politische Europabildung.

Mit dem *ersten* und zum Teil *zweiten* Verständnis der Kritik teilen einige Autor*innen dieses Bandes (u. a. Bernd Reef, Claire Moulin-Doos, Klaus Moegling) ein Verständnis der Kritik als immanente Aufgabe von Wissenschaft. Dazu gehört es, einen Gegenstand kritisch zu hinterfragen, neue Blicke darauf zu werfen, Selbstverständlichkeiten infrage zu stellen, um einen neuen Gedankenfluss zu eröffnen. Kritikfähig zu sein bedeutet, eine reflektierte, multi-perspektivisch informierte Analyse zu ermöglichen. Dazu gehören ebenso eine Analyse wie auch Kritik der eigenen Denkvoraussetzungen.

> „Kritikfähigkeit bedeutet genauso, sich selbst gegenüber kritisch zu sein, sich selbst immer wieder zum Gegenstand selbstkritischer Reflexion zu machen. Dies ist auch als wichtiger Anspruch an eine sich selbst als kritische Politikdidaktik verstehende politische Bildung heranzutragen“ (vgl. Moegling in diesem Band, 197).

Dieser Kritikbegriff bewegt sich immer noch innerhalb des Ideals der Universalität. Die Zugänge unterscheiden sich dennoch, wenn z. B. Reef Wissenschaft eher als wahrheitsschaffende Instanz versteht, die mit Fakten und gesicherten Erkenntnissen in die Gesellschaft wirkt, Moulin-Doos hingegen Kritik eher aus der Wissenschaft in die Gesellschaft tragen will, in einem *nicht-essentialistischen* Sinn. Dieser *dekonstruktivistische* Ansatz lässt das ‚dezentrierte' Subjekt mit einer erschütterten Weltsicht zurück und verweist in ihrer radikaldemokratischen Kritik auf die ‚Grundlosigkeits und den immer offenen Streit um (Grund)Werte und Normen, die insofern keine ‚universelle' Geltung beanspruchen können, sondern vielmehr gerade in diesem „Streithandel“ (Rancière) das demokratische Moment der Kritik sehen.

Im Einklang mit dem *dritten* Verständnis greifen andere Autor*innen unseres Bandes (z. B. Sonja Buckel u. a., Jannis Eicker u. a., Werner Ruf, Andreas Eis, Anne Engelhardt u. a., Carolin Philipp) einen Kritikbegriff auf, der sich explizit in der hegemoniekritischen Tradition von Antonio Gramsci verortet.

> „So zeigen sich Analysen von Krisen aus hegemonietheoretischer Perspektive selbst als Brennpunkt gesellschaftlicher Auseinandersetzungen um Deutungshoheit. Welche Ursachen identifiziert, welche Akteur*innen als relevant anerkannt und welche Lösungen vorgeschlagen und durchgesetzt werden, ist keine Frage neutraler Beobachtung und Analyse, sondern Teil einer theoretischen Selbstverortung. […] Die Rolle der Kritik erschöpft sich daher nicht in der ‚kritischen Bewertung' (vermeintlich) neutraler Beschreibungen, sondern im Anspruch einer grundsätzlichen, kritisch-philosophischen Reflexion von Erklärungsmustern.“ (Eicker u. a. in diesem Band, 25)

Kritik beabsichtigt auch in dieser Tradition (ähnlich wie im zweiten Verständnis), ‚hegemoniale Wahrheiten' zu dekonstruieren. Es findet eine Ideologiekritik als Aufbrechen naturalisierter Herrschaftsstrukturen (diskursiver oder ideologischer Herrschaft) statt. Der hegemoniekritische Ansatz zielt jedoch nicht nur auf Diskurse und Wahrheitsregime, sondern analysiert deren soziale und ökonomische Basis sowie die materielle Verdichtung hegemonialer Praktiken in den Apparaten des „integralen Staates“ (Gramsci).

Im Verständnis einer „transformativen Wissenschaft" (Schneidewind) oder „soziologischer Phantasie" (Negt) fragt der vierte Kritikbegriff nach der Veränderbarkeit gesellschaftlicher Ordnungen, nach Gestaltungsräumen und alternativen Entwicklungsoptionen. Kritische Wissenschaft hat nach diesem Verständnis immer auch die Aufgabe, die Welt nicht nur zu analysieren, auf unterschiedliche Weise zu interpretieren, sondern auch an deren Veränderung mitzuwirken. Nicht nur materialistische Gesellschaftstheorien verbinden mit diesem Kritikverständnis eine Befähigung der Subjekte zur Veränderung, die Möglichkeit kollektiver Lernprozesse und gegenhegemonialer Handlungsfähigkeit. Hier stehen die hegemonietheoretisch argumentierenden Autor*innen den stärker kantisch und diskursethisch verorteten Beiträgen in unserem Band nahe (Steffens, Overwien, Albrecht, Moegling), die eine transformative Perspektive zu einer besseren Gesellschaft im Sinne des vierten Kritikverständnisses einnehmen. Kritik als emanzipatorischer Anspruch, die Bedingungen der Möglichkeit von gesellschaftlichen Alternativen und deren Durchsetzbarkeit zu analysieren, und Akteure zu befähigen, neue Handlungsräume im Sinne kollektiver Selbstbestimmung zu erforschen und zu erproben, steht im Mittelpunkt weiterer Beiträge etwa bei Holger Oppenhäuser, Oliver Emde und Carolin Philipp. Hier wird explizit nach der demokratischen Gestaltbarkeit europäischer und globaler Wirtschaftspolitik gefragt (Oppenhäuser). Demgegenüber nehmen Emde und Philipp informelle (kollektive) Lernprozesse und Widerständigkeit in sozialen Bewegungen in den Blick.

Was ist kritische Politische Bildung? – Sozialwissenschaftliche Bildung wird im schulischen Unterricht zunehmend auf die Qualifikation des angepassten Konsumenten und der wettbewerbsfähigen Wirtschaftsbürgerin reduziert (Eis 2013a). Mit der Formalisierung von Bildungsstandards geraten gesellschaftliche Widersprüche (aktuelle Krisen, Konflikte, Schlüsselprobleme) aus dem Blickfeld. Das neue Paradigma der ‚Output-Steuerung' hat sich weitgehend entfernt von einer Problematisierung der Verhältnisse von Unmündigkeit, Fremdbestimmung und Unterwerfung des Subjekts in vielfachen Machtbeziehungen. Mündigkeit als kritische Bildungsaufgabe muss zunächst die Ohnmachtserfahrungen und neuen Formen der Subjektivierung als „permanente Kritik unseres geschichtlichen Seins" (Foucault 1984, 699) in den Blick nehmen, bevor jungen Menschen Wege aufgezeigt werden können, diese Grenzen mutig infrage zu stellen und im Sinne eines widerständigen Ausgangs aus ihrer „selbstverschuldeten Unmündigkeit" (Kant) zu verschieben.

Unter der Prämisse des globalen Bildungs- und Standortwettbewerbs nimmt die Erziehung zur Selbstdisziplinierung, zur Verinnerlichung von Leistungszwängen und unreflektiert übernommenen sozialen Normen immer konkretere Formen an (vgl. Schmitt 2016). Die Zugriffe auf das „flexible", „unternehmerische", eigenverantwortliche und vielfach bereits „erschöpfte Selbst" (Sennett; Bröckling; Ehrenberg) konterkarieren den Mündigkeitsanspruch oder reduzieren ihn auf Selbstsorge und Eigenverantwortung. Kollektive, also *politische* Handlungsräume werden hingegen in transnationalen und „postdemokratischen" Verhältnissen deutlich eingeschränkt (Rancière; Crouch; vgl. Eis/Salomon 2014; Eis/Moulin-Doos 2017).

Im Mittelpunkt kritischer Politischer Bildung sollte die Frage stehen, in welchen Strukturen und gesellschaftlichen Zwängen die Menschen verstrickt sind, die sie daran hindern oder davon abhalten, in öffentlichen Räumen zu agieren. Zudem ist zu fragen, wer die Zugangsbedingungen zum politischen Feld (jenseits des Nationalstaates) definiert. Kritische Politische Bildung nimmt nicht nur den (idealerweise) handlungsfähigen, von gesellschaftlichen Zwängen enthobenen, seinen politischen Freiheiten verantwortlichen und verpflichteten „Staats-" oder „Europabürger" in den Blick. Das vergesellschaftete Subjekt kann sich weder seines Habitus', noch den von Foucault beschriebenen Formen der Disziplinar-, Bio- oder Pastoralmacht entledigen, die im Denken und Handeln immer schon eingeschrieben sind.

Diese ubiquitären Machtstrukturen sind zwar grundsätzlich nicht auflösbar, aber sie sind historisch bedingt und damit änderbar. Kritik-Lernen beginnt bei der Analyse historisch konkreter Machtkonstellationen. Mündigkeit kann somit als eine Haltung, ein Ethos der Moderne verstanden werden, „bei dem die Kritik dessen, was wir sind, zugleich historische Analyse der uns gesetzten Grenzen und Probe auf ihre mögliche Überschreitung ist“ (Foucault 1984, 707).

In einer *Frankfurter Erklärung* (2015) präzisieren Wissenschaftlerinnen und Praktiker der schulischen und non-formalen Bildung ihr Verständnis „Für eine kritisch-emanzipatorische Politische Bildung“ (ebd.). Die Frankfurter Erklärung versteht sich als interdisziplinärer Vorschlag, über das Selbstverständnis Politischer Bildung vor dem Hintergrund globaler Krisen und Umbrüche in Europa neu nachzudenken. Zeitdiagnosen, Strukturkonflikte und alternative Gestaltungsoptionen bilden den inhaltlichen Ausgangspunkt der Erklärung:

> „Eine an der Demokratisierung gesellschaftlicher Verhältnisse interessierte Politische Bildung stellt sich den Umbrüchen und vielfältigen Krisen unserer Zeit. [...] Politische Bildung in einer Demokratie bedeutet, Konflikte und Dissens sichtbar zu machen und um Alternativen zu streiten.“ (FfE 2015, 1, 2)

Ausgehend von einem konflikt- und dissensorientierten Politikbegriff ist es ein zentrales Anliegen, die Frage nach Macht- und Herrschaftsverhältnissen zu stellen. „Selbstbestimmtes Denken und Handeln wird durch Abhängigkeiten und sich überlagernde soziale Ungleichheiten beschränkt. Diese Macht- und Herrschaftsverhältnisse gilt es, wahrzunehmen und zu analysieren.“ (ebd., 3) Mündigkeit, Urteils- und Handlungsfähigkeit zu postulieren und mit vermeintlich gleichen (oder fairen) Beteiligungschancen zu verbinden, wäre hingegen eine unpolitische, herrschaftsblinde Politische Bildung. Reflexivität und Kritik werden als Wahrnehmung und Analyse der eigenen Eingebundenheit der Lehrenden und Lernenden in gesellschaftliche Herrschaftsstrukturen verstanden:

> „Politische Bildung ist selbst Teil des Politischen, Lernverhältnisse sind nicht herrschaftsfrei, Politische Bildung legt diese Einbindung offen. [... Sie] schafft eine ermutigende Lernumgebung, in der Macht- und Ohnmachtserfahrungen thematisiert und hinterfragt werden.“ (ebd. 4, 5).

Eine kritisch-emanzipatorisch verstandene Demokratiebildung begleitet und unterstützt Lernende, Interessenlagen und Herrschaftsverhältnisse zu verstehen, Handlungsspielräume zu entdecken oder auch neue Wege demokratischer Gestaltung von Gesellschaft zu erproben: „Politische Bildung eröffnet Wege, die Gesellschaft individuell und kollektiv handelnd zu verändern.“ (ebd., 6) Insbesondere die Selbstermächtigung und Interessenartikulation bislang nicht repräsentierter, nicht stimmberechtigter, sprachloser oder anders benachteiligter Menschen, die gerade nicht als Bürger*innen adressiert werden (non-citizens; sans papiers), stehen damit im Zentrum der Bildungsanliegen einer kritischen Politischen Bildung.

3 Europäische Bürgerschaftsbildung oder kritische politische Europabildung?

Als im Herbst 2016 das Freihandelsabkommen CETA zwischen Kanada und der Europäischen Union unterzeichnet werden sollte, haben die Wallonen, durch ihr Regionalparlament und ihren Ministerpräsidenten Paul Magnette, so wie die Gallier unter Asterix, noch Widerstand gezeigt (und unter hohem politischen Druck – und kleineren Zugeständnissen – schließlich doch zugestimmt). Paul Magnette?! Ist er nicht der Wissenschaftler, der vor 15 Jahren zur europäischen Bürgerschaft geforscht hatte? War er nicht eine Referenz für die Forschung zur Demokratisierung der EU? Was ist mit ihm passiert? Ist er kein überzeugter Europäer mehr? Wie kann man so frontal gegen eine hoch bedeutende EU-Entscheidung eintreten und ein überzeugter Europäer sein? Vermutlich ist genau dies der Grund, warum er so agierte. Er ist ein überzeugter Europäer, hatte viele Hoffnungen in die Weiterentwicklung dieser EU, und gerade deswegen vertritt er auf diese spektakuläre Weise seine Position gegen die aktuelle EU-Politik.

So könnte man auch diesen Band verstehen. Die Herausgeber[4] und Autorinnen haben großes Interesse an der europäischen Idee. Europa-Befürwortung oder EU-Gegnerschaft ist jedoch nicht die richtige Alternative. Es sollte eine konstruktive Kritik aus (unterschiedlichen) Perspektiven von Europabefürworter*innen möglich sein. Also wollen wir unser überzeugtes Interesse an der europäischen Konstruktion unter die Lupe der Kritik stellen.

„*Was in Wissenschaft und Politik kontrovers ist* ...“ – Der mediale Diskurs und die Diskurse in der Politischen Bildung bleiben (in Deutschland) bislang sehr einseitig positiv auf die EU bezogen und von der bisherigen Integrationspolitik überzeugt. Wie ist es mit der Wissenschaft? „Alles ganz normal“ schreiben Genschel und Jachtenfuchs 2013: die Krise der Staatsverschuldung sei nur eine neue Krise in der langen Geschichte ähnlicher Krisen in der europäischen Konstruktion, das Krisenmanagement wäre nicht anders als üblich. Diese Europawissenschaftler argumentieren, dass die Integration letztlich immer wieder durch die Bearbeitung von (politischen) Krisen vorangekommen sei, trotz des Scheiterns der Europäischen Verteidigungsgemeinschaft (EVG), der Politik des „leeren Stuhls“ (durch Frankreich), „Eurosklerose“ (1980er), Scheitern des Verfassungsvertrages etc.

Ein Teil der politikwissenschaftlichen Europaforschung untersucht weiterhin das Verhältnis zwischen supranationaler Integration und zwischenstaatlichem Regieren im sogenannten „Mehrebenensystem“ („supranationale Dynamik versus intergouvernementale Entscheidungsmacht“, Tömmel 2014, 35). Neue, vermeintlich „nicht-hierarchische“ Formen der Governance werden als „deliberative Legitimationsquelle“ und mögliche Lösungsansätze für eine Demokratisierung der EU betrachtet (Kohler-Koch/Quittkat 2011; Wiesener 2018). Diese Analysen teilen eine starke normative Vorannahme in Richtung mehr Integration und tendieren dazu, die ganzen integrativen Verfahren in den letzten Jahren aufgrund ihrer vermeintlichen Notwendigkeit zu rechtfertigen, deren Legalität – ganz abgesehen von einer demokratischen Gestaltung – mehr als zweifelhaft sind. Die gegenwärtige Governance- und Policy-Forschung liefert mit ihrem Modell eines europäischen Mehrebenensystems selbst einen Legitimationsbeitrag, sie kann nicht nur als wissenschaftlicher Beitrag, sondern durchaus auch als ideologischer Diskurs interpretiert werden. Aus diesem Grund ist die Kritik hier nicht nur auf den Forschungsdiskurs, sondern zugleich auf den politischen Diskurs bezogen.

Trotz dieser – bislang dominanten – Tendenzen in der Europaforschung untersuchen viele Wissenschaftler*innen die Dimensionen und demokratiepolitischen Konsequenzen der multiplen Krisen des Euroregimes. „Ganze Bibliotheken lehren uns, dass der Euro nicht ausreichend legitimiert und der europäische Parlamentarismus brüchig ist.“ (Guérot 2016, 60). In der deutschsprachigen Forschung kann man u. a. Juristen wie den ehemaligen Verfassungsrichter Dieter Grimm, aber auch Christian Joerges, Florian Rödl oder Andreas Fischer-Lescano, die Politologen Fritz Scharpf oder Lukas Oberndorfer, den Soziologen Wolfgang Streeck nennen, die den Umfang der Krise wahrnehmen und besonders scharf und präzise, sei es juristisch, wirtschaftlich oder politisch, analysieren (vgl. dazu im Einzelnen den Beitrag von Moulin-Doos in diesem Band). Aber auch Beate Kohler-Koch und Christine Quittkat zeigen durch empirische Studien (2011), wie die deliberativen Ansätze

[4] Der eine hat seine Dissertation über „Europäische Bürgerschaftsbildung“ (Eis 2010) geschrieben, die zweite einen Master in Europäischem Recht absolviert mit einer Masterarbeit zum Thema „Föderation von Nationalstaaten“, in einer Zeit, Anfang 2000, der kontroversen Debatte über eine Europaverfassung, in der Paul Magnette eine Referenz war.

„partizipativer Demokratie“ auf europäischer Ebene „entzaubert“ wurden und die „Rolle der Zivilgesellschaft“ bislang nur wenig zur Demokratisierung beitragen konnte. Politökonomische Analysen von Sonja Buckel, Fabian Georgi, John Kannankulam und Jens Wissel (vgl. FG Staatsprojekt Europa 2014 sowie der Beitrag in diesem Band) oder auch von Hans-Jürgen Bieling u. a. (vgl. Bieling/Hüttmann 2016) untersuchen die Krisendynamik aus der Perspektive einer materialistischen Staatstheorie, indem sie zeigen, wie unterschiedliche Akteure, Bündnisse, Strategien und Interessen für soziale Kämpfe um unterschiedliche Projekte stehen, die um Hegemonie ringen.

Konzepte politischer Bildung in, über und für Europa stellen eine Antwort auf (bildungs-)politische Integrationsschritte und Krisenphänomene dar. Welche Ansätze europapolitischer Bildung können wir unterscheiden? Neben der EU hat vor allem der Europarat die Entwicklung eines umfassenden Konzepts demokratischer Bürgerbildung (*Education for Democratic Citizenship*, EDC) angestoßen und unterstützte nach 1990 Transformationsstaaten in Osteuropa. Mit der Festschreibung der Unionsbürgerschaft in den EU-Vertrag (1992) wurden zugleich die politische Einbindung der Zivilgesellschaft und die Schaffung einer europäischen Öffentlichkeit zu zentralen Zielen erhoben (Art. 11 EUV, Lissabon 2007). Diese Regierungsprogramme stellen allerdings (noch) keine partizipatorische Integrationsbewegung ‚von unten’ dar. Dass es kein politisch geeintes solidarisches „Europa der Bürger*innen“ gibt, wurde z. B. mit dem Scheitern der EU-Verfassung 2005 deutlich. Als Konsequenz der anhaltenden Bürgerdistanz und eines wahrgenommenen Demokratiedefizits entwickelte die EU neue Kommunikationsstrategien (u. a. „Plan D für Demokratie und Dialog“), Bildungsprogramme und Beteiligungsinstrumente (z. B. die Beteiligungsplattform „Your Voice in Europe“; vgl. Eis 2017).

Demokratiebildung und Stabilitätsorientierung – Das Kernziel des EDC-Ansatzes (Education for Democratic Citizenship) des Europarats ist es, aktive, verantwortungsbewusste Bürger*innen zu befähigen. „Demokratische Stabilität“, so die Grundannahme, wird nicht nur von rechtsstaatlich verfassten Institutionen gesichert, sondern ist auf die Kompetenzen der Einzelnen als Teil der Zivilgesellschaft angewiesen, die ihre Rolle als Bürger*innen aktiv wahrnehmen. Dieser Ansatz des Europarates versucht Standards politisch-demokratischer Bildung zu formulieren und die Strukturen formaler und non-formaler Bildung als „lebenslanges Lernen“ zu verbinden (Becker 2012, Dürr 2011). Durch Erfahrungs- und Handlungsorientierung, v. a. durch soziales Engagement, soll in die Gesellschaft hineingewirkt und Demokratie „gelernt und gelebt“ werden. Von der EU werden diese Programme auch für die Heranführung von Beitrittskandidaten sowie zur Stabilisierung und Demokratisierung im Rahmen der Europäischen Nachbarschaftspolitik aufgegriffen (z. B. durch das Netzwerk „Networking Citizenship Education“; www.nece.eu).

Europäische Bürgerschaftsbildung als integrationsorientierter Ansatz: Während der demokratiepädagogische Ansatz zunächst die politische Kultur der Einzelstaaten im Blick hat, zielt die Weiterentwicklung dieses Ansatzes auf eine Stärkung der Unionsbürgerschaft, d. h. auf den inneren Zusammenhalt und die Demokratisierung der EU. Hier stellt sich die Frage nach der Befähigung mündiger Unionsbürger*innen und ihren demokratischen Gestaltungsmöglichkeiten. Europäische Bürgerschaftsbildung (*European Union Citizenship Education*, EUCE) versucht als integrationsorientierter Ansatz den Demokratie-, Öffentlichkeits- und Identifikationsdefiziten der EU entgegenzuwirken. Zentrales Ziel des Ansatzes ist es, „Europakompetenz“ zu entwickeln: d. h. im Einzelnen, europäische Entscheidungswege und Politikfelder verstehen und kritisch beurteilen zu lernen (Europa zu erlernen), europäische Bezüge im Alltag zu reflektieren, interkulturelles Lernen und Schüleraustausch zu fördern (Europa zu erfahren), methodische Kompetenzen zu erlernen, sich Informations- und Partizipationsmöglichkeiten zu erschließen, Interessenvertretungen zu kennen (in und für Europa handeln) und ein vereintes Europa als „Lebens- und Zukunftsperspektive“ zu verstehen (Dürr 2011, S. 24; vgl. Oberle 2015; Eis 2010, 187 ff.).

Das in einigen Strategiepapieren erklärte Lernziel der Identitätsbildung und Begeisterung für Europa (z. B. KMK 2008) geht vielen Politikdidaktiker*innen jedoch zu weit. Einerseits ist es sowohl in der öffentlichen als auch in der fachwissenschaftlichen Diskussion höchst umstritten, was unter „europäischer Identität“ zu verstehen und inwiefern sie überhaupt für eine gelungene Integration nötig sei. Andererseits käme es einer Instrumentalisierung gleich, wenn Schule und Unterricht die Aufgabe übertragen werde, ein bestimmtes Europaleitbild zu vermitteln, um etwaige Legitimations- und Informationsdefizite der EU auszugleichen (Richter 2004, 176; Massing 2004, 154). Europapolitische Bürgerschaftsbildung – so der weitgehende Konsens der wissenschaftlichen Fachdidaktik – muss bei den politischen Kompetenzen der Lernenden ansetzen und die europäische Dimension in Politik- und Gesellschaftsbereichen mit ihren Konflikten verstehbar machen.

Kritische politische Europabildung als subjekt- und konfliktorientierter Ansatz: Politikdistanz, Desinteresse bis hin zu Apathie, aber auch Protest und Widerständigkeit können nicht allein als Folgen mangelnder Bürgerbildung erklärt werden. Diese an den „Bürgerdefiziten“ orientieren Ansätze (EDC und EUCE) werden den strukturellen Machtverschiebungen und dem Demokratieabbau in Europa nicht gerecht. Bei zahlreichen Bürgerprotesten gegen Marginalisierung, die Folgen von Finanzkrise und Sozialabbau oder gegen Bildungsreformen fordern Menschen faire Teilhabechancen und mehr inhaltliche Mitwirkungsmöglichkeiten. Sie fragen sich, auf welchen, häufig intransparenten, Wegen politische Entscheidungen zustande kommen und welche gesellschaftlichen Interessengruppen (nicht) berücksichtigt werden. Europapolitische Bildung muss sich dem Widerspruch stellen, dass die Unionsbürgerschaft nicht nur eine Erweiterung rechtsstaatlicher Standards ermöglicht, sondern für viele Menschen auch Formen der (Selbst)Entmündigung, des Abbaus von sozialen Sicherheiten sowie ungleiche Voraussetzungen politischer Teilhabe bedeutet.

Die Öffnung der Grenzen innerhalb der EU ermöglicht vielen Jugendlichen, aber längst nicht allen, Reisefreiheit. Einige Schülerinnen, Studenten und Arbeitnehmerinnen nutzen kulturelle Austausch- und Bildungsangebote in Europa oder sind schlicht gezwungen, sich EU-weit auf Jobs zu bewerben. Inwiefern sie von den Freiheiten im Binnenmarkt profitieren können, hängt nicht zuletzt vom notwendigen sozialen Kapital der Menschen ab. Die partielle Auflösung und Verschiebung der idealisierten Einheit von Staat, Volk und Territorium ist durch eine differenzierte und fragmentierte Bürgerschaft gekennzeichnet (Wiener 2007; Eis 2010, 153 ff.). Nicht alle Unionsbürger gehören der Euro-Zone oder dem Schengenraum an. Die Differenzierung eines Kerneuropas und einer auf verschiedene Weise assoziierten Peripherie wird sich mit weiteren Integrationsschritten (wie z. B. einer Fiskalunion) noch deutlich vergrößern.

Auch politisch-institutionelle Entscheidungsprozesse können nur durch eine Analyse gesellschaftlicher Diskurse, Machtbeziehungen und Herrschaftsstrukturen verstehbar werden. Die Akteure, Strukturen und Technologien politischer Machtausübung sind vielfältig und keineswegs auf staatliche Institutionen, Parteien und die traditionellen Sozialpartner beschränkt. Regierungstechniken werden ergänzt durch neue Formen politischer Sozialisation und Vergesellschaftung der Subjekte in transnationalen, wettbewerbsorientierten postparlamentarischen Gesellschaften (Eis/Salomon 2014). In emanzipatorischer Absicht befähigt kritische Europabildung nicht nur zur Reflexion eigener Entgrenzungs- und Ausgrenzungserfahrungen und zur Analyse sozialer Kämpfe. Mit dem Anspruch von Kritikfähigkeit verbindest sich auch die Selbstbefähigung zur Teilhabe an demokratischen Aushandlungsprozessen („demokratische Iterationen“, Benhabib 2008, 196 ff.; Eis 2013b).

Europabildung in emanzipatorischer Absicht thematisiert Unmündigkeitsverhältnisse und den Abbau demokratischer Teilhabechancen, d. h. Formen von Entdemokratisierung (Schwächung der Parlamente zugunsten der Exekutiven sowie von Expertengremien, Lobbyisten und kommerzieller Politikberatung) sowie (verhinderte) Möglichkeiten demokratischer Mitbestimmung unter Bedingungen neuer Formen sozialer Ausgrenzung und Technologien der Selbstregulierung. Dabei sind insbesondere die Chancen und Grenzen der Interessenartikulation und politischer Teilhabe bislang unter- oder nicht-repräsentierter Gruppen und „noncitizen subjects“ (Hepworth 2018) in den Blick zu nehmen. Kritische politische Europabildung klärt die subjektiven, sozialen und institutionellen Voraussetzungen für gelungene oder verhinderte Partizipation im europäischen „Mehrebenensystem“ (Tömmel 2014), bzw. in den sozialen Kämpfen um das „Staatsprojekt Europa“ (Buckel u. a. 2014; vgl. den Beitrag von Buckel u. a. sowie von Eis in diesem Band). Eine Identifikation mit der europäischen Integrationsidee beschränkt sich nicht auf einen affirmativen Patriotismus für Europa, sondern muss die Gefahren des Verlustes demokratischer Gestaltungsmöglichkeiten und eine wachsende Distanz zwischen den Bürger*innen und Institutionen auf allen politischen Ebenen (von der Kommune bis zur EU) ernst nehmen und diese thematisieren.

4 Aufbau des Bandes – Perspektiven kritischer politischer Europabildung

Der Band verbindet Ansätze kritischer Europaforschung, Politischer Ökonomie und gesellschaftswissenschaftlicher Bildung. Die Autor*innen vertreten dabei sowohl die universitäre Forschung und (Lehrer-)Bildung als auch außerschulische Formate europapolitischer Bildung durch Verbände und Nichtregierungsorganisationen bis hin zu Fragen der Umsetzung fachlicher Ansprüche im Unterricht, in Seminaren, Projekten und offenen Lernumgebungen sowie in Bildungsmaterialien. Die Beiträge gehen zurück auf mehrere Ringvorlesungen, Symposien, Arbeitsgruppen und Bildungsprojekte in einem kreativen Austausch von Sozialwissenschaftlerinnen, Politikdidaktikern, Ausbilderinnen, Studierenden und politischen Bildnerinnen der non-formalen Bildung in Kassel und Hessen.

Im ***ersten Teil des Bandes*** bieten fünf Beiträge interdisziplinäre Perspektiven kritischer Europaforschung, die in der politischen Europabildung bislang wenig wahrgenommen werden. *Jannis Eicker, Anne Engelhardt, Carolin Müller, Anil Shah* und *Norma Tiedemann* erläutern in ihrem Beitrag drei hegemoniale, bzw. gegen-hegemoniale Wirtschaftsnarrative der Finanz- und Eurokrise: die wirtschaftsliberale, die post-keynesianische und eine marxistische Erklärung. Ziel einer kritischen politischen Europabildung wäre, diese konkurrierenden Deutungen kritisch aufzuarbeiten, um sie zu de-naturalisieren und als konfliktgeladen sichtbar zu machen.

Aus neukeynesianischer ökonomischer Perspektive und inspiriert von Rawls‘ Gerechtigkeitsprinzipien begründet *Bernd Reef* ein Plädoyer gegen die Renationalisierung der Wirtschafts-, Handels- und Währungspolitik gegen protektionistische Tendenzen in Europa und für die weitere Integration der EU in der Form einer gemeinsamen Haushaltsunion sowie einer vom Europäischen Parlament kontrollierten Wirtschaftsregierung. Nur eine weitere Supranationalisierung könne die fehlerhafte Währungskonstruktion existenzfähiger machen.

Im Beitrag von *Sonja Buckel, Fabian Georgi, John Kannankulam* und *Jens Wissel* wird die gegenwärtige Krise der europäischen Migrationspolitik als Konflikt zwischen fünf Hegemonieprojekten analysiert: einem neoliberalen, einem konservativen, einem nationalsozialen, dem proeuropäisch-sozialen und dem linksliberal-alternativen. Jedes Projekt impliziert eine Reihe von Strategien, sozialen Akteur*innen, Bündnissen und Machtkapazitäten, die mithilfe der historisch-materialistischen Politikanalyse analysiert wurden und auch andere Politikfelder und soziale Kämpfe verstehbar machen. (An die Hegemonieprojekte wird im didaktischen Teil im Beitrag von Andreas Eis wieder angeknüpft.)

Hauptsächlich aus rechtlicher Perspektive analysiert *Claire Moulin-Doos* in ihrem Beitrag, wie das europäische Projekt als internationale Rechtsgemeinschaft konzipiert und entwickelt wurde. An die Grenzen dieses Modells gestoßen, entwickelt sich die Union zunehmend in eine Unrechtsgemeinschaft, u. a. aufgrund der seit der multiplen Krise steigenden Anzahl von Entscheidungen, die außerhalb des materialen und institutionellen Rechts der EU getroffen werden. Die Autorin identifiziert drei Tendenzen, die versuchen aus der Krise heraus zu kommen.

Zum Schluss des ersten Teils fragt sich *Werner Ruf* aus der Perspektive der internationalen Beziehungen, inwiefern die EU ihre eigenen Prinzipien und Wertestandards einzuhalten bereit ist. Einerseits deklariere die Union Frieden, Demokratie und Menschenrechte und andererseits sei sie immer stärker militärisch aktiv, um u. a. ihre ökonomischen Interessen in der Peripherie zu sichern. Die Ausbeutung dieser Peripherie bringt Elend und verursacht Fluchtbewegungen nach Europa. Während die Grenzen für Flüchtende militärisch weiter gesichert werden, sollen sie gleichzeitig für Kapitaltransaktionen, Waren und Dienstleistungen immer offener werden.

Im ***zweiten Teil des Bandes*** werden in fünf Beiträgen Ansätze kritisch-emanzipatorischer Europabildung entwickelt, die die multiple Krise als Lerngelegenheit verstehen. *Gerd Steffens* rekonstruiert die Opposition zwischen Demos und Ethnos, wie sie sich im neunzehnten Jahrhundert in Deutschland in der Folge der Französischen Revolution entwickelt hat, und zeigt deren Konsequenzen für die aktuellen Transformationskrisen in Europa. Der mythischen Erzählung eines ethnischen Volksbegriffs setzt er einen diskursiv begründeten Vernunftbegriff entgegen, der den Demos-Begriff politisch begründet und gleichzeitig an universelle Werte bindet. Steffens plädiert für die Verteidigung eines vernunftbegründeten Wahrheitsbegriffs in der politischen Bildung, ohne den die demokratische Selbststeuerung der Gesellschaft, nicht mehr denkbar wäre.

Andreas Eis analysiert in seinem Beitrag verschiedene europäische Bildungsprogramme und Zukunftsszenarien zur Bedeutung der Unionsbürgerschaft und zeigt, inwiefern diese blind gegenüber Macht- und Herrschaftsstrukturen sind, die politische Entscheidungsprozesse maßgeblich beeinflussen. In Rückgriff auf die historisch-materialistische Politikanalyse schlägt er einen Ansatz der hegemoniekritischen politischen Bildung vor, mit dessen Hilfe die realen sozialen Kämpfe um unterschiedliche Europaprojekte im Mittelpunkt stehen.

Didaktische Ansätze des globalen Lernens reflektieren weltweite Ungleichheitsverhältnisse und Problemlagen als Orientierung für die Auswahl von Gegenständen des Unterrichts und außerschulischer Lernanlässe. In seinem Beitrag verbindet *Bernd Overwien* das Thema Flucht und Migration in einer europäischen Sicht- und Handlungsweise mit Perspektiven des globalen Lernens. Dabei eröffnet er an ausgewählten Beispielen konkrete lokale Handlungsoptionen.

Holger Oppenhäuser stellt die vom globalisierungskritischen Netzwerk Attac entwickelten Bildungsmaterialen zur Eurokrise und zur europäischen Handelspolitik vor. Während das Angebot an gratis zu beziehenden Materialen eher von neoliberalen Akteuren dominiert wird, bietet Attac hier alternative polit-ökonomische Lesearten, die in der öffentlichen Debatte vernachlässigt werden. Der Autor erläutert anhand einiger Beispiele das fachdidaktische Konzept der Reihe „Wirtschaft demokratisch gestalten lernen" und diskutiert die zugrunde liegenden Qualitätsstandards im Kontext der Debatte um eine kritische politische Bildung.

Rieke Heseding hat kostenfreie Unterrichtsmaterialien zur Eurokrise von verschiedenen Anbietern analysiert und festgestellt, dass alle Materialen eindeutige Interessen vertreten. Problematisch wird die Einseitigkeit erst, argumentiert Heseding, wenn ihre Konzeption so arrangiert ist, dass Positionen und Meinungen für Lehrende und Lernende nicht transparent gemacht werden. Wirtschaftsnahe Verbände machen ihre einseitigen Positionierungen nicht deutlich, während gewerkschaftsnahe Verbände und Institutionen deutlich transparenter sind.

Der ***dritte Teil des Bandes*** bietet Wege in die Praxis kritischer Europabildung, sei es auf schulischer Ebene, in der Lehrerbildung, der non-formalen Bildung in NGOs und auch auf der informellen Lernebene in sozialen Bewegungen.

Für die Grundschule untersucht *Gesine Bade*, inwiefern Europabildung in den Curricula und Lehrmaterialen des Sachunterrichts thematisiert wird und stellt fest, dass Europa in vielen Bundesländern in der Grundschule nicht vorgesehen wird. Mit einem breiten Spektrum von möglichen Lernanlässen und Themen, um Differenzen und Stereotypen wahrzunehmen und zu hinterfragen, aber auch kontroverse Probleme wie Flucht und Asyl oder Angst vor Terroranschlägen zu thematisieren, fordert die Autorin mehr Mut von Lehrenden und Bildungsexpert*innen, aktuelle und medial höchst präsente politische Themen in den Sachunterricht zu integrieren.

Für den Kontext der Sekundarstufe I stellt *Achim Albrecht* fest, dass der Lerngegenstand ‚Europa' nicht als systematisch geplante Unterrichtseinheit behandelt werden kann. Daher bietet er den didaktischen Ansatz des exemplarischen Lernens an, den er mithilfe von zwei Beispielen erläutert, die an die unmittelbaren Problemlagen von Jugendlichen anknüpfen und deren europapolitische Implikationen erschließen.

Für die Sekundarstufe II entfaltet *Klaus Moegling* eine kritische Auseinandersetzung mit der europäischen Konstruktion mithilfe eines erfahrungsorientierten didaktischen Modells. Konkret rekonstruiert er ein gemeinsam mit Schüler*innen erprobtes Planspiel, das sich mit der Politik der Europäischen Zentralbank beschäftigt, die im Kontext der Krisenpolitik in Griechenland kritisch reflektiert wird.

Der Beitrag von *Oliver Emde* widmet sich dem Lern- und Aktionsraum von politischen Stadtrundgängen. Der Autor analysiert, welche fachdidaktischen Potentiale die Kooperation von Schulen mit außerschulischen Partner*innen eröffnet. Als außerschulische Lerngelegenheit für eine kritische Europabildung analysiert er die Bildungsangebote des Vereins Lobbycontrol, der fachlich fundierte, kritische Perspektiven auf die Praxis von Interessenvertretungen, ‚Politikberatung' und Lobbyismus auf supranationaler Ebene anbietet.

Für die universitäre (Lehrer*innen-)Bildung stellen *Anne Engelhardt, Carolin Müller* und *Norma Tiedemann* das Pionierprojekt „BloG-Seminar" vor, das mithilfe eines Weblogs Studierenden die Möglichkeit eröffnete, eigenständige Beiträge politischer Publizistik zu aktuellen Fragen europäischer Friedens- und Konfliktforschung zu verfassen. Das Projektseminar begleitete eine von Studierenden selbst organisierte öffentliche Ringvorlesung an der Universität Kassel. Aus dem Konzept des BloG-Seminars wurden in einem weiteren Schritt Bildungsmaterialien für den schulischen Unterricht entwickelt und erprobt, die im vorliegenden Beitrag dokumentiert werden. Neben einem methodischen Leitfaden für das Verfassen von Online-Beiträgen im Rahmen von möglichen Schulprojekten widmen sich drei Lernmodule den Themen: „Welt aus den Fugen", „Internationale Wirtschaftspolitik als Fluchtursache" und „Deutsche Waffenexporte".

Auf der empirischen Basis von qualitativen Interviews mit Aktivist*innen aus Athen untersucht *Carolin Philipp*, wie sich die Konzepte und Strategien dieser Aktivist*innen in den letzten Jahren, die in Griechenland als Krisenjahre gesehen werden, transformiert haben. Die Autorin untersucht, inwiefern von und in diesen krisenhaften Entwicklungen politische Lernprozesse angestoßen wurden. Aus einer Perspektive der Bewegungsforschung und des informellen politischen Lernens zeigen sich in diesen Transformationen Chancen für die Etablierung von Gegenhegemonien, kollektive Lernprozesse und Handlungsoptionen.

Unseren gemeinsamen Band verstehen wir als Angebot, den europapolitischen und europadidaktischen Diskurs fachlich, interdisziplinär und politisch zu öffnen. Die hier dokumentierten fachwissenschaftlichen, didaktischen und bildungspraktischen Beiträge entwickeln Perspektiven einer kritischen politischen Europabildung und zeigen zugleich den weiteren Forschungs- und Entwicklungsbedarf. Kritische politische Europabildung möchte einen Beitrag zur Politisierung und damit auch zur Demokratisierung Europas leisten, sie steht – ebenso wie andere wissenschaftliche Zugänge sozialwissenschaftlicher Bildung – nicht außerhalb des Streits um Deutungen gesellschaftlicher Problemlagen und politischer Handlungsräume.

Für die Realisierung dieses Bandes sind wir *Klaus Moegling* vom Prolog-Verlag zu besonderem Dank verpflichtet, der diesen Band finanzierte und in die gemeinsam mit *Bernd Overwien* herausgegebene Schriftenreihe „Erfahrungsorientierter Politikunterricht" aufnahm. Für den ganz besonderen Einsatz beim Lektorat und Satz des gesamten Manuskriptes danken wir *Laura Voelker*, die mit großer Geduld, akribischem Einsatz und unermüdlichem Engagement die sprachlichen und formalen Fallstricke zu entfernen suchte. *Madelaine Moore* danken wir für das Lektorat der englischen Abstracts und *Frederik Metje* für wichtige Rückmeldungen und inhaltliche Hinweise zu dieser Einleitung. Nicht zuletzt danken wir allen beteiligten Autor*innen für ihre Beiträge und die Unterstützung bei der – etwas länger als geplanten – Überarbeitung des Manuskriptes. Wir hoffen hiermit einen streitbaren Beitrag einer kritischen politischen Europabildung vorzulegen, auf dessen kritische Reaktionen wir bereits gespannt sein dürfen.

Literatur

Bauer, C. (2013): Das mündige Subjekt? Zur Aktualität und Notwendigkeit einer kritischen politischen Bildung. In: Widmaier, B./Overwien, B. (Hrsg.): Was heißt heute Kritische Politische Bildung? Schwalbach, 26-34.

Becker, H. (2012): Politische Bildung in Europa. In: APuZ 46/47, 16-22.

Beck, U./Grande, E. (2004): Das kosmopolitische Europa. Gesellschaft und Politik in der zweiten Moderne. Frankfurt a. M.

Benhabib, S. (2008): Die Rechte der Anderen. Ausländer, Migranten, Bürger, Frankfurt/M.

Bieling, H.-J./Hüttmann, M. G. (2016) (Hrsg.): Europäische Staatlichkeit. Zwischen Krise und Integration. Wiesbaden.

Buckel, S./Georgi, F./Kannankulam, J./Wissel, J. (2014): Theorie, Methoden und Analysen kritischer Europaforschung. In: Forschungsgruppe „Staatsprojekt Europa" (Hrsg.): Kämpfe um Migrationspolitik. Theorie, Methode und Analysen kritischer Europaforschung. Bielefeld, 15-84.

Bundesregierung (2017): Chance. Frieden. Kraft: Europa wird 60, hrsg. vom Presse- und Informationsamt (März 2017), Berlin.

Dürr, K. (2011): Ansätze zur Citizenship Education in Europa. Aktivitäten des Europarats und der Europäischen Union. In: Widmaier, B./Nonnenmacher, F. (2011): Active Citizenship Education. Internationale Anstöße für die Politische Bildung. Schwalbach, 13-29

Eis, A. (2010): Europäische Bürgerschaftsbildung. Die Neukonstruktion der Bürgerrolle im europäischen Mehrebenensystem, Schwalbach.

Eis, A. (2013a): Mythos Mündigkeit – oder Erziehung zum funktionalen Subjekt? In: Widmaier, B./Overwien, B. (Hrsg.): Was heißt heute Kritische Politische Bildung? Schwalbach, 69-77.

Eis, A. (2013b): Der europabezogene Ansatz: Politische Bildung in entgrenzten Demokratien. In: Deichmann, Carl/Tischner, Christian K. (Hrsg.): Handbuch Dimensionen und Ansätze in der politischen Bildung, Schwalbach, 129-144.
Eis, A. (2017): Education for European Democratic Citizenship. In: Lange, D./Reinhardt, V. (Hrsg.): Basiswissen Politische Bildung, 2 Bde., Baltmannsweiler, Bd. 2, 2. überarbeitete Neuauflage, 369-377.
Eis, A./Moulin-Doos, C. (2017): Cosmopolitan Citizenship Education. Realistic political program or program to disillusioned powerlessness? A plea for a critical power perspective within Global Citizenship Education. In: JSSE 4, 49-59.
Eis, A./Salomon, D. (Hrsg.) (2014): Gesellschaftliche Umbrüche gestalten. Transformationen in der Politischen Bildung. Schwalbach.
Forschungsgruppe „Staatsprojekt Europa“ (Hrsg.): Kämpfe um Migrationspolitik. Theorie, Methode und Analysen kritischer Europaforschung. Bielefeld
Foucault, M. (1984): Was ist Aufklärung? In: ders.: Schriften in vier Bänden, Bd. IV, Frankfurt/M. 2005, 687-707.
Frankfurter Erklärung. Für eine kritisch-emanzipatorische politische Bildung, in: Journal für politische Bildung, 4/2015, S. 94-96; sowie in: Politisches Lernen, 3-4/2015, 40-41.
Genschel, P./Jachtenfuchs, M. (2013): Alles ganz normal!: Eine institutionelle Analyse der Euro-Krise. In: Zeitschrift für internationale Beziehungen, 20. Jg., Heft 1. Baden-Baden, 75-88.
Guérot, U. (2016): Die EU und der Aufstieg des Rechtspopulismus. Blätter, 6, 56-67.
Hepworth, K. (2018): At the edges of citizenship. Security and the constitution of non-citizen subjects. London/Routledge.
KMK (2008) [1978]: Europabildung in der Schule. Empfehlungen der Ständigen Konferenz der Kultusminister der Länder in der Bundesrepublik Deutschland, i. d. F. vom 05.05.2008. Online abrufbar unter: http://www.kmk.org/fileadmin/Dateien/veroeffentlichungen_beschluesse/1978/1978_06_08_Europabildung.pdf.
Kohler-Koch, B./Quittkat, C. (2011): Die Entzauberung partizipativer Demokratie. Zur Rolle der Zivilgesellschaft bei der Demokratisierung von EU-Governance, Frankfurt a. M.
Lösch, B./Eis, A. (2018): Kritische Gesellschaftsanalysen und globale politische Bildung. In: Zeitschrift für Didaktik der Gesellschaftswissenschaften (i. E.).
Oberle, M. (Hrsg.) (2015): Die Europäische Union erfolgreich vermitteln. Perspektiven der politischen EU-Bildung heute. Wiesbaden.
Massing, P. (2004): Bürgerleitbilder. Anknüpfungspunkte für eine europazentrierte Didaktik des Politikunterrichts, in: Weißeno, G. (Hrsg.): Europa verstehen lernen. Eine Aufgabe des Politikunterrichts, Bonn 2004, 144-157
Richter, D. (2004): „Doing European“ statt „Europäische Identität“ als Ziel politischer Bildung. In: Weißeno, G. (Hrsg.): Europa verstehen lernen. Eine Aufgabe des Politikunterrichts. Bonn, 172-184.
Sander, W. (2013): „Kritische politische Bildung“ – Eine Dekonstruktion. In: Widmaier, B./Overwien, B. (Hrsg.): Was heißt heute Kritische Politische Bildung? Schwalbach, 240-248.
Steffens, G. (2010): Braucht kritisch-emanzipatorische Bildung heute eine Neubegründung? Politische Bildung zwischen Selbstgenügsamkeit und Globalisierungskrise, in: Lösch, B./Thimmel, A. (Hrsg.) (2010): Kritische Politische Bildung. Ein Handbuch. Schwalbach, 11-28.
Tömmel, I. (2014): Das politische System der EU. 4., überarb. und erw. Aufl. München.
Voßkuhle, A. (2012): Über die Demokratie in Europa. In: APuZ 13, 3-9.

Wiener, A. (2007): Europäische Bürgerschaftspraxis. In: Mackert, J./Müller, H.-P. (Hrsg.): Moderne (Staats)Bürgerschaft. Nationale Staatsbürgerschaft und die Debatten der Citizenship Studies, Wiesbaden, 261- 283
Wiesener, Claudia (2018): Multi-Level-Governance und lokale Demokratie. Politikinnovationen im Vergleich. Wiesbaden.

Jannis Eicker, Anne Engelhardt, Carolin Müller, Anil Shah und Norma Tiedemann

Leben in Zeiten der multiplen Krise: Drei Narrative der Finanz- und Eurokrise

Zusammenfassung: In diesem Beitrag zeichnen wir drei verschiedene Narrative der Finanz- und Eurokrise nach. Sie stellen wirkmächtige Erzählungen in der öffentlichen Debatte dar und unterscheiden sich u. a. darin, welche Auslöser für die Finanzkrise wahrgenommen, welche Krisendynamiken beschrieben und welche Verbindungen zwischen ihr und der Eurokrise hergestellt werden. Wir beginnen mit der Erzählung krisenhafter Prozesse der letzten Jahre und Jahrzehnte aus einer wirtschaftsliberalen Perspektive, lassen darauf eine (post-)keynesianische Analyse folgen und enden mit einer kritisch gesellschaftstheoretischen Diskussion im Anschluss an Marx. Durch diese Gegenüberstellung soll sowohl die theoretische als auch politische Alternativlosigkeit von Krisenanalyse und -management zugunsten einer kritischen und politisierenden Reflexion aufgelöst werden.

Schlüsselbegriffe: Hegemonietheorie, Alltagsverstand, Finanz- und Eurokrise, Multiple Krise

Living in times of multiples crises: Three narratives of the financial and euro crises

Abstract: This article explores three narratives of the financial and euro crises. Each narrative has been influential within the public discourse, yet diverge on the question of the triggers of the financial crisis, which crisis dynamics are described, and how they are related to the euro crisis. We begin with a narrative from a neoliberal perspective, continue with a (post-)keynesian analysis and end with a critical social theory that refers to Marx. In comparing these, we aim to dismantle the lack of theoretical and political alternatives to the prevailing crisis analysis and management, and instead put forward a critical and repoliticized study.

Keywords: hegemony theory, common sense, financial and euro crisis, multiple crises

> „Geschichten sind wichtig. Viele [verschiedene] Geschichten sind wichtig. Geschichten wurden benutzt[,] um zu enteignen und zu verleumden. Aber Geschichten können auch genutzt werden[,] um zu befähigen und zu humanisieren. Geschichten können die Würde eines Volkes brechen. Aber Geschichten können diese gebrochene Würde auch wiederherstellen." (Adichie 2009)[5]

Geschichten und dazugehörige Bilder von Ereignissen prägen unser Verständnis von der Welt.[6] Folgen wir der Medienberichterstattung der globalen Finanzkrise ab 2007/2008 und der Eurokrise ab 2010 zeigt sich dies ganz besonders: Bilder wie die der „gierigen Banker" (Schömann-Finck/dpa 2013), die durch hemmungslose Spekulation die Weltwirtschaft an den Rand des Zusammenbruchs getrieben haben, bestimmen auch Jahre nach dem Ausbruch

---

[5] Chimamanda Ngozi Adichie ist eine nigerianische Schriftstellerin und Feministin.

[6] Dieser Beitrag basiert auf einem Vortrag im Rahmen der Ringvorlesung „Leben in Zeiten der multiplen Krise – Welchen Einfluss haben die Finanz- und Wirtschaftskrise auf Politik, Ökonomie und Gesellschaft?", die im Wintersemester 2015/2016 an der Universität Kassel stattfand.

der Finanzkrise das kollektive Gedächtnis. In der Eurokrise waren es dann die „gierigen Griechen" (Schönauer 2015), die die Krise auslösten, indem sie weit über ihren Verhältnissen lebten, natürlich auf Kosten deutscher Steuerzahler*innen. Es sind diese Narrative, die den Alltagsverstand von Millionen von Menschen prägen und damit für eine kritische politische Bildung interessant werden.

Im Anschluss an den italienischen Philosophen Antonio Gramsci ist die Wahrnehmung der Welt, die Menschen einer Gesellschaft als ‚normal' oder ‚natürlich' erscheint, immer sozialisiert und damit immer auch historisch spezifisch. Vorstellungen von Normalität beinhalten eine Mischung aus historisch effektiven Narrativen und Ideologien, wissenschaftlichen Doktrinen und gesellschaftlichen Mythen (Rupert 2005, 487). Analysen von einschneidenden Ereignissen wie der Finanz- und Eurokrise und ihre Aufbereitung in mediale Geschichten sind daher keine neutralen (wissenschaftlichen) Prozesse. Sie sind vielmehr Teil von gesellschaftlichen Interessen- und Machtverhältnissen sowie dazugehörigen Auseinandersetzungen. Eine zentrale Rolle kommt darin Bildungsinstitutionen ebenso zu wie Medien oder der Kulturindustrie (Demirović 2007). Der Alltagsverstand spiegelt – wenn auch gebrochen und fragmentiert – die gesellschaftlichen Widersprüche dieser Deutungskämpfe auf individueller Ebene wider. Er kann als eine konflikthafte Vermittlungsebene verstanden werden, in der zahlreiche Interpretationen der Welt konkurrieren (Gramsci 1971, 327).

Ziel politischer Bildung muss daher sein, die konkurrierenden Deutungen in kollektiven Bewusstseins- und Bildungsprozessen kritisch aufzuarbeiten. Im Fall der Finanz- und Eurokrise bedeutet dies, die herrschenden Diskurse in Medien und Bildungsinstitutionen sowie die dahinterstehenden wissenschaftlichen Narrative auf ihre Annahmen, politischen Implikationen und Verwobenheit mit bestehenden Machtverhältnissen zu untersuchen. So zeigen sich Analysen von Krisen aus hegemonietheoretischer Perspektive selbst als Brennpunkt gesellschaftlicher Auseinandersetzungen um Deutungshoheit.[7] Welche Ursachen identifiziert, welche Akteur*innen als relevant anerkannt und welche Lösungen vorgeschlagen und durchgesetzt werden, ist keine Frage neutraler Beobachtung und Analyse, sondern Teil einer theoretischen Selbstverortung. Da Theorien immer für jemanden und einen bestimmten Zweck bestimmt sind (Cox 1981), enthalten sie immer auch politische Grundannahmen. Dies gilt für Debatten in Medien und der Wissenschaft gleichermaßen. Die Rolle der Kritik erschöpft sich daher nicht in der 'kritischen Bewertung' (vermeintlich) neutraler Beschreibungen, sondern im Anspruch einer grundsätzlichen, kritisch-philosophischen Reflexion von Erklärungsmustern (Pühretmayer 2005, 29). Sie ist damit ein wesentlicher Teil der De-naturalisierung von hegemonialen Wahrheiten, etwa der, dass die Finanzkrise ein vollkommen unvorhersehbares, singuläres Ereignis sei, das eine Ausnahme zur normalen Funktionsweise des ökonomischen Systems darstellt. Darüber hinaus bestimmt die Frage, was als Krise identifiziert wird und worin ihre Ursachen liegen, maßgeblich, wie darauf reagiert werden soll und wie akzeptiert diese Maßnahmen innerhalb der Gesellschaft sind. Die Einbettung ökonomischer Zusammenhänge in ihren gesellschaftlichen Kontext hat insofern eine re-politisierende Funktion, als dass ihr vormals vermeintlich unsichtbarer politischer Charakter wieder sichtbar wird. Kritische politische Bildung ist hierbei eine Voraussetzung dafür, dass die gegenwärtige Politik des Krisenmanagements kritisch hinterfragt werden kann und Alternativen denk- und umsetzbar werden.

In diesem Beitrag stellen wir drei verschiedene Narrative der Finanz- und Eurokrise dar. Sie unterscheiden sich u. a. darin, welche Auslöser für die Finanzkrise wahrgenommen, welche Krisendynamiken beschrieben und welche Verbindungen zwischen ihnen und der Euro-

---

[7]Siehe auch die Beiträge Eis, Buckel u. a. in diesem Band

krise hergestellt werden.[8] Wir beginnen mit der Erzählung krisenhafter Prozesse der letzten Jahre und Jahrzehnte aus einer wirtschaftsliberalen Perspektive, lassen darauf eine (post-) keynesianische Analyse folgen und enden mit einer kritisch gesellschaftstheoretischen Perspektive im Anschluss an Marx.

1 Wirtschaftsliberales Narrativ

Die Finanzkrise gilt als eines der bedeutendsten Ereignisse der letzten Jahrzehnte. Am 15. September 2008 kam es zum Zusammenbruch der amerikanischen Investmentbank Lehman Brothers. Mehrere Staaten sahen sich daraufhin dazu veranlasst, große Finanzdienstleister durch staatliche Kapitalspritzen am Leben zu erhalten.[9] Einige Banken wurden verstaatlicht[10] und später geschlossen. Dieser ‚schwarze Montag‘, vorläufiger Höhepunkt der Krise, führte zunächst zu einer Art Schockzustand. Es dauerte etwas, bis aus liberaler Sicht Erklärungen für die Situation geboten wurden.

Denn laut der vorherrschenden Theorie effizienter Märkte (engl. ‚efficient market hypothesis’, EMH), basierend auf Eugene Fama, sind Finanzmärkte effizient, da vorhandene Informationen bereits eingepreist und Marktteilnehmer*innen somit nicht in der Lage sind, dauerhaft überdurchschnittliche Gewinne zu erzielen. Die EMH geht deshalb davon aus, dass Wirtschaftskrisen nur als Auswirkungen exogener Einflüsse wie Staatseingriffe, überhöhte Lohnforderungen oder auch steigende Rohstoffpreise, wie im Fall der Ölkrise der 1970er Jahre, vorkommen. Konjunkturzyklen können nach diesem Modell nicht auftreten und kurzfristige Schwankungen werden ausgeglichen, bis ein natürliches Gleichgewicht wiederhergestellt ist. Aus dieser Perspektive erscheint die Wirtschafts- und Finanzkrise deshalb als Konsequenz einer Häufung externer Eingriffe in das wirtschaftliche Gesamtsystem (Davidson 2009, 8 ff.).

1.1 Das große Staatsversagen: billiges Geld und zu viel Regulierung

Folgen wir einer (von vielen) wirtschaftsliberalen Erzählungen, müssen wir zunächst in das Jahr 1988 blicken. Das Basel-I-Abkommen[11] setzte eine Kreditobergrenze für Banken fest, basierend auf der Eigenkapitalquote von damals 8 % der risikogewichteten Kredite und dem Eigenkapital. Wenn eine Bank an diese Obergrenze stieß, aber dennoch Kredite ausgeben wollte, musste sie entweder ihr Eigenkapital erhöhen oder bestehende Kredite auslagern. Weil sich das Eigenkapital einer Bank aber nur bedingt erhöhen lässt, ohne die Kreditvergabe einzuschränken, wurde die Auslagerung von Krediten zur gängigen Praxis. Das sogenannte ‚Schattenbankensystem’ ermöglichte es, außerhalb staatlicher Aufsicht mit Kreditgeschäften Geld zu verdienen. Entsprechende Kredite und andere Wertpapiere wurden zu ‚Collateralized

---

[8] Eine umfassende Analyse müsste selbstverständlich weitere Paradigmen und Narrative einbeziehen, um dieser Zielstellung gerecht zu werden. Im Rahmen dieses Beitrags werden allerdings, aus Gründen der Übersichtlichkeit, lediglich drei dominante Perspektiven veranschaulicht. Darüber hinaus ist es wichtig, sich über den schemenhaften Charakter der Darstellungen bewusst zu sein. Fließende Übergänge zwischen den drei Narrativen sind in ihrer empirischen Erscheinung durchaus häufiger, als diese eher theoretische Analyse suggeriert. Der Mehrwert dieser Zuspitzung liegt in einem erleichterten Verständnis darüber, welche Rolle (wirtschafts-)wissenschaftliche Theorien im oben beschriebenen Deutungskampf spielen.

[9] Wie etwa der US-amerikanische Versicherungskonzern AIG.

[10] Bspw. die US-amerikanische Hypothekenbank Fannie Mae.

[11] Das Abkommen wurde von den G10 beschlossen, ist aber inzwischen internationaler Standard. 2004 folgte Basel II und 2013 Basel III.

Debt Obligations' (CDOs)[12] verbrieft, die dann auf bankenähnliche Zweckgesellschaften (SPVs)[13] übertragen wurden (Friedman 2009, 137).
Aus einer wirtschaftsliberalen Perspektive heraus ist dies ein Beispiel dafür, wie politische Regulierungen Finanzmarktakteur*innen dazu zwingen, riskante Innovationen zu erschaffen, um bestehen zu können (ebd., 146). So kann es passieren, dass Regulierungsmaßnahmen, die eigentlich zur Stabilität des Finanzmarktes beitragen sollen, letztlich die Stabilität und das Funktionieren der Märkte verschlechtern. Paradoxerweise ist danach also die wachsende Bedeutung des unregulierten Schattenbankensystems auch auf verstärkte Regulierungsbemühungen im Bankensektor zurückzuführen.

Gleichzeitig wird argumentiert, Finanzmarktinnovationen würden grundsätzlich kein Problem darstellen. Es handle sich um Innovationen, wie es sie auch auf Gütermärkten gebe. Im Gegenteil: Die genannten Verbriefungen etwa könnten sogar ein effizientes Instrument zur Streuung von Risiken sein. Allerdings bringen sie auch Risiken mit sich: Durch die Verbriefungen wird der Zugang zu internationalen Kapitalgeber*innen leichter, dadurch können spekulative Vermögensblasen wachsen. Zugleich werden die sogenannten ‚asymmetrischen Informationen' verstärkt, die allen Kreditbeziehungen inhärent sind. Denn die Kreditgeber*innen haben die Möglichkeit, die Risiken eines Kredites getrennt von der Kreditbeziehung mit den Kund*innen weiter zu veräußern. Das heißt, dass der Anreiz der ersten Kreditgebenden deutlich sinkt , und auch genau zu prüfen, wem Kredite zu welchen Bedingungen gegeben werden (Schmidt 2010, 10 ff.).

Dass diese Risiken gegenüber den Vorteilen überwogen, wird unter anderem auf die expansive Geldpolitik in den USA zurückgeführt. Insbesondere in den 1990er Jahren und nach dem 11. September 2001 hat die Leitzinspolitik der US-amerikanischen Notenbank, der Federal Reserve (Fed), zu schnell wachsender Liquidität geführt. Das überschüssige Geld konnte von Gütermärkten nicht absorbiert werden und floss deshalb auf Rohstoff- und Vermögensmärkte. Viele wirtschaftsliberale Theorien gehen davon aus, dass Krisen im Kapitalismus die Folge von zu billigem Geld sind. Zudem wurde die Politik verfolgt, jeder Person den Besitz eines Eigenheims zu ermöglichen. Der Hausbesitz hat in den USA traditionell eine hohe Bedeutung als Form sozialer Absicherung (Wullweber 2016, 106 f.). Um Immobilienkredite von der Einkommenssituation zu entkoppeln, wurde ein Gesetz erlassen, das eine Eigenkapitalquote von nicht einmal zehn Prozent ermöglichte. Als zusätzlicher Anreiz wurden nach 1997 Wertsteigerungen bei Häusern nicht besteuert (Schmidt 2010, 9).

Als Folge der hohen Liquidität und der konstant niedrigen Zinsen bei steigenden Immobilienpreisen, erhöhten sich Nachfrage und Angebot von (variabel verzinsten) Hypothekenkrediten immens. Um noch weitere Kund*innen zu erreichen, wurde auch das Subprime[14]-Segment erschlossen. Dabei schien für die Banken das Risiko zunächst überschaubar, da die Immobilien selbst als Sicherheit bestanden und ein weiterer Anstieg der Häuserpreise erwartet wurde (Kaletsky 2009, 152).

[12]CDOs sind Finanzprodukte, die durch Kredite gedeckt werden. Wenn zum Beispiel eine Geschäftsbank einen Kredit für eine Immobilie vergibt, werden diese Kredite an Investmentbanken verkauft. Die Investmentbank formt aus diesen Krediten ein Investmentprodukt, ein CDO, welches dann an Investor*innen verkauft wird. Die Zinszahlungen für die Kredite fließen an die Investor*innen.

[13]Zweckgesellschaften können Tochtergesellschaften von Geschäftsbanken, aber auch Investmentbanken, Hedgefonds und Kapitalbeteiligungsfonds sein. Sie ermöglichen Banken eine Senkung der Eigenkapitalquote, weil die Kredite nicht mehr negativ in ihren Bilanzen und Risikoportfolios erscheinen. Das war ein Grund für die große Ausweitung des Schattenbankensystems (Gowan 2009, 104).

[14] ‚Subprime' bezeichnet den Teil des privaten Hypothekendarlehenmarktes, der aus Kreditnehmer*innen mit sehr geringer Bonität besteht.

Ab 2004 aber wechselte die Fed ihren Kurs und die Zinsen auf dem Geldmarkt stiegen. Eine Refinanzierung wurde für die Kreditinstitute schwieriger und immer weniger der einkommensschwachen Haushalte konnten die steigenden Zinsen zahlen und somit den Verpflichtungen aus ihrem Kredit gerecht werden. Die Häuserpreise fielen, wodurch es für immer mehr Haushalte schwierig wurde, die Zinsen zu zahlen. Dies führte zum ‚Platzen der Blase' am Markt für Hypothekenkredite und für private Immobilien (Palley 2013, 12; Schmidt 2010, 10).

1.2 Die Europäische Staatsschuldenkrise und der Fall Griechenland

In diesem Kontext, der Finanzkrise der USA, muss auch die Entstehung der ‚Eurokrise' in der europäischen Währungsunion ab 2009 betrachtet werden. Sie wird auch ‚Staatsschuldenkrise' genannt, da sie insbesondere Länder wie Griechenland mit stark steigender staatlicher Verschuldung betraf (Hall 2014, 11). Aufgrund der starken Vernetzung globaler Finanzmärkte betraf die Finanzkrise in den USA auch viele europäische Geldinstitute. Wie in den USA gab es auch in Europa Finanzspritzen, Bankenrettungen und zudem eine expansive Geldpolitik.[15] Dadurch nahmen einige Länder jedoch große Lasten auf sich und verschärften eine Verschuldungssituation.

Im Fokus des öffentlichen Interesses an der ‚Eurokrise' stand von Beginn an Griechenland. Die Verschuldung des Landes war schon vor der Krise auf einem sehr hohen Niveau. Im europäischen Stabilitäts- und Wachstumspakt sind als Obergrenze für das jährliche Budgetdefizit, gemessen am Bruttoinlandsprodukt eines Staates, 3 % festgeschrieben. In Griechenland lag diese zwischen 2000 und 2008 bei etwa 6 %. Außerdem lag die Schuldenquote, also das Verhältnis von Schuldenstand zum Bruttoinlandsprodukt, bereits im vorherigen Jahrzehnt weit über der 60-%-Grenze des Stabilitäts- und Wachstumspakts[16] sowie dem EU-27-Durchschnitt (62 %). Seit 1990 hatte Griechenland sein Wohlstandswachstum fast ausschließlich auf Schulden aufgebaut. Dabei wurden diese Schulden vor allem für den Konsum, anstelle von produktiven Investitionen, gemacht (Schlichting & Schiffer 2013, 6 ff.). Bis zur Wirtschaftskrise hatte sich das Pro-Kopf-Einkommen des Landes fast verdreifacht. Gleichzeitig sind die Lohnstückkosten aber deutlich über das Niveau der Produktivität gestiegen. Dadurch sank die internationale Wettbewerbsfähigkeit griechischer Produkte. Überdeckt wurde dies etwa durch Lohnerhöhungen im Staatssektor, was den privaten Konsum stimulierte (Hall 2014, 6, 10). Doch die verhältnismäßig teuren griechischen Produkte führten dazu, dass sowohl griechische als auch andere Konsument*innen zunehmend Produkte aus anderen Ländern wählten. So wurden Exporte weit von Importen übertroffen, angekurbelt durch in die Höhe getriebene Einkommen. Griechenland baute dadurch sein hohes Außenhandelsdefizit noch aus.

Hinzu kam der Vorwurf gegenüber der damaligen griechischen Regierung, die öffentliche Verschuldung vor dem Beitritt zur Währungsunion durch falsche Angaben verschleiert zu haben. Im Oktober 2009 korrigierte die neue Regierung das zuvor gemeldete Haushaltsdefizit von 3,7 % auf 12,7 % des BIP. Die Europäische Kommission nennt als mögliche Gründe einerseits „qualitative methodische Mängel der griechischen Finanzstatistiken auf der Ebene des Statistischen Amts Griechenlands" und gleichzeitig mangelhafte politische Steuerung sowie eine bewusste politische Beeinflussung der Statistiken (Europäische Kommission 2010). Dies verstärkte entsprechend den Zweifel der Finanzmarktakteur*innen an der Solvenz des Landes, was zu hohen Zinsen für griechische Staatsanleihen führte. Für Griechen-

---

[15]Beispielsweise lagen die Kosten für Bankenrettungen, Verstaatlichungen und Restrukturierungsmaßnahmen in Deutschland alleine bis September 2009 bei 700 Mrd. Euro (28,1 % des BIP), in Großbritannien waren es 845 Mrd. Euro (54 % des BIP) (Hassel/Lütz 2010, 257).

[16]Auch als "Maastricht-Kriterien" bezeichnet; vgl. dazu auch den Beitrag von Reef in diesem Band.

land wurde es dadurch immer schwieriger, die angesammelten Schulden an den Finanzmärkten zu refinanzieren (EEAG 2011, 10). Aus dieser Kriseninterpretation folgt also, dass Länder wie Griechenland ihre Staats- aber auch Privatausgaben radikal senken müssen, um auf ein Verschuldungsniveau zu gelangen, das mit den Beschränkungen seitens der Finanzmärkte übereinstimmt.

Demnach hebt ein wirtschaftsliberales Narrativ exogene Faktoren und fehlerhaftes staatliches Handeln wie marktnonkonforme Regulierungen oder die übermäßige Aufnahme von Staatsschulden hervor, welche zu Ungleichgewichten auf den insgesamt effizient funktionierenden Märkten führen. Dass Krisenphänomene grundlegendere, strukturelle Ursachen haben könnten, wird dagegen kaum berücksichtigt.

2 Die Rückkehr von Keynes: Ein post-keynesianisches Narrativ der Finanz- und Eurokrise

Im Gegensatz zur liberalen Theorie effizienter Märkte, in der Krisen durch externe ‚Schocks' ausgelöst werden, hat Hyman Minsky eine Theorie instabiler Finanzmärkte entworfen.[17] Er ist einer der bedeutendsten Theoretiker*innen in der Tradition von John Maynard Keynes und liefert daher für das keynesianische Narrativ der Krise die wesentliche Grundlage.[18] Finanzkrisen entstehen aus dieser Perspektive immer wieder aus dem Finanzsystem heraus, gerade in Zeiten wirtschaftlichen Aufschwungs. Mit anderen Worten sind Krisen ein systemimmanentes Problem. In diesem Zusammenhang hat Minsky den Satz geprägt: „Je länger ein Finanzsystem stabil ist, desto instabiler wird es" (Minsky 2011, 22). Mit dieser paradox wirkenden Aussage möchte er ausdrücken, dass Finanzmärkte immer nur *scheinbar* stabil sind und Krisen umso stärker auftreten, je länger die Illusion von Stabilität zuvor aufrechterhalten wurde. Zentrale Annahmen dieser Perspektive sind, dass Banken keine neutralen Akteurinnen sind, sondern profitorientierte Unternehmen, die in Zeiten wirtschaftlichen Aufschwungs bereit sind, höhere Risiken einzugehen, um größere Profite zu erwirtschaften. Dies führt letztlich zu systemimmanenter Instabilität. Selbstverständlich sind Finanzkrisen immer historisch wie geographisch spezifisch und somit in ihrem genauen Ablauf verschieden, doch durchlaufen sie nach Minsky stets drei ähnliche Phasen.

2.1 Von der Euphorie zum Kater: Ursachen und Dynamiken der Finanzkrise

Zunächst entstehen auf Finanzmärkten immer wieder Finanzblasen, weil in Zeiten des wirtschaftlichen Aufschwungs zu viele Kredite vergeben werden. Im Vorlauf der Subprime-Krise galt dies vor allem für Häuserkredite. Diese stellten Ende der 1990er Jahre ein neues Geschäftsfeld für Banken dar. Um die steigenden Kreditschulden – und damit auch die Risiken eines Kreditausfalls – abzusichern, verkauften viele Geschäftsbanken die Häuserkredite an Investmentbanken, die diese wiederum in Form von neuen Finanzprodukten (CDOs, siehe oben) weiterverkauften. Dadurch wurde ein neues Geschäftsfeld mit großen Gewinnerwartungen geschaffen, da Immobilienpreise in den USA bereits seit Jahren stiegen. In dieser ersten Phase dominierten abgesicherte Geschäfte, d. h. die Kreditschuld konnte aus dem laufen-

---

[17]Obwohl Minsky seine Hypothese bereits ab den 1960er Jahren entwickelte, wurde sie als Erklärungsversuch bis zum Ausbruch der Subprime-Krise 2007/2008 weitgehend ignoriert.

[18] Es gibt neben Hyman Minskys Hypothese zur finanziellen Instabilität eine Reihe weitere keynesianischer Narrative der Finanzkrise. Insbesondere die von Shiller/Akerlof (2009) vorgelegte These der 'animal spirits', die das Herdenverhalten auf Finanzmärkten aus Perspektive der Verhaltensökonomik erklärt, hat viel Beachtung gefunden. Für einen Überblick zu verschiedenen Krisentheorien, auch im Anschluss an John M. Keynes, siehe Detzer/Herr (2014).

den Einkommen bezahlt werden. Demgegenüber nahmen spekulative Kreditaufnahmen, bei denen nur noch die Zinsen durch laufende Einnahmen gezahlt werden können, langsam zu.

Nun setzt die zweite Phase ein, der von 2002 bis 2005 währende Boom. Durch die Expansion der Kreditvergabe wird der Aufschwung des neuen Geschäftsfeldes beschleunigt. Dies führt zu einer erhöhten Nachfrage nach Wertpapieren und Immobilien, wodurch sich wiederum die Marktpreise erhöhen. Wegen gestiegener Gewinnmargen werden weitere Investor*innen angezogen. Es entwickelt sich eine Spirale der Preiserhöhung. Zinsraten, die Geschwindigkeit von Zahlungen, die Warenpreise und der gesamtgesellschaftliche Schuldenstand erhöhen sich. Innerhalb von zehn Jahren, bis zum Jahr 2006, ist der Wert des US-Häusermarktes um 132 Prozent gestiegen (Holt 2009, 121). Da das Geschäft gut lief, wurden nicht nur Hypothekenkredite an Kund*innen mit einem sicheren Einkommen vergeben, sondern an sogenannte "Subprime-Kund*innen", also jene deren regelmäßiges Einkommen den Schuldendienst des Kredits nicht deckte.[19] In der Sprache von Minsky sind genau diese Finanzierungsformen typisch für die Hochzeit eines Booms auf den Finanzmärkten kurz vor der Krise. Diese so genannte Ponzi-Finanzierung[20] zeichnet sich dadurch aus, dass die Schuldner*innen (egal ob individuelle Personen oder ganze Unternehmen) ihre Zinsen und Schulden nicht mehr aus ihrem laufenden Einkommen zahlen können, sondern entweder ihre Verschuldung dauernd erhöhen und damit darauf spekulieren, dass sich der unterliegende Wert des Hauses erhöht, oder das Haus verkaufen müssen (Minsky 2011). Mit anderen Worten rückten die Finanzmärkte also immer mehr in Richtung eines instabilen Systems.

Durch das Anheben des Leitzinses ab 2004 wurde die Kreditvergabe der Geschäftsbanken, die bis ins Jahr 2005 boomte, langsam zurückgefahren. In dieser dritten Phase gingen sowohl die Gewinnerwartungen der Banken zurück als auch die Geschäftstätigkeiten innerhalb der zuvor boomenden Hypothekenindustrie. In dieser Abkühlungsphase Ende 2006 begannen entsprechend auch die Immobilienpreise zu fallen (Holt 2009). Die Folge: Die Hypothekenschulden waren nun für die meisten Hauseigentümer*innen höher als der Marktwert der Immobilien, sodass die Kredite nicht mehr abgesichert waren. Die Preisspirale aus dem vorherigen Boom lief nun rapide rückwärts. Statt mehr Krediten, mehr Nachfrage und steigenden Häuserpreisen kollabierten die Häuserpreise, Kredite konnten nicht mehr bedient werden, zahlreiche Wertpapiere und Immobilien wurden verkauft. Einige Investor*innen gingen nun in den Konkurs, Häuser wurden zwangsversteigert, und die ersten Immobilienmakler und Banken wurden insolvent. Die Phase, in der sämtliche beteiligten Akteur*innen bemerken, dass der (Kredit-)Boom ein Ende hat und alle ihre Wertpapiere verkaufen möchten, wird auch als „Minsky-Moment“ bezeichnet (Palley 2010). Zusammenfassend kann die Subprime-Hypothekenindustrie aus dieser Perspektive als gigantisches Ponzi-System interpretiert werden. Im Gegensatz zur liberalen Perspektive führt die Streuung von Risiken gerade nicht zu mehr Sicherheit, sondern zu größerer Instabilität.

---

[19]Gleichzeitig entstand für viele Menschen, gerade Afro- und Hispanoamerikaner*innen sowie Frauen mit niedrigem Einkommen, zum ersten Mal die Chance, einen Häuserkredit zu erlangen, u. a. eine zentrale Forderung der US-Bürgerrechtsbewegung (Young 2009).

[20]In Anlehnung an Charles Ponzi, der Anfang der 1920er Jahre durch dubiose Finanzgeschäfte in den USA als berüchtigter Finanzbetrüger in die Geschichte einging.

2.2 Zahlmeister oder Schuldiger? Deutschlands Rolle in der Eurokrise

Die Folgen der Subprime-Krise blieben keineswegs auf einen Zusammenbruch der Finanzmärkte beschränkt. Europäische Exporte brachen im Zuge der globalen Rezession stark ein und insbesondere die massiven staatlichen Rettungspakete für private Finanzinstitutionen sind aus post-keynesianischer Perspektive ein zentraler Auslöser der Eurokrise.[21] In der Folge gerieten einige EU-Länder in Zahlungsschwierigkeiten und Griechenland sogar in die de facto Insolvenz.[22] Eine weder formalisierte noch demokratisch legitimierte Allianz (auch als ‚Troika' bezeichnet) aus Europäischer Kommission, Europäischer Zentralbank (EZB) und dem Internationalen Währungsfond (IWF) verabschiedete "Hilfs- und Rettungspakete" in Milliardenhöhe.[23] Doch statt diese Gelder für die Stabilisierung der Staatshaushalte auszugeben und für Konjunkturprogramme zum Wiederaufbau der Wirtschaft freizugeben, wurden sie fast ausschließlich für den Schuldendienst der privaten Gläubiger*innen (vor allem deutsche und französische Banken) und die Rekapitalisierung der Banken genutzt. Weniger als 5 % der knapp 216 Milliarden Euro landete direkt im griechischen Staatshaushalt (Rocholl/Stahmer 2016). Gleichzeitig ordnete die Troika eine Kürzungspolitik der Schuldnerländer an, die Ausgaben für Bildung, Gesundheit sowie Renten- und Arbeitslosenversicherung kürzte und den Mindestlohn absenkte. Dieses Krisenmanagement trug maßgeblich zur Lähmung der Wirtschaft der Krisenländer bei und zur allgemeinen Verarmung der Bevölkerung, vor allem in Griechenland (Gutiérrez 2014, 383).

Dass es überhaupt so weit kommen konnte, ist in diesem Narrativ nur zu erklären, wenn wir einen Blick auf die Konstruktionsfehler des Euro-Raums werfen. Die Auf- und Abwertung der Währung,[24] ist den einzelnen Mitgliedsstaaten trotz autonomer Wirtschafts- und Sozialpolitik vorenthalten, da die Geldpolitik von der Europäischen Zentralbank (EZB) bestimmt wird. Es muss demnach also eine innere Abwertung der Währung stattfinden, die durch die Austeritätspolitik (massive Lohnsenkungen, Reduzierung von Staatsausgaben etc.) erreicht werden soll. Vor diesem Hintergrund drifteten nach Einführung des Euros im Jahr 2002 die Wettbewerbsfähigkeit und Handelsbilanzen *innerhalb* der Eurozone stark auseinander. Während vor allem Deutschland, aber auch die Niederlande, Österreich und Belgien in den 2000er Jahren immer größere Exportüberschüsse anhäuften, sind die Handelsbilanzdefizite, insbesondere in den südeuropäischen Ländern Griechenland, Spanien und Portugal, gestiegen (Hein et al. 2011). Dieses Ungleichgewicht, in dem die nordeuropäischen Staaten zu Netto-Geldgebern und die südeuropäischen Staaten zu Schuldnern innerhalb der Eurozone wurden, schuf eine Instabilität, die erst durch die Finanzkrise und anschließende Rezession und Bankenrettung zur vollen Wirkung kam. Der Grund für diese Ungleichgewichte liegt vor

[21] Allein zwischen 2008 und 2010 haben die Regierungen der EU-Länder 1,6 Milliarden Euro an Rettungsgeldern für Banken (*bailout*) zur Verfügung gestellt (Bischoff/Lieber 2013).

[22] Dabei betonen post-keynesianische Beiträge, dass nicht nur Griechenland bereits vor dem Ausbruch der Eurokrise gegen die Maastricht-Kriterien verstoßen hat. Deutschland hatte zwischen 2000 und 2006 in fast jedem Jahr gegen den Stabilitäts- und Wachstumspakt verstoßen und andere Krisenländer, wie Spanien oder Irland, lagen in den 2000er Jahren durchgehend innerhalb der zulässigen Grenzen (Rosenthal 2012). Im Gegensatz zum strikten Umgang mit Griechenland oder anderen europäischen Ländern in der Krise blieben Deutschlands Verstöße gegen die Maastricht-Kriterien in den 2000er Jahren folgenlos.

[23] Die sogenannten "Hilfspakete" waren Kredite, die Schuldnerstaaten wie Griechenland inklusive Zinsen zurückzahlen müssen. So leiht sich Deutschland Geld am Kapitalmarkt zu geringeren Zinssätzen als es dies wieder weiter verleiht und macht damit sogar ein Geschäft mit ‚Hilfspaketen' (Dullien 2014, 36).

[24] Aufwertung einer Währung bedeutet, dass Exporte gegenüber einer Fremdwährung teurer und Importe billiger werden. Im Fall einer Abwertung ist dies genau umgekehrt.

allem in der Entwicklung der Reallöhne im Vergleich zu den anderen Euroländern. So ist die Lohnquote, das heißt der Anteil der Arbeitnehmer*innenentgelte am Volkseinkommen, in Deutschland zwischen 2000 und 2007 um fast 10 % gesunken, wodurch die preisliche Wettbewerbsfähigkeit der deutschen Wirtschaft gegenüber anderen Mitgliedsstaaten stark anstieg und einen „Exportboom" auslöste (Bofinger 2014). Wenn einige Staaten jedoch dauerhaft Exportüberschüsse erzielen, dann bedeutet dies im Umkehrschluss auch, dass andere Staaten dauerhaft Defizite hinnehmen müssen. Der deutsche Staat erscheint aus dieser Perspektive deshalb nicht als ‚Zahlmeister' der Eurokrise, sondern vielmehr als Profiteur einer exportorientierten Wachstumsstrategie auf Kosten der Nachbarländer (Dullien 2014).[25]
Zusammenfassend liegen die Ursachen der Eurokrise aus dieser Perspektive in der Konstruktion der Europäischen Währungsunion sowie der Wirtschafts- und Sozialpolitik (v. a. in Deutschland), die eine grundsätzliche Reform benötigen, um die anhaltende Krise zu überwinden. Die Finanzkrise sowie die darauffolgenden staatlichen Interventionen zugunsten der Vermögensbesitzer*innen und Banken waren in diesem Fall lediglich Auslöser tieferliegender Probleme. Politische Antworten versuchen entsprechend, auf die grundlegenden Ursachen der Krise einzugehen. Während einige Vertreter*innen davon überzeugt sind, dass vor allem in Deutschland die Reallöhne in den nächsten 10 bis 15 Jahren stärker als in anderen Mitgliedstaaten steigen müssten (Flassbeck 2014), sehen andere Ansatzpunkte in einer gemeinsamen Sozial- und Wirtschaftspolitik der EU sowie in einer dezidierten Demokratisierung der europäischen Institutionen (Busch et al. 2016, 9). Gemein ist den Vertreter*innen des keynesianischen Paradigmas eine Kritik an den verheerenden sozialen und ökonomischen Auswirkungen der vorherrschenden Austeritätspolitik, die Ungleichheit und Instabilität weiter forciert. Darüber hinaus geht es im Kern darum, das Primat der Politik über die Wirtschaft (und insbesondere die Finanzmärkte) zurückzugewinnen, um auf einen Wachstumspfad zurückkehren zu können und somit „Wohlstand für alle" (Erhard 1957) zu garantieren.

3 Von Marx lernen: Krisen als Ausdruck gesellschaftlicher Widersprüche

Eine kritische Gesellschaftstheorie im Anschluss an Marx geht nicht davon aus, dass Kapitalismus ohne Krisen auskommt, auch nicht mit sozialdemokratischer Umverteilungs- und Regulierungspolitik. Krisen sind dem System inhärent (Demirović u. a. 2011) und wiederholen sich zyklisch. Die Bearbeitung einer Krise legt die Basis für das Entstehen der nächsten.[26]

Die kapitalistische Produktionsweise ist ein profitorientiertes Wirtschaftssystem. Es beruht auf Warentausch, Wettbewerb und Privateigentum an Produktions- und Finanzmitteln. Die entscheidende Dynamik dieser Produktion liegt in der permanenten Re-Investition von Geld, mit dem Ziel, mehr Geld zu machen. Nur durch diese beständige Zirkulation wird Geld zu Kapital. Den Arbeiter*innen werden nur die Kosten für die Reproduktion ihrer Arbeitskraft als Lohn ausgezahlt, nicht der Wert der Waren, den sie erzeugt haben. Durch die Ausbeutung der Arbeitskraft kann ein Mehrwert entstehen. Der durch den Verkauf der Waren realisierte Profit wird anschließend privat angeeignet. Aufgrund des herrschenden Wettbewerbs muss dieser Profit dann wiederum der weiteren Verwertung zugeführt, also investiert, werden. Die Bedingungen der Konkurrenz zwingen also einzelnen Kapitalist*innen eine ste-

---

[25] „Nachbarländer" bezieht sich hier nicht lediglich auf die tatsächlich angrenzenden Länder, sondern auf alle, die Teil der Eurozone sind.

[26] „Wodurch überwindet die Bourgeoisie die Krisen? Einerseits durch die erzwungene Vernichtung einer Masse von Produktivkräften; anderseits durch die Eroberung neuer Märkte und die gründlichere Ausbeutung alter Märkte. Wodurch also? Dadurch, daß [sic] sie allseitigere und gewaltigere Krisen vorbereitet." (MEW 4, 468)

te Ausweitung ihres Profits auf. Eine Nichtbefolgung dieses stummen Zwangs (vgl. MEW 23, 764) hieße, dass Kapitaleigentümer*innen aus dem Markt gedrängt oder ihre Unternehmen von anderen übernommen würden.[27]
Zur kontinuierlichen Vermehrung von Profit braucht es stets größere Geldsummen zu Beginn des Kreislaufes. Bevor Waren produziert werden können, muss es einen Kapitalvorschuss geben, da Maschinen erst einmal gekauft werden, bevor das erste Auto vom Fließband rollt. Daher lässt sich das Banken- und Finanzsystem und damit die Möglichkeit Kredite zu schaffen als Herzstück des kapitalistischen Systems bezeichnen.

3.1 Blockaden der Kapitalzirkulation als Krisenauslöser

Die Kapitalzirkulation erfolgt keineswegs reibungslos, sondern umfasst von Grund auf potentielle Blockadepunkte, die zu Krisenauslösern werden können. Zum Beispiel, wenn Arbeiter*innen die Arbeit verweigern und so die Zirkulation gefährden.[28]

Die ‚Lösungen' des kapitalistischen Systems für solche Blockaden rufen jedoch neue Krisentendenzen hervor. Als die Ära des fordistischen, vermeintlich ‚goldenen Nachkriegskapitalismus' samt Wirtschaftswunder und relativ stark reguliertem Finanz- und Wirtschaftssystem spätestens in den 1970er Jahren in eine Krise geriet, gehörte eine verstärkte Finanzialisierung zum Repertoire des Krisenmanagements (Nölke/Heires 2014). Weltweit wuchs überschüssiges Kapital an, für welches profitable Anlagemöglichkeiten fehlten. Der Finanzsektor wurde zunehmend dereguliert und eine Reihe von risiko-, aber auch ertragreicheren Finanzprodukten geschaffen. Dies führte zu einer Ausdehnung des Finanzsektors (siehe oben). Diese Umgestaltung der Wirtschaft kann als neoliberale Reaktion auf die Krisentendenzen verstanden werden, die zwar zeitweise Kapitalanlagemöglichkeiten erschloss, jedoch keine neue stabile Phase der Akkumulation einleitete. Seit den 1970er Jahren hat es eine Vielzahl von Krisen gegeben, unter anderem die Schuldenkrise in Lateinamerika in den 1980ern, die Währungskrise in Mexiko 1994/95, die Ost-Asien-Krise 1997/98, die Dotcom-Krise in den USA 2000 oder die Krise Argentiniens 2001 (Bundeszentrale für politische Bildung 2010).

Politisch umgesetzt wurden neoliberale Politiken zunächst in der Pinochet-Diktatur Chiles, dann durch Reagan in den USA, Thatcher im Vereinigten Königreich und später in vielen europäischen Staaten. Finanzialisierung und die Auslagerung von Produktion in Niedriglohnregionen schwächten die Verhandlungsmacht von Arbeiter*innen. Zusätzlich wurden Gewerkschaften systematisch durch Repression geschwächt. Dies sorgte ebenfalls für neue Krisentendenzen: Wegen sinkender Reallöhne und steigender Ungleichheit fehlten mittel- bis langfristig die Konsument*innen der hergestellten Produkte – ein weiterer Punkt im Kapitalkreislauf, der für Blockaden sorgen kann (Harvey 2011).

[27] „In der Konkurrenz erscheint diese innere Tendenz des Kapitals als ein Zwang, der ihm von fremdem Kapital angetan wird und der es vorantreibt über die richtige Proportion mit beständigem Marche, marche! [...] Begrifflich ist die Konkurrenz nichts als die innere Natur des Kapitals, seine wesentliche Bestimmung, erscheinend und realisiert als Wechselwirkung der vielen Kapitalien aufeinander, die innere Tendenz als äußerliche Notwendigkeit." (MEW 42, 327)

[28] Der Streik der Gewerkschaft Deutscher Lokomotivführer (*GDL*) (Zeit Online, 2015) führt dies vor Augen, da er gleich mehrfache Blockaden auslöste. Einerseits kamen viele Beschäftigte nicht mehr zur Arbeit, andererseits gelangten produzierte Güter nicht mehr an ihren Bestimmungsort. Die Streikenden konnten so auf verschiedene Interessensgruppen Druck ausüben.

3.2 Die Finanzkrise als Folge des neoliberalen Krisenmanagements

Um den Konsum aufrecht zu erhalten, wurde in den angloamerikanischen, aber auch südeuropäischen Ländern die private Kreditvergabe massiv ausgedehnt (Crouch 2009, 387 ff.), was eine starke Abhängigkeit privater Haushalte vom Finanzmarkt zur Folge hatte. Die durchschnittliche Verschuldung beträgt heute in den USA 131.000 Dollar pro Haushalt (El Issa 2016). Zusätzlich war es aufgrund sinkender Profitraten im industriellen Sektor profitabler, Geldkapital innerhalb des Finanzsystems mit relativ hohen Gewinnmargen anzulegen. Wie oben erwähnt verschränkten sich vor allem auf dem Immobilien- und Hypothekenmarkt diese beiden Tendenzen: hohe private Verschuldung traf auf risikoreiche Finanzprodukte. Dies führte zur oben bereits beschriebenen Subprime-Krise und der darauffolgenden Bankenkrise. Wegen der liberalisierten Regeln des internationalen Finanzsektors kam es zu einer schnellen ‚Ansteckung' über den Atlantik hinweg, da viele europäische Banken in amerikanische Hypothekengeschäfte verwickelt und nun mit hohen Verlusten konfrontiert waren (Becker/Jäger 2008).

Aus dieser Perspektive können für die Finanzkrise also nicht einzelne Unternehmer*innen oder Fehlentscheidungen verantwortlich gemacht werden, sondern die dem Kapitalismus immanenten Widersprüche und ihre konkrete politische Aushandlung, in diesem Falle eine neoliberale, finanzialisierte Umgestaltung der globalen Wirtschaft.

3.3 Die Eurokrise: Klassenkampf von oben

Die Ursachen der wirtschaftlichen, politischen und sozialen Krise in Europa sind nicht nur in der Finanzkrise zu suchen, sondern in den geschilderten Widersprüchen der kapitalistischen Produktionsweise sowie in der besonderen politischen Ökonomie Europas. Die Krise zeichnete sich in dieser Region nicht erst seit 2007 ab, sondern spätestens mit der Entstehung der europäischen Wirtschaftszone (Karrass et al. 2004, 77 f.). Bestehende Ungleichgewichte innerhalb Europas wurden nicht durch soziale und politische Maßnahmen der Umverteilung zu bewältigen versucht. Im Gegenteil: Staaten wie Deutschland oder die Niederlande profitierten von der Eurozone, da sie die besseren Produktionsbedingungen, flankiert von einer Niedriglohn- und Flexibilisierungspolitik (siehe oben die Erklärung des post-keynesianischen Krisen-Narrativs), vorweisen konnten (Sozialistische Studiengruppe (SOST) e. V. 2013, 45 ff.). Auf der anderen Seite erhielten Griechenland, Spanien oder Portugal billige Kredite von z. B. deutschen und französischen Banken, um als Zielregion der Exporte anderer Eurostaaten zu dienen. Sie waren gezwungen, eigene Produktionsstätten zu schließen und schuldenbasierte Wirtschaftsbereiche wie den Tourismus und die Bauindustrie anzukurbeln (ebd.). Beides sind jedoch Sektoren, die besonders in Krisenzeiten schnell erschüttert werden, wie sich mit der Baukrise in Spanien und Irland ab 2008 zeigte (Moury 2014, 7). Aufgrund des Platzens der Immobilienblase in Spanien brach der Bausektor zusammen (Gros 2011). Tausende Arbeitsplätze in der Branche wurden vernichtet und Menschen verloren aufgrund der steigenden Zinsen auf Immobilienkredite ihren Wohnraum (Köhler 2010). Damit standen nicht nur in den USA, sondern auch in Europa, Millionen von leeren Häusern Millionen von obdachlosen Menschen gegenüber.

Die vom Finanzsektor auf den Immobiliensektor und die Wirtschaft generell übergreifende Krise weitete die Kluft zwischen den Kernstaaten und den Ökonomien der Peripherie. Die zunehmenden Probleme der sogenannten Krisenstaaten, sich über die Finanzmärkte zu finanzieren, um ihre Schulden zu bedienen, sollten im Interesse der Exportwirtschaft Kerneuropas gelöst werden. Daher gab es Kredite nur im Gegenzug von Reformen, welche die Wettbewerbsfähigkeit und „das Vertrauen der Finanzmärkte" (Schäuble 2012) wiederherstellen sollten. Ein umfassender Schuldenschnitt konnte nicht durchgesetzt werden, da dieser vor allem ausländische private Gläubiger*innen belastet hätte. Die Konditionalisierung der sogenannten Hilfskredite bedeutete Einschnitte in die sozialen Sicherungssysteme, demokratischen Verfahren und politischen Rechte der betroffenen Bevölkerungen. Versammlungsfreiheit und Streikrechte wurden ausgehöhlt, Löhne und Renten gekürzt sowie Investitionen in Bildung, medizinische Versorgung und Verwaltungsstrukturen eingeschränkt (zu Griechenland vgl. z. B. Giannitsis 2015 und Philipp in diesem Band). Geschützt werden also in erster Linie die Interessen von Kapitaleigentümer*innen inner- und außerhalb der Krisenstaaten, weswegen diese politischen Maßnahmen als ein „Klassenkampf von oben" verstanden werden können (Blyth 2013). Durch die erzwungene Verlängerung von Arbeitszeiten und Lohnkürzungen wird einerseits eine Erhöhung des abpressbaren Mehrwerts durchgesetzt – Arbeiter*innen erhalten kaum noch einen Lohn, der ihre Reproduktionskosten deckt, während sich die Rate des privat angeeigneten Profits erhöht. Privatisierungen wiederum erschließen neue Anlagemöglichkeiten für Kapital, indem vormals der öffentlichen Hand vorbehaltene Sektoren zu Investitionsgütern werden. Das durchgesetzte Krisenmanagement spiegelt somit die Kräfteverhältnisse in und zwischen den europäischen und nationalen Staatsapparaten wider, welche deutlich zu Ungunsten der lohnabhängigen und strukturell marginalisierten Teile der Bevölkerung (Migrant*innen, Frauen*, Erwerbslose, junge Menschen etc.), also den subalternen Klassen, ausfallen.

3.4 Über den Tellerrand hinaus: Eine oder viele Krisen?

Ausgehend von der Annahme, dass die kapitalistische Produktionsweise eine umfassende Vergesellschaftung bedingt, die alle Bereiche einer sozialen Formation miteinander in Beziehung setzt, sind nicht nur Wirtschaft und Politik in einer Situation der Krise. Kapitalzirkulation ist auch auf die zunehmende Vernutzung ökologischer Ressourcen angewiesen. In den gesellschaftlichen Naturverhältnissen des Kapitalismus wird Umwelt zu einem Input im Verwertungskreislauf und einer strategischen Ressource, die es zu beherrschen gilt (Görg 2004). Die ökologische Krise ist somit auch eine soziale Krise, da sie die Lebensgrundlage ganzer Gesellschaften zerstört. Somit wird auch die Krise des Migrationsmanagements als Teil miteinander verschränkter Krisendynamiken verstehbar. Neben Fluchtursachen wie Krieg, Terrorismus, Repression und Verfolgung werden bis 2040 allein aufgrund des Klimawandels 200 Millionen Flüchtende weltweit erwartet (Jakobeit/Methmann 2014). Ungeachtet der Tatsache, dass die überwiegende Zahl flüchtender Menschen in den jeweiligen Nachbarregionen auf die Möglichkeit der Rückkehr warten und sich keineswegs nach Europa zu retten versuchen,[29] wird insbesondere das kurzzeitige Zusammenbrechen der Migrationsabwehr im Sommer 2015 zu einem Feld rechtspopulistischer Mobilisierung. In Deutschland hat sich mit PEGIDA der Rassismus auf der Straße artikuliert, mit der AfD zieht eine Partei in Parlamente ein, deren Erfolg sich in eine europaweite Erstarkung der neurechten und rechtspopulistischen Kräfte einreiht. Auch die Wahl Donald Trumps zum US-Präsidenten steht für einen zunehmenden Vertrauensverlust in die etablierten politischen Akteur*innen und Institutionen, der oftmals als eine Krise der Repräsentation diskutiert wird (z. B. APuZ 2016). Die Krise setzt sich zudem auch in unseren ganz persönlichen Verhältnissen fort: Leistungsdruck und Flexibilität erschweren die eigene psychische und physische Reproduktion zusehends, Depressionserkrankungen und Erschöpfung breiten sich aus (Knebel 2013). Die gegenwärtige Krise des Kapitalismus ist also eine Vielfach- oder auch multiple Krise.

Eine an Marx angelehnte Betrachtung gesellschaftlicher Prozesse muss jedoch auch kollektive Handlungsfähigkeit und -notwendigkeit betonen – Geschichte wird nicht durch das ‚automatische Subjekt des Kapitals' gemacht, sondern von Menschen, durch soziale Ausei-

[29] Allein im Libanon waren bis Mai 2015 mehr als 1,1 Millionen Geflüchtete registriert (UNHCR 2017).

nandersetzungen. In den letzten Jahren haben sich auch viele Millionen Menschen organisiert und ihre Schulen, Krankenhäuser, Wohnräume, Arbeitsplätze, Umwelt und Lebensbedingungen verteidigt. Es hat massenhafte Proteste gegeben und neue politische Akteur*innen sind entstanden. Die Multidimensionalität und Tiefe der Krise sprechen deutlich gegen ein baldiges Einpendeln auf einen stabilen politökonomischen und sozialen Kurs. Die Konflikte um Ursachen und Gegenstrategien werden sich ebenso fortsetzen wie die diskursiven Kämpfe um die Interpretation der gegenwärtigen Lage.

4 Fazit: Die Macht (der Kritik) von Geschichten

Die drei Narrative stehen exemplarisch für sehr unterschiedliche Erzählungen der Finanz- und Eurokrise, die in ähnlicher Form immer wieder in politischen und wissenschaftlichen Debatten auftauchen. Unsere vergleichende Gegenüberstellung zeigt hierbei, dass die Deutung gesellschaftlicher Wirklichkeit umstritten ist und sich je nach Grundannahmen und Reichweite des theoretischen Ansatzes unterscheidet. Da gesellschaftliche Diskurse und hegemoniale Kräfteverhältnisse in einem engen Verhältnis zueinander stehen, geht es auch um die Frage, wessen Interessen mit welchen Erzählungen zusammenhängen. Das Herausarbeiten dieser Zusammenhänge durch einen multi-perspektivischen Ansatz ist Kernstück einer kritischen Bildungspraxis. Verschiedene Erzählungen der Finanz-, Euro- oder gar der multiplen Krise zeitigen ganz unterschiedliche Ergebnisse und rechtfertigen verschiedene politische Maßnahmen: von Austerität über Regulierung im Sinne einer gemeinsamen europäischen Wirtschafts- und Sozialpolitik hin zu einer grundsätzlichen Infragestellung der kapitalistischen Produktionsweise. Erst eine gesellschaftstheoretische Einbettung erlaubt, die Zusammenhänge einzelner Krisensymptome zu verstehen und die gesellschaftlichen Strukturen, die diese bedingen, einer politischen Diskussion zugänglich zu machen, um sie als keineswegs natürlich oder alternativlos darzustellen. Solch eine Re-Politisierung ist nach wie vor essentiell in der Debatte um die Zukunft Europas, denn Austeritätspolitik gilt vielen noch immer als das beste Rezept gegen die vermeintlich selbst verschuldete Krise im Euroraum. Der deutsche Finanzminister erhöht trotz des offensichtlichen Misserfolgs der Kürzungspolitik den Druck auf die griechische Regierung, die von außen aufgezwungenen Reformen weiter durchzuführen und beschuldigt, das Land sich einen „zu hohen Lebensstandard" (Deutschlandfunk 2017) zu leisten. Eine Aussage, die in Anbetracht der bekannten sozialen Lage keine bloße Fehleinschätzung ist, sondern eine hochgradig politische Äußerung, die den anhaltenden Machtkampf innerhalb der Eurozone illustriert. Flankiert wurde und wird diese Strategie von der medialen Berichterstattung zur Krise, dem einseitigen (wirtschafts-) wissenschaftlichen Diskurs sowie dem starken Druck von Lobby-Verbänden zur Etablierung eines Schulfaches ‚Wirtschaft‘.[30]Die Einseitigkeit von Geschichten der Finanz- und Eurokrise trägt zur Normalisierung der deklarierten ‚Alternativlosigkeit‘ bei. Diese Politik der ‚Alternativlosigkeit‘ ist es jedoch, die aktuell zum Beispiel in Griechenland zu einer massiven Verarmung und fehlenden Perspektive innerhalb der Bevölkerung führt, in deren Folge wiederum die Anzahl der Suizide stark anstieg (Branas et al. 2015, 5). Vor diesem Hintergrund sind Orte der kritischen Reflexion, des Streits und der alternativen Perspektiven zentral für eine politische und politisierende Europabildung.

[30]Siehe auch Heseding in diesem Band

Literatur

Adichie, C. (2009): Die Gefahr der einen einzigen Geschichte. TEDGlobal 2009, übersetzt von Katja Tongucer. Online abrufbar unter: https://www.ted.com/talks/chimamanda_adichie_the_danger_of_a_single_story/transcript?language=de (letzter Zugriff 17.04.2017).

APuZ – Aus Politik und Zeitgeschichte (2016): Repräsentation in der Krise? APuZ 40-42/2016. Online abrufbar unter: http://www.bpb.de/shop/zeitschriften/apuz/234711/repraesentation-in-der-krise (letzter Zugriff 22.02.2017).

Becker, J./Jäger, J. (2008): Die Subprime Krise und Europa. In: Kurswechsel, 2/2008, 82–93.

Blyth, M. (2013): „Deutschland schafft das nicht", Interview SPIEGELonline, 14.10.2013. Online abrufbar unter: http://www.spiegel.de/spiegel/print/d-116119661.html (letzter Zugriff 22.02.2017).

Bofinger, P. (2014): Deutschland ist ein Vorbild für Europa. In: Meyer, H./Watts, A. (Hrsg):Die 10 Mythen der Eurokrise: ... und warum sie falsch sind, IMK: SE Publishing, 47-58.

Branas, C. C./Kastanaki, A. E./Michalodimitrakis, M./Tzougas, J. u. a. (2015): The impact of economic austerity and prosperity events on suicide in Greece: a 30-year interrupted time-series analysis. In: BMJ Open 5/2015.

Bundeszentrale für politische Bildung (2010): Größere Finanzkrisen seit 1970. Online abrufbar unter: http://www.bpb.de/nachschlagen/zahlen-und-fakten/globalisierung/52625/finanzkrisen-seit-1970 (letzter Zugriff 22.02.2017).

Busch, K./Troost, A./Schwan, G./Bsirske, F. u. a. (2016): Europa geht auch solidarisch! Streitschrift für eine andere Europäische Union. Hamburg.

Cox, R. (1981): Social Forces, States and World Orders: Beyond International Relations Theory. In: Millennium – Journal of International Studies 10 (2), 126-155.

Crouch, C. (2009): Privatised Keynesianism: An Unacknowledged Policy Regime. In: The British Journal of Politics and International Relations 11 (3), 382-399.

Davidson, P. (2009): Alternative Explanations of the Operation of a Capitalist Economy. In: Challenge, 52 (6), 5-28.

Demirović, A. (2007). Politische Gesellschaft – zivile Gesellschaft. Zur Theorie des integralen Staates bei Antonio Gramsci. In: Buckel, S./Fischer-Lescano, A. (2007) (Hrsg.): Hegemonie gepanzert mit Zwang. Zivilgesellschaft und Politik im Staatsverständnis Antonio Gramscis, Baden-Baden, 21-41.

Demirović, A./Dück, J./Becker, F./Bader, P. (Hrsg.) (2011): VielfachKrise. Im finanzmarktdominierten Kapitalismus. Hamburg.

Detzer, D.,/Herr, H. (2014): Theories of financial crises – an overview, IPE Working Paper No.32/2014, Institute for International Political Economy Berlin, Online abrufbar unter: http://www.ipe-berlin.org/fileadmin/downloads/working_paper/ipe_working_paper_32.pdf (letzter Zugriff: 22.02.2017).

Deutschlandfunk (2017): Tsipras wirft Schäuble und IWF "Spiel mit dem Feuer" vor. 11.02.2017. Online abrufbar unter: http://www.deutschlandfunk.de/griechische-schuldenkrise-tsipras-wirft-schaeuble-und-iwf.1818.de.html?dram:article_id=378729 (letzter Zugriff: 22.02.2017).

Dullien, S. (2014): Deutschland ist der Zahlmeister Europas. In: Die 10 Mythen der Eurokrise: ... und warum sie falsch sind. Meyer, H./ Watt, A. (Hrsg), IMK: SE Publishing, 33-46.

EEAG (2011): The EEAG Report on the European Economy, Munich: CESifo.

El Issa, E. (2016): 2016 American Household Credit Card Debt Study. Nerdwallet. Online abrufbar unter: https://www.nerdwallet.com/blog/average-credit-card-debt-household/ (letzter Zugriff: 22.02.2017).

Erhard, L. (1957): Wohlstand für alle. Düsseldorf.
Europäische Kommission (2010): Bericht zu den Statistiken Griechenlands über das öffentliche Defizit und den öffentlichen Schuldenstand. Brüssel. Online abrufbar unter: http://ec.europa.eu/eurostat/documents/4187653/6406122/COM_2010_bericht_Griechenland.pdf/b8b1d598-617a-438f-b705-d68153f5dd25 (letzter Zugriff: 03.09.2010).
Flassbeck, H. (2015): Die Eurokrise und die Krise des ökonomischen Urteilsvermögens. In: Betriff JUSTIZ Nr.124, online abrufbar: http://www.flassbeck-economics.de/wp-content/uploads/2015/11/ArtikelFE.pdf (letzter Zugriff: 22.02.2017).
Schömann-Finck, C./dpa (2013): Als die Gier der Banker die Welt ins Chaos stürzte, Focus online, 12.09.2013, online abrufbar: http://www.focus.de/finanzen/news/tid-33482/fuenf-jahre-lehman-pleite-der-tag-der-die-welt-acht-billionen-dollar-kostete_aid_1098806.html (letzter Zugriff 22.02.2017).
Friedman, J. (2009): A crisis of politics, not economics: Complexity, ignorance, and policy failure. In: Critical Review, 21 (2-3), 127-183.
Giannitsis, Z. (2015): Greece: Solidarity and Adjustment in Times of Crisis, Studie im Auftrag des IMK in der Hans-Böckler-Stiftung, Athen, März 2015.
Gowan, P. (2009): Crisis in the heartland: consequences of the New Wall Street System. In: Real-World Economics Review, *50*, 101-117.
Gramsci, A. (1979): Selections from the Prison Notebooks. New York.
Gutiérrez, R. (2014): Welfare Performance in Southern Europe: Employment Crisis and Poverty Risk. In: South European Society and Politics, 19 (3), 371–392.
Görg, C. (2004): Ökologischer Imperialismus. Ressourcenkonflikte und ökologische Abhängigkeiten in der neoliberalen Globalisierung. In: Widerspruch, 24 (47/04), 95–107.
Harvey, D. (2011): Crises, Geographic Disruptions and the Uneven Development of Political Responses. Roepke Lecture in Economic Geography, 87 (1), 1–22.
Hassel, A./Lütz, S. (2010): Durch die Krise aus der Krise? Die neue Stärke des Staates. In: Der Moderne Staat–Zeitschrift für Public Policy, Recht und Management, *3* (2), 251-271.
Hein, E./Truger, A./van Treeck, T. (2011): The European Financial and Economic Crisis: Alternative Solutions from a (Post-) Keynesian Perspective, IMK Working Paper 9/2011.
Holt, J. (2009): A Summary of Primary Causes of the Housing Bubble and the Resulting Credit Crisis: A Non-Technical Paper. In: The Journal of Business Inquiry, 8 (1), 120-129.
Jakobeit, C./Methmann, C. (2007): Klimaflüchtlinge. Eine Studie im Auftrag von Greenpeace. Online abrufbar unter: https://www.greenpeace.de/sites/www.greenpeace.de/files/klimafluechtlinge_endv_0.PDF (letzter Zugriff 22.02.2017).
Kaletsky, A. (2009): Goodbye, homo economicus. Real-World Economics Review, 50, 151-156. Online abrufbar unter: http://www.paecon.net/PAEReview/issue50/Kaletsky50.pdf (letzter Zugriff 22.02.2017).
Karrass, A./Schmidt, I./Bieling, H.-J./Deppe, F./Dräger, K./Huffschmid, J. (2004): Europa: lieber sozial als neoliberal. Hamburg.
Knebel, L. (2013): Anstieg „depressiver Störungen“ im neoliberalen Kapitalismus? Kritisch-psychologische Anmerkungen zu Methode und Ergebnissen der Depressionsforschung. In: Forum Gemeindepsychologie, Jg. 18, Ausgabe 1. Online abrufbar unter: http://www.kritische-psychologie.de/2013/anstieg-depressiver-stoerungen-im-neoliberalen-kapitalismus (letzter Zugriff 22.02.2017).
Köhler, H.-D. (2010): Spanien in Zeiten der globalen Wirtschaftskrise. Bundeszentrale für politische Bildung, 30.08.2010. Online abrufbar unter: http://www.bpb.de/apuz/32536/spanien-in-zeiten-der-globalen-wirtschaftskrise?p=all (letzter Zugriff 22.02.2017).
Lawson, T. (2009): The current economic crisis: its nature and course of academic economics, Cambridge Journal of Economics, 33 (4), 759-777.

Landeszentrale für Politische Bildung Baden-Württemberg (2017): Ursachen der Krise in Griechenland. Online abrufbar unter: https://www.lpb-bw.de/ursachen_krise_griechen land.html (letzter Zugriff 22.02.2017).
Marx, K. (1962): Das Kapital, Kritik der Politischen Ökonomie. Band 1. MEW 23, 1867. Berlin.
Marx, K. (1983): Grundrisse der Kritik der politischen Ökonomie, MEW 42, 1857/1858. Berlin.
Marx, K., & Engels, F. (1974): Das Manifest der Kommunistischen Partei. MEW 4, 1848. Berlin.
Minsky, H. P. (2011): Instabilität und Kapitalismus. Berlin.
Nölker, A./Heires, M. (Hrsg.) (2014): Politische Ökonomie der Finanzialisierung. Wiesbaden.
Palley, T. I. (2010): The Limits of Minsky's Finacial Instabiltiy Hypothesis as an Explanation for the Crisis. In: Monthly Review Press, 61 (11).
Palley, T. I. (2013): Gattopardo economics: The crisis and the mainstream response of change that keeps things the same, IMK Working Paper, No. 112.
Pühretmayer, H. (2005): Über das Politische des Wissenschaftlichen. Interventionen des Critical Realism in verschiedenen Ökonomietheorien. In: Kurswechsel 4/2005, 28-44.
Rocholl, J./Stahmer, A. (2016): Where did the Greek bailout money go? ESMT Working Paper No. WP-16-02. Online abrufbar: http://static.esmt.org/publications/whitepapers/WP-16-02.pdf (letzter Zugriff 22.02.2017).
Rosenthal, J. (2012): Germany and the Euro Crisis: Is the Power House Really So Pure?. In: World Affairs,Mai/June 2012. Online abrufbar: http://www.worldaffairsjournal.org/article /germany-and-euro-crisis-powerhouse-really-so- pure (letzter Zugriff 22.02.2017).
Rupert, M. (2005): Reading Gramsci in an Era of Globalising Capitalism. In: Critical Review of International Social and Political Philosophy, 8 (4), 483-93.
Schäuble, W. (2012): Der Bundesfinanzminister im Interview mit dem Südwestrundfunk, 23.02.2012. Online abrufbar unter: http://www.bundesfinanzministerium.de/Content/ DE/Audio/Alternativtexte/2012-08-23-swr2.html?nn=16448&__iDocId=300236&__act= renderPdf&view=pdf (letzter Zugriff 22.02.2017)
Schlichting, G./Schiffer, N. (2013): Die Staatsschuldenkrise Griechenlands: Ursachen, durchgeführte Hilfsmaßnahmen und ein möglicher Schuldenerlass. Wissenschaftliche Schriften des Fachbereichs Wirtschaftswissenschaften, Hochschule Koblenz - University of Applied Sciences, (12-2013).
Schönauer, M. (2015): Selfies gegen Griechenland: Presserat missbilligt "Bild". In: Bildblog. Kritisches über deutsche Medien, 22.06.2015. Online abrufbar: http://www.bildblog.de/ tag/pleite- griechen/ (letzter Zugriff 22.02.2017).
Shiller, R. A./Akerlof, G. (2009): Animal Spirits. Wie Wirtschaft wirklich funktioniert. Frankfurt/Main.
Sozialistische Studiengruppe (SOST) e. V. (Hrsg.) (2013): EuroMemo 2013. Die Krise in der Europäischen Union verschärft sich: Ein grundlegender wirtschaftspolitischer Wandel ist notwendig. *Sozialismus* (3). Hamburg.
UNHCR (2017). Lebanon. Online abrufbar unter: http://reporting.unhcr.org/node/2520#_ga= 1.240214019.1403517288.1487429426 (letzter Zugriff 22.02.2017).
Wullweber, J. (2016): A Grave Case of Myopia? Die globale Finanzmarktkrise und die Internationale Politische Ökonomie. Zeitschrift für Politikwissenschaft, 26 (1), 105-121.
Young, B. (2009): Die Subprime-Krise und die geschlechtsspezifische Schuldenfalle. In: WISO, 15-26. Online abrufbar: http://library.fes.de/pdf-files/wiso/06753-20091109.pdf (letzter Zugriff 22.02.2017).

Zeit Online (2015): Längster Streik der Bahn-Geschichte hat begonnen. 05.05.2015. Online abrufbar unter: http://www.zeit.de/wirtschaft/unternehmen/2015-05/bahn-streik-beginnt (letzter Zugriff 22.02.2017).

Angaben zu den Personen:

Die Autor*innen organisierten die Ringvorlesung „Leben in Zeiten der multiplen Krise" im WS 2015/2016 an der Uni Kassel

Jannis Eicker

arbeitet derzeit beim *netzwerk n* und promoviert zum Hegemonieprojekt der extremen Rechten in der BRD.

Anne Engelhardt

promoviert derzeit an der Universität Kassel zu Arbeitskämpfen im Logistiksektor Brasiliens und Portugals, sie hat die öffentlichen Ringvorlesungen „Leben in Zeiten der multiplen Krise" und „Welt aus den Fugen?" mit initiiert und arbeitet als Lehrbeauftragte an der Universität Kassel.

Carolin Müller

studiert Global Political Economy im Master an der Universität Kassel und arbeitet im Rahmen der Ringvorlesung „Welt aus den Fugen? Krisen, Konflikte, Widerstand".

Anil Shah

arbeitet als Referent in der europaweiten Kampagne SUPPLY CHA!NGE, die sich für soziale und ökologische Gerechtigkeit in den Lieferketten von Supermärkten einsetzt. Zuvor studierte er Global Political Economy an der Universität Kassel.

Norma Tiedemann

studierte Global Political Economy, hat zeitweise an der Universität Kassel im Rahmen der Ringvorlesungen „Leben in Zeiten der multiplen Krise" sowie „Welt aus den Fugen?" gearbeitet und bereitet derzeit ihre Dissertation zu progressiven Stadtpolitiken vor.

Bernd Reef

Ökonomische Probleme in der EU: Renationalisierung der Wirtschaftspolitik als Lösung?

Zusammenfassung: Der Prozess der europäischen Integration befindet sich in einer tiefen Krise. Diese ist auch Folge ökonomischer Probleme Europas. Der Artikel geht der Frage nach, ob diese Probleme durch eine Renationalisierung der Wirtschaftspolitik reduziert werden können. Diskutiert werden die Effekte des Austritts von Staaten aus der EWU sowie einer weitergehenden protektionistischen Politik. Der Autor kommt zu dem Ergebnis, dass eine weitere Supranationalisierung und Neuorientierung der Wirtschafts- und Finanzpolitik, auch von einem linken politischen Standpunkt aus, einer Renationalisierung vorzuziehen ist.

Schlüsselbegriffe: Geld-, Wirtschafts- und Finanzpolitik, EWU, Protektionismus

Economic problems in the EU: Re-nationalisation of economic policy as a solution?

Abstract: The process of European integration is in deep crisis. And this crisis follows on from a European economic crisis. This article asks whether these problems can be solved by a re-nationalisation of economic policy. Under discussion are the implications for the EMU if some states (especially Greece) were to leave, as well as the possible effects of protectionism. The author concludes that a further supranationalisation and a realignment of economic and financial policy would be the better alternative – even from a political left point of view

Keywords: monetary, economic and financial policy, EMU, protectionism

Einleitung

Das Projekt der europäischen Integration befindet sich in einer tiefen Krise. Zwar gab es auch bisher schon Phasen der Stagnation im europäischen Integrationsprozess – solchen Stagnationsphasen folgten aber bislang Phasen der Erweiterung und Vertiefung der europäischen Gemeinschaften und – später – der Europäischen Union. Man kann sie, wenn auch mit Einschränkungen, als produktive Krisen insofern einordnen, als sie schließlich in weitere Integrationsschritte mündeten (Kaelble 2013). Nun aber wird mit dem Volksentscheid im UK, aus der EU auszutreten, der Integrationsgrad erstmals in der Geschichte der EU zurückgenommen, und zwar erheblich und mit unabsehbaren Folgen. Eine weitere Desintegration bis hin zur Auflösung der EU ist keineswegs unvorstellbar.

Die Widerstände gegen eine Erweiterung und Vertiefung der Europäischen Union oder sogar gegen den erreichten Integrationsgrad haben verschiedene Gründe. Nicht zuletzt dürften sie in ökonomischen Problemen und damit verbundenen sozialen Spannungen wurzeln. In diesem Aufsatz will ich der Frage nachgehen, ob diese Probleme durch eine Rücknahme bereits gegangener Integrationsschritte gelöst oder gelindert werden können, das heißt durch mehr oder weniger weit gehende Schritte der Desintegration und Renationalisierung der Wirtschaftspolitik. Um die Frage beantworten zu können, bedarf es eines Wertmaßstabes, an dem die Politikoptionen vergleichend bewertet werden. Ich bekenne mich zu den Gerechtigkeitsgrundsätzen, die John Rawls (1979, 336) aufgestellt hat, insbesondere zum sogenannten Differenzprinzip, wonach aus allen möglichen Welten diejenige Welt vorzuziehen ist, in der es der Person, der es in dieser Welt am schlechtesten geht, immerhin noch besser ginge als all denjenigen Menschen, die jeweils in einer der anderen möglichen Welten auf der untersten Sprosse der Wohlfahrtsleiter stünden. Nur: Wie will man herausfinden, wie sich z. B. die Einführung von Eurobonds, die Etablierung einer Europäischen Wirtschaftsregierung oder im Gegenteil die Auflösung des Binnenmarktes auf die Wohlfahrten von Millionen von Menschen auswirkt? Das ist unmöglich. Deswegen begnüge ich mich hier mit einer groben Faustregel: Danach sind solche politischen Optionen vorzuziehen, welche die Lage von Menschen mit relativ geringen Einkommen verbessern. In Norberto Bobbios politischer Geographie mit den Koordinaten „Gleichheit" und „Freiheit" nehme ich den Standpunkt eines „liberalen Sozialisten" ein (Bobbio 1994). Freilich ist mit einer normativen Positionierung noch kein konkretes Urteil über eine bestimmte Politikoption gewonnen. Dazu braucht man des Weiteren wahre Aussagen darüber, wie sich die Alternativen jeweils auf das BIP und die Einkommensverteilung auswirken. Ich maße mir nicht an, zu wissen, welche das sind. Gleichwohl werde ich – bei aller Vorsicht – hier die Hypothese vertreten und zu begründen versuchen, dass eine Renationalisierung der Wirtschaftspolitik nicht nur in ein ökonomisches Desaster führen würde, sondern grundsätzlich mit einer ‚linken' politischen Ethik kaum vereinbar ist. Deswegen plädiere ich für eine weitere Vertiefung der europäischen Integration.

1 Die ökonomische Krise in der EU und ihre Ursachen

Mitte 2007 platzte in den USA eine aus diversen Quellen genährte Immobilienblase. Sie führte in eine weltweite Finanzmarktkrise, die ihrerseits die tiefste weltweite Rezession seit den 1930er Jahren auslöste. An die Finanzmarktkrise schlossen sich in Europa Refinanzierungskrisen einiger Staaten an, abzulesen an stark steigenden Umlaufrenditen zehnjähriger Staatsanleihen sowie der Kurse von Kreditausfallversicherungen (CDS) für Anleihen dieser Staaten. Den Anfang machte Griechenland. (Zum Verlauf der Krise speziell in Griechenland siehe Kazákos 2015.) Griechenland bewegt sich seit 2010 ständig am Rande des Staatsbankrotts. Zuletzt drohte im Sommer 2015 Zahlungsunfähigkeit des griechischen Staates, woraufhin das nun schon dritte Hilfspaket (nun aus dem ESM) geschnürt wurde (Vogel 2015). Nach Griechenland gerieten zunächst Irland und Portugal unter Druck, seit August 2011 auch Spanien und Italien, später (2013) noch Zypern. Sogar Frankreich wurde zeitweise (2011) von der Welle allgemeiner Verunsicherung auf den Finanzmärkten erfasst. Was die staatlichen Refinanzierungskrisen so hartnäckig macht, ist, dass sie eingewoben sind in ein „infernalisches Dreieck" aus Staatsschulden-, Banken- und makroökonomischer Krise (Bofinger 2012, 93 ff; Sachverständigenrat 2012). Es sieht nicht so aus, dass diese Vielfach-Krise schon gelöst ist (Sachverständigenrat 2016, 245 ff; Horn et al. 2017).

Um Strategien zu ihrer Bewältigung abwägen zu können, muss man die Ursachen der Krisen in Europa analysieren. Dies kann hier nicht in der eigentlich erforderlichen Tiefe geleistet werden. (Aus der Fülle der Literatur zu dieser Frage seien beispielhaft angeführt: Horn 2016, Abschnitt. 5.3.3, 116-125; Dullien 2016; Schwarzer 2015; Brunetti 2011, Kap. 8, Straubhaar/Vöpel 2011; Neubäumer 2011; Hickel 2011; Maurer 2010.) Weitgehend unstrittig ist, dass die (Staatsfinanzierungs-) Krise auf ein Bündel aus drei Faktoren zurückgeht, nämlich auf hohe öffentliche und private Verschuldung, (spiegelbildlich dazu) auf hohe Leistungsbilanzdefizite der Krisenländer und auf den Verlust der geld- und wechselkurspolitischen Autonomie in der EWU. Zu ergänzen ist sicherlich, dass insbesondere im Fall Griechenlands interne Verursachungsfaktoren eine wichtige Rolle spielen. (Siehe dazu mehrere Artikel in Klemm/Schultheiß 2015.) Nun kann man übereinkommen, dass die ökonomischen Probleme zu tun haben mit Leistungsbilanzungleichgewichten, Staatsverschuldung und den Zwängen einer Währungsunion; man kann auch übereinkommen, dass die multiple

Krise im Euroraum durch die 2007 ausgebrochene weltweite Finanzmarktkrise und die folgende Große Rezession ausgelöst worden ist. Gleichwohl kann man zu unterschiedlichen Einschätzungen bezüglich der Frage kommen, was denn der tiefere Grund der Krise ist: Ist sie Folge politischer Fehler („Staatsversagen")? Oder zeigt sich in ihr, dass Märkte als Institutionen, welche die Güterallokation regeln, diese nicht immer auf einen stabilen und effizienten Gleichgewichtspfad zu führen vermögen („Marktversagen")?

In der Makroökonomik dominierten mindestens bis zum Beginn der weltweiten Finanzmarktkrise 2007 neuklassische und neukeynesianische Modelle. (Beide werden skizziert in Reef 2013, 187-198, etwas ausführlicher in Reef 2010, 210-251.) Sowohl neuklassische als auch neukeynesianische Theorien trauen dem Mechanismus flexibler Preise zu, Arbeitsteilung stets so zu koordinieren, dass alle Güter effizient alloziert werden. Das impliziert, dass auf allen Märkten die aggregierten Angebots- und Nachfragepläne übereinstimmen. Neuklassische Modelle (NCM) und neukeynesianische Modelle (NKM) unterscheiden sich dadurch, dass letztere in mikroökonomischen Nutzenmaximierungskalkülen begründete Preisrigiditäten annehmen, die eine Anpassung an ein Vollbeschäftigungsgleichgewicht zwar nicht verhindern, aber verzögern können; dagegen finden Marktökonomien in neuklassischen Modellen nach einer exogenen Störung eines Gleichgewichtszustandes unmittelbar in ein Gleichgewicht zurück. Beide – NCM und NKM – teilen jedoch folgende beiden fundamentalen Prämissen, nämlich die rationaler Erwartungen und die eines repräsentativen ökonomischen Akteurs. Außerdem beharren sie auf der mikroökonomischen Fundierung makroökonomischer Funktionen. (Vgl. zum Folgenden Colander et al. 2009, Horn 2016, insbesondere Kap. 2 und 3, Spahn 2016. Eine Alternative zu NCM und NKM bietet der sogenannte Postkeynesianismus; siehe dazu King 2015.) Mit der Annahme rationaler Erwartungen wird versucht, das Keynes'sche Argument zu entkräften, dass unvollständige Informationen, insbesondere der Unternehmen, die für ein Vollbeschäftigungsgleichgewicht unabdingbare Absorption aller Ersparnisse durch die Investitionsnachfrage vereiteln können. Die Idee eines repräsentativen Akteurs scheint ohne methodologische Diskussion in den 1970er Jahren aufgetaucht sein, als die mikroökonomische walrasianische Allgemeine Gleichgewichtstheorie (AGT) daran scheiterte, auf Basis plausibler Annahmen nachzuweisen, dass die Interaktionen aller Konsumenten und Produzenten auf Märkten in ein allgemeines Gleichgewicht führen. Der Charme der Fiktion eines repräsentativen Akteurs liegt darin, dass sich damit alle Schwierigkeiten der AGT bei ihrem Versuch, aus der Aggregation unzähliger ökonomischer Pläne unzählig vieler heterogener Akteure Aussagen zur Eindeutigkeit und Stabilität eines allgemeinen Gleichgewichts zu gewinnen, scheinbar in Luft auflösen: Makroökonomische Funktionen sind nichts weiter als Ergebnisse der Nutzenmaximierung eines einzelnen Akteurs, eben des repräsentativen Akteurs. Sie erscheinen damit unmittelbar, ohne Aggregation mikrofundiert. Probleme der Koordination ökonomischer Handlungen von unterschiedlichen Akteuren werden damit jedoch schlicht ignoriert.

Würden diese Prämissen empirisch wahr sein, dürfte es keine Krisen geben. Auch die 2007 ausgebrochene Weltfinanzmarktkrise und die folgende Große Rezession hätten nicht auftauchen können und sind von den NCM und NKM tatsächlich nicht vorhergesehen worden. Weil diese Krisen aber nun einmal real waren, diagnostizieren nicht nur David Collander et al. (2009) „a systemic failure of the economics profession". Diese hätte, so die Kritik, die Fragwürdigkeit ihrer Prämissen und damit die Begrenzung der Aussagekraft ihrer Modelle erkennen und kommunizieren müssen. Respektiert man nämlich die Heterogenität der ökonomischen Akteure und geht man davon aus, dass viele Akteure Erwartungen alles andere als ‚rational' bilden, ist nicht mit Sicherheit davon auszugehen, dass marktwirtschaftliche Systeme stets zu einem effizienten Gleichgewicht tendieren.

Allerdings ist die Ökonomik nicht so homogen, wie es manchen Laien erscheinen mag. Eine Reihe von Ökonominnen und Ökonomen, darunter auch die Nobelpreisträger Paul Krugman und Joseph Stiglitz, haben, ebenso wie Keynes selbst, marktendogene Krisen nicht aus ihrem Denken verbannt. Im deutschsprachigen Raum vertreten u. a. Gustav Horn, Till van Treeck, Daniela Schwarzer und Rudolf Hickel eine ähnliche Sicht. Diese Ökonominnen und Ökonomen scheinen sich im Wesentlichen in der Analyse einig zu sein, dass die gesamten weltwirtschaftlichen Probleme seit 2007/08 (wenn nicht sogar schon seit der Dotcom-Krise 2001/02) darin wurzeln, dass die globale Güternachfrage zu gering ist, um das bei Vollbeschäftigung mögliche Güterangebot aufzunehmen. Das wird nicht als Folge irgendwelcher Marktrigiditäten oder staatlicher Interventionen in Märkte und Eigentumsrechte interpretiert, sondern auf Unsicherheiten, v. a. der Unternehmen, bezüglich künftiger Güternachfrage zurückgeführt; diese Unsicherheit halte die Unternehmen davon ab, das weltweite Angebot an Ersparnissen in Investitionsnachfrage zu transformieren. Stattdessen fließe in der realen Ökonomie nicht verwendetes Finanzkapital auf die Finanzmärkte und nähre dort „Blasen“. Diese zeichnen sich durch, gemessen an den realen wirtschaftlichen Verhältnissen, überbewertete Finanztitel aus. Solche Blasen platzen irgendwann (eben 2007/08) und reißen dann die Realwirtschaft mit in den Abgrund. Dass das Ersparnisangebot weltweit seit einigen Jahrzehnten erheblich gestiegen ist, führen Ökonomen wie Horn (2016) auf die zeitgleich erheblich zugenommene Ungleichheit in der Einkommens- und Vermögensverteilung zurück. Ich teile diese Ursachendiagnose (bei allem Respekt vor der Möglichkeit, mich zu irren). Vor ihrem Hintergrund beurteile ich im folgenden Kapitel die Option der Renationalisierung von Wirtschaftspolitik zur Bewältigung der Krise.

2 Renationalisierung der Wirtschaftspolitik

Eine Renationalisierung der Wirtschaftspolitik kann mehr oder weniger weit reichen (zu möglichen Szenarien und Reichweiten wirtschaftspolitischer Desintegration siehe Rudloff/Schmieg 2016). Zumindest eine Renationalisierung der Geldpolitik bis hin zur Auflösung der EWU findet auch im linken politischen Spektrum Sympathie (Flassbeck/Lapavitsas 2015; Höpner 2016; Höpner/Scharpf/Streeck 2016; Scharpf 2014) – allerdings auch Gegner, die statt dessen eine Vertiefung der politischen Integration in Verbindung mit einer prinzipiellen Veränderung der bisherigen Wirtschafts- und Sozialpolitik befürworten (u. a. Arbeitsgruppe Alternative Wirtschaftspolitik 2017, Priewe 2017b, Troost/Busch 2017, Hickel 2016; Horn 2016; Busch 2016; Busch et al. 2016; Bofinger 2012). Um mögliche Effekte der Verkleinerung oder sogar Auflösung der EWU geht es im ersten Abschnitt des Kapitels. Im zweiten Abschnitt werden die Folgen einer weiteren Desintegration durch Wiedereinführung protektionistischer Maßnahmen diskutiert.

2.1 Renationalisierung der Geldpolitik

Eine Renationalisierung der Geldpolitik kann bedeuten, dass einige bisherige Euro-Mitgliedländer die EWU verlassen, sodass die EWU verkleinert würde. Meistens wird die Variante diskutiert, dass die Euro-Länder mit hohen Leistungsbilanzdefiziten und Staatsschulden aus der EWU austreten. Denkbar ist aber auch, dass, wie Joseph Stiglitz und auch Heiner Flassbeck erwägen, Länder mit hohen Leistungsbilanzüberschüssen wie insbesondere Deutschland den Euro aufgeben. Die Renationalisierung kann jedoch auch bis zur Aufgabe der EWU insgesamt getrieben werden, an deren Stelle dann entweder ein Regime freier Wechselkurse oder aber ein System fixer, aber anpassungsfähiger Wechselkurse treten könnte.

An einen Austritt von Ländern mit hohen Leistungsbilanzdefiziten aus der EWU wird die Erwartung geknüpft, dass diese Länder über die Abwertung ihrer wieder eingeführten nationalen Währungen Marktanteile auf den inneren und äußeren Märkten zurückgewinnen könnten. (In Bezug auf Griechenland: Carstensen 2015.) Einerseits würden Waren- und Dienstleistungsexporte erleichtert werden, andererseits bisher importierte Güter durch inländische Produkte substituiert werden. Über beide Prozesse würde die bisher defizitäre Leistungsbilanz zum Ausgleich gebracht werden. Die Stärkung der Wettbewerbsfähigkeit inländischer Produktionsstätten gegenüber im Ausland ansässigen Betrieben könnte auf dem Wege einer externen Abwertung mit geringeren negativen sozialen Folgen und daher gegen geringere politische Widerstände erreicht werden als auf dem Wege einer sonst unumgänglichen internen Abwertung (Nominallohnsenkungen usw.). Das dadurch erzeugte Wirtschaftswachstum erleichtere den Abbau von Staatsschulden. Außerdem gewännen die Staaten mit dem Ausscheiden aus der EWU die Autonomie über die Ziele und Instrumente (Geldmenge, Zinssätze, Wechselkurse) der Geld- und Währungspolitik zurück. Damit ließe sich die Konjunktur gezielt beeinflussen, und die nationale Zentralbank könnte Staatsanleihen kaufen, um die Zinsen auf nationale Staatsschulden zu drücken. Schließlich könnten sie sich aus den engen fiskalpolitischen Fesseln des EWU-Regimes befreien.

Allerdings birgt die Aufgabe der gemeinsamen Währung auch Risiken. Die Hoffnung, über Währungsabwertung Güterexporte zu forcieren, trägt nur, wenn das abwertende Land über hinreichend große auf Export ausgerichtete Produktionszweige verfügt, die Waren oder Dienstleistungen mit preiselastischer Nachfrage anbieten, und wenn es nicht in großem Umfang auf Importe angewiesen ist, deren Preise, in nationaler Währung bemessen, nach deren Abwertung steigen würden. Ob beide Voraussetzungen im Falle Griechenlands erfüllt sind, ist fraglich. Generell ist zu bedenken, dass die Strategie, über Abwertung Wettbewerbsfähigkeit zu gewinnen, nur aufgehen kann, wenn die Kosten – und das sind v. a. Lohnkosten – und die Preise real sinken. Der Plan würde durchkreuzt werden, wenn über steigende Importgüterpreise („importierte Inflation“) und dadurch induzierte Lohnsteigerungen das gesamtwirtschaftliche Preisniveau nach oben getrieben würde. Selbst wenn es gelingt, Importe durch inländische Produkte zu substituieren, würden deren Preise real über denen der bisherigen Importgüter vor der Abwertung liegen. Schließlich würden auch alle positiven Effekte einer Währungsunion, welche von der Theorie optimaler Währungsräume postuliert werden, entfallen. Das hieße, dass bestimmte Transaktionskosten (Kosten für Währungsumtausch, Währungsmanagement) zunähmen und die Preistransparenz zurückginge mit der möglichen Folge geringeren Wettbewerbsdrucks und geringerer Effizienz.

Weitere Gefahren drohen Ländern, die die EWU verlassen, über die Finanzmärkte. Unmittelbar vor der Wiedereinführung einer nationalen Währung und deren Abwertung würde es zu massiver Flucht von Finanzkapital ins Ausland und zum Abheben von Bankeinlagen kommen (und anschließendem Horten von Euro, bis die neue Währung eingeführt und abgewertet worden ist, um dann die Euro in die neue Währung zu tauschen). Genau das war im Sommer 2015 in Griechenland zu beobachten, als wieder einmal der Austritt Griechenlands aus der EWU vor der Tür stand. Dem Bank Run und der Kapitalflucht konnte nur durch zeitweise Begrenzungen von Bargeldabhebungen und Kapitalverkehrsbeschränkungen begegnet werden. Kapitalflucht und Bank Run würden die Kreditvergabe an Unternehmen und Haushalte erheblich einschränken oder verteuern, sodass insbesondere die sowieso schon geringe Investitionsgüternachfrage weiter zurückgehen würde. Auch langfristig würde mit der Wiedereinführung einer nationalen Währung für ausländische Investoren das Wechselkursrisiko zurückkehren, das sich diese mit Risikoaufschlägen entgelten ließen. Das inländische Zinsniveau würde tendenziell steigen und v. a. die Investitionsnachfrage dämpfen. Schließlich harrt noch folgendes Problem der Lösung: Wenn öffentliche und private Schulden in Euro notiert bleiben, steigt nach der Wiedereinführung und Abwertung der nationalen Währung das Risiko der Staatsinsolvenz wie auch das Insolvenzrisiko von Unternehmen und privaten Haushalten beträchtlich. Solche Insolvenzen können das Vertrauen potentieller Investoren vollends untergraben, sodass öffentliche Haushalte, aber auch private Akteure vom internationalen Kapitalmarkt abgeschnitten werden oder nur noch zu sehr hohen Zinsen Kredite bekommen. Das drückt die Investitionsnachfrage und darüber die Konjunktur. Außerdem würde v. a. das nationale Bankensystem vermutlich stark belastet werden, wenn nicht zusammenbrechen, weil die Banken viele öffentliche und private Kredite abschreiben müssten. Auch das hätte dramatische Folgen für die Konjunktur – Aussichten, die auch Yanis Varoufakis für den Verbleib Griechenlands in der EWU kämpfen ließen (Varoufakis 2017).

Um die Option einer Verkleinerung der EWU durch Ausstritt von Ländern mit hohen Auslandsschulden und Leistungsbilanzdefiziten beurteilen zu können, müssen auch die Auswirkungen auf die Ökonomien anderer Länder berücksichtigt werden, zumal sie auf die Ökonomien der Austrittsländer zurückwirken können. Kritiker der Hilfsprogramme für die sogenannten GIIPS-Staaten (Griechenland, Irland, Italien, Portugal, Spanien) und der damit – zumindest aus ihrer Sicht – verbundenen Aussetzung der No-bail-out-Klausel und aller angedachten weiteren Schritte in Richtung „Transferunion" befürchten v. a., dass damit Moral-Hazard-Verhalten gefördert werde. Das heißt: Zum einen würden EWU-Mitgliedsstaaten lernen, dass Fehlverhalten (z. B. übermäßige Schulden) nicht bestraft würde, was zu genau solchem Fehlverhalten gerade ermuntern würde. Zum anderen würden auch potenzielle Finanzinvestoren erkennen, dass sie das Risiko, dass z. B. ein Staat seinen Verbindlichkeiten nicht nachkommt, nicht tragen müssen: Im Falle von Insolvenz übernehmen Dritte eben die Schulden. Die Aussicht darauf verleite potenzielle Investoren zu leichtfertiger Kreditvergabe. Um solches Moral Hazard zu vermindern, müssten klare Regeln bestimmt und auch durchgesetzt werden, selbst wenn das bedeutet, dass Länder den Euro aufgeben müssten (Sachverständigenrat 2015, 7-9).

Wiederum sind diverse Probleme gegenzurechnen. Jedenfalls zu Beginn der EWU-Krise war klar, dass ein Ausscheiden Griechenlands nicht nur die dortigen Banken erheblich in Bedrängnis bringen würde (Sachverständigenrat 2015, 20). Viele ausländische Banken hatten griechische Staatsanleihen oder Anleihen von griechischen Banken erworben oder waren an griechischen Banken beteiligt. Mit der Insolvenz des griechischen Staates oder griechischer Banken wären erhebliche Abschreibungen in den Bilanzen jener Banken fällig gewesen. Nicht wenige, v. a. französische und deutsche, Banken wären dadurch selbst in Solvenz- und Liquiditätsprobleme geraten. Wie nach der Lehmann-Pleite im September 2008 hätte der Interbankenmarkt zumindest im Euro-Raum erneut einfrieren können, was die Liquiditäts- und Solvenzprobleme von Banken noch verschärft und schließlich nach 2008/2009 eine weitere Rezession ausgelöst hätte. Es mag sein, dass diese Gefahr heute weitgehend gebannt ist. Denn durch die Hilfsmaßnahmen der EU (und des IWF) sowie durch die Geldpolitik der EZB sind griechische Verbindlichkeiten gegenüber privaten Akteuren im großen Umfang in solche gegenüber öffentlichen Akteuren transformiert worden. Das verringert die Wahrscheinlichkeit eines Übergreifens einer griechischen Bankenkrise auf das EWU- oder globale Bankensystem. Außerdem sind 2012 durch den (allerdings keineswegs unproblematischen) Schuldenschnitt schon viele private Forderungen gegenüber Griechenland abgeschrieben worden.

Tritt zunächst nur ein Land, z. B. Griechenland, aus der Währungsunion aus oder wird hinausgedrängt, ist nicht auszuschließen, dass eine Kettenreaktion ausgelöst wird, die auch andere Länder aus der EWU reißt und vielleicht sogar in ein Auseinanderbrechen der gesamten EWU mündet. Denn der (erzwungene) Austritt eines Staates und die anschließende Wiedereinführung und Abwertung einer nationalen Währung ließen Finanzmarktakteure fürchten, dass dies auch anderen Staaten widerfahren könnte. Sparer in den Krisenstaaten sähen sich veranlasst, ihre Einlagen aus inländischen Banken abzuziehen, zu horten oder ins Ausland zu transferieren. Dieser Bank Run würde das Bankensystem dieser Länder kollabieren lassen – mit vermutlich verheerenden Folgen für die (nicht nur) dortige Realwirtschaft. Potenzielle Finanzinvestoren würden erkennen, dass die EU den Zusammenhalt der EWU nicht garantiert; damit würde aus ihrer Sicht das Risiko weiterer Austritte aus der EWU und daraus resultierender Forderungsverluste weiter steigen. Wegen dieses gestiegenen Risikos würden Investoren von öffentlichen und privaten Schuldnern höhere Zinsen verlangen. Das würde die sowieso drückenden realwirtschaftlichen Probleme verschärfen. Außerdem würden die Staatsschulden weiter steigen und die Refinanzierungsschwierigkeiten wieder aufflammen. Im Ergebnis könnten sich Länder in einem Prozess der ‚self-fulfilling prophecy' genötigt sehen, tatsächlich den Euro aufzugeben. In einen solchen Strudel könnten sogar Länder mit einer eigentlich gesunden ökonomischen Basis hineingerissen werden. Allein die Befürchtung, dass Staaten (oder auch Unternehmen) in Finanzierungsschwierigkeiten geraten, können erst solche Schwierigkeiten verursachen. (Schwarzer 2015, Kap. 8, insbesondere 97-101; siehe auch Herrmann 2016, 219 ff.) Die Gefahr eines Dominoeffekts drohte tatsächlich im Sommer 2012, als die Risikoprämien auf italienische Staatsanleihen bedrohlich nach oben schossen. Um sie zu bannen, hatte die EZB das (erfolgreiche) OMT-Programm aufgelegt. Ob die Geldpolitik der EZB sowie der ESM mittlerweile in der Lage sind, auf den EWU-Austritt von Ländern oder sogar den Zusammenbruch der EWU spekulierende Attacken abzuwehren, ist nicht sicher.

Zu rechnen wäre im Falle eines Ausscheidens eines oder mehrerer Länder mit hohen öffentlichen und privaten Auslandsschulden aus der Währungsunion mit erheblichen Forderungsverlusten der ausländischen Gläubiger. Die öffentlichen und privaten Auslandsschulden sind großenteils in Euro notiert. Nach der Einführung einer nationalen Währung wäre zu klären, in welcher Währung die Schulden gelten: in Euro oder in der wiedereingeführten nationalen Währung? Die Gläubiger werden darauf bestehen, dass der Schuldendienst in Euro geleistet wird. Aber: Wertet z. B. die neue griechische Währung gegenüber dem Euro ab, steigen diese Schulden gemessen in der neuen Währung. Es ist abzusehen, dass diese Schulden zum großen Teil nicht mehr bedient werden können. Die Gläubiger müssen einen Teil ihrer Forderungen abschreiben. Werden die Schulden hingegen gleich in Einheiten der neuen Währung neu nominiert, verlieren die Gläubiger unmittelbar. (Private Forderungsverluste ziehen negative Vermögenseffekte auf die Güternachfrage nach sich.) Gläubiger sind in Bezug auf griechische Staatsschulden v. a. die anderen EU-Staaten und die EZB, nachdem die Banken ihre griechischen Staatspapiere an die EZB und öffentliche Haushalte (ESM) verkauft haben. Genauer: Die Hilfskredite der EU und des IWF wurden v. a. dazu verwendet, um Schulden gegenüber privaten Gläubigern zu tilgen. Damit sind aus Verbindlichkeiten gegenüber privaten Akteuren, insbesondere Geschäftsbanken, Verbindlichkeiten gegenüber öffentlichen Akteuren geworden. Etwa 80 Prozent aller Forderungen gegen den griechischen Staat besitzen mittlerweile öffentliche Akteure (Flassbeck/Lapavitsas 2015, 147). Die Staaten der EWU, die direkt oder indirekt (über ESM, EZB, IWF) Kredite an Griechenland gegeben haben oder Bürgschaften für Kredite leisten, werden nach einem Austritt Griechenlands aus EWU erhebliche Verluste tragen müssen. Ihre Staatsschulden werden dadurch tendenziell steigen. Die betroffenen Staaten sehen sich dadurch zu verschärften Anstrengungen zur Konsolidierung der öffentlichen Haushalte über Ausgabensenkungen oder Erhöhungen von Abgaben genötigt. Das wird die öffentliche bzw. die private Güternachfrage reduzieren und über negative Multiplikatoreffekte die Konjunktur belasten und evtl. eine Rezession auslösen. Außerdem steigen evtl. die Zinsen auf Staatskredite.

Es mag sein, dass die Europäische Währungsunion nicht die Kriterien eines optimalen Währungsraums erfüllt und jedenfalls nicht mit allen Ländern hätte gegründet, bzw. erweitert werden dürfen, mit denen das geschehen ist. (Zur knappen Übersicht über die Theorie optimaler Währungsräume: Schwarzer 2015, 30-39, Priewe 2017a.) Aber die Währungsunion zu verkleinern oder sogar aufzulösen führt nicht in das Jahr 1999 zurück. Ihre Errichtung und Erweiterung hat die ökonomischen Bedingungen in einer Weise verändert, dass eine Rückkehr zum Status quo ante schwer prognostizierbare Wirkungen nach sich ziehen würde und gesellschaftliche Kosten verursachen könnte, die deutlich höher sind als diejenigen, die anfallen, wenn man auf dem eins eingeschlagenen Weg fortschreitet. Ich halte dieses Risiko für zu groß.

2.2 Protektionismus

Protektionismus ist en vogue. Vor allem, aber keineswegs mehr nur, Rechtspopulisten und Rechtsextremisten begnügen sich nicht mehr mit der Verkleinerung oder Auflösung der Währungsunion. Sie wollen die Personenfreizügigkeit eingrenzen und sogar wieder Hürden in Europa (und gegenüber anderen Regionen) für den grenzüberschreitenden Waren- und Dienstleistungshandel errichten. Wohl die meisten Ökonominnen und Ökonomen halten dagegen Protektionismus, also den Schutz inländischer Unternehmen und Anbieterinnen und Anbieter von Arbeitskraft vor ausländischer Konkurrenz, für keine gute Idee. Grenzüberschreitender Handel mit Waren und Dienstleistungen oder grenzüberschreitender Verkehr von Arbeitskräften und Kapital ermöglichten, so ihr Argument, Wohlfahrtszugewinne für alle Menschen (Reef 2013, 224-244). Schutz vor ausländischer Konkurrenz sei allenfalls dann gerechtfertigt, wenn und solange sogenannte externe Größenvorteile bereits etablierter, im Ausland befindlicher Produktionscluster den Aufbau effizienterer entsprechender Produktionsverbünde an anderen Orten verhinderten. Aber das rechtfertige vielleicht protektionistische Maßnahmen in Regionen, deren Ökonomie am Maßstab der Produktivität noch hinterherhinken, wohl kaum aber in Ländern der EU. In der Regel aber gelte: Zwei Gesellschaften können, sogar wenn sie ihre wirtschaftlichen Beziehungen auf freien grenzüberschreitenden Handel mit Waren und Dienstleistungen beschränken, allein durch die Ausnutzung sogenannter komparativer Kostenvorteile oder sogenannter (interner) Größenvorteile im Waren- und Dienstleistungshandel beidseitige Handelsgewinne erzielen, das heißt, ihre jeweiligen Konsummöglichkeiten vergrößern. Hinzu komme, dass die durch die Beseitigung von Hindernissen grenzüberschreitenden Güterverkehrs bewirkte Zunahme der Wettbewerbsintensität Unternehmen zu einer effizienteren Produktion zwinge.

Gegen die grundsätzlich positive Einstellung gegenüber freiem Handel ist allerdings geltend zu machen, dass das Theorem komparativer Kostenvorteile auf der Annahme eines funktionierenden Marktmechanismus basiert, der immer in der Lage ist, Vollbeschäftigung zu erzeugen (Helmedag 2017). Wenn die Welt-Güternachfrage für Vollbeschäftigung nicht reicht, haben Länder einen Anreiz, über Kostensenkungen aus- und inländische Nachfrage auf sich zu ziehen und damit Arbeitslosigkeit zu ‚exportieren'. Evtl. verschärft ein solcher Kostensenkungswettbewerb das Güternachfrageproblem noch. Handelsbeschränkungen könnten die Deflationsspirale beenden. Besser wäre freilich eine internationale koordinierte, auf Stärkung der Güternachfrage zielende Wirtschaftspolitik.

Ökonominnen und Ökonomen, die die Vorteile internationaler Arbeitsteilung betonen, leugnen gleichwohl nicht, dass diese (gegenüber Autarkie) zunächst einige Verlierer hervorbringt. Nach dem Heckscher-Ohlin-Samuelson-Modell würden in Ländern mit einer im internationalen Vergleich hohen Relation zwischen der Ausstattung mit Realkapital und dem Angebot hoher beruflicher Qualifikationen einerseits und dem Angebot gering qualifizierter Arbeitskraft andererseits – das sind v. a. die früh industrialisierten Länder – gering qualifizierte Menschen real an Einkommen einbüßen. Unter bestimmten Voraussetzungen würden sich die realen Faktorentlohnungen sogar auch ohne internationale Faktormobilität weltweit angleichen. Deswegen würde die Einschränkung lediglich der beschäftigungsbezogenen Freizügigkeit nicht reichen, will man diese Personengruppen vor internationaler Konkurrenz schützen. Zölle oder nichttarifäre Handelshemmnisse müssten dazukommen. Jedoch seien, so die Freihandelsbefürworter, die Wohlfahrtszuwächse der Gewinner aus internationalem Handel so groß, dass sie die Verluste der Verlierer kompensieren könnten und trotzdem noch besser stünden als bei nationaler Abschottung. Die dazu notwendigen Umverteilungen könnten sogar auf die jeweiligen nationalen Ökonomien beschränkt werden; transnationaler Umverteilungen bedürfte es nicht einmal. Nur: diese Umverteilungen sind nicht erfolgt.

Außerdem gilt das Argument der Kompensationsmöglichkeiten ohne Einschränkung nur, wenn man etwa von divergierenden Produktivitätssteigerungen absieht. Paul A. Samuelson (2003) hat auf die Möglichkeit hingewiesen, dass Ökonomien, deren Produktivitätsvorsprünge in ihren Exportindustrien gegenüber den bisherigen Importländern abschmelzen, eventuell eine Verschlechterung ihrer *Terms of trade* hinnehmen müssen. Damit würden einige Personengruppen mit Sicherheit Einkommensrückgänge erfahren. Protektionistische Maßnahmen könnten das vielleicht verhindern. Aber sollte man diese Maßnahmen ergreifen? Damit ist man bei einem grundsätzlichen politischen Problem und Dilemma, wenn man von einem linken politischen Standpunkt aus urteilen will. Soll der Abbau von Wohlfahrtsdifferenzen nicht an den Staatsgrenzen halt machen, sondern global erfolgen, so sind Hemmnisse des Güterverkehrs und vielleicht auch der Migration selbst dann nicht rechtfertigbar, wenn sie dem Schutz bestimmter nationaler, von offenen Grenzen bedrohter Bevölkerungsgruppen dienen. Branco Milanović (2016) hat ermittelt, dass die globalen interpersonellen Einkommensdifferenzen zum weit überwiegenden Teil auf den Ort zurückzuführen sind, an dem man geboren worden ist, und weit weniger mit der Klasse zu tun haben, in die man hineingeboren worden ist. Das in Rechnung gestellt, ist Protektionismus mit einer linken, an Rawls‘ Differenzprinzip orientierten Ethik kaum vereinbar.

3 Fazit: Vertiefung der Integration und Neuausrichtung der Wirtschaftspolitik

Ich glaube aus den dargelegten Gründen nicht, dass eine Renationalisierung der Wirtschaftspolitik eine ‚linke' Politik sein kann, schon gar nicht, wenn sie so weit geht, den Binnenmarkt zu demontieren. Die Alternative dazu besteht in einer Supranationalisierung und damit verbundenen Neuausrichtung der Wirtschafts- und Sozialpolitik. Ein entsprechendes konkreteres Programm haben Klaus Busch, Axel Troost, Gesine Schwan, Frank Bsirske, Joachim Bischoff, Mechthild Schrooten und Harald Wolf vorgelegt (Busch et al. 2016). Ein solches Programm impliziert die Übertragung fiskalpolitischer Kompetenz auf europäische, supranationale Organe, eine Vergrößerung des EU-Haushalts, eine vom Europäischen Parlament kontrollierte Europäische Wirtschaftsregierung und ein gleichberechtigtes Legislativrecht des Europäischen Rates und des Europäischen Parlamentes in Bezug auf Rechtsakte der EU. Die Alternative zur bisherigen Krisenpolitik, die ja durchaus Ansätze einer Supranationalisierung enthält, aber im Wesentlichen von den hochverschuldeten Mitgliedsländern Austerität und innere Abwertung verlangt und den fiskalpolitischen Spielraum durch den Fiskalpakt mit Schuldenbremse generell einengt, sähe stattdessen eine expansive Finanzpolitik, eine aktive Strukturpolitik, die Europäisierung der Steuer- und Sozialpolitik und eine europäisch koordinierte produktivitäts- und inflationsorientierte Lohnpolitik vor.

Literatur

Arbeitsgruppe Alternative Wirtschaftspolitik (2017): Memorandum 2017. Statt „Germany first“ Alternativen für ein solidarisches Europa. Köln.

Bobbio, N. (1994): Rechts und Links. Gründe und Bedeutung einer politischen Unterscheidung. Berlin.

Bofinger, P. (2012): Zurück zur D-Mark? Deutschland braucht den Euro. München.

Brunetti, A. (2011): Wirtschaftskrise ohne Ende? Bern (2. Aufl.).

Busch, K. (2016): Das Versagen Europas. Hamburg.

Busch, K., et al. (2016): Europa geht auch anders. Streitschrift für eine andere Europäische Union. Hamburg.

Carstensen, K. (2015): Der GREXIT – Warum ein Austritt aus der Währungsunion hätte helfen können. In: Klemm/Schultheiß: a. a. O., S. 395-411.

Colander, D., et al. (2009): The Financial Crisis and the Systemic Failure of Academic Economics. Kiel Institute for the World Economy, Working Papers, No. 1489.

Dullien, S. (2016): Die Europäische Währungsunion: Viel reformiert, aber noch nicht am Ziel. In: Wirtschaftsdienst, Jg. 96, Heft 8, S. 541-546.

Flassbeck, H./Lapavitsas, C. (2015): Nur Deutschland kann den Euro retten. Frankfurt a. M.

Helmedag, F. (2017): Komparative Kostenvorteile, fairer Handel und Beschäftigung. In: Hagemann, H./Kromphardt, J. (Hrsg.): Die Krise der europäischen Integration aus keynesianischer Sicht. Marburg, S. 167-184.

Herrmann, U. (2016): Der Sieg des Kapitals (3., vollst. akt. Aufl.). München/Berlin.

Hickel, R. (2011): Nach der Rettung ist vor der Rettung. Europa in der Krisenschleife. In: Blätter für deutsche und internationale Politik, Jg. 55, Heft 9, S. 59-68.

Hickel, R. (2016): Macht und Ohnmacht der EZB. Warum Europa eine gemeinsame Finanz- und Wirtschaftspolitik braucht. In: Blätter für deutsche und internationale Politik, Jg. 60, Heft 3, S. 93-100.

Höpner, M. (2016): Für ein soziales Europa – ohne den Euro. In: Blätter für deutsche und internationale Politik, Jg. 60, Heft 8, S. 45-49.

Höpner, M./Scharpf, F. W./Streeck, W. (2016): Europa braucht die Nation. In: Die Zeit Nr. 39.

Horn, G. (2016): Wirtschaftliche Krisen bewältigen. Neue Erkenntnisse aus den jüngsten Krisen. Wiesbaden.

Horn, G./Herzog-Stein, A./Rietzler, K./Tober, S. (2017): Die Zukunft gestalten. Wirtschaftspolitische Herausforderungen 2017. IMK-Report 120.

Kaelble, H. (2013): Spirale nach unten oder produktive Krisen? Zur Geschichte politischer Entscheidungskrisen der europäischen Integration; in: Integration, Jg. 36, Heft 3, S. 169-182.

Kazákos, P. (2015): Griechische Politik 2009-2014: Der Kampf um Kredite und der mühsame Weg zu Reformen. In: Klemm/Schultheiß: a. a. O., S. 35-53.

Klemm, U.-D./Schultheiß, W. (Hrsg.) (2015): Die Krise in Griechenland. Ursprünge, Verlauf, Folgen. Frankfurt/New York.

King, J. E. (2015): Advanced Introduction to Post Keynesian Economics. Cheltenham/Northampton.

Maurer, R. (2010): Die Verschuldungskrise der Europäischen Währungsunion - Fiskalische Disziplinlosigkeit oder Konstruktionsfehler? In: Vierteljahrshefte zur Wirtschaftsforschung, 79. Jg., Heft 4, S. 85-102.

Milanović, B. (2016): Die ungleiche Welt. Migration, das eine Prozent und die Zukunft der Mittelschicht. Berlin.

Neubäumer, R. (2011): Eurokrise: Keine Staatsschuldenkrise, sondern Folge der Finanzkrise. In: Wirtschaftsdienst, Jg. 91, Heft 12, S. 827-833.

Priewe, J. (2017a): Ist die Eurozone vielleicht doch ein „optimaler Währungsraum“? In: Wiso Direkt, Heft 10.

Priewe, J. (2017b): Reform der Architektur der Europäischen Währungsunion. In: WisoDiskurs, Heft 8.

Rawls, J. (1979): Eine Theorie der Gerechtigkeit (2. Aufl.). Frankfurt a. M.

Reef, B. (2013): Ökonomisches Grundlagenwissen für die politische und ökonomische Bildung. Immenhausen bei Kassel.

Reef, B. (2010): Theoretische Grundlagen der Wirtschaftspolitik. Eine Einführung. Marburg.

Rudloff, B./Schmieg, E. (2016): Zerfall der Europäischen Union. In: SWP-Aktuell, Jg. 24, Heft 4, S. 1-4.

Sachverständigenrat zur Begutachtung der gesamtwirtschaftlichen Entwicklung (2012): Nach dem EU-Gipfel: Zeit für langfristige Lösungen nutzen (Sondergutachten). Wiesbaden.

Sachverständigenrat zur Begutachtung der gesamtwirtschaftlichen Entwicklung (2015): Konsequenzen aus der Griechenland-Krise für einen stabileren Euro-Raum. Sondergutachten. Wiesbaden.

Sachverständigenrat zur Begutachtung der gesamtwirtschaftlichen Entwicklung (2016): Zeit für Reformen. Jahresgutachten 2016/17. Wiesbaden.

Samuelson, P. (2003): Where Ricardo and Mill Rebut and Confirm Arguments of Mainstream Economists Supporting Globalization. In: Journal of Economic Perspectives, Vol. 18, No. 3, PP. 135-146

Scharpf, F. W. (2014): Legitimierung, oder das demokratische Dilemma der Euro-Rettungspolitik. In: Wirtschaftsdienst, Sonderheft, S. 35-41, hier S. 38-40.

Schwarzer, D. (2015): Die Europäische Währungsunion. Geschichte, Krise und Reform. Stuttgart.

Spahn, P. (2016): Streit um die Makroökonomie. Theoriegeschichtliche Debatten von Wicksell bis Woodford. Marburg.

Straubhaar, T./Vöpel, H. (2011): Leviathan gegen Raubtier: Zum Verhältnis von Staat und Finanzmärkten in Zeiten der Globalisierung. In: Wirtschaftsdienst Jg. 91, Heft 12, S. 816-820.

Troost, A./Busch, K. (2017): Raus aus dem Eruo? Besser nicht. In: Informationsbrief Weltwirtschaft & Entwicklung, Jg. 28, Heft 2, S. 1-2.

Varoufakis, Y. (2017): Die ganze Geschichte. Meine Auseinandersetzung mit Europas Establishment. München.

Vogel, S. (2015): Grexit verhindert, Europa verspielt? In: Blätter für deutsche und internationale Politik, Jg. 59, Heft 8, S. 5-8.

Angaben zur Person:

Dr. Bernd Reef

ist Volkswirt und wissenschaftlicher Mitarbeiter im Fachgebiet „Didaktik der politischen Bildung“ an der Universität Kassel.

Sonja Buckel/Fabian Georgi/John Kannankulam/Jens Wissel

Die Krise des Europäischen Grenzregimes. Perspektiven kritischer Europaforschung

Zusammenfassung: Die deutsche und europäische Migrationspolitik sind seit spätestens 2012 und verstärkt ab dem ‚Sommer der Migration' 2015 durch weitreichende und gegenläufige Transformationen gekennzeichnet. Liberale und restriktive Reformen wechseln sich ab. Aus Perspektive der kritischen Europaforschung und insbesondere der neogramscianisch inspirierten Methode der historisch-materialistischen Politikanalyse (HMPA) stellt sich dieses Hin- und Herschwanken der deutschen Politik als Resultat komplexer gesellschaftlicher Kämpfe und Kräfteverhältnisse dar, die sich in Institutionen und Staatsapparaten materiell verdichten. Vor diesem Hintergrund analysiert der Artikel die gegenwärtige Krise des europäischen Grenzregimes als Ausdruck der Konflikte zwischen fünf ‚Hegemonieprojekten'.

Schlüsselbegriffe: Europäische Union, Migration, Krise, historisch-materialistische Politikanalyse

The Crisis of the European border regime. A critical European studies perspectives

Abstract: Since 2012, and heightened during the 'Summer of Migration' in 2015, German and European migration policy has been characterised by far-reaching and contradictory transformations. Liberal and restrictive reforms alternate. From a critical European studies perspective, and especially from the neogramscian inspired approach of historical-materialist policy analysis (HMPA), this fluctuation can be understood as the result of complex societal struggles and relationships of forces, which grow materially stronger in institutions and state apparatuses. Against this background, this article analyses the present crisis of the European border regime as an expression of the conflicts between five different 'hegemony projects.'

Keywords: European Union, migration, crisis, historical-materialist policy analysis

Ende August 2015 sickerte aus dem deutschen Bundesamt für Migration und Flüchtlinge (BAMF) die Nachricht durch, dass Deutschland bis auf weiteres Rücküberstellungen von syrischen Geflüchteten gemäß der sogenannten Dublin-III-Verordnung aussetzen werde.[31] Wie sich später herausstellte, handelte es sich bei dieser Nachricht nur um einen verwaltungsinternen Vorschlag ohne rechtliche Bindung (vgl. Kasparek/Speer 2015). Dennoch sprach sich die Nachricht in kürzester Zeit unter syrischen Geflüchteten herum, die seit Wochen in Ungarn festhingen und sich nun in langen Trecks auf den Weg nach Deutschland machten, wo am 4./5. September, wie in Österreich, tatsächlich die Grenzen für einige Tausend Menschen geöffnet wurden. Obwohl die deutschen Regierungsspitzen, journalistischen Recherchen zu-

[31]Die Dublin III Verordnung regelt die Zuständigkeit für ein Asylverfahren in der Europäischen Union. Dazu gehören u. a. Rücküberstellungen von Asylsuchenden innerhalb der EU in das EU Land, in das ein_e Asylsuchende_r zuerst eingereist ist (VO (EU) Nr. 604/2013 des Europäischen Parlaments und des Rates v. 26. Juni 2013 zur Festlegung der Kriterien und Verfahren zur Bestimmung des Mitgliedstaats, der für die Prüfung eines von einem Drittstaatsangehörigen oder Staatenlosen in einem Mitgliedstaat gestellten Antrags auf internationalen Schutz zuständig ist.)

folge (Alexander 2017), bereits eine Woche später, am 12. September, die Grenzschließung und Rückweisungen von Asylsuchenden in Bussen und Hubschraubern verabredet hatten, rückten sie von diesem Plan wieder ab. Nachdem diese Entscheidung im Beamtenapparat als nicht gerichtsfest eingeschätzt wurde, wollte kein_e Politiker_in die Verantwortung für rechtswidrige und „öffentlich schwer vermittelbare[n] Bilder vom Einsatz der Bundeswehr gegen Flüchtlinge" übernehmen (Die Welt, 5.3.2017). An diese staatsapparativen Widersprüche knüpften NGOs, soziale Bewegungen und Ehrenamtliche autonom an: Der zu jenem Zeitpunkt vielfach sich bahnbrechende Wunsch zu helfen, förderte eine solidarische Praxis, für die sich der Begriff der ‚Willkommenskultur' durchsetzen sollte. In diesem Kontext, in dem auch zentrale Vertreter_innen des deutschen Kapitals die Vorteile der Einwanderung betonten, ließ Kanzlerin Merkel bereits am 31. August 2015 den von PR-Expert_innen kreierten Slogan verlautbaren: ‚Wir schaffen das'. Keine zwei Wochen später jedoch führte Deutschland ‚vorübergehend' Schengengrenzkontrollen zu Österreich ein, und im Oktober 2015 wurde mit dem sogenannten Asylverfahrensbeschleunigungsgesetz eine Verschärfung des Asylrechts durchgesetzt und Albanien, Kosovo und Montenegro als ‚sichere Herkunftsstaaten' eingestuft. Darüber hinaus beinhaltet das als ‚Asylpaket I' bekannte Gesetz ein längeres Verbleiben der Schutzsuchenden in Erstaufnahmelagern, die Kürzung von Sozialleistungen, die Pflicht zu Sprach- und Integrationskursen und eine strengere Reglementierung beim Zugang zum Arbeitsmarkt.

Parallel hierzu wütete in Deutschland der rassistische Mob und im Kontext brennender Asylbewerber_innen-Unterkünfte, der Pegida-Aufmärsche in Dresden und des zunehmenden Aufstiegs der ‚Alternative für Deutschland' beschloss der Bundestag im Februar 2016 mit dem ‚Asylpaket II' eine weitere Asylgesetzesverschärfung. Demnach sollen Asylsuchende aus ‚sicheren Herkunftsstaaten' in besonderen Aufnahmezentren untergebracht und deren Abschiebungen erleichtert werden. Zudem wurde der Anspruch auf den Familiennachzug für subsidiär Schutzberechtigte für zwei Jahre ausgesetzt und eine weitere Leistungskürzung durchgesetzt (Pichl 2017). Im April 2016 trat schließlich der sogenannte Türkei-Deal mit dem autoritären Regime der Türkei in Kraft, das schon seit Oktober 2015 verhandelt wurde.

Was sich in diesem Hin- und Herschwanken der deutschen Politik zeigt, illustriert die zentrale Annahme unseres staatstheoretischen Ansatzes: Der Staat und seine Apparate sind aus den gesellschaftlichen Kämpfen und Konflikten heraus zu erklären. Das deutsche und europäische Grenzregime sind im Wesentlichen eine spezifische politische Reaktion auf die globale Praxis der Migration. Will man die Frage beantworten, wie das neue europäische Kontrollregime beschaffen ist, dann muss die Forschung bei den sozialen und politischen Kräften ansetzen, auf die der Staat reagiert oder allgemeiner: bei den gesellschaftlichen Kräfteverhältnissen, die sich in seinen Apparaten verdichten.[32]

[32] Der Begriff des Staatsapparates ist hier in einem weiten Sinne zu verstehen. Zu ihnen gehören nicht nur die unmittelbar staatlichen Institutionen: die Bürokratie, Gesetze, Polizei, Militär etc., sondern auch die ideologischen Apparate, die mit Althusser (2010) im Anschluss an Gramsci der Zivilgesellschaft und damit dem integralen Staat zugeordnet werden können. Gemeint sind Schulen, Universitäten, aber auch Fernsehanstalten etc. In den Apparaten ‚materialisieren, kristallisieren und konzentrieren' sich die gesellschaftlichen Machtbeziehungen (vgl. Demirović 2007b, 110).

1 Historisch-materialistische Politikanalyse

Diese Fragestellung steht im Zentrum materialistischer Staatstheorie. Die folgenden Überlegungen gehen auf ein gemeinsames Forschungsprojekt zurück. In der Forschungsgruppe ‚Staatsprojekt Europa' (2014) haben wir von 2009 bis 2013 am Institut für Sozialforschung in Frankfurt gemeinsam mit weiteren Kolleg_innen ein Projekt zur Europäisierung von Migrationskontrollpolitiken durchgeführt. Wir haben uns exemplarisch auf die EU-Mitgliedsstaaten BRD, Großbritannien und Spanien konzentriert. Dabei stellten wir uns die Frage, wie die Einsichten materialistischer Staatstheorie für die empirische Erforschung konkreter politischer Konflikte operationalisiert werden können. Wie genau lassen sich die gesellschaftlichen Kräfteverhältnisse, die tendenziell unendlichen Akteurs- und Kräftekonstellationen mit ihren Myriaden von Strategien analytisch fassen, die sich dann in den Staatsapparaten ‚materiell verdichten' (Poulantzas 2002/1978)? Ergebnisse dieser Überlegungen, aktualisiert um die Ereignisse seit dem Sommer 2015, wollen wir im Folgenden darstellen.

Ein vorläufiges Ergebnis unserer Auseinandersetzung ist die Entwicklung eines methodischen Ansatzes, den wir in Anlehnung an Ulrich Brand (2013) als *historisch-materialistische Politikanalyse* (HMPA) bezeichnen. Die Methode setzt sich aus einem analytischen Dreischritt zusammen und umfasst Kontext-, Akteurs- und Prozessanalyse. Wir greifen im Folgenden nur den Aspekt der Akteursanalyse auf, in die auch die Analyse der Situationsdeutungen durch die Akteur_innen sowie ihrer Strategien gehört. Wir konzentrieren uns auf die von uns in der europäischen Migrationspolitik unterschiedenen und gesellschaftlich miteinander ringenden *Hegemonieprojekte*, um auf Basis von Konflikten die Krise des europäischen Grenzregimes exemplarisch zu analysieren.[33]

Antonio Gramscis Hegemonietheorie (Gramsci 1991 ff.) folgend gehen wir grundlegend davon aus, dass gesellschaftliche Auseinandersetzungen in bürgerlichen Gesellschaften vorwiegend Auseinandersetzungen um Hegemonie sind. In Anschluss an die neogramscianische Debatte haben wir das Konzept der ‚Hegemonieprojekte' neu konzipiert (vgl. Kannankulam/Georgi 2012). Danach verstehen wir unter Hegemonieprojekten die Verkettung einer Vielzahl unterschiedlicher Taktiken und Strategien, mittels derer Myriaden von Akteur_innen versuchen, ihre partikularen Interessen in allgemeine zu transformieren, um hegemonial zu werden. Strategien, die jeweils gleichen oder sehr ähnlichen Rationalitäten folgen, lassen sich in Hegemonieprojekten bündeln. Hegemonieprojekte sind somit begriffliche Konstruktionen, die zugleich den Anspruch erheben, gesellschaftliche Phänomene zu benennen, mit denen sie in einem Artikulationsverhältnis stehen (vgl. Buckel et al. 2014, 47).

Von Hegemonieprojekten sind ‚politische Projekte' zu unterscheiden. Um hegemonial zu werden, versuchen Hegemonieprojekte, begrenzte, konkrete politische Vorhaben durchzusetzen, die wir in Anlehnung an Bieling/Steinhilber (2000) als ‚politische Projekte' bezeichnen. Dabei handelt es sich „um besondere, konkrete politische Initiativen [...], die sich selbst als Lösungen von drängenden sozialen, ökonomischen und politischen Problemen darstellen" (ebd.: 106). Beispiele sind der europäische Binnenmarkt und die Währungsunion, aber auch Projekte wie ein europäischer Grenzschutz oder die Europäisierung der Arbeitsmigrationspolitik. Um hegemonial zu werden, muss es einem Hegemonieprojekt gelingen, eine Reihe solcher begrenzter politischer Projekte so in Stellung zu bringen, dass diese zum politisch-strategischen ‚Terrain' werden, auf dem sich ein hegemoniales Projekt verdichten kann.

[33] Dieser Beitrag ist eine überarbeitete, aktualisierte und stark gekürzte Fassung unseres Textes „Theorien, Methoden und Analysen kritischer Europaforschung", in: Forschungsgruppe ‚Staatsprojekt Europa' (Hrsg.): Kämpfe um Migrationspolitik. Theorie, Methode und Analysen kritischer Europaforschung, Transcript Verlag: Bielefeld, 15-84.

2 Hegemonieprojekte im Konflikt um die europäische Migrationspolitik

Die Hegemonieprojekte werden im Folgenden entlang von fünf Dimensionen beschrieben: (1.) der Strategie in Bezug auf die Europäisierung; (2.) der sozialen Basis des Projektes; daran anschließend (3.) durch die migrationspolitische Konkretisierung der allgemeinen Strategie; (4.) die Benennung der zentralen Akteur_innen; und (5.) schließlich entlang der wichtigsten Machtressourcen dieser Akteur_innen.

2.1 Neoliberales Hegemonieprojekt

Das neoliberale Hegemonieprojekt konnte sich im Zuge der fordistischen Krisenprozesse der 1970er Jahre als erfolgreiches und dominantes Gegenprojekt zum bis dahin hegemonialen keynesianischen national-sozialen Hegemonieprojekt durchsetzen. Hintergrund hierfür war neben einer relativ erfolgreichen diskursiven Offensive, die den öffentlichen Schuldenstand, die grassierende Massenarbeitslosigkeit, die zunehmenden Arbeitskämpfe und das Auftauchen der Neuen Sozialen Bewegungen thematisierte (vgl. Gamble 1994; Saage 1983), der Umbau der fordistischen Ökonomien. Die Internationalisierung der Produktion bildete zusammen mit der zunehmenden Finanzialisierung, infolge des Zusammenbruchs des Bretton-Woods-Systems fixierter Wechselkurse und Kapitalverkehrskontrollen, die polit-ökonomische Machtbasis dieses Hegemonieprojekts, das seit der Weltwirtschaftskrise der 1930er Jahre in die Defensive geraten war und seitdem in Netzwerken wie der Mont Pelerin Society ‚überwinterte' (Helleiner 1996; Walpen 2004; Kannankulam 2008, 107-131).

Die grundlegende Strategie des neoliberalen Hegemonieprojekts, das den europäischen Integrationsprozess seit den achtziger Jahren maßgeblich beeinflusste, ist der wettbewerbsstaatliche Umbau nahezu aller gesellschaftlichen Bereiche und aller staatlichen Aufgaben unter dem Primat von ökonomischem Wachstum, hoher Profite und Wettbewerbsfähigkeit. Im Kontext der europäischen Integration konnte das neoliberale Hegemonieprojekt erfolgreich die politischen Projekte des Binnenmarktes und der stabilitätsorientierten Währungsunion durchsetzen. Politische Leitlinien sind die Flexibilisierung von (Re-)Produktions- und Arbeitsverhältnissen, die Finanzialisierung der Ökonomie sowie der Abbau staatlicher Regulierungen. Im Kern geht es um die Internationalisierung von Kapital, Handel, Produktions- und Versorgungsketten und die Mobilität des Produktionsfaktors Arbeit im Kontext einer neokolonialen internationalen Arbeitsteilung, die auf der Ausnutzung von globalen Niedriglohnsektoren basiert.

Die soziale Basis des neoliberalen Projekts sind die Schlüsselsektoren des globalisierten, postfordistischen Akkumulationsregimes: die „exklusiven Männerclubs" (Young/Schuberth 2010: III) der Finanzwirtschaft und der großen transnationalen Konzerne und deren Netzwerke (vgl. van Apeldoorn 2009). Hinzu kommen privilegierte und hochqualifizierte Arbeiter_innen, Selbständige sowie Teile der Staatsbürokratie und Vermögensbesitzer_innen (Gill 1998, 12 f.). Das neoliberale Hegemonieprojekt wird getragen von europäischen und in Ansätzen transnationalen inneren Bourgeoisien[34], die aus den Transnationalisierungsprozessen der letzten beiden Jahrzehnte hervorgegangen sind (vgl. Wissel 2007: 108 ff.). Diese haben auf einer ideologisch-diskursiven Ebene eine Führungsrolle inne, organisiert zentral durch neoklassisch dominierte Think Tanks und den wirtschaftswissenschaftlichen Mainstream. Neoliberale Akteur_innen sehen in der europäischen Migrationspolitik ein Feld ‚ungenutzter Potenziale', gekennzeichnet durch ‚irrationale Abschottung', geringe Flexibilität und zu viel

[34]Der Begriff der inneren Bourgeoisien geht auf Nicos Poulantzas zurück und bezeichnet Kapitalfraktionen, die einerseits mit ausländischem bzw. transnationalem Kapital verflochten sind, zugleich aber im Inland über eine eigene Akkumulationsbasis verfügen (vgl. Kannankulam/Wissel 2005; Wissel 2007, 108 ff.).

Bürokratie. In Deutschland machen sie einen ‚Fachkräftemangel' aus, in Großbritannien war zu Boomzeiten von ‚skill starved regions' die Rede, und in Spanien gilt gesteuerte Migration als Bedingung für ein neues Wachstumsmodell. Ihre migrationspolitische Vision ist eine ‚rationale Migrationspolitik', die es der Wirtschaft ermöglicht, die Arbeitskraftstrategie des Einsatzes migrantischer Arbeiter_innen flexibel zu nutzen, wenn und sobald ihnen dies im Rahmen ihrer Akkumulationsstrategien nötig erscheint.

Neoliberale Kräfte, die versuchen, Arbeitsmigrationspolitik auf europäischer Ebene regeln zu lassen, betrieben die EU-Erwerbstätigenrichtlinie (2002), später abgespeckt zu mehreren Einzelrichtlinien, u. a. zur Blue Card, und sie forcierten eine höhere inner-europäische Mobilität von Arbeitskräften, wofür sie selbst den Ausbau sozialer Rechte für EU-Bürger_innen im Rahmen der Unionsbürgerschaft in Kauf nahmen (vgl. Buckel 2013). In den heftigen gesellschaftlichen Konflikten über Asyl und irreguläre Migration hielten sich neoliberale Akteur_innen zurück. Ein Vertreter des britischen Industrieverbands begründet dies so: „If you don't have to stick your head on that block, why would you?!" (Interview CBI 2010). Und obwohl ‚offene Grenzen' auch für Arbeitskräfte dem neoklassischen Ideal der Regulation aller gesellschaftlichen Verhältnisse über den freien Markt entsprechen, akzeptierten die Protagonist_innen des neoliberalen Hegemonieprojekts aus strategischen Gründen, um konservative Kräfte in ihre Arbeitskraftstrategie einzubinden und die gesellschaftliche Unterstützung für das ‚Gesamtsystem' zu erhalten (ebd.), die Kombination von Anwerbepolitiken mit Elementen einer repressiven Migrationspolitik: Wenn man „den Arbeitsmarkt fluten würde, ja, das kann politisch verheerende Folgen haben. [...] Jetzt quasi einmal zu sagen, alle Mauern schleifen und mal gucken, was passiert, ja, dafür ist Gesellschaft und sind Kollektivmentalitäten eine zu fragile Sache" (Interview BITKOM 2010).

Zu den zentralen Akteur_innen dieser migrationspolitischen Konkretisierung grundlegender neoliberaler Strategien zählen Branchenverbände einzelner Kapitalfraktionen, europasowie migrationspolitische Think Tanks, internationale Organisationen wie die OECD, die Internationale Organisation für Migration (IOM), das International Centre for Migration Policy Development (ICMPD) und die europäischen, teils globalen Expert_innen-Netzwerke, in denen sich diese migrationspolitische Expert_innen-Community organisiert.[35] Dabei sind die Akteur_innen des neoliberalen Hegemonieprojekts im Feld der Migrationspolitik mehrfach gespalten. Erstens entlang des branchenspezifischen Bedarfs an Arbeitskraft von ‚niedrigqualifizierten' im Gegensatz zu ‚hochqualifizierten' Arbeitskräften, die unterschiedliche Politiken erfordern, die sich teils widersprechen. Zweitens entlang der Frage, auf welchem Scale[36] die neoliberalen Migrationspolitiken primär umzusetzen sind. Während die meisten Arbeitgeber_innen-Verbände etwa in Großbritannien und Deutschland auf ein nationales Re-

[35]Die IOM ist die größte internationale Organisation im Migrationsbereich. Seit 2016 ist sie als assoziierte Agentur Teil des UN-Systems und hat heute (Stand August 2017) 166 Mitgliedsstaaten, mehr als 10.000 Angestellte und ein Jahresbudget von über 1,5 Milliarden US-Dollar (vgl. IOM 2017; Georgi 2010). Das ICMPD ist eine sehr viel kleinere, europäische IGO, die seit Anfang der 1990er Jahre die Expansion und Externalisierung des europäischen Grenzregimes vorantreibt (vgl. Georgi 2007).

[36]Die *scale*-Debatte nimmt eine wichtige Erweiterung der Auseinandersetzungen um die ‚Internationalisierung des Staates' vor: Von Interesse ist nicht mehr allein „der Maßstab als solcher [...], sondern die Prozesse, durch die diese Maßstabsebenen produziert werden" (Schmid 2003: 222). Anstatt von einem Raum ‚an sich' auszugehen, wird nun auf die Verräumlichung sozialer Verhältnisse, d. h. auf die gesellschaftlichen Auseinandersetzung um die Einrichtungen des sozialen Raums fokussiert. Es geht darum „zu zeigen, wie, von wem und zu welchem Zweck räumliche Maßstabsebenen durch soziale Praxis produziert und/oder strategisch eingesetzt werden" (Bernd Belina 2008, 113). Dabei werden Macht- und Herrschaftsverhältnisse explizit in den Blick genommen. Wir ziehen den Scale-Begriff daher dem im Mainstream oft gebrauchten Begriff der Ebene vor.

gime setzen, streben neoliberale Kräfte in der europäischen Kommission ein europäisches Regime an. Internationale Organisationen wie die IOM streben langfristig an, die ‚Arbeitskräfteallokation' in einem verbindlichen, globalen Migrationsregime zu regulieren (vgl. Georgi 2010: 65). Diese Scale-Spaltungen verweisen auf fundamental unterschiedliche ‚Territorialbezüge', auf die verschiedenen nationalen Verankerungen neoliberaler Fraktionen, das heißt auf die Spaltungen eines neoliberalen Hegemonieprojekts in ‚national-neoliberale' und ‚euro-neoliberale' Fraktionen.

Die Machtressourcen des neoliberalen Hegemonieprojekts sind außerordentlich hoch. Das Projekt wird von einer großen Zahl einflussreicher Intellektueller in Think Tanks, Wissenschaft und Medien unterstützt. Aufgrund ihrer Stellung sind viele Akteur_innen, die neoliberale Strategien verfolgen, in der Lage, Entscheidungen über Arbeitsplätze, Arbeitsbedingungen und Investitionen von der Annahme ihrer Forderungen abhängig zu machen. Daneben verfügen sie auch über die größten materiellen Ressourcen. Der Umsatz transnationaler Konzerne entspricht dem Bruttosozialprodukt mittlerer Volkswirtschaften (Gill 1998: 7), die ihre Ressourcen nicht zuletzt in extensive Lobbyisten-Netzwerke investieren, die mit Büros in Brüssel und anderen europäischen Hauptstädten in der Lage sind, staatliche Politiken bis ins Details hinein zu beeinflussen. Allerdings ist die Fraktionierung in Bezug auf das Verhältnis zwischen dem Finanz- und Industriekapital als auch bezüglich der sozialräumlichen Positionierung eine strukturelle Schwäche des Projekts: Während die deutsche Industriestruktur neben vielen kleinen und mittleren Industriebetrieben von großen Weltkonzernen getragen wird, sich auf gewachsene Netzwerke zwischen Herstellern, Zulieferern und industrienahen Dienstleistungen stützt (Allespach/Ziegler 2012: 10) und so zum Weltmeister des industriellen Exports wurde (Vester 2013, 12), ist Großbritannien aufgrund seiner Strategie der ‚postindustriellen Dienstleistungsgesellschaft' inzwischen von einer Abhängigkeit vom Finanzkapital gekennzeichnet und zum Verlierer im Wettbewerb um Wirtschaftsentwicklung, Export und Arbeitsplätze geworden. In Spanien wiederum hatten Kapitalanleger_innen auf die Spekulation mit Immobilien gesetzt, für die inzwischen die Käufer_innen fehlen (ebd.: 26). Einige Volkswirtschaften, wie etwa Österreich, sind fast ausschließlich durch nationale Kapitalfraktionen, andere wie Irland wiederum fast ebenso ausschließlich durch transnationale innere Bourgeoisien dominiert. Mit der Weltfinanzkrise und insbesondere mit der Eurokrise geriet das neoliberale Hegemonieprojekt in die Krise.

2.2 Konservatives Hegemonieprojekt

In den Jahren seit 2014 waren es in erster Linie Akteur_innen des konservativen Hegemonieprojekts, welche eine dynamische, offensive Entwicklung durchmachten.

Die Akteur_innen des konservativen Hegemonieprojekts gingen, wie Andrew Gamble (1994) für Großbritannien herausgearbeitet hat, im Zuge der Gegenoffensive gegen das in die Krise geratene keynesianische national-soziale Projekt und den fordistischen Wohlfahrtsnationalstaat vielfach Bündnisse mit dem neoliberalen Hegemonieprojekt ein. Unter dem Diktum der *Free Economy,* die durch den *Strong State* (ebd.) gegen die fordistischen ‚Besitzstandswahrer und Leistungsverweigerer' durchgesetzt werden sollte, gelang es, die an sich gegenläufigen Hegemonieprojekte strategisch zusammenzuführen. Gleichwohl, auch das kann man an Großbritannien deutlich sehen, ist das konservative Hegemonieprojekt hinsichtlich der europäischen Integration vielfach ablehnend. Die grundlegenden Bezugspunkte dieses Projekts sind der starke Staat und die Nation, die als Selbstzweck und Eigenwert verstanden werden – nicht als Mittel zum Zweck einer Gerechtigkeit ermöglichenden Solidargemeinschaft wie beim national-sozialen Projekt (siehe unten). Das konservative Projekt assoziiert Nation mit Ethnizität, gemeinsamer Sprache, Geschichte, Kultur und bestimmten traditionell-konservativen Werten wie Familie, einem traditionellen Geschlechterrollenbild,

Heimat, Sicherheit und Christentum. In Großbritannien geht von ihm die Debatte über ‚british values' aus, in Deutschland der vergleichbare Leitkultur- und Integrationsdiskurs. Am rechten Rand dieser Strategien bemühen Akteur_innen explizit fremdenfeindliche und rassistische Ressentiments, um gegen eine vermeintlich drohende ‚Überfremdung', ‚Islamisierung' oder den drohenden ‚Souveränitätsverlust' der Nationalstaaten zu mobilisieren. Die grundlegende Strategie in der Europäischen Union ist somit im Kern die unterschiedlich scharfe Ablehnung eines vertieften europäischen Integrationsprozesses. Das konservative Hegemonieprojekt bleibt primär auf das nationale Territorium bezogen und steht einer vertieften Integration skeptisch bis ablehnend gegenüber. Stattdessen befürworten die jeweiligen Akteur_innen ein ‚Europa der souveränen Nationen'.

Die soziale Basis des konservativen Projekts bilden vielfach landwirtschaftliche Sektoren, Teile kleiner und mittelständischer Unternehmen und Sektoren, die vor allem oder ausschließlich national beziehungsweise sogar lokal ausgerichtet sind und keinen oder nur einen schwachen internationalen Bezug haben. Hinzu kommen Teile der autochthonen Arbeiter_innenklasse und der unteren Mittelschicht, die von Deklassierung bedroht oder bereits in die ‚Unterschichten' abgerutscht sind. Dazu gehören sowohl ehemalige Unterstützer_innen der Sozialdemokratie als auch klassische Milieus konservativer Parteien, unter anderem religiös-konservative Milieus und schließlich Akteur_innen an den Rändern, die sich nach rechts radikalisieren.

Konservative Akteur_innen sehen die migrationspolitische Situation gekennzeichnet durch zu viel Einwanderung. Aus ihrer Sicht sind traditionelle nationale Werte durch kulturelle ‚Überfremdung' bedroht. Zusätzlich zu kulturalistischen Motiven betrachten konservative Akteur_innen den Verlust national-sozialer Privilegien durch hohe Einwanderung als zentrale Gefahr. Sie befürchten, durch ‚Einwanderung in die Sozialsysteme' könnte die nationale Bevölkerung benachteiligt werden. Beide Motive fielen seit den 1980er Jahren in einer Reihe migrationspolitischer ‚Krisen' zusammen, in denen es Protagonist_innen des konservativen Hegemonieprojekts gelang, ‚moral panics' zu inszenieren und ihre Situationsanalyse und Strategien gesellschaftlich zentral zu verankern, darunter die ‚Asyldebatte' von 1991 bis 1993 in Deutschland, die ‚Sangatte-Krise' 2001/2002 in Großbritannien, die ‚Cayuco-Krise' 2006 in Spanien (vgl. Georgi; Kannankulam; Wolff 2014) und natürlich der europäischer ‚Sommer der Migration' von 2015/2016 (vgl. Kasparek/Speer 2015; Georgi 2016; Hess et al. 2017). In jüngerer Zeit wird die Situationsanalyse konservativer Akteur_innen stärker durch einen antimuslimischen Rassismus strukturiert, in Deutschland etwa beginnend mit der Sarrazin-Debatte 2010 und dem Aufkommen der Pegida-Bewegung Ende 2014.

Die migrationspolitische Vision der Akteur_innen des konservativen Hegemonieprojekts ist ein Europa effektiver und strikter Grenz- und Migrationskontrollen, wo Einwanderung von außerhalb wie innerhalb Europas, wenn nicht komplett verhindert, so doch massiv reduziert werden soll (‚Deutschland ist kein Einwanderungsland').

Um diese Ziele politisch und operativ durchzusetzen, verfolgen viele national verankerte konservative Akteur_innen europäische Scale-Strategien, also die Implementierung repressiver Migrationspolitik auf europäischer Ebene unter anderem durch Frontex, das Dublin-Regime, Hochtechnologie-Systeme wie die Fingerabdruckdatenbank Eurodac, das biometrische Entry-Exit-System und das unter anderem aus Drohnen und Satelliten bestehende Grenzüberwachungssystem Eurosur. Aus konservativer Sicht ist es entscheidend, dass diese gemeinsame europäische Grenzpolitik durch die nationalen Regierungen gesteuert wird und keine tatsächliche Souveränitätsabgabe etwa an die EU-Kommission stattfindet.

Eine wichtige Rolle hinsichtlich der migrationspolitischen Positionierung des konservativen Hegemonieprojekts nehmen rechtspopulistische Parteien und Gruppierungen ein, in Großbritannien der rechte Think Tank ‚Migration Watch UK' und die euroskeptische *UK In-*

dependence Party, in der BRD vor allem die *Alternative für Deutschland* (AfD). Im Gegensatz zu anderen Ländern konnte sich dieses Potenzial in Deutschland mit der AfD erst relativ spät, ab 2013, und in Spanien bislang gar nicht in relevanten rechten Parteien festigen.[37] Einen einflussreichen Stützpunkt hat das konservative Hegemonieprojekt in den repressiven Staatsapparaten: den nationalen Innenministerien, Polizeien, im Grenzschutz und den Ausländerbehörden. Bestimmte konservative Positionen ruhen derart auf der tief verankerten Hegemonie der Grenze (vgl. Buckel et al. 2014: 40) auf, dass sie kaum explizit artikuliert werden müssen, etwa dass Sozialleistungen und Arbeitsplätze zunächst denjenigen zustehen, die die ‚richtige' Staatsbürgerschaft besitzen.

Die Fraktionslinien im konservativen Hegemonieprojekt verlaufen vor allem entlang nationaler Grenzen. Es handelt sich eher um eine Verknüpfung national-konservativer Projekte als um ein gemeinsames euro-konservatives Projekt. Die nationale Spaltung äußert sich, wenn konservative Akteur_innen aus Südeuropa das Dublin-System ablehnen und solche aus Deutschland, Großbritannien und Skandinavien es leidenschaftlich unterstützen. Gerade weil konservative Hegemonieprojekte stark in ‚ihren' Nationalstaaten verankert bleiben, sind sie in ihren konkreten Zielen und Ressentiments gegen innere ‚Minderheiten' und verschiedene ‚Zuwanderergruppen' unterschiedlich. Generell bestehen die konservativen Hegemonieprojekte aus Fraktionen von liberalkonservativen bis zu rechtsradikalen Flügeln.

Die Machtressourcen des konservativen Projekts insgesamt sind vor allem in der Verankerung in den repressiven Staatsapparaten begründet, einem nationalen, konservativ-traditionalistischen Milieu und der Fähigkeit, dieses über rechtspopulistische Kampagnen, Wahlkämpfe und Debatten zu mobilisieren, nicht zuletzt aufgrund der Unterstützung durch diverse Zeitungsredaktionen. Doch auch die ökonomischen Ressourcen und damit der taktische Spielraum des Projekts dürfen nicht unterschätzt werden. Einerseits erfährt es direkte Unterstützung von regional und national ausgerichteten Kapitalfraktionen, anderseits geht es in vielen Ländern im Rahmen konservativer Parteien und Stiftungen enge Bündnisse mit Akteur_innen des neoliberalen Hegemonieprojekts ein und profitiert von deren Ressourcen.

Der Sommer der Migration hat zu einer Neuordnung dieses konservativen Hegemonieprojekts in Europa geführt. Konservative Akteur_innen waren aufgrund der Vorherrschaft des transnationalen, neoliberalen Hegemonieprojekts bereits seit längerer Zeit in der Krise (Keil 2015). Der vermeintliche Verlust der Grenzkontrolle, und damit verbunden der Identität von Staat und ‚Volk', brachte 2015 auf der Grundlage der Krise des neoliberal geschwächten national-sozialen Staats und des lang etablierten Diskurses des antimuslimischen Rassismus seit dem ‚11. September', das Fass zum Überlaufen' und mobilisierte diverse Kräfte dieses Projekts. Dies gilt insbesondere für die völkische Fraktion, die in der BRD in der AfD politisch repräsentiert, zivilgesellschaftlich in PEGIDA und ähnlichen Bewegungen ihren Ausdruck findet, auf rechtsradikale Medien gestützt wird und schließlich Netzwerke zu dem Pogrome verübenden Mob bis hin zum NSU und seinen Nachfolgern aufweist. Diese Konstellation ist in ganz Europa unter anderem in Griechenland, Österreich, Frankreich, Italien, Dänemark und den Niederlanden stark geworden und in Osteuropa, vor allem in Polen und Ungarn, bereits an die Regierung gelangt. Die theoretische Frage, ob nicht davon auszugehen ist, dass sich diese Fraktion inzwischen europaweit als eigenes rechtsradikales Hegemonieprojekt ausdifferenziert hat, ist offen und erfordert weitere Analysen und Diskussionen (vgl. Fedders 2016).

[37]In anderen EU-Staaten existieren starke rechtspopulistische Parteien, etwa in Östereich (FPÖ, BZÖ), Frankreich (*Front National*), Belgien (*Vlaams Belang*), den Niederlanden (*Partij voor de Vrijheid*), Ungarn (*Jobbik*), Dänemark (*Dansk Folkeparti*), Italien (*Lega Nord*) und Finnland (*Perussuomalaiset* oder *Wahre Finnen*) (vgl. Forschungsgruppe Europäische Integration 2012).

2.2 National-soziales und proeuropäisch-soziales Hegemonieprojekt

Für die sozialen Hegemonieprojekte stehen sozialer Ausgleich und soziale Umverteilung im Mittelpunkt der politischen Strategie. Zentral für die Akteur_innen, die wohlfahrtsstaatliche Strategien verfolgen, ist eine Verteidigung des europäischen Sozialmodells mit relativ hohen wohlfahrtsstaatlichen Standards, korporatistischen Arrangements zwischen Kapital und Arbeit und einer insgesamt konsensorientierten politischen Auseinandersetzungskultur. Allerdings sind diese Akteur_innen angesichts der seit Jahrzehnten erfolgreichen Gegenoffensive und Dominanz des neoliberalen Hegemonieprojekts und dessen erfolgreicher Strategie der Prekarisierung der Arbeitsverhältnisse, der Schwächung der Gewerkschaften und der Rücknahme sozialer Rechte massiv in die Defensive geraten. Über die zentralen Taktiken des neoliberalen Projekts, die Internationalisierung und Europäisierung von Produktion, Handel und Arbeitskraftstrategie konnten nationale Arrangements ausgehebelt werden. Dies hatte einen Spaltungseffekt zur Folge. So sind die Fraktionen, die soziale Strategien verfolgen, hinsichtlich der skalaren politischen Ausrichtung zur Verteidigung des europäischen Sozialmodells so grundlegend gespalten, dass sich zwei Hegemonieprojekte herausbildeten: ein national orientiertes und ein pro-europäisches. Nach unserer Analyse besteht die sozialstrukturelle Basis beider Projekte in jenen gesellschaftlichen Kräften, die aufgrund der Kämpfe der Arbeiter_innenbewegung im 19. und 20. Jahrhundert in den fordistischen Kompromiss inkorporiert worden waren, u.a. die öffentlich Angestellten und die gewerkschaftlich organisierten Kernbelegschaften aus Facharbeiter_innen, die von korporatistischen Strukturen sowie einer geschlechtshierarischen Arbeitsteilung und engen Kontakten zu regionalen und nationalen Staatsapparaten profitierten. Deren Integration gelang über den Ausbau sozialer Rechte, Aufstiegschancen für die unteren Klassen, die asymmetrische Integration von Frauen und Migrant_innen in den Arbeitsmarkt und eine ausgedehnte kulturindustrielle Freizeitindustrie. Durch die ‚neoliberale Konterrevolution' (Milton Friedman) haben sich deren Arbeits- und Lebensbedingungen heute grundlegend verändert, so dass inzwischen ein großer Teil der sozialen Basis des Projekts prekarisiert ist. Die Leih- und Teilzeitarbeitnehmer_innen, die Minijobber_innen und Sozialleistungsbezieher_innen sind zu einem großen Anteil weiblich und migrantisch. Ihre Interessen kollidieren teils massiv mit denjenigen der noch korporatistisch abgesicherten Facharbeiter_innen.

Für die Akteur_innen, die wohlfahrtsstaatliche Strategien verfolgen, ist die migrationspolitische Situation durch widersprüchliche Entwicklungen gekennzeichnet. Einerseits lehnen viele Gewerkschaften und Sozialverbände die repressive europäische Migrationspolitik ab, da sie Menschenrechte von Geflüchteten missachtet und selbst langjährig in der EU lebenden, ‚ausländischen' Arbeitnehmer_innen zu wenige politische, soziale, kulturelle und wirtschaftliche Rechte zugesteht. Andererseits verweisen sie, stärker als das im Folgenden skizzierte linksliberal-alternative Projekt, auf problematische Aspekte der Migration, darunter ‚unfaire' Konkurrenz auf dem Arbeitsmarkt (niedrige Löhne, schlechte Arbeitsbedingungen) und die (potenzielle) Überlastung von Sozialsystemen.

Wie ihre Situationsanalyse sind auch die migrationspolitischen Visionen der Akteur_innen der sozialen Hegemonieprojekte durch zwei Elemente gekennzeichnet. Einerseits ist dies das Ideal einer fairen und offenen Migrationspolitik, die Geflüchtete schützt, migrantischen Arbeitnehmer_innen weitgehende Rechte zugesteht und im Geiste internationaler Solidarität Menschen aus dem globalen Süden die Möglichkeit gibt, in Europa zu arbeiten. In Spanien, Großbritannien und Deutschland hat sich auf unterschiedliche Weise die Haltung durchgesetzt, dass Gewerkschaften für die Rechte und gegen die Diskriminierung von ‚ausländischen' Lohnabhängigen eintreten. Doch andererseits stützen Gewerkschaften, Sozialverbände usw. die tief verankerte Hegemonie von Grenzen; sie fungieren gleichsam als Repräsentant_innen des national-sozialen Kompromisses. Ausgehend davon verfolgen sie Projekte, die sich gegen neoliberale europäische Politiken wie Lohndumping und den Unterbietungswettbewerb bei Arbeitsbedingungen richten wie etwa die Dienstleistungs- oder die Entsenderichtlinie. Darüber hinaus fordern sie menschenrechtskonforme Modifikationen in der Grenz- und Asylpolitik (Frontex, Dublin) und starke soziale Rechte für alle EU-Bürger_innen.

Zentrale migrationspolitische Akteur_innen der sozialen Hegemonieprojekte sind Abteilungen und Initiativen größerer Organisationen, etwa die Referate für ‚Migration und Integration' bei Gewerkschaften und Sozialverbänden, die Netzwerke migrantischer Arbeiter_innen innerhalb wie außerhalb der Gewerkschaften, auch Basisgruppen etwa von Care-Arbeiterinnen oder von Sans Papiers in verschiedenen Branchen (*Respect Berlin* in Deutschland, *Kalayaan* in Großbritannien, *Servicio Doméstico Activo* in Spanien). Die soziale Basis dieser migrationspolitischen Akteur_innen liegt zwar in den genannten Sektoren der ehemals fordistischen Massenproduktion; gleichwohl operieren die entsprechenden Referate und Abteilungen innerhalb von Gewerkschaften und Parteien vielfach gegen latente und offene Widerstände ‚von unten' und seitens des ‚shop floors'. Die Referent_innen fungieren angesichts dieser Konstellation vielfach als organische Intellektuelle innerhalb ihrer Organisationen, die versuchen, das partikulare „korporativ-ökonomische" Bewusstsein der Mitglieder hin zu einem „Bewusstsein der Interessensolidarität" zu transformieren (Demirović 2007a, 30; Gramsci 1991 ff., 1559-62).

Die fraktionellen Spaltungen und Auseinandersetzungen sind insbesondere entlang des Konflikts über die Scale-Strategie gegensätzlich, sodass es angebracht ist, von zwei Hegemonieprojekten zu sprechen. Der zentrale Konflikt dreht sich dabei um die Frage, ob die grundlegenden wie auch die migrationspolitischen Ziele des Projekts eher auf dem nationalen oder auf dem europäischen Scale durchgesetzt werden können. Für einige Protagonist_innen ist der Europa-Bezug nicht nur taktisch-strategisch, sondern Ausdruck eines von der Nationalebene weg auf Europa verschobenen ‚Territorialbezugs'. Weitere Spaltungslinien sind klassen- und branchenspezifische Interessen und Dynamiken, etwa der Grad der ‚Bedrohung' oder der Grad der Vorteile durch die Unterbietung von Löhnen und Arbeitsstandards durch ausländische Subunternehmen auf dem Bau. Darüber hinaus existiert in Bezug auf die Migrationspolitik eine Spaltung zwischen einer eher progressiven und moderat-internationalistischen Gewerkschaftsbürokratie und der stärkeren Präsenz rassistischer und chauvinistischer Positionen an der Basis. Die jeweilige Konstellation bestimmt, wie Gewerkschaften und andere Akteur_innen in ihrem strukturellen Spannungsfeld von Internationalismus und Chauvinismus agieren.

Das *national-soziale Hegemonieprojekt* verfolgt angesichts einer Analyse, welche die Europäische Union als grundlegend durch neoliberale Politiken strukturiert und dominiert sieht, keine gesamteuropäische Perspektive. Vielmehr wird durch das Festhalten an bestehenden nationalen Systemen auch der sozialstaatliche Kompromiss (notgedrungen) verteidigt, der grundlegend darauf basierte, die *nationale* Arbeiter_innenklasse in diese *„Form der privilegierten Gemeinschaft"* (Balibar 2010: 25, *Hervorh. i. O.*) zu integrieren. Angesichts des bestehenden neoliberalen Globalisierungsdrucks sieht dieses Hegemonieprojekt auf der nationalen Ebene am ehesten die Möglichkeit, sozialpolitische Errungenschaften zu schützen. Der Grund für diese Skepsis gegenüber dem europäischen Scale ist keine grundsätzlich anti-europäische oder nationalistische Haltung, sondern die Einschätzung, dass eine Strategie der Europäisierung kaum Erfolgsaussichten hat. Der nationale Wohlfahrtsstaat, die nationale Arbeitsgesetzgebung, die staatliche Unterstützung einheimischer Unternehmen, unter anderem durch Subventionen, Außenwirtschaftspolitik usw., sowie entsprechende korporatistische Strukturen sind das zentrale Terrain des Projekts. Im migrationspolitischen Bereich unterstützt dieses Hegemonieprojekt die ‚leider notwendigen' strikten Kontrollen des Zugangs zu

Arbeitsmarkt und Sozialsystemen, um die Privilegien der eigenen ‚nationalen' Basis in der globalisierten Ökonomie zu sichern.

Demgegenüber lässt sich ein gegenläufiges Projekt identifizieren – das *proeuropäisch-soziale Hegemonieprojekt*, dessen Strategien zwar die gleichen Situationsanalyse haben (Gefährdung des europäischen Sozialmodells durch neoliberale Politiken), aber dessen Rettung nur durch eine gesamteuropäische Sozialpolitik gewährleistet ist. Die Grundannahme ist, dass der Krise des Wohlfahrtsstaates im Kontext neoliberaler Globalisierungsprozesse nur durch eine Europäisierung der Wirtschafts- und Sozialpolitik und einer europäischen Tarifpolitik begegnet werden kann. Wenn sich Kapitalakteur_innen internationalisieren und politische und ökonomische Prozesse längst auf Scales ‚oberhalb' des Nationalstaates stattfinden, dann, so das zentrale Argument, könne eine sozial ausgleichende Politik sich nicht auf die nationale Ebene beschränken. Die proeuropäische Strategie wird als Ausweg aus der Schwächeposition innerhalb des Nationalstaates gesehen. Ein ‚soziales Europa' wird als Gegenbild zum neoliberalen Integrationsprozess in Stellung gebracht. Es ist der linke Flügel dieses proeuropäischen Projekts, der ernst machen will mit dem Kampf für eine europäische – auch geschlechtergerechte – Sozialpolitik, wohingegen der radikal linke Flügel keine bloße Ablösung der neoliberalen Politiken anstrebt, sondern die Überwindung der kapitalistischen Vergesellschaftung durch das Weitertreiben der Kritik in der Krise. [38]

Die Ressourcen beider Projekte sind seit der Krise des Fordismus durch die Schwächung der organisierten Arbeiter_innenschaft gekennzeichnet. Während mit NGOs wie *Attac* und der Sozialforenbewegung neue transnationale Akteur_innen entstanden, unterlagen Gewerkschaften einem umfassenden „Prozess der Erosion ihrer Machtressourcen" (Urban 2012: 26): Rückläufige Mitgliederzahlen und damit auch geringere finanzielle Ressourcen, ein Rückgang in der gewerkschaftlichen Verankerung in den Betrieben und dadurch bedingt auch der gewerkschaftlichen Verhandlungs- und Lobbymacht (Deppe 2012). Darüber hinaus weigern sich die EU-Arbeitgeber_innen-Verbände, Koordinierungsregeln für Lohnpolitik einzuführen, während das „Verbleiben der Gewerkschaften in den nationalen Sozialpakten die überfällige Transnationalisierung der gewerkschaftlichen Politik hemmt" (Urban 2012: 27). Schließlich schwächt die Prekarisierung der Arbeitsverhältnisse die gewerkschaftliche Mobilisierungsfähigkeit. Gerade für Gewerkschaften, Verbände und soziale Bewegungen besteht daher ein strategisches Problem: Trotz ihrer prinzipiell proeuropäischen Haltung sind diese Akteur_innen durch die existierenden politischen Strukturen gezwungen, weitgehend auf nationaler Ebene zu agieren. Es gibt keine europäischen Tarifverträge, es gibt kaum eine europäische Öffentlichkeit, und viele Kompetenzen und Einflussmöglichkeiten verbleiben auf der nationalen Ebene. Aus diesem Grund sind die immer wieder betonten europäischen Perspektiven in den Alltagskämpfen über Tarifabschlüsse, Gesetzesvorlagen, Sozialabbau und öffentliche Kampagnen relativ schwach ausgeprägt. Dennoch sind die Akteur_innen dieser Projekte noch immer konfliktfähig, werden durch die redaktionelle Linie zahlreicher Medien unterstützt, verfügen über Gewerkschaftsapparate, Think Tanks und eigene Zeitschriften und finden zudem weiterhin Unterstützung innerhalb der linken oder arbeitnehmer_innenorientierten Flügel sozialdemokratischer, sozialistischer und sogar konservativer Parteien.

[38] In Buckel et al. 2014 (78 ff.) findet sich zudem die Darstellung einer Minderheitenmeinung innerhalb der Forschungsgruppe, die von der Existenz eines ‚linksradikalen Hegemonieprojekt' ausgeht.

2.3 Linksliberal-alternatives Hegemonieprojekt

Schließlich ließ sich auf der Basis unserer Recherchen das linksliberal-alternative Hegemonieprojekt identifizieren. Zu diesem Projekt gehört ein liberaler, normativer und politischer Citizenship-Ansatz. Es ist der Träger eines politischen Liberalismus, der Toleranz mit Menschenrechten und sozialem Ausgleich verbinden will. Unsere These ist, dass sich im linksliberal-alternativen Hegemonieprojekt die Taktiken und Strategien jener zivilgesellschaftlichen Kräfte verdichten, die nicht primär an ökonomischen Fragen im engeren Sinne ansetzen. Es sind die Strategien des politischen Liberalismus auf der einen Seite und der Neuen Linken auf der anderen: Akteur_innen, die aus der dritten Welle der Frauenbewegung kommen, sich für Antirassismus, Umweltschutz und die Rechte von Kindern, behinderten oder alten Menschen einsetzen. Dass diese Akteur_innen vorrangig postmaterielle Interessen vertreten, heißt allerdings nicht, dass sie ökonomisch indifferent agierten. Gerade weil Umverteilung und soziale Rechte nicht ihre Kernforderungen sind, können sie durchaus Allianzen mit dem neoliberalen Projekt eingehen. Darüber hinaus verfügt auch dieses Projekt über relevante ökonomische Akteur_innen, nämlich über „grüne Kapitalfraktionen" (Haas/Sander 2013), bestehend aus jenen alternativen Unternehmen, die explizit als politische Projekte zur Durchsetzung einer Alternativökonomie gegründet wurden, vor allem im Bereich der regenerativen Energien und der Ernährung. Die ‚kulturrevolutionären' Veränderungen in Folge von ‚1968' und die damit verbundenen Bewegungen und Milieus bilden allerdings die zentrale soziale Basis dieses Projekts. Entsprechend der postnationalen und postmateriellen Werte dieser Milieus vertreten die Akteur_innen eine ausgesprochen proeuropäische Strategie, welche die EU als Konstellation postnationaler Bürger_innenschaft ansieht und versucht, über europäische Richtlinien, etwa im Antidiskriminierungsbereich, progressive Veränderungen durchzusetzen, die auf nationaler Ebene nicht möglich wären.

Linksliberal-alternative Akteur_innen sehen die migrationspolitische Situation durch eine unmenschliche Abschottungspolitik gekennzeichnet, die Menschenrechte von Migrant_innen systematisch verletzt. Diese sind für sie Opfer der Aushebelung des Flüchtlingsschutzes in Europa durch militärische Grenzabschottung. Dagegen betonen sie, dass Migration der Normalfall sei, eine historische Konstante, dass es verständlich und legal sei, wenn Geflüchtete nach Europa kommen wollten. Ihnen gelten Transnationalität, Mobilität und kulturelle Vielfalt als positive Werte.

Die linksliberal-alternative Zielvorstellung für die europäische Migrationspolitik ist ein kosmopolitisches Europa, in dem die Menschenrechte von Geflüchteten und Migrant_innen im Zentrum stehen. Sie wollen ein starkes Asylrecht und liberale Regelungen für Wanderarbeiter_innen. Dabei stellt die Mehrheit linksliberaler Akteur_innen Grenzen nicht grundsätzlich in Frage, sondern versucht, eine rechtsstaatliche und menschenrechtliche Absicherung durchzusetzen. Ausgehend von dieser Situationsanalyse und diesen Zielen verfolgen sie (migrations)politische Projekte, die sich implizit oder explizit an einem ‚rechtebasierten Ansatz' orientieren: Frontex abschaffen oder stark parlamentarisch kontrollieren und öffentlich überwachen; das Dublin-System aushebeln und Menschen das Recht geben, dort einen Asylantrag zu stellen, wo sie möchten oder wo Verwandte leben; eine EU-Staatsbürger_innenschaft für langjährig in der EU lebende Drittstaatenangehörige mit vollen sozialen Rechten. Der linke Flügel dieses Projekts, die *No-Border*-Bewegung, linke Intellektuelle und Asylrechtsanwält_innen sowie einzelne Aktivist_innen in verschiedenen promigrantischen NGOs gehen darüber hinaus und fordern ‚globale Bewegungsfreiheit' oder ‚offene Grenzen' (vgl. Georgi 2017).

Im Konfliktfeld Migration existieren eine Vielzahl von Gruppen, Bewegungen und NGOs, die dem linksliberal-alternativen Hegemonieprojekt zugerechnet werden können. Diese Organisationen sind in verschiedenen Milieus verankert, von liberalen Kirchenkreisen über humanistisches Bürger_innentum bis zu linken Bewegungsspektren und werden von kritischen Migrationsforscher_innen unterstützt. Im Vergleich zu den konservativen und auch zu den sozialen Hegemonieprojekten ist das linksliberal-alternative europäisch stark integriert. Trotzdem gibt es nationale Unterschiede, etwa den Grad der Abhängigkeit von staatlicher Finanzierung, die Verankerung in Basisbewegungen, die Spaltung zwischen migrantischen Selbstorganisierungen unterschiedlich entrechteter Menschen und ‚autochthonen' beziehungsweise migrationspolitischen Organisationen, die primär aus zumindest juristisch gleichgestellten Menschen bestehen. Und während relativ viele und teils große und hochprofessionelle Organisationen sich für die Rechte von Geflüchteten einsetzen, gilt dies für illegalisierte Arbeiter_innen und andere Migrant_innen deutlich weniger (Georgi/Szczepanikowa 2010).

Die ökonomischen Ressourcen der Akteur_innen des linksliberal-alternativen Hegemonieprojekts bestehen zum einen aus den Ressourcen der grünen Kapitalfraktionen, die bei der Durchsetzung ihrer Interessen wiederum von der Einbindung in gesellschaftliche Netzwerke profitieren können (Haas/Sander 2013: 27), sowie der Technologie- und Kreativbranche. Diese ökonomischen Potentiale sind allerdings im Feld der Migrationspolitik weniger relevant. Die wesentlichen Ressourcen liegen im hohen sozialen und kulturellen Kapital und in der Unterstützung durch eine große Zahl organischer Intellektueller in Wissenschaft, im Kunstbereich, in der Bildung und den Medien. Darüber hinaus haben sich diese Strategien bereits in bestimmten internationalen Apparaten (wie zum Beispiel dem UNHCR, dem Europäischen Gerichtshof für Menschenrechte, den UN-Ausschüssen und zum Teil in der Europäischen Kommission) materialisiert, so dass diese als ihre Stützpunkte zu betrachten sind.

3 Das politische Projekt in dieser Kräftekonstellation

Als hegemoniales politisches Projekt, das die große Linie europäischer Migrationspolitik bestimmt, ging aus diesen Auseinandersetzungen das ‚Migrationsmanagement' hervor. Einem hegemonialen politischen Projekt muss es gelingen, in einer krisenhaften Situation eine ‚Lösung' zu präsentieren, die möglichst viele Strategien, Diskurse und Subjektpositionen miteinander kombiniert – insbesondere solche, die eher von gegnerischen Strategien unterstützt werden. Diese Elemente müssen zu einem kohärenten Projekt verbunden und durch einen antagonistischen Bruch von anderen Möglichkeiten abgegrenzt werden. Dies gelang mit dem ‚Migrationsmanagement'.

3.1 ‚Migrationsmanagement'

Seit der Krise des Fordismus, die sich migrationspolitisch in Europa im Anwerbestopp für sogenannte ‚Gastarbeiter_innen' ausdrückte, waren die nationalen Migrationspolitiken Austragungsorte massiver gesellschaftlicher Konflikte. Die allmähliche Europäisierung der Migrationspolitik in den 1990er Jahren war eine Reaktion auf die dadurch forcierte „Krise der Migrationskontrolle" (Castles 2005: 16). Die Regierungen Europas gaben vor, die Gesellschaften des Nordens abschotten zu wollen. Der technokratische Glaube der Planungseuphorie fordistischer Staaten, ihre Regulierungsversuche könnten das Verhalten der ‚Steuerungsobjekte' unmittelbar beeinflussen, so dass man Migration „wie einen Wasserhahn durch angemessene Politik auf- und zudrehen" könne (Castles 2005: 13), stellte sich als Illusion heraus. Migration besitzt „ein Moment der Selbständigkeit gegenüber politischen Maßnahmen, die sie zu kontrollieren beabsichtigen" (Andrijasevic et al. 2005: 347). Und insbesondere die grundlegenden sozio-ökonomischen Unterschiede, hervorgebracht durch die imperiale Lebensweise (Brand/Wissen 2011), stellen solche Abschottungspolitiken in Frage.

„Wenn man die Wohlstandsgefälle, den breiten Informationsfluss und die guten Transportverbindungen betrachtet, die jetzt zwischen den Weltregionen existieren, dann stellt sich eher die Frage, warum so wenige Menschen global wandern als umgekehrt die Frage, warum Menschen überhaupt grenzüberschreitend migrieren." (Pries 2005, 20)

In dieser Situation gelang eine strategische Neuausrichtung der Migrationspolitik in Europa, die auf zwei Momenten basierte: zum einen auf der Europäisierung und zum anderen auf einer Ablösung der Abschottungslogik durch eine sehr viel flexiblere, utilitaristische Strategie. In den Mitgliedsstaaten der EU setzte sich nach und nach der Diskurs durch, dass die nationale, räumliche Bezugsebene kein geeignetes Terrain mehr zur Lösung dieser Problematik darstelle, bis sie 1999 schließlich europäisiert wurde. Zeitgleich haben internationale Organisationen, an erster Stelle die Internationale Organisation für Migration (IOM), aber auch die OECD, das Konzept des ‚Migrationsmanagements' geprägt. Damit haben sie eine Verschiebung des Diskurses von der konservativen Problematisierung von Migration als Bedrohung für Sicherheit, nationale Identität und Wohlstand hin zu einer neoliberalen Rahmung vorgenommen, die – nach Jahrzehnten des Abschottungsparadigmas – die Migrationspolitik wieder mit einer ökonomischen Rationalität verbindet. Wie in den Nachkriegszeiten erscheint Abschottung unter ökonomischen Kriterien ineffizient. Stattdessen kommt es darauf an, Wachstumspotenziale zu realisieren: Migration ist positiv, sofern sie nützlich ist (Georgi 2010: 65).

Nach und nach wurden sowohl der Begriff des Migrationsmanagements als auch die entsprechenden Praxen in den meisten europäischen Migrationspolitiken selbstverständlich. Diese politische Rationalität prägte schließlich Diskurse, institutionelle Praxen, Gesetze und auch die Mehrheit der migrationswissenschaftlichen Analysen in Europa. Was sich also allmählich durch die Auseinandersetzungen hindurch als strategische Neujustierung durchgesetzt hatte, war das hegemoniale politische Projekt des ‚Migrationsmanagements', dessen Rationalität – Transnationalisierung plus utilitaristische Steuerung – auf die Kräfte des neoliberalen Hegemonieprojekts zurückzuführen ist. Es gelang ihnen in einer krisenhaften Situation, einem diskursiv konstruierten ‚Notstand', eine ‚Lösung' zu präsentieren, die viele Strategien, Diskurse und Subjektpositionen miteinander kombinierte. Die Strategie des neoliberalen Hegemonieprojekts bestimmte darüber den Modus des Regierens der Migration. Das Zentrum des Migrationsmanagements ist eine utilitaristische Arbeitskraftstrategie, die sowohl auf die Anwerbung (hoch-)qualifizierter als auch auf die faktische Ausnutzung illegalisierter Arbeitskräfte setzt. Geht es um Politiken dieses Kernbereichs, also um die Politiken des globalen Arbeitsmarktes, so sind die Akteur_innen und Strategien des neoliberalen Hegemonieprojekts durch politische Forderungen und Kampagnen sowie juristische Interventionen präsent. Demgegenüber halten sie sich auf den anderen migrationspolitischen Feldern, also der Asylpolitik, dem Grenzregime und den sozialen Rechten, zurück. Diesen Strategien ist es gelungen, die utilitaristische Arbeitskraftstrategie mit Forderungen des konservativen wie auch des national-sozialen Projekts nach stärkeren Kontrollen irregulärer Migration und im Bereich des vereinfachten Zuzugs migrantischer Arbeitskräfte mit solchen des linksliberal-alternativen Projekts zu verbinden. Dies geschieht zumeist darüber, dass sie in diesen Bereichen den anderen konkurrierenden Strategien das Feld der Auseinandersetzung überlassen.

Die utilitaristische Rationalität des Migrationsmanagements will Mobilität zur selben Zeit ermöglichen wie auch verhindern. Verhindern will sie nach wie vor die Mobilität all jener, die nicht ohne weiteres verwertbar sind (ebd., 153). Die Grenze wird daher als Filter konzeptioniert, der ‚nützliche' oder ‚erwünschte' Menschen durchlässt und allen anderen den Zugang zu verwehren sucht. Jene Migrant_innen, die das Grenzregime als Illegalisierte auswirft, fallen im Migrationsmanagement unter „ein hartes Regime, welches nicht bloß ‚sanft' reguliert und indirekt lenkt, sondern Handlungen direkt und gewaltsam" zu unterbinden versucht (Meyer/Purtschert 2008, 157).

3.2 Ein hegemoniales Projekt erodiert

Dieses Projekt geriet spätestens seit dem Sommer der Migration 2015 in die Krise, was zu einer Renationalisierung sowie zu einem massiven Ausbau der repressiven Elemente des Grenzregimes geführt hat. Zunächst, als die Geflüchteten die Grenzen selbstbewusst und konsequent überwunden hatten und von einer großen ‚Willkommensbewegung' unterstützt wurden, die man einer Diskursallianz des linksliberal-alternativen wie auch dem proeuropäischen Hegemonieprojekts zurechnen kann, gelang es, den Diskurs und die Praxis nach links zu verschieben. Auf Basis jahrzehntelanger Mobilisierungen und nicht zuletzt der selbstorganisierten Refugee-Proteste konnten diese Akteur_innen ihre Stellung im migrationspolitischen Kräfteverhältnis z.B. in der BRD und in Österreich, den Hauptaufnahmeländern des Sommers der Migration, stärken (vgl. Georgi 2016, 189 ff.). Die verhaltene Lockerung von Residenzpflicht, Arbeitsverboten und Sachleistungsprinzip für Geflüchtete im Rahmen des ‚Asylkompromisses' von 2014 ist ein Hinweis darauf.

Das zeigt sich letztlich auch in der Haltung der deutschen Bundesregierung im Jahr 2015. Diese lässt sich in ihrer Komplexität und Widersprüchlichkeit nur dann erfassen, wenn man in die Analyse einbezieht, dass die Strategien des proeuropäisch-sozialen und des linksliberal-alternativen Hegemonieprojekts mit denen des neoliberalen koinzidierten, diese Strategien sich verketteten. So konnte sich die Regierung Merkels auf einige einflussreiche Akteur_innen stützen, die sich dem neoliberalen Hegemonieprojekt zuordnen lassen. Über sechzig Prozent der deutschen Manager_innen glaubten, ihre Unternehmen würden durch eine schnelle Integration der Geflüchteten profitieren (SZ.de, 24.9.2015). Obwohl in den 2000er Jahren in Europa zahlreiche Einwanderungsprogramme für hochqualifizierte Fachkräfte durchgesetzt wurden, etwa die EU-Blue Card (vgl. Georgi u.a. 2014), zeigten sich neoliberale Expert_innen in nationalen wie internationalen Foren immer wieder enttäuscht darüber, dass die ökonomischen Potenziale einer ‚gemanagten' Migration wegen der ambivalenten Haltung im globalen Norden nicht ausgeschöpft werden (vgl. IOM 2012, 14).

Ins Hintertreffen gerieten hingegen das konservative und das national-soziale Hegemonieprojekt. Dieses, wenn man so will, Ausscheren der anderen drei Hegemonieprojekte aus dem asymmetrischen Kompromiss des ‚Migrationsmanagements' des vergangenen Jahrzehnts, rief eine massive, chauvinistische Gegenbewegung dieser Projekte aus, vor allem der völkischen Fraktion des konservativen Projekts. Der wachsende Einfluss dieser Kräfte verdichtete sich bis in den März 2016, als in der BRD und in Österreich massive Gesetzesverschärfungen eingeführt wurden, z.B. die Definition von Albanien, Kosovo und Montenegro als sichere Herkunftsstaaten. Die Anrainer der sogenannten Balkanroute, an erster Stelle Ungarn, reagierten mit dem Bau von Zäunen und (para-) militärischen Grenzkontrollen. Die Schengen-Grenzkontrollen wurden vorübergehend wieder eingeführt, die Grenzschutzagentur Frontex bekam mehr Mittel, neue Kompetenzen und sogar einen neuen Namen: ‚Europäische Agentur für die Grenz- und Küstenwache'. Auch die Dublin-Verordnung sollte nach Willen der Europäischen Kommission massiv verschärft werden (vgl. Amnesty International 2016).

Es wird sich in den kommenden Jahren zeigen, ob es den neoliberalen Kräften gelingt, ihre allgemeine Hegemoniekrise zu überwinden und in den *border struggles* das Projekt des Migrationsmanagements zu restabilisieren, indem die völkischen Akteur_innen zurückgedrängt und die restlichen Akteur_innen des konservativen Projekts erneut eingebunden werden. Solche Einbindungsversuche sind bereits jetzt erkennbar, etwa in Arbeitskraftstrategien, die auf die Integration der Angekommenen in den Arbeitsmarkt setzen. Ganz entscheidend hängt aber die weitere Ausrichtung der europäischen Migrationspolitik davon ab, ob es Kräfte gibt, denen es gelingt, ein gegenhegemoniales Projekt der transnationalen Solidarität zu entwickeln.

Literatur

Alexander, R. (2017): Die Getriebenen - Merkels Flüchtlingspolitik. Report aus dem Inneren der Macht. München.

Althusser, L. (2010): Ideologie und ideologische Staatsapparate. Hamburg, 2. Auflage.

Allespach, M./Ziegler, A. (2012): Die Zukunft des Industriestandortes Deutschland 2020, Marburg.

Amnesty International (2016): Positionspapier von Amnesty International zur geplanten Reform der Dublin-Verordnung (Dublin-IV, Com (2016) 270 vom 4. Mai 2016). Online abrufbar unter: http://www.borderline-europe.de/sites/default/files/background/Positionspapier_Dublin_IV_ September_2016.pdf (letzter Zugriff: 29.8.2017).

Andrijasevic, R./Bojadzijev, M./Hess, S./Karakayali, S./Tsianos, V. (2005): Turbulente Ränder. Konturen eines neuen Migrationsregimes im Südosten Europas. In: Prokla. Zeitschrift für kritische Sozialwissenschaft 140, Jg. 35, Nr. 3, 345-362.

Apeldoorn, B. van (2009): The Contradictions of ‚Embedded Neoliberalism' and Europe's Multilevel Legitimacy Crisis: the European Project and its Limits'. In: Van Apeldoorn, B./Drahokoupil, J./Horn, L. (Hrsg.): Contradictions and Limits of Neoliberal European Governance – From Lisbon to Lisbon. London, 21-43.

Balibar, É. (2010): Kommunismus und (Staats-)Bürgerschaft. Überlegungen zur emanzipatorischen Politik. In: Demirović, A./Adolphs, S./Karakayali, S. (Hrsg.): Das Staatsverständnis von Nicos Poulantzas. Der Staat als gesellschaftliches Verhältnis, Baden-Baden, 19-33.

Bernd, B., »Skalare Praxis«. In: Wissen/Röttger/Heeg (Hrsg.): Politics of Scale. Räume der Globalisierung und Perspektiven emanzipatorischer Politik«, Münster 2008, S. 113.

Bieling, H./Steinhilber, J. (2000): Hegemoniale Projekte im Prozess der europäischen Integration. In: dies. (Hrsg.), Die Konfiguration Europas: Dimensionen einer kritischen Integrationstheorie. Münster, 102-130.

Brand, U. (2013): State, context and correspondence. Contours of a historical-materialist policy analysis. Startseite, 42 (4), 425-442.

Brand, U./Wissen, M. (2011): Sozial-ökologische Krise und imperiale Lebensweise. Zu Krise und Kontinuität kapitalistischer Naturverhältnisse. In: Demirović, A./Dück, J./Becker, F./Bader, P. (Hrsg.): VielfachKrise. Im finanzmarktdominierten Kapitalismus. Hamburg, 79-94.

Buckel, S. (2013): ‚Welcome to Europe' – die Grenzen des europäischen Migrationsrechts. Juridische Auseinandersetzungen um das Staatsprojekt Europa. Bielefeld.

Buckel, S./Georgi, F./Kannankulam, J./Wissel, J. (2014): Theorien, Methoden und Analysen kritischer Europaforschung. In: Forschungsgruppe ‚Staatsprojekt Europa' (Hrsg.): Kämpfe um Migrationspolitik. Theorie, Methode und Analysen kritischer Europaforschung, Transcript Verlag: Bielefeld, 15-84.

Castles, S. (2005): Warum Migrationspolitiken scheitern. In: Peripherie. Zeitschrift für Politik und Ökonomie in der Dritten Welt, 25, H. 97/98, 10-34.

Demirović, A. (2007a): Politische Gesellschaft – Zivile Gesellschaft. Zur Theorie des integralen Staates bei Antonio Gramsci. In: Buckel, S./Fischer-Lescano, A. (Hrsg.): ‚Hegemonie gepanzert mit Zwang' Zivilgesellschaft und Politik im Staatsverständnis Antonio Gramscis. Baden-Baden, 21-41.

Demirović, A. (2007b): Nicos Poulantzas. Aktualität und Probleme materialistischer Staatstheorie, Münster.

Deppe, F. (2012): Gewerkschaften in der Großen Transformation. Von den 1970er Jahren bis heute. Eine Einführung. Köln.

Die Welt (5.3.2017): „Flüchtlingskrise: Fast hätte Angela Merkel die Grenze geschlossen". Online abrufbar unter: https://www.welt.de/politik/deutschland/article162582074/Fast-haette-Merkel-die-Grenze-geschlossen.html (letzter Zugriff: 29.8.2017).

Fedders, J. (2016): Die Wahlerfolge der ‚Alternative für Deutschland' im Kontext rassistischer Hegemoniebestrebungen. In: Häusler, A. (Hrsg.): Die Alternative für Deutschland. Wiesbaden: Springer Fachmedien, 163-178.

Forschungsgruppe Europäische Integration (2012): Rechtspopulismus in der Europäischen Union. Hamburg.

Forschungsgruppe ‚Staatsprojekt Europa' (Hrsg.): Kämpfe um Migrationspolitik. Theorie, Methode und Analysen kritischer Europaforschung, Transcript Verlag: Bielefeld.

Gamble, A. (1994): The Free Economy and the Strong State. The Politics of Thatcherism. Houndmills/Basingstoke, 2. Auflage.

Georgi, F. (2017): Globale Bewegungsfreiheit und sozialökologische Transformation. Linke Strategien nach dem Sommer der Migration. In: Politix. Zeitschrift des Instituts für Politikwissenschaft an der Universität Wien, Heft 41|2017, 44-48.

Georgi, F. (2016): Widersprüche im Sommer der Migration. Ansätze einer materialistischen Grenzregimeanalyse. In Prokla, Heft 183, 46. Jg. 2015, Nr. 2, 183-203.

Georgi, F. (2014): Making Migrants Work for Britain. Gesellschaftliche Kräfteverhältnisse und ‚Managed Migration' in Großbritannien. In: Forschungsgruppe ‚Staatsprojekt Europa' (Hrsg.): Kämpfe um Migrationspolitik. Theorie, Methode und Analysen kritischer Europaforschung, Transcript Verlag: Bielefeld, 113-130.

Georgi, F. (2010): For the Benefit of Some: The International Organization for Migration and its Global Migration Management. In: Geiger, M./Pécoud, A. (Hrsg.): The Politics of International Migration Management. Basingstoke/New York, 45-72.

Georgi, F. (2007): Migrationsmanagement in Europa. Eine kritische Studie am Beispiel des International Centre for Migration Policy Development (ICMPD). Saarbrücken.

Georgi, F./Huke, N./Wissel, J. (2014): Fachkräftemangel, Lohndumping und Puzzle-Politik. Die europäische ‚Blue Card' als arbeitskraftpolitisches Projekt. In: Forschungsgruppe ‚Staatsprojekt Europa' (Hrsg.): Kämpfe um Migrationspolitik. Theorie, Methode und Analysen kritischer Europaforschung, Transcript Verlag: Bielefeld, 209-226.

Georgi, F./Szczepanikova, A. (2010): Wer sind die Guten? Die ambivalente Rolle von NGOs im europäischen Migrationsregime. In: Forum Recht 2/2010, 56-58.

Gill, St. (1998): European Governance and New Constitutionalism: EMU and Alternatives to Disciplinary Neo-Liberalism in Europe. In: New Political Economy. Vol. 3: 1, 5-26.

Gramsci, A. (1991 ff.): Gefängnishefte. Kritische Gesamtausgabe. Bochmann, K./Haug, W. F. (Hrsg.). Hamburg/Berlin.

Haas, T./Sander, H. (2013): ‚Grüne Basis'. Grüne Kapitalfraktionen in Europa. Eine empirische Untersuchung. In: Studien der Rosa-Luxemburg-Stiftung, Berlin.

Helleiner, E. (1996): States and the Reemergence of Global Finance. From Bretton Woods to the 1990s. Ithaca/London.

Hess, S./Kasparek, B./Kron, S./Rodatz, M./Schwertl, M./Sontowski, S. (2017) (Hrsg.): Der lange Sommer der Migration. Grenzregime III. Hamburg.

IOM (2012): Report on the 100th Session of the Council (5.-7.12.2011). Council 101st Session. MC/2342/Rev. 1, 27.11.2012.

IOM (2017): IOM Snapshot 2017. Online abrufbar unter: http://www.iom.int/sites/default/files/about-iom/iom_snapshot_a4_en.pdf (letzter Zugriff: 29.8.2017).

Kannankulam, J. (2014): Kräfteverhältnisse in der bundesdeutschen Migrationspolitik. Die Asyldebatte als Schlüsselereignis des schwerfälligen Wandels vom Gastarbeitsregime hin zu Managed Migration in der Bundesrepublik Deutschland. In: Forschungsgruppe ‚Staatsprojekt Europa' (Hrsg.): Kämpfe um Migrationspolitik. Theorie, Methode und Analysen kritischer Europaforschung, Bielefeld, 93-112.

Kannankulam, J. (2008): Autoritärer Etatismus im Neoliberalismus. Zur Staatstheorie von Nicos Poulantzas. Hamburg.

Kannankulam, J./Wissel, J. (2005): Innere Bourgeoisie. In: Historisch-kritisches Wörterbuch des Marxismus. Band 6/II. Hamburg/Berlin, 1136 ff.

Kannankulam, J./Georgi, F. (2012): Die europäische Integration als materielle Verdichtung von Kräfteverhältnissen. Hegemonieprojekte im Kampf um das Staatsprojekt Europa. In: Forschungsgruppe Europäische Integration, Arbeitspapier Nr. 30, Marburg.

Karakayali, S. (2008): Gespenster der Migration. Zur Genealogie illegaler Einwanderung in der Bundesrepublik Deutschland. Bielefeld.

Kasparek, B./Speer, M. (2015): Of Hope. Ungarn und der lange Sommer der Migration. 7.9.2015. Online abrufbar unter: bordermonitoring.eu/ungarn/2015/09/of-hope/ (letzter Zugriff: 27.2.2017).

Keil, D. (2015): Die Erweiterung des Resonanzraums. Pegida, die Aktualisierung des Völkischen und die Neuordnung des Konservatismus. In: Prokla, Heft 180,, 45. Jg. 2015, Nr. 2, 370 ff.

Meyer, K./Purtschert, P. (2008): Migrationsmanagement und die Sicherheit der Bevölkerung. In: Purtschert, P./Mayer, K.Winter, I. (Hrsg.): Gouvernementalität und Sicherheit. Zeitdiagnostische Beiträge im Anschluss an Foucault. Bielefeld, 149-172.

Pichl, M. (2017): ‚Die Asylpakete I und II': Der politische und rechtliche Kampf um die Asylrechtsverschärfungen. In: Hess, S./Kasparek, B./Kron, S./ Rodatz, M./ Schwertl, M./ Sontowski, S. (Hrsg.): Der lange Sommer der Migration. Grenzregime III. Hamburg.

Poulantzas, N. (2002/1978): Staatstheorie. Politischer Überbau, Ideologie, autoritärer Etatismus. Hamburg.

Pries, L. (2005): Arbeitsmigration und Inkorporationsmuster in Europa. In: Ders. (Hrsg.), Zwischen den Welten und amtlichen Zuschreibungen. Neue Formen und Herausforderungen der Arbeitsmigration im 21. Jahrhundert, Essen, 15-41.

Saage, R. (1983): Neokonservatives Denken in der Bundesrepublik. In: Fetscher, I. (Hrsg.): Neokonservativismus und ‚Neue Rechte'. München, 66-116.

Schmid, C. (2003): Raum und Regulation. Henri Lefebvre und der Regulationsansatz. In: Brand, U./Raza, W. (Hrsg.): Fit für den Postfordismus? Theoretisch-politische Perspektiven des Regulationsansatzes. Münster, 217-242.

SZ,de (24.9.2015): „Flüchtlinge. Sie arbeiten am nächsten Wirtschaftswunder" (von Ulrich Schäfer). Online abrufbar unter: http://www.sueddeutsche.de/wirtschaft/fluechtlinge-sie-arbeiten-am-naech sten-wunder-1.2661310 (letzter Zugriff 29.8.2017).

Urban, H. (2012): Gewerkschaften und Kapitalismuskritik.
In: Z – Zeitschrift für Marxistische Erneuerung, Nr. 92, 19-30.

Vester, M. (2013): Die Zukunft der Arbeitsteilung in hochentwickelten Ländern. Postindustrielle oder industrielle Dienstleistungsgesellschaft?. In: Karst, H. (Hrsg.): Umkämpfter Sozialstaat. Ein Blick auf Klassenstrukturen und Transformationen. Manuskripte Neue Folge. Rosa-Luxemburg-Stiftung. Berlin, 8-29.

Walpen, B. (2004): Die offenen Feinde und ihre Gesellschaft. Eine hegemonietheoretische Studie zur Mont Pelerin Society. Hamburg.

Walters, W. (2006): Border/Control. In: European Journal of Social Theory, 9, H. 2, 187-203.
Wissel, J. (2007): Die Transnationalisierung von Herrschaftsverhältnissen. Zur Aktualität von Nicos Poulantzas Staatstheorie. Baden-Baden.
Wolff, S. (2014): Vom ‚Modell Irregularität' zur ‚Managed Migration' Kämpfe um die Transformation des spanischen Migrationsregimes. In: Forschungsgruppe ‚Staatsprojekt Europa' (Hrsg.): Kämpfe um Migrationspolitik. Theorie, Methode und Analysen kritischer Europaforschung, Transcript Verlag: Bielefeld, 131-150.
Young, B./Schuberth, H. (2010): The Global Financial Meltdown and the Impact of Financial Governance on Gender. Paris.

Expert_inneninterviews

Interview CBI (2010), CBI-Angestellter, London: 05.10.2013.
Interview BITKOM (2012), Berlin: 19.06.2012.

Angaben zu den Personen:

Prof. Dr. Sonja Buckel

ist Professorin für Politische Theorie an der Universität Kassel, Vorsitzende der Assoziation für kritische Gesellschaftsforschung (AkG) und Herausgeberin der Zeitschrift ‚Kritische Justiz'. Zuletzt erschienen: Welcome to Europe, Kämpfe um das europäische Migrationsrecht, Bielefeld, Transcript Verlag 2013.

Dr. Fabian Georgi

ist wissenschaftlicher Mitarbeiter am Institut für Politikwissenschaft der Philipps-Universität Marburg. Er engagiert sich im *Netzwerk für kritische Migrations- und Grenzregimeforschung* (kritnet) und ist Geschäftsführer der *Assoziation für kritische Gesellschaftsforschung* (AkG).

Prof. Dr. John Kannankulam

ist Professor für Politische Ökonomie an der Universität Marburg, stellv. Vorsitzender der AkG und Mitglied der Gewerkschaft Erziehung und Wissenschaft. Zuletzt erschienen: „Von der Staatsableitung zum Europäischen Staatsapparate-Ensemble. Grundzüge und Debatten der materialistischen Staatstheorie". In: *Widersprüche* 144, Münster 2017, 11-23.

PD. Dr. Jens Wissel

ist Privatdozent an der Universität Kassel und Fellow am Institut für Sozialforschung in Frankfurt, Mitglied der Assoziation für kritische Gesellschaftsforschung und bei der Internetzeitschrift links-netz.de. Zuletzt erschien: Staatsprojekt Europa. Grundzüge einer materialistischen Theorie der Europäischen Union, Münster, 2015.

Claire Moulin-Doos

Die Europäische Union: Von einer Rechtsgemeinschaft zu einem autoritären Regime – Welche Zukunft für das europäische Projekt?

Zusammenfassung: Im Beitrag wird argumentiert, dass die EU einer der Gründe für den Rückzug der Demokratie in den Mitgliedstaaten ist. Ursprünglich als Rechtsgemeinschaft konzipiert, hat sich das EU-Projekt zum Teil in eine Unrechtsgemeinschaft, bzw. in ein autoritäres Regime verwandelt. Drei verschiedene Wege werden hier skizziert, die für sich in Anspruch nehmen, das europäische Projekt zu retten.

Schlüsselbegriffe: Rechtsgemeinschaft, Verfassungswidrigkeit, Politisierung, Demokratisierung

The European Union: from a legal community to an authoritarian regime. What future for the European project?

Abstract: It will be argued that the EU is one of the reasons for the rolllback of democracy within member states. The EU has transformed from a legal community to an authoritarian regime. This article will outline three different approaches that intend to save the European project.

Keywords: Legal community, Unconstitutionality, Politicization, Democratization

Einführung

Jacques Delors, ehemaliger Präsident der Europäischen Kommission, verkündete im Jahr 1999 über die Europäische Union, dass sie eine „Konstruktion *technokratischer Art* [ist], die sich unter Ägide eines weichen und aufgeklärten *Despotismus* verbreitet“ [39] (Jacques Delors 1999).

Solange dieser Despotismus „weich und aufgeklärt“ ist, bzw. war, gibt es, bzw. gab es keinen großen Protest. Aber inwiefern ist dieser Despotismus überhaupt noch weich und aufgeklärt? Für die Griechen hat er sich bestimmt nicht besonders *weich* angefühlt und, ob er *aufgeklärt* ist, bleibt politisch umstritten.

Wie dieses Zitat des überzeugten Europäers Delors zeigt, ist es möglich, eine radikale Kritik des Funktionierens der EU zu äußern, die tief pro-europäisch in ihrer Inspiration ist. *Anti-EU* bedeutet nicht unbedingt Anti-Europa. Eine europäische, politische Kooperation oder Integration, die anders konzipiert ist als die aktuelle Konstruktion, kann gewünscht werden. Dieses europäische Projekt politisiert sich und kann nicht mehr innerhalb des Glaubens und Mythos der Technizität und der Alternativlosigkeit weiter konzipiert werden. Politische Kämpfe zwischen verschiedenen Modellen, wobei keines davon *per Vernunft* das *richtige* ist, finden in europäischen Öffentlichkeiten immer mehr statt.

Dabei soll im Rahmen dieses Beitrags der These nachgegangen werden, dass sich die europäischen Verträge, dadurch dass sie einen großen Teil der EU-Politik bereits vor- und festschreiben, der demokratischen Ausgestaltung entziehen. Neo-liberale und werteliberale Politik werden in den Verträgen abgesichert. Dies macht es für politische Oppositionen nahezu

[39] Eigene Übersetzung

unmöglich, ihre politischen Programme durchzusetzen, sollten sie auf Ebene der Mitgliedstaaten jemals in Regierungsverantwortung gelangen. Syriza in Griechenland ist ein eindrückliches Beispiel hierfür. Echte und nicht nur scheinpolitische Oppositionen können aus diesem Grund nur außerhalb der Verträge, bzw. ihrer vorgeschriebenen Politik, stattfinden. Diese wird jedoch stets als gegen die EU gerichtet begriffen. Dissens wird als retrograder Nationalismus interpretiert. Demgegenüber wird hier die Position verteidigt, dass diese Oppositionen den Versuch darstellen, die Demokratien in den Einzelstaaten zu retten, die u. a. durch die Entwicklung der EU gefährdet sind und sogar zum Teil negiert werden.

In einem ersten Teil wird darlegt, dass die EWG/EU[40] als internationale technokratische Rechtsgemeinschaft für spezifische Politikfelder konzipiert wurde, welche jedoch keine Politisierung erlaubte. Da keine Politisierung der EWG/EU Policies möglich war, konnte auch keine Demokratisierung stattfinden. Dass die EU nicht demokratisch ist, verhindert nicht, dass die EU liberal ist, im Sinne, dass sie liberale Werte und ein ökonomisch-liberales Modell verfolgt [41] (1). Im darauf folgenden zweiten Teil wird gezeigt, wie es mit der Ausweitung der EU-Kompetenzen nötig wurde, politische (und nicht nur technische) Maßnahmen durchzuführen, die zum Teil sogar den rechtlichen Rahmen der EU widersprechen. Die EU als Regime steckt in der Krise, da die Verträge nicht die Politisierung vorgesehen hatten, die jedoch unvermeidbar geworden ist (2). Abschließend wird ein Blick auf die möglichen Strategien für eine Rettung des europäischen Projekts geworfen, die sich zwischen mehr Rechtsstaatlichkeit, mehr Integration oder mehr Politisierung von unten kristallisieren (3). Der Zugang dieser Arbeit ist nicht rein rechtlich, sondern analytisch unter Einbezug unterschiedlicher Disziplinen und Perspektiven.

1 Die EWG/EU wurde als technische Rechtsgemeinschaft konzipiert, nicht als politisches Gemeinwesen

1.1 Eine Rechtsgemeinschaft, die u. a. die Wirtschaftspolitik vorschreibt

Die Kompetenzen der EU basieren auf völkerrechtlichen Vereinbarungen der Mitgliedstaaten. Die EU besitzt keine Kompetenz-Kompetenz; diese bleibt unter diesem internationalen Vertragsmuster in den Händen der Mitgliedstaaten. Diese Abkommen haben die Besonderheit, politische Maßnahmen (hauptsächlich im Bereich der Wirtschaft, da es die ursprüngliche Kompetenz der EWG war) sehr detailliert zu spezifizieren. Der Grund dafür ist, seitens der Mitgliedstaaten, der Wunsch, die Kompetenzen der EU sehr genau vorzuschreiben, um diese zu limitieren. Dies führt zu der quasi Irreversibilität der politischen Vertragsentscheidungen.

Inzwischen hat die Rechtsordnung der EWG/EU sich aber autonomisiert. Ohne formal von Kompetenz-Kompetenz reden zu können, haben die Kommission und besonders der Gerichtshof der Europäischen Union (EuGH) durch ihre Rechtsprechung autonome Kompetenzerweiterung initiiert. Wichtige Fortschritte des Europarechts, sei es für die Integration des Binnenmarkts oder des *sozialen Europas*, wurden durch Rechtsprechungen des EuGHs entwickelt. Der EuGH sieht sich als *Motor der Integration*. Die traditionelle Rolle eines Gerichtshofs wird oft überschritten, da die meisten seiner Urteile von stark politischer Bedeutung sind. Dieter Grimm (2015, 330) erklärt zum Beispiel, wie der EuGH nicht nur den nationalen Protektionismus verhinderte, wie es die Verträge von den Mitgliedstaaten ausdrück-

[40] „EWG“ steht für die Europäische Wirtschaftsgemeinschaft, die Vorläuferin der EU. Wenn im Text über die ganze Geschichte des Integrationsprojekts seit 1957 gesprochen wird, wird von der EWG/EU die Rede sein.

[41] Für eine konzeptuelle Differenzierung zwischen Demokratie und Liberalismus. Siehe u. a. Michéa 2007; Moulin-Doos 2015, 22 ff.

lich verlangten[42], sondern in extensiver Interpretation die Protektionsverbote zu Regulierungsverboten ausweitete. Die Mitgliedstaaten sind nicht mehr in der Lage, ihre eigenen Schutzstandards für den Verbraucher-, Arbeiter-, Gesundheits- oder Umweltschutz aufrechtzuerhalten. Sie können auch nicht frei darüber entscheiden, welche Leistungen sie dem Markt überlassen und welche sie in staatliche Regie geben wollen. Dies liegt daran, dass das Verbot staatlicher Beihilfen nicht nur auf erwerbswirtschaftliche Unternehmen, sondern auch auf öffentliche Dienstleistungsinstitutionen angewendet wurde. Dies führte zur Privatisierung zahlreicher öffentlicher Einrichtungen der Daseinsvorsorge, da die EuGH tendenziell den wirtschaftlichen Grundrechten Vorrang gibt – vor den personalen, kommunikativen und sozialen Grundrechten (ebd., 331).

Dank des Spillover-Effekts wurden nach und nach die Kompetenzen der EU, auch außerhalb der rein wirtschaftlichen Kompetenzen, erweitert. Der Spillover-Effekt beschreibt die gerichtlichen Maßnahmen, die eine gewisse Ausweitung der EU-Kompetenzen initiieren, da sie *nützlich* seien, um die in den Verträgen definierten europäischen Kompetenzen gut durchzusetzen. Der Gerichtshof spricht diesbezüglich von einem zwingenden *effet utile*. Durch Vertragsinterpretation wurde das Gemeinschaftsrecht in den Mitgliedstaaten als unmittelbar anwendbar erklärt. Aus Sicht der EuGH-Rechtsprechung verpflichtet das Gemeinschaftsrecht nicht allein die Mitgliedstaaten, sondern berechtigt zugleich deren Bürger als Wirtschaftsakteure gegen ihren eigenen Staat zu klagen. Die EuGH-Rechtsprechung verwandelten das Gemeinschaftsrecht von den objektiv rechtlichen Pflichten der Staaten, ihre Rechtsordnung den gemeinschaftsrechtlichen Vorgaben anzupassen, in subjektive Rechte der Wirtschaftsakteure (Grimm 2015, 328 f.). Aus liberaler Perspektive ist es ein Gewinn, da Wirtschaftsakteure gegenüber ihrem Staat mehr Rechte erhalten. Aus demokratischer Perspektive ist es jedoch ein Verlust: Die nationalen Staaten verlieren an Regulierungskraft. Weiter hat der EuGH entschieden, dass bei einer Kollision zwischen Gemeinschaftsrecht und nationalem Recht das Gemeinschaftsrecht vor dem Recht der Mitgliedstaaten Vorrang haben sollte, selbst vor deren höchster Instanz, d. h. der Verfassung.

Es wird in diesem Kontext von „negativer Integration" (Scharpf 2008) gesprochen. Diese bezeichnet alle Entscheidungen, welche durch den Gerichtshof und die Europäische Kommission (EK) getroffenen wurden, die die nationalen Regierungen daran hindert, den freien Verkehr von Waren, Dienstleistungen, Kapital und Personen einzuschränken. Diese Aktionen vom EuGH und der EK zum Aufbau eines europäischen Rechtes, das gegenüber dem nationalen Recht Vorrang hat, sind diskret, aber effektiv. Sie werden von Dieter Grimm als „revolutionär" bezeichnet (Grimm 2015, 329). Diese Rechtsprechung hat den Charakter der Verträge verändert und sie konstitutionalisiert. In Europa bedeutet Konstitutionalisierung, dass die Verträge in den Rang einer Verfassung erhoben werden und daraus Rückschlüsse für die Geltung anderer untergeordneter Rechte gezogen werden: des europäischen Sekundärrechts, aber auch des nationalen Rechts einschließlich des nationalen Verfassungsrechts.

Ein Text verfassungsrechtlicher Natur hat aber die institutionelle Architektur zum Gegenstand und nicht detaillierte politische Maßnahmen. Wenn es um die Wirtschaftspolitik geht, wird diese nicht in einem Verfassungstext festgeschrieben, sondern zum Inhalt politischer Debatte und folglich demokratisch änderbar (Sapir 2006, 63). Grimm sagt nichts anderes, wenn er zeigt, wie die europäische Konstitutionalisierung eine Entpolitisierung bedeutet. Die europäischen Verträge sind gespickt von Elementen, die einfache Gesetze in nationalen Staa-

[42]Die Ablehnung von Protektionismus ist zwischen den Mitgliedstaaten vorgesehen und nicht an den Außengrenzen der EWG/EU. Zum Gegenteil erlaubten die Gründungsverträge (Römischen Verträge 1957) Protektionismus an den Außengrenzen der EWG, dank der gemeinsamen europäischen Außenzolltarifs und dem Prinzip der Gemeinschaftspräferenz (Allais 2002; 2005).

ten wären. In der EU werden politische Entscheidungen von hoher Bedeutung nicht nur den demokratisch legitimierten Institutionen entzogen, sondern auch systematisch gegen politische Korrekturen immunisiert (Grimm 2015, 332). Also je mehr Konstitutionalisierung, desto weniger Demokratie. Die einzigen Möglichkeiten zur Korrektur bestehen in Vertragsänderungen oder in dem Verstoß gegen die Verträge.[43] Wie Colliot-Thélène betont:

> „Das Verbot über die Diskussion grundlegender Entscheidungen zur Wirtschaftsordnung die auch gesellschaftliche Entscheidungen sind, muss als Verweigerung der Demokratie betrachtet werden."[44] (Colliot-Thélène 2014, 25)

Logischerweise werden politische Ansprüche in dieser Rechtsgemeinschaft in der Sprache des Rechts formuliert. Die sozialen Kämpfe werden zu rechtlichen Kämpfen, wenn sie in die europäische Arena eintreten (vgl. Buckel 2011), da die EU mehr mit einer Rechtsgemeinschaft als mit einem politisierten Gemeinwesen gemein hat. Diese Kämpfe werden individuell vor dem EuGH gekämpft, anstatt kollektiv z. B. vor dem Europäischen Parlament, wie man es entsprechend eines repräsentativen Demokratiemodells erwarten würde. Die EU ist, bzw. war eine Rechtsgemeinschaft, aber kein politisiertes Regime, und deswegen auch keine Demokratie.

1.2 Keine Demokratie, sondern eine Expertokratie

> „Die Entsagung einer Demokratie kann zwei Formen annehmen: Entweder der Rekurs zu einer internen Diktatur durch die Übertragung aller Gewalten auf einen vom Schicksal gesandten Mann oder die Übertragung dieser Macht auf eine externe Autorität, die im Namen der Technik tatsächliche politische Macht ausübt. Im Namen einer gesunden Wirtschaft kann man leicht eine Geld-, Finanz- und Sozialpolitik auf nationaler und internationaler Ebenen diktieren." „Sowas zu sagen [...], bedeutet nicht, ein Feind der europäischen Konstruktion zu sein, sondern, es ist der Wille, dass es in der Zukunft nach einer großen und schönen Hoffnung [...], für unser Land zu keiner furchtbaren Enttäuschung kommt und zu dem Gefühl, dass unser Land ein Opfer ist, besonders bei dem bereits am meisten Benachteiligten"[45] Pierre Mendès-France (Journal Officiel 19.01.1957, 166).

Diese Rede, heute aktueller denn je, wurde bereits im Jahr 1957 gehalten – im Rahmen einer französischen, parlamentarischen Debatte über das Projekt der EWG-Gründung durch die Römischen Verträge, die zwei Monate später, am 25. März 1957, unterschrieben wurden. Politische Entscheidungen wurden von Anfang an als technische Fragen behandelt, auch wenn sie ein Politikum darstellen. Diese Logik ist in die Struktur der EU eingeschrieben, zeigt aber eine allgemeine Tendenz zur Verschiebung von politischen Entscheidungen in Richtung vermeintlich unabhängiger Instanzen auf. Diese, so die verbreitete Annahme, seien durch ihre Expertise, bzw. ihre vermeintliche Neutralität am besten geeignet, um Problemlösungen herbeizuführen.

Im Fall der EU sind diese Entscheidungen notwendig liberal, d. h. ökonomisch-(neo)liberal und werteliberal. Die Richter des EuGH entscheiden als Rechtsexperten und die Kommission als nicht parteiliche Instanz. Colin Crouch nennt dieses System von Expertenentscheidungen „Postdemokratie" (Crouch 2008). Hierbei existieren formell alle Institutionen der repräsentativen Demokratie. Die faktische Entscheidungsmacht liegt jedoch längst zugunsten der Experten (Juristen, Ökonomen) und hat sich auf vermutliche apolitische Akteure verlagert (ebd., 133).

Der technokratische Charakter der EU wurde schon früh kritisiert und ein wichtiger Versuch, dieser Tendenz entgegenzuwirken, kam in den 1970er Jahren auf, als das Europäische Parlament (EP) direkt gewählt wurde. Jedoch verfügen die Repräsentanten des EP über kein

---

[43]Siehe § 3.3.1 und 3.3.2 weiter unten

[44]Eigene Übersetzung

[45]Eigene Übersetzung

legislatives Initiativrecht, sondern nur über limitierte Mitentscheidungsrechte. Die große demokratische Hoffnung, das EP durch direkte Wahl (1979) und zunehmende Ausweitung der Mitentscheidungsverfahren aufzuwerten, wurde jedoch vielfach nicht erfüllt. Zudem verweist u. a. Susan Watkins darauf, dass es im EP keine funktionierende Opposition und Mehrheit gibt, sondern nur eine auf Dauer gestellte „Große Koalition" (Watkins 2014, 18; Guérot 2016, 61). Die zwei großen Fraktionen (Fraktion der Europäischen Volkspartei und Fraktion der Progressiven Allianz der Sozialdemokraten) entscheiden immer durch Konsens und nicht nach politischen Alternativen. Laut Colliot-Thélène funktioniert die Repräsentation nicht mehr, sollten die Repräsentanten konsensuell entscheiden (Colliot-Thélène 2014, 15). Es spiegelt die Idee einer apolitischen, parteiübergreifenden Entscheidungsfindung. Das EP ist daher keine funktionierende politische, verstanden als politisierte demokratische Institution. Es wurde „von oben" geschaffen, bevor sich eine (konfliktgeladene) europäische, politische Gesellschaft überhaupt konstituiert hatte (Moulin-Doos 2016b, 15 f.).

1.3 Legitim, solange ...

Dass die EU keine Demokratie ist, bedeutet nicht, dass es ihr an Legitimität mangelt. Das System bringt keine große Opposition hervor, solange die meisten mit den getroffenen Entscheidungen (Policies) zufrieden sind. Solange die Bürger mit den Ergebnissen (Output) zufrieden sind, lassen sie die EU-Instanzen regieren. Die technokratische Macht lässt sich durch gute Ergebnisse rechtfertigen. Dieses Legitimationssystem wurde *Output-Legitimation* genannt und ist in der EU gut etabliert (Scharpf 1999). Hingegen bedeutet *Input-Legitimation*, dass das demokratische Volk entweder direkt oder durch seine Repräsentanten der Gesetzgeber ist. Solange die Europäer mit den Policies der Regierenden zufrieden sind, bzw. waren, gibt, bzw. gab es keinen Anlass, etwas an den etablierten Verfahrensweisen und Praxen zu ändern. Entweder die Regierenden hören die politischen Forderungen, die von den Bürgern/Völkern kommen und regieren dementsprechend, oder sie agieren ohne Rückbezug auf die Forderungen, wodurch die *Output-Legitimation* nicht mehr funktioniert.

Dieser Modus kann allseits als optimal gelten, weil man tatsächlich glaubt, dass es sogenannte Experten, Richter oder neutrale Agenten gibt, die besser wissen, was gemacht werden soll. John Brennan erfasst triftig dieses Legitimationsmuster in seinem Buch „Gegen Demokratie. „Warum wir die Politik nicht den Unvernünftigen überlassen dürfen" beantwortet Brennan (2017, 39) mit den drei Postulaten der Wahrheit, des Wissens und der Autorität von David Estlund:

> „Es gibt richtige Antworten auf politische Fragen (oder zumindest auf einen Teil davon). [...] Einige Bürger kennen diese Wahrheit besser als andere oder sind besser geeignet, sie zu erkennen. [...] Wenn einige Bürger mehr wissen als andere oder besser in der Lage sind, die Wahrheit zu erkennen, ist es gerechtfertigt, ihnen politische Autorität über jene zuzugestehen, die weniger wissen."

Diese, die besser wissen, sind laut dieses Verständnis' in der Lage, das *Richtige* zu entscheiden. Mit Blick auf die EU verabsolutiert diese Vorstellung die Überzeugung, dass es Akteure gäbe, die über Exklusivwissen und -kompetenzen verfügten und bspw. mit Blick auf die Komplexität ökonomischer Zusammenhänge die besten Entscheidungen fällten. Diese Vorstellung legitimiert die Praxis eines expertischen Besitzens von Macht wie bei Platon und seinem Philosophenkönig. Es ist die Negation des Politischen und der Demokratie, das als Ort verstanden wird, an dem nicht die Wahrheit, sondern Meinungen und Wille darüber herrschen, wie das gemeinsame Zusammenleben organisiert sein soll. Ein politischer Wille ist nicht universell, a priori und absolut, sondern prekär, temporär und fällt in den Bereich des öffentlich Umkämpften. Mit der Idee einer universellen Wahrheit, oder in anderen Wörtern für alle Zeiten und Orten geltende Gerechtigkeitsprinzipien (Rawls 1971), die sich in der Politik und besonders dem Recht durchsetzen sollen, kommt die Sakralität des Rechts in die Rechtsgemeinschaft zurück, die an ein vormodernes Rechtsverständnis erinnert, d. h. an den Glauben an die Transzendenz oder Neutralität des Rechtes. Wie vor ca. 40 Jahren geschrieben wurde, kann die EWG dargestellt werden:

> „as a juristic idea; the written constitution as a sacred text; the professional commentary as a legal truth; the case law as the inevitable working out of the correct implications of the constitutional text; and the constitutional court as the disembodied voice of right reason and constitutional theology" (Shapiro 1980, 538).

2 Die EU ist gezwungen als politisches Regime zu agieren, aber dafür widerspricht sie den Verträgen

Ein Skeptizismus über den noch rechtsstaatlichen Charakter der EU beschleicht sogar die, die mit Eifer Europa befürworten, und in *ehrwürdigen* Zeitschriften wie *Journal of Common Market Studies* oder *European Law Journal* schreiben. Immer mehr Politologen und Juristen attestieren der EU eine Politik am Rande der Verfassungsmäßigkeit wie im Fall der Staatsschuldenkrise (siehe u. a. Joerges 2016a; Kreuder-Sonnen 2016), der Problematik der Migration und Asylpolitik (siehe u. a. Menéndez 2016) oder des Abbaus der Sozialpolitik (siehe u. a. Fischer-Lescano 2014).

2.1 Erweiterung der EU-Kompetenzen: Politische und keine technische Kompetenzen

Wenn die Kompetenzen, die auf die EU übertragen werden, immer mehr Lebensbereiche betreffen – u. a. die Währung, die Verabschiedung des Staatshaushalts, die *Reformen* des Sozialstaats – werden die Entscheidungen der EU keine technischen mehr sein, gesetzt den Fall, dass es je so war, sondern hoch politische.

Der Vertrag von Maastricht (1992) hat den Euro eingeführt. Wie im ersten Teil gezeigt, wurde die EWG/EU als technische Instanz gedacht und folglich als solche begründet. Genauso wurde eine Einheitswährung eingeführt – trotz der hoch politischen Bedeutung einer Währung (Moses 2017; Streeck 2015). Somit wurde der Euro, ebenso wie die Europäische Zentralbank (EZB), als politisch neutrale und technische Instanz eingerichtet. Die EZB soll unabhängig von der Politik agieren, weil ihr eine rein *technische*, fachliche Aufgabe vorgeschrieben wurde: die Aufrechterhaltung der Preisstabilität. Der Vertrag von Maastricht hatte, dem deutschen Modell folgend, die Unabhängigkeit der nationalen Zentralbanken gegenüber demokratischen Entscheidungen (aber nicht gegenüber den Finanzmärkten: Moses 2017, 18 f) vorgeschrieben. Dies war eine zentrale Voraussetzung für die deutsche Teilnahme am Euro. Hierzu schreibt Wolfgang Streeck (2015, 375), dass „das gemeinsame europäische Geldregime genau dem deutschen Modell folgte mit der europäischen Zentral Bank als vergrößerte Kopie der Deutschen Bundesbank." (Streeck 2015, 375). Die deutsche „Stabilitätskultur" wurde übernommen (ebd., 375). Als Folge musste nun fast notwendigerweise das eintreten, was hier bereits als *Spillover-Effekt* beschrieben wurde. Eine stabile europäische Währung setzt folglich auch eine gewisse Kohärenz der nationalen Haushaltspolitik voraus. Ein erster Schritt in diese Richtung wurde mit dem Stabilitäts- und Wachstumspakt (1997) unternommen, der auf die deutsche Initiative zurückging, gegen die Mehrheit der europäischen Staaten inklusive Frankreich (Stützle 2013, 270). Dieser ermöglicht jedoch keine (wirtschafts-)politische Flexibilität für jene Volkswirtschaften, welche von den konjunkturellen Hochs und Tiefs erfasst werden und ihre Maßnahmen dementsprechend anpassen müssten. „Mit der politischen und institutionellen Ausgestaltung der EZB und den Konvergenzkriterien wurde die deutsche Stabilitätskultur europäisiert" (ebd., 269). Die Unzulänglichkeit dieser starren Regeln auf die Vielfalt der möglichen wirtschaftlichen und finanziellen Situationen hat sich schnell gezeigt. Im Jahr 2003 wurde entschieden, die Verfahren bei einem übermäßigen Defizit gegen Frankreich und Deutschland, die den Euro-Stabilitätspakt nicht respektierten, nicht weiter durchzusetzen. Hätte es sich hier um kleinere Länder der (südlichen) europäischen *Peripherie* gehandelt (wie z. B. Griechenland), wäre die Wahrscheinlichkeit hoch gewesen, dass man die Maßnahmen weitergeführt hätte. Jedoch waren in diesem Fall die zwei mächtigsten Länder *Kerneuropas* in der Lage, diese technische Maßnahme über die Mobilisierung ihrer politischen Macht zu stoppen. Mit der Staatsschuldenkrise von 2010/11 wurde die Übertragung der Haushaltsbefugnisse von nationalen Parlamenten zunehmend auf die Ebene der Europäischen Union verlagert. Das demokratische Kernprinzip, dass die Haushalte eine Frage demokratischer Debatte und demokratischer Entscheidung sein sollen, wurde seitens der EU frontal verletzt. Der im Januar 2012 verabschiedete zwischenstaatliche Vertrag (d. h. außerhalb des EU-Rechtssystems) „über Stabilität, Koordinierung und Steuerung in der Wirtschafts- und Währungsunion" (Fiskalpakt) führte darüber hinaus eine „Schuldenbremse" nach deutschem Vorbild ein (Joerges 2016b, 22). Der Vertrag schlägt die Überwachung des nationalen Budgets durch die Kommission und die anderen Mitgliedstaaten sowie die Einführung eines Gesetzes für ausgeglichenen Haushalt in die nationalen Rechtsordnungen vor, dessen Einhaltung seitens des Gerichtshofes gewährleistet werden soll. Die Haushaltspolitik soll in einen Bereich technokratischer Expertise transformiert und institutionalisiert werden, d. h. weg von öffentlichen Debatten und politischem Dissens.

Von französischer Seite wurde immer wieder die Notwendigkeit einer ökonomischen Regierung der Eurozone (*gouvernement économique de la zone Euro*) betont, um der technischen Verwaltung des Euro entgegenzuwirken. In der französischen politischen Kultur soll „Geldpolitik im Namen des Allgemeinwohls" (Stützle 2013, 115 ff.) geführt werden. Deutschland lehnte dies lange Zeit kategorisch ab, bis die immer noch bestehende Krise es nicht mehr anders zuließ. Die Ad-hoc-Einrichtung eines politischen Regimes, die sogenannte „Troika"[46] und die Euro-Gruppe, außerhalb des EU-Rechtssystems und ohne demokratische Kontrolle und Transparenzpflicht eingerichtet, war vermeintlich unvermeidbar geworden (s. u. Abschnitt 2.3).

Eine Auswirkung dieser Übertragung von Kompetenzen zur Kontrolle nationaler Haushalte an die EU führte nicht zuletzt auch zu einer radikalen Verringerung der Sozialausgaben in vielen Mitgliedstaaten. Policies wurden von Seiten der EU forciert, wobei drastische Handlungen als dringend und nicht verhandelbar präsentiert wurden. Diese Policies sollten als *Paket* auferlegter Sparpläne akzeptiert und in einem Zeitplan der Ultimaten verabschiedet werden. Die berühmten „Memoranda of Understanding" enthalten detaillierte Zeitpläne für Sparmaßnahmen und Strukturreformen, denen sich die Länder (Zypern, Griechenland, Irland, Portugal, Rumänien und Spanien) unterwerfen mussten, um die entsprechenden Kredite zu erhalten (Fischer-Lescano 2014). Diese Policies führten zu politischen Maßnahmen mit schwerwiegenden und langfristigen Konsequenzen für die Betroffenen im Einzelnen und die Gesellschaft im Ganzen. Im Allgemeinen haben die „Memoranda of Understanding" für die drastische Senkung von Mindestlöhnen, Lohnkürzungen im öffentlichen Dienst, erhebliche Eingriffe in die Rentensysteme, die Abschaffung von zusätzlichen Entlohnungen, die Deregulierung von Arbeitsmärkten und die Dezentralisierung von Tarifverhandlungen, umfangreiche Privatisierung öffentlicher Dienste wie Wasserversorgung, Stadtwerke, öffentlicher Personalverkehr und öffentlich-rechtliches Radio, die Übertragung von Tarifverhandlungen auf der Ebene der Unternehmen und die Einführung von automatischen Korrekturmechanismen für Defizite gesorgt. Ferner wurde im Bereich des sozialen Sicherungssystems die Bil-

[46]bestehend aus Internationalem Währungsfonds (IMF), EZB und EU-Kommission

dung und Gesundheitsversorgung gekürzt (Hoffmann/Krajewski 2012, 2 ff). Fischer-Lescano kritisierte die Abschaffung der Rechte auf soziale Sicherheit und Gesundheit sowie die kollektive Organisation der Arbeitnehmer. Zudem ist es, seiner juristischen Meinung nach, hoch fragwürdig, ob die Maßnahmen im Einklang mit dem EU-Kompetenzsystem stehen (Fischer-Lescano 2014, 64 f).

2.2 Politik außerhalb der Verträge oder *vertragswidrige Politik*

> „Während dieser Periode haben wir die belgische Verfassung fünfmal übertreten und alle Regeln für das Funktionieren der EU übertreten."[47] (Magnette 2016 über die Verhandlungen zur Unterzeichnung des CETA-Vertrags im November 2016)

Der Politologe und Politiker Paul Magnette spricht hier deutlich von wiederholten Gesetzes- und Verfassungsverletzungen. Juristen sind dabei oft vorsichtiger, um nicht von der nackten Illegalität oder Verfassungswidrigkeit zu reden. Der frühere Verfassungsrichter Ernst-Wolfgang Böckenförde schreibt, dass der Umgang mit dem Recht in der Krise „abenteuerlich" sei (Böckenförde 2010), der Jurist Christian Joerges: „Tatsächlich hat das Krisenrecht vieles von dem, was man einst als Wesenskern des europäischen Rechtsgebäudes verstanden hat, außer Kraft gesetzt" (Joerges 2016b, 22). Er schreibt weiter über das „extralegale Handeln Europas durch die Erfindung einer Notstandsverfassung" (Joerges 2016, 23). Allgemein weist die Rechtswissenschaft auf signifikante Abweichungen von der Rechtsnormalität der EU hin und kommt zu dem Schluss, dass eine Reihe von Sofortmaßnahmen ohne Rechtsgrundlage ergriffen wurde – durch quasi autokratische Verfahren. Einige Autoren sprechen von „Ausnahmezustand" (White 2013; Beck 2012, 30). Jonathan White legt dar wie die Politik des Ausnahmezustands in der Vergangenheit überwiegend mit Aussetzungen des Gesetzes assoziiert wurde und zeigt, inwiefern dieser Ausnahmezustand des EU-Regimes nicht zu rein konservativen Maßnahmen führt, sondern zum Aufbau neuer Institutionen auf vertragswidrigem Wege (vor allem eines EU-Haushaltsregims) und sogar zur Destruktion von Institutionen sowie des Wohlfahrtsstaats (White 2013, 304 f.). Es geht nicht mehr um Rechtsstaatlichkeit, sondern um immer mehr arbiträre Regeln (Joerges 2016a), die mit dubiösen Mitteln verabschiedet wurden.

Man hat es mit einer Politik zu tun, die den normalen Regeln der EU widerspricht. Dies betrifft u. a. die allgemeinen Regeln des Funktionierens, die EU-Kompetenzen sowie die materiellen Regeln der Wirtschaftspolitik. Politische Entscheidungen werden im Rahmen von Eilverfahren verabschiedet und überwiegend außerhalb der legalen Entscheidungsprozesse. Dabei wird das *Überleben des Euro* diskursiv als permanent in Gefahr immer wieder aufs Neue konstruiert. Vermeintlich hoch geschätzte rechtsstaatliche Prinzipien werden einfach ignoriert.

Das eindrücklichste Beispiel dieses *Spielens* mit dem Recht ist der Umgang mit der No-Bail-Out-Klausel[48] des Art. 125 AEUV. Die Exekutive traf eine politische Maßnahme, die im Vertrag jedoch explizit als nicht möglich vorgesehen war. Demgegenüber hat die Justiz der EU hier kein illegales Handeln festgestellt. Der EuGH hat in seinem *Pringle*-Urteil[49]dieses Agieren als Beitrag zur „Verwirklichung eines übergeordneten Ziels", nämlich „dem der Aufrechterhaltung der finanziellen Stabilität der Unionswährung" beurteilt (Urteil zitiert durch Joerges 2006b, 28 f.). Für Christian Joerges hat der EuGH damit die Finanzhilfen des ESM als wirtschaftspolitische Maßnahmen qualifiziert. Dies muss als „umstandslose Legali-

---

[47]Eigene Übersetzung

[48]Um Euro-Staaten zur Haushaltsdisziplin zu zwingen, legt die sogenannte „No-Bail-Out" Klausel (Art 125 AUEV) fest, dass sie bei unsolider Haushaltsführung nicht durch andere Mitgliedstaaten finanziell unterstützt werden können.

[49]EuGH Urteil C-370/12 Pringle gegen Irland vom 27. November 2012

sierung eines technokratischen Regierungssystems, das über weitreichende Ermessensspielräume verfügt", verstanden werden Joerges 2016b, 30). Er analysiert weiter, dass der EuGH schon immer mit dem Mittel der *Rechtsfortbildung* (oft Rechtsbeugung) eher politische als rechtliche Urteile getroffen hat. Bisher dienten sie aber hauptsächlich dazu, die Kompetenzen der Europäischen Union soweit wie möglich zu erweitern (s. o. Abschnitt 1.1). Mit der Begründung, weshalb die No-Bail-Out-Klausel nicht gebrochen wurde, wurde das Gegenteil erreicht: die Kompetenzen sollten nicht der integrierten Union zufallen, sondern dem zwischenstaatlichen Europäischen Rat der Regierungschefs, der die freie Hand bekam (Joerges 2016b, 22).

Diese No-Bail-Out-Klausel wurde schon bei der französischen Referendumsdebatte über den Europäischen Verfassungsvertrag von Gegnern gründlich kritisiert. Gleich nach dem Referendum zum Europäischen Verfassungsvertrag 2005 schrieb der Ökonom Jacques Sapir, ein Befürworter des *Nein*, das Buch *das Ende des Euro-Liberalismus*, indem er den Verfassungsvertrag unter anderem für seine Inkonsequenz kritisierte. Er wies auf das Problem des Fehlens einer Möglichkeit der Übertragung von Geld von einem oder mehreren Ländern zu einem anderen im Fall von wirtschaftlichen Turbulenzen hin:

> "Die zunehmenden Spannungen zwischen den Ländern der Eurozone, auf Grund der vertraglich unerlaubten, aber nötigen Haushaltsmittelübertragung, könnten eine Bruchstelle erreichen. Ein Land könnte mit dem folgenden Dilemma konfrontiert werden: entweder eine brutale Deflationspolitik einrichten, um die Kosten auf das Niveau ihrer Partner zu reduzieren, was eine Explosion der Arbeitslosigkeit und der sozialen Krise verursachen würde oder ihre monetäre Souveränität durch das Verlassen der Eurozone wiedergewinnen."[50] (Sapir 2006, 158).

Um einer solchen Krise zu entgehen, schlug Sapir (ebd., 159, 161) folgende Lösung vor:

> „Um eins der Länder der Eurozone zu ermöglichen, eine besonders schwere Situation zu überstehen, könnte man einen speziellen Kredit einräumen, einen europäischen Währungsfonds für Entwicklung und Konvergenz [...] unter der direkten Kontrolle von Regierungen in der Eurozone. [...]. Im Fall einer Krise würde ein Land nicht vor der tragischen Wahl stehen, die Kosten für das Verbleiben in der Euro-Zone den am meisten gefährdeten Teilen der Bevölkerung zu übertragen, wie es heute der Fall ist, oder sich den extremen Turbulenzen der internationalen Finanzspekulation plötzlich ausgesetzt zu sehen, wenn es überstürzt aus der Euro-Zone heraustreten sollte".[51]

Bereits 2006 als Kritik am Verfassungsvertrag, der 2007 mit wenigen Änderungen als Vertrag von Lissabon verabschiedet wurde, haben sich diese ökonomischen Analysen hinsichtlich der Art, wie die Währungsunion konzipiert und *gerettet* wurde, als hoch relevant erwiesen.

2.3 Ein Neo-Leviathan mit fast allmächtiger (Techno-)Kratie

> There has been „a landmark extension of autocratic control by the Commission and, behind and above this, an unprecedented centralization of extra-legal power in the office of the German Chancellor. In a polity that once prided itself on the rule of law, decision-making at the summit is both informalized and personalized" (Watkins 2014, 13)
>
> There is „an increasing differentiation in sovereign capacity, and ultimately of the hegemony of the German government, as the orchestrator of Europe's response to the Eurozone crisis and the source of much of the pressure experienced by other governments" (White 2013, 309).

Die Politisierung, die per se vielleicht nicht schlecht wäre, wenn die Bürger daran Teil hätten, konzentriert sich jedoch in den Händen nur einiger weniger Akteure. Die Verabschiedung von Policy-Richtlinien, welche eine Aufgabe der Gesetzgebung ist, stellt sich zunehmend als

---

[50] Eigene Übersetzung
[51] Eigene Übersetzung

Exekutivbefugnis des Europäischen Rates, d. h. der Regierungschefs in außerordentlichen Ad-hoc-Foren, dar (Dinan 2012). Diese Trends zur Ermessensausübung markieren einen Bruch mit den allgemeingeltenden Normen der EU-Entscheidungsfindung. Die wesentlichen Policy-Verabschiedungen werden häufig zwischen exekutiven Repräsentanten von nationalen Regierungen und von Regierungschefs, also „diplomatisch", getroffen. Jürgen Habermas spricht diesbezüglich von einem „post-democratic executive federalism" (Habermas 2012, 52), Lukas Oberndorfer vom „autoritären Konstitutionalismus" (Oberndorfer 2013), White von einem „executive Regime" (White 2013, 302) und Scharpf (2014) von arbiträrer Macht der Regierungen von größeren EU-Mitgliedern oder supranationalen Machtbesitzern wie der Kommission oder der EZB. Die Ungleichgewichte zwischen den nationalen Regierungen und die Vorrangstellung, insbesondere einer Regierung der Deutschen, ist aus demokratischer Perspektive höchst problematisch. Ulrich Beck schrieb in diesem Fall von einer Hegemonie der deutschen Bundesregierung in der Reaktion Europas auf die Krise der Eurozone (Beck 2012, 47 ff).

Das ad hoc eingesetzte politische Regime, bestehend aus der Euro-Gruppe (Rat der Euro-Finanzminister ohne formelle Existenz in den Verträgen) und der Troika, kann schwer als durch Delors genannter „weicher und aufgeklärter Despotismus" (Delors 1999) dargestellt werden. Einerseits versuchen diese Akteure ihre politischen Entscheidungen noch unter der Maske des Unvermeidbaren und Notwendigen zu verbergen, anderseits schirmen sie sich hermetisch gegenüber sozialen und politischen Ansprüchen ab.

Die Rolle der nationalen Parlamente wurde weitgehend auf die nachträgliche Bestätigung der Maßnahmen beschränkt (Oberndorfer 2012, 419). Selbst bei der Mitentscheidung über den Stabilitäts- und Wachstumspakt nahm das Europäische Parlament lediglich eine marginalisierte Rolle ein (Joerges 2016b). Die Befugnisse der Justiz sind nach wie vor formell intakt, aber deren Handeln ist meist rückwirkend, beschränkt sich auf die Ablehnung oder Genehmigung, bzw. Umsetzung oder Nichtumsetzung. Der Generalanwalt des Gerichtshofs schrieb: „Die Gerichte müssen daher bei einer Kontrolle der Tätigkeit der EZB die Gefahr vermeiden, sich an die Stelle dieses Organs zu setzen, indem sie sich auf ein hochgradig technisches Terrain begeben, auf dem eine Spezialisierung und Erfahrung erforderlich sind, die nach den Verträgen allein bei der EZB liegen. Deshalb muss die Intensität der gerichtlichen Kontrolle des Handelns der EZB unbeschadet ihres zwingenden Charakters durch ein erhebliches Maß an Zurückhaltung gekennzeichnet sein" (Schlussanträge des Generalanwalt Cruz Villalòn 2015, § 111)[52]. Dazu meint Joerges, dass es sich um „eine Marginalisierung der Ordnungsfunktionen des Rechts und eine Delegation politischer Gestaltungsmacht an die EZB und das Zentralbanksystem (ESZB), eine Entmachtung der Politik zugunsten einer supranationalen Fachbürokratie" handelt (Joerges 2016b, 30).

[52]Rechtssache C-62/14

2.4 Keine politischen Rechtfertigungen außer TINA[53]: Es geht um das Überleben (der EU/des Euro)

> „Investor confidence plays the role accorded in other settings to the terrorist's ticking bomb." (White 2013, 8)

> „[D]ie technokratischen Reaktionen auf die Krise [bereiten] das Ende der Demokratie vor, da die angeblich notwendigen Maßnahmen mit dem Hinweis auf die drohende Katastrophe legitimiert werden, jede Opposition für unzulässig erklärt und in diesem Sinne absolutistisch regiert wird." (Beck 2012, 31)

Diese Policies, welche gegen die etablierten Verfahren und Normen verstoßen, werden als notwendige Reaktionen auf außergewöhnliche und dringende Bedrohungen verteidigt (White 2013, 300). Oppositionen werden delegitimiert und die öffentliche Debatte über Policies mit dauerhafter Konsequenz untergraben (ebd., 307). Zusammen mit dem proklamierten, technokratischen Charakter, der den Anschein von politischer Neutralität gibt, werden die Proteste, sogar durch gewählte Vertreter in den Parlamenten, erschwert. Öffentliche Rechtfertigungen werden nicht als nötig empfunden, außer TINA. Notwendigkeit statt Zustimmung ist das organisierende Prinzip (ebd., 304 f.).

Seitens der EU wurde ein hoher Druck auf die Regierungen einzelner Mitgliedstaaten ausgeübt, der von der Herbeiführung von Regierungswechseln bis hin zur indirekten Errichtung von Technokratien (Monti in Italien, Papademos in Griechenland), Aufforderungen, Referenden nicht durchzuführen (Griechenland) oder zur Anordnung gegenüber gewählten Parlamenten (Memoranden, Haushaltübersicht) reichte. Das EU-Regime negiert offenkundig die nationalen Demokratien, ignoriert eklatant Referenden und nationale Wahlergebnisse.

Demokratie gerät auch auf der nationalen Ebene in die Krise – nicht zuletzt aufgrund der EU selbst. Wie Fritz Scharpf es ausdrücklich formuliert, ist die europäische Integration eine „Ursache nationaler Demokratiedefizite" (Scharpf 2015, 13). Oppositionelle Positionen und Bewegungen werden als retrograde Nationalismen interpretiert. Ganz im Gegenteil sind diese Oppositionen jedoch der Versuch, die nationalen Demokratien zu retten, die u. a. durch die Entwicklung der EU gefährdet sind und sogar zum Teil negiert werden. Scharpf (2015, 21) schreibt, dass

> „eurokritische Positionen nicht mehr umstandslos als ‚ethnonationale Ideologien' mit dem Ziel der ‚xenophoben Abschottung' disqualifiziert, sondern als legitimer Widerstand der ‚selbstbewussten Bürger der sozialstaatlichen Demokratien Europas' gegen Ein- und Übergriffe eines europäischen Superstaates respektiert und akkommodiert werden sollen."

3 Das Projekt ‚politisches Europa' noch retten?

> „Niemals seit Kriegsende standen sich die Völker Westeuropas so feindselig gegenüber wie heute [... Es] werden in Südeuropa heute Wahlkämpfe vor allem gegen Deutschland und seine Kanzlerin ausgetragen [...], nicht nur in Griechenland und Italien, sondern selbst in Frankreich" (Streeck 2015, 371).

Die Situation ist ernst. Es gibt ein wahrhaftes Risiko, bezüglich der Zukunft der europäischen Integration. Mögliche Wege aus der EU-Krise könnten, mehr Rechtsstaatlichkeit zu fordern (3.1), mehr Integration, bzw. Föderalisierung, die mit Demokratisierung verbunden sein sollten (3.2.) oder die Politisierung, bzw. Demokratisierung von unten u a. auf nationalen und lokalen Ebenen, (3.3.) sein.

---

[53] „Es gibt keine Alternative."

3.1 Mehr Rechtsstaatlichkeit fordern?[54]

> „Das Wichtige ist, dass Schuldenbremsen in jede nationale Verfassung oder so in die Rechtssetzung eingeführt werden, dass sie bindend und ewig für die Verabschiedung von Budgets geltend sind. Das ist ganz wichtig. Man kann also niemals sozusagen durch neue Mehrheiten in einem Parlament verändern, dass diese Schuldenbremsen auch gelingen." (Angela Merkel 2012[55])

Die Stärkung der Rechtsstaatlichkeit als Lösung der Krise? Die deutsche Bundeskanzlerin Angela Merkel plädiert für immer mehr Recht, und sogar Verfassungsrecht, für die Ewigkeit geltend, um sich gegen „Mehrheiten in einem Parlament" abzusichern. Politik im Bereich der Haushaltsfrage, ausgeübt von möglichst vielen und an der Idee der demokratischen Gesetzgebung orientiert (was auch die Änderbarkeit des Gesetztes voraussieht), wird von der Kanzlerin hier bewusst abgelehnt.

Die deutsche Regierung hat für eine Konstitutionalisierung der Regel des ausgeglichenen Haushalts in Europa gekämpft („Finanzverfassung" Streeck 2015, 378). Auf nationaler Ebene sind Gesetzes- oder sogar Verfassungsänderungen nach deutschem Vorbild erwünscht. Auf europäischer Ebene wurde ein System von jährlichen EU-Haushaltsüberwachungen institutionalisiert. Die Idee ist die oben schon beschriebene technische Methode, der Politik vorzuschreiben, anders zu agieren, sodass es keine politische Freiheit gibt.

Die Konsolidierung der Rechtsstaatlichkeit verspricht Hoffnung auf eine objektiv überlegene Entscheidungsfindung. Dies kann mit der Idee der apolitischen Technokratie verglichen werden. Wie in den vorherigen Paragraphen gezeigt wurde, ist aber die starke verrechtlichte Ordnung der EU ein wichtiger Grund dafür, warum die EU in der Krise steckt.

3.2 Mehr Integration, bzw. Föderalisierung mit notwendiger Demokratisierung gekoppelt?[56]

Ein zweiter möglicher Weg aus der Krise koppelt den weiteren Ausbau föderaler Kompetenzen mit einer konsequenten Demokratisierung der EU. Soll der Euro gerettet werden, braucht man – nach dieser Argumentationslinie – weiterreichende gemeinsame Kompetenzen wie einen konsequenten EU-Haushalt und Redistributionsmechanismen. In anderen Worten: Es muss mehr Föderalisierung stattfinden.

Ein Programm aus Deutschland zu einer Neuausrichtung der Wirtschafts- und Sozialpolitik mit verbundener Supranationalisierung der Wirtschaftspolitik legen Klaus Busch, Axel Troost, Gesine Schwan, Frank Bsirske, Joachim Bischoff, Mechthild Schrooten und Harald Wolf vor (Busch et al. 2016). Ihr Programm einer „radikalen Euro-Reform" umfasst folgende Vorschläge: Erstens eine expansive europäische Fiskalpolitik und ein europäisches Investitionsprogramm. Zweitens solle eine Europäische Ausgleichsunion installiert werden, d. h. extreme Leistungsbilanzungleichgewichte sollten vermieden werden, und zwar nicht nur Leistungsbilanzdefizite, sondern gerade auch Leistungsbilanzüberschüsse (Deutschland). Drittens sollte eine gemeinschaftliche Schuldenpolitik geschaffen werden („Eurobonds"). Viertens sollte eine Sozialunion eingerichtet werden (europäische Arbeitsmarktpolitik, europäische Lohnpolitik). Fünftens schlagen sie effiziente Finanzmarktregulierungen und eine Bankenunion vor. Und sechstens unterstützen sie eine demokratisch legitimierte Europäische Wirtschaftsregierung, und zwar nicht im Sinne einer intergouvernementalen Kooperation, son-

---

[54] Diese Position ist hauptschlich in dem neo-liberalen Projekt nach Buckel et al. zu finden (siehe Buckel et al. und Eis in diesem Band).

[55] https://www.bundesregierung.de/ContentArchiv/DE/Archiv17/Mitschrift/Pressekonferenzen/2012/01/2012-01-30-eu-rat-bkin.html)

[56] Diese Alternative ist hauptsächlich in den europäisch-sozialen und links-liberalen Hegemonie-Projekten von Buckel et al. zu kategorisieren (siehe Buckel et al. und Eis in diesem Band).

dern als supranationales, durch den Ministerrat und das Europäische Parlament kontrolliertes Organ.

Es wird immer deutlicher, dass diese weitreichenden Vorschläge zur Kompetenzerweiterung, die in den Kernbestand staatlicher Souveränität eingreifen, nicht ohne eine echte Demokratisierung der EU stattfinden könnten. Deswegen vermehren sich unter überzeugten Europäern die Vorschläge, die auf eine Demokratisierung als Kern der notwendigen Reformen verweisen (z. B. die Erklärung von Bofinger/Habermas/Nida-Rümelin oder der Appell für eine Europäische „Republik" von Ulrike Guérot 2016). Aus französischer Pro-Integrationsperspektive könnte man den Vorschlag des Ökonomen Thomas Piketti erwähnen, der in Deutschland durch die Rezeption seines Buches „Das Kapital im 21. Jahrhundert" bekannt wurde. Er schlägt zusammen mit einer Juristin, einem Politologen und einem Soziologen einen „Vertrag zur Demokratisierung Europas" vor (Piketti et al. 2017). Ohne eine demokratische Neubegründung kann es ihrer Meinung nach keine neue Wirtschaftspolitik, keine *politique de relance* (Investitionspolitik), keine Vergemeinschaftung der Schulden oder Änderung der Haushaltsregeln geben. Deswegen befürworten sie ein „Euro-Parlament", das von Repräsentanten der nationalen Parlamente und des EP konstituiert werden würde. Idealerweise sollte die ganze EU reformiert werden, aber aufgrund der „demokratischen Dringlichkeit" (ebd., 49), kann man nicht warten, bis alle Mitglieder sich auf neue Gründungsverträge einigen. Die Autoren diskutieren besonders die mögliche Ablehnung eines solchen Projektes durch die Deutschen (ebd., 41 ff.). Deswegen soll dieses Euro-Parlament durch einen internationalen Vertrag begründet werden, genauso wie der ESM außerhalb der EU-Verträge verabschiedet wurde. Nicht alle Euro-Staaten müssten von Anfang an dabei sein, aber sie könnten nach und nach den Vertrag ratifizieren (ebd., 43 f.). Wichtig wäre das vorgeschlagene Projekt im Bereich der Haushalts- und Finanzpolitik, indem eine Mitentscheidungs- und Kontrollfunktion für das Euro-Parlament eingeräumt würde.

Diese Vorschläge gehen in Richtung immer mehr Föderalisierung und sogar Kompetenz-Kompetenz auf EU-Ebene. Diese Projekte scheinen aber zu verpassen, wie hoch die Unzufriedenheit und das Misstrauen gegenüber der EU heute geworden ist.

3.3 Politisierung von unten bzw. Demokratisierung?[57]

3.3.1 Politischer Ungehorsam[58] gegenüber den Verträgen und die außer den Verträgen verabschiedeten Maßnahmen

> „Im Interesse Europas sollte man ihr manchmal nicht gehorchen."[59] (Magnette 2016)
>
> „If a framework instituted under the sign of emergency is to be challenged, it seems likely that opponents will need to engage in acts of transgression bearing some similarity with the manoeuvres by which these measures were first instituted." (White 2017, 8)
>
> „We suggest a pan-European movement of civil and governmental disobedience with which to bring on a surge of democratic opposition to the way European elites do business at the local, national and EU levels." (Varoufakis 2016)

Da genuine politische Entscheidungen auf EU-Ebene außerhalb der EU-Rechtsstaatlichkeit stattfinden, könnte die Politisierung durch Bürger und ebenso durch nationale politische Institutionen, außerhalb der EU-Legalität, außerhalb des *Konsens'* (inzwischen auch *Diktat* genannt) stattfinden. Diese außergewöhnlichen Maßnahmen könnten z. B. einseitiger Schul-

---

[57] Diese Alternative ist hauptsächlich in den national-sozial und konservativ Hegemonie Projekten nach Buckel et al. zu finden (siehe Buckel et al. und Eis in diesem Band).

[58] Über den Unterschied zwischen „politischem Ungehorsam" und „zivilem Ungehorsam", siehe Moulin-Doos 2015, Eis/Moulin-Doos 2016

[59] Eigene Übersetzung

denerlass sowie allgemeine Streiks, Proteste und Boykotte sein. Regierungen, ökonomische Akteure genauso wie Bürger würden politischen Ungehorsam – eine archetypische Form der Not-Politik – praktizieren. Ungehorsam könnte sogar von exekutiven und parlamentarischen Institutionen ausgeübt werden (Scheuerman 2016, White 2017). Die Aktion des wallonischen Ministerpräsidenten im November 2016 ist als eine solche, in die institutionelle Logik eingeschriebene Opposition zu verstehen. Schon Fritz Scharpf hat im Kontext der Kontroverse um die Laval- und Viking-Urteile die Idee des Ungehorsams gegenüber dem Gerichtsurteil des EuGH willkommen geheißen (Scharpf 2008a). Cassen, der Gründer von Attac, schlägt vor, Druck auf die EU auszuüben, indem Frankreich drohen solle, ungehorsam zu agieren. Er hat die Hoffnung, dass Frankreich, indem es mit gutem Beispiel voranginge, andere Völker (nicht in erster Linie deren Regierungen) überzeugen könnte (Cassen, 2011). Das Präsidentschaftswahlprogramm von Jean-Luc Mélenchon und der Insoumis in Frankreich von 2017 basierte auf politischem Ungehorsam gegenüber der ökonomischen Ordnung in den EU-Verträgen, mit der Hoffnung, so Neuverhandlungen dieser Verträge zu forcieren (Mélenchon 2016).

Zum Beispiel führt die Regierung von Viktor Orbán in Ungarn eine „sozialprotektionistische“ Politik (Jörke/Nachtwey 2017, 157), die der neo-liberalen Politik der EU-Verträge widerspricht. Klaudia Hanisch listet folgende sozial- und wirtschaftsnationalistische Maßnahmen auf, die Orbáns Regierung einführte (2017, 75 f): die Entlastung der tief verschuldeten ungarischen Mittelschicht, die wegen Währungsschwankungen seit der Finanz- und Schuldenkrise nicht mehr in der Lage war, ihre Devisenkredite abzubezahlen, eine Bankensteuer, eine Sondersteuer für die Bereiche Energie, Telekommunikation und Einzelhandel, eine Sondersteuer für ausländische Unternehmen, die Rückverstaatlichung strategischer Betriebe in der Energieversorgung (Wasser, Abwasser- und Abfallwirtschaft), eine Finanztransaktionssteuer von 0,3 Prozent (als erste in Europa), die Verstaatlichung einer der größten ungarischen Banken (MKB), großzügige Familienpolitik mit Förderung durch Steuervergünstigungen und vergünstigte Kredite. Dafür sind unendliche europäische juristische Verfahren gegen den ungarischen Staat anhängig[60].

3.3.2 Entkonstitutionalisierung

> „Since depoliticized integration through law and the depoliticized Euro regime have led Europe into its present impasse, a fundamental change of direction will presuppose the politicization of policy choices under conditions of political accountability“ (Scharpf 2014b, 16).

Scharpf schlägt ferner die Entkonstitutionalisierung des europäischen Rechtes vor (Scharpf 2014b, 19). Das heißt, die wirtschaftlichen Regeln aus den Verträgen zu entfernen, sodass über sie regelmäßig debattiert werden kann, um sie so dem politischen Ausgestaltungsprozess erneut zu öffnen. Im Vergleich zu den vorliegenden Verträgen sollte der Umfang eines europäischen Vertrags stark reduziert werden. Er sollte keine Regeln enthalten, die eine wirtschaftliche Verfassung darstellen (Scharpf 2014b, 18). Anstatt an das versteinerte europäische Recht gebunden zu sein, könnte die politische Gesetzgebung dann bestehende rechtliche Einschränkungen für politische Maßnahmen der Mitgliedstaaten beseitigen. Zudem könnte sie europäische Politiken verabschieden, die mit dem „wirtschaftlichen Konstitutionalismus“ der vorliegenden Verträge in Konflikt stehen (Scharpf 2014b, 19).

Nach diesem ersten Schritt zur Politisierung der EU durch den Abbau vorgeschriebener Rechte und die Auflösung juristischer Verfahren, zugunsten politischer, könnte der öffentliche Diskurs politisiert werden, ohne ihn als *Anti-EU* systematisch zu delegitimieren. Außer-

---

[60]Die lange Liste findet man unter: http://ec.europa.eu/atwork/applying-eu-law/infringements-proceedings/infringement_decisions/index.cfm?lang_code=EN&r_dossier=&noncom=0&decision_date_from=&decision_date_to=&active_only=0&EM=HU&title=&submit=Search (21.11.2017).

dem könnte der parteiliche Charakter der Entscheidungen aufgedeckt werden. Politisches Handeln bedarf weiterhin der Rechtfertigung gegenüber demokratischer Gemeinwesen und kann nicht weiterhin auf informelle Exekutivgremien beschränkt bleiben. Es wäre das Ende einer nicht mehr funktionierenden *Output*-Legitimität (Bellamy 2010) und würde endlich die langjährigen Argumente für eine explizit *politisierte* EU, die dann stärker auf den Input der Akteure (von unten) angewiesen wäre, wahrnehmen.

Man kann von europäischen supranationalen Parteien träumen, aber am ehesten sind die Oppositionsparteien auf nationaler Ebene diejenigen, die nicht selbst die Logik der Sparpolitik akzeptiert haben. Es sind die sogenannten populistischen Parteien von rechts und links, die zurzeit die einzige Opposition verkörpern, wie Ulrike Guérot (2016, 61)es zu Recht formuliert:

> „Nicht der Populismus bedroht also die EU, sondern die EU produziert den europäischen Populismus. Wo EU-Politik als alternativlos ausgegeben wird, provoziert sie Systemgegnerschaft."

Europa sieht sich derzeit mit populistischen Bewegungen sowohl von *rechts* als auch von *links* (vgl. Errejon/Mouffe 2017) konfrontiert, die im medialen sowie wissenschaftlichen Diskurs oft als Bedrohung verstanden werden. Im Gegensatz zu diesem weit verbreiteten negativen Verständnis können diese Bewegungen als ein Zeichnen der Politisierung, oder genauer gesagt des Bedürfnisses der Politisierung der EU-Politik gegen ihren „postdemokratischen" (Guérot 2016, 61) Zustand interpretiert werden.

3.3.2 In verschiedenen nationalen Öffentlichkeiten gleichzeitig politisch debattieren, wie es mit der Währungsunion weitergehen sollte

In anderen Öffentlichkeiten wird schon seit langem gründlich debattiert. In den USA sind Stiglitz und Krugman Ökonomen, die sich kritisch mit dem Euro auseinandersetzen (Stiglitz 2017, Krugman 2015). Schon seit der Debatte um das Projekt des Europäischen Verfassungsvertrags werden im Frankreich Alternativen debattiert. Sapir schlägt die Einsetzung eines doppelten monetären Systems vor (Sapir 2006). Seit 2009 hat der Front National die Vorschläge von Sapir in sein Programm übernommen, was die einseitige Lesart der Erfolge des Front National als Zunahme der Fremdenfeindlichkeit aufweichen sollte. Wie Ulrike Guérot schreibt:

> „Was Marine Le Pen und ihre *fellows* kritisieren, nämlich die europäische Postdemokratie, ist nicht sonderlich originell und findet sich als Tatbestand und Kritik in so ziemlich jeder wissenschaftlichen Analyse angesehener Politik- und Sozialwissenschaftler. Ganze Bibliotheken lehren uns, dass der Euro nicht ausreichend legitimiert und der europäische Parlamentarismus brüchig ist." (Guérot 2016, 60).

In Deutschland thematisieren seit einigen Jahren lediglich Forscher (Streeck, Scharpf), die am Ende einer erfolgreiche Karriere stehen und diese Freiheit nutzen können, die katastrophalen demokratischen, sozialen und ökonomischen Konsequenzen des Managements des Euros in den meisten europäischen Ländern. Seit 2012 befürwortet Wolfgang Streeck ähnlich wie Sapir eine „Um- und Neugründung der Währungsunion" (Streeck 2015, 382) nach dem Bretton-Woods-Modell. Der Umfang kann sich „von einer Rückkehr zu nationalen Währungen unter einem Schlangenregime über die zeitweilige oder dauerhafte Einführung von Parallelwährungen mit Kapitalverkehrskontrollen bis hin zu einem doppelstöckigen Währungssystem" erstrecken (Streeck 2015, 382 f.). Es werden auch Vorschläge geäußert, nicht die Defizitländer aus dem Euro rauszuschicken (siehe hierzu Reef in diesem Band), sondern die Überschussländer, die sich merkantilistisch benehmen, wie beispielsweise Deutschland (Lordon 2011, Euractiv mit AFP 2016), sodass die gemeinsame Währung nicht mehr wie ein Deutscher-Euro gemanagt wird, sondern im Interesse anderer Ökonomien. Ein Rückzug der Integration, besonders der monetären Integration, sollte trotz der „Europa regierende[n] Eliten, die [...] stur an ihrem Europa spaltenden Einigungsprojekt festhalten“ (Streeck 2015, 382), politisch und demokratisch diskutiert werden.

Fazit: Diskrepanz zwischen politisch-kulturellen Wahrnehmungen der EU

Die EU genießt in Deutschland derzeit noch hohe Zustimmung. In einem Europa, welches jetzt unter der deutschen Hegemonie funktioniert (Beck, 2012), werden hauptsächlich die Interessen Deutschlands verfolgt. Die EU-Politik ist meistens eine Europäisierung der deutschen Währungs- und Wirtschaftspolitik (Stützle 2013), die passend zur deutschen Ökonomie ist (Beck 2012, 50).[61] Deshalb funktioniert in diesem Mitgliedstaat z. T. noch die geltende *Output*-Legitimation; der Glaube an technisch-vernünftige Lösungen scheint noch wirksam, und die Deutschen verstehen sich als „moralische Aufklärer Europas“ (Beck 2012, 55). Für die meisten Mitgliedstaaten dagegen wirkt diese Politik für ihre nationalen, ökonomischen Systeme kontraproduktiv. Die *Output*-Legitimität wirkt dort nicht mehr. Dies hat in diesen Mitgliedstaaten deswegen längst eine größere EU-kritische Opposition hervorgebracht.

In der deutschen politischen Bildung wird die EU hauptsächlich positiv und als ein zu legitimierendes Projekt thematisiert. Sie wird mit mehr Demokratie, bzw. mehr Rechtsstaatlichkeit assoziiert, sogar mit mehr sozialen Rechten. Wir haben jedoch gesehen, mithilfe von bewusst hauptsächlich deutschen Autoren, wie diese Konstruktion wenig sozial und nicht demokratisch ist. Stattdessen zerstört sie Demokratie auf den national-staatlichen Ebenen und praktiziert (teilweise) sogar keine Rechtsstaatlichkeit mehr.

In Frankreich ist die Stimmung gegenüber der EWG/EU immer schon ambivalenter gewesen. Schon im oben angeführten Zitat von Mendès-France von 1957 zeigt sich die Ambivalenz gegenüber der europäischen Konstruktion. 1982 hat der damalige Präsident der Republik, der Sozialist François Mitterrand, monatelang gezweifelt, ob er sich für „soziale Gerechtigkeit“ entscheiden sollte oder „für Europa“, um zusammen mit Deutschland und der Mark weiter im Schlangenregime zu bleiben (Ruffin 2013; Streeck 2015, 375; Moses 2017, 17). 1983 kam er zu der Entscheidung, die immer noch von Linken in Frankreich bedauert wird: Es wird Europa auf Kosten sozialer Gleichheit sein („tournant libéral“ von 1983). Ein Jahrzehnt später, während des Referendum-Wahlkampfes über den Vertrag von Maastricht, kämpfte der Nein-Befürworter Philippe Séguin mit dem Argument: Kein Euro ohne soziales Europa, weil die Währung, sollte sie europäisiert werden und die soziale Politik national bleiben, die Konkurrenz zwischen den sozialen Systemen in Europa zu immer weniger sozialen Rechten führen würde (Séguin 1992). Das Ja gewann knapp. Ein Jahrzehnt später bei dem Referendums-Wahlkampf für einen Verfassungsvertrag Europas, haben die Nein-Befürworter aus dem linken Spektrum, u. a. mit ATTAC, gegen das „neo-liberale“ Europa gekämpft. Das *Nein* gewann, die Ergebnisse wurden jedoch ignoriert. Insgesamt wurde in Frankreich der Skeptizismus gegenüber der EU aufgrund ihrer anti-demokratischen und antisozialen Haltung schon seit langem thematisiert.

---

[61] Wenn Ulrich Beck über die Hegemonie Deutschlands in Europa schreibt, merkt er, dass es nicht gewollt war, sondern dass es sich ergeben hat. Deutschland ist nicht *schuldig* hegemonial zu sein, es ergibt sich aus der Situation. *Schuldig* sind sogar vielleicht die anderen Mitgliedstaaten, die nicht genug Gegenmacht zeigen, keinen Widerstand sogar praktizieren (siehe § 3.3). Macht kann sich nicht allein begrenzen, Deutschland kann nicht allein ihre Macht begrenzen, sondern, wie in der Idee von *Check und Balance*, sollen es andere Instanzen sein, in dem Fall andere Mitgliedstaaten, die die Hauptmachthaber limitieren sollten.

In Deutschland äußern einige Forscher, die im Beitrag zitiert wurden, vehement fundierte Kritik an dieser autoritären Konstruktion. Trotz allem bleiben die Mehrheit der Wissenschaft, die Öffentlichkeit und logischerweise auch die politische Bildung stark von einer idealistischen Lesart der europäischen Integration geprägt, die demokratisch und sozial wäre. Die Diskrepanz zwischen dem, was in Deutschland noch geglaubt oder gehofft wird, und dem, was in Nachbarländern über die EU gedacht wird (siehe auch Brexit, Osteuropa, Griechenland usw.), ist kaum fassbar. Nur in Deutschland glaubt man noch an Kosmopolitismus, was man paradoxerweise *deutschen Kosmopolitismus* nennen sollte, da er stark nach einem deutschen Partikularismus aussieht, der sich tendenziell in eine rein *moralische* Aufforderung wandelt. Dies ist jedoch das Zeichnen eines großen Missverständnis' über das, was außerhalb der eigenen Grenzen passiert. Die Grenzen existieren also noch, besonders wenn es um kulturell-politisches Denken geht.

Literatur

Allais, M. (2002): Nouveaux combats pour l'Europe: 1995-2002, un aveuglement suicidaire: pour une autre Europe. Paris.

Allais, M. (2005): L'Europe en crise, que faire?: réponses à quelques questions, pour une autre Europe. Paris.

Beck, U. (2012): Das Deutsche Europa. Frankfurt.

Bellamy, R. (2010): 'Democracy without Democracy?: Can the EU's Democratic 'Outputs' be separated from the Democratic 'Inputs' provided by Competitive Parties and Majority Rule?, Journal of European Public Policy 17, 2-19.

Bofinger, P./Habermas, J./Nida-Rümelin, J. (2012): ‚Für einen Kurswechsel in der Europa-Politik'. In: FAZ 180, 4.8.2012, S. 33.

Böckenförde, E.-W. (2010): 'Kennt die europäische Not kein Gebot?'. In: *Neue Züricher Zeitung*, 21.06.2010.

Brennan, J. (2017): Gegen Demokratie. Warum wir die Politik nicht den Unvernünftigen überlassen dürfen. Berlin.

Busch, K. et al. (2016): Europa geht auch anders. Streitschrift für eine andere Europäische Union. Hamburg.

Buckel, S. (2011): Staatsprojekt Europa. In: Politische Vierteljahresschrift, 52. Jg., 4/2011, S. 636-662.

Colliot-Thélène, C. (2014): „Quel est le Peuple du Populisme?". In: Colliot-Thélène, C/Guénard, F. (Hrsg.): Peuples et Populisme. S. 5-42. Paris.

Delors, J. (1999): Esprit évangélique et construction européenne. In: Notre Europe. Online abrufbar unter: http://www.institutdelors.eu/media/discoursxii99.pdf?pdf=ok (letzter Zugriff: 21.11.2017).

Dinan, D. (2012): 'Governance and Institutions: Impact of the Escalating Eurocrisis', Journal of Common Market Studies 50, Annual Review, S. 85-98.

Eis, A./Moulin-Doos, C. (2016): Kompetenz zum Widerstand oder zum politischen Ungehorsam? In: Fritz Reheis, F./Denzler, S./ Görtler, M./Waas, J. (Hrsg.): Kompetenz zum Widerstand. Eine Aufgabe für die politische Bildung. S. 130-138. Schwalbach.

Errejon, I./Mouffe, C. (2017): Construire un peuple: Pour une radicalisation de la démocratie. Paris.

EURACTIV mit AFP (2016):'Stiglitz: „Der leichteste Weg wäre es, wenn Deutschland Europa verlässt."'15.09.2016. Online abrufbar unter: http://www.euractiv.de/section/ finanzen-und-wirtschaft/news/stiglitz-der-leichteste-weg-waere-es-wenn-deutschland-europa-verlaesst/ (letzter Zugriff: 21.11.2017)

Fischer-Lescano, A. (2014): Human Rights in Times of Austerity Policy - The EU Institutions and the Conclusion of Memoranda of Understanding. Baden-Baden.

Guérot, U. (2016): Die EU und der Aufstieg des Rechtspopulismus. Blätter, 6, S. 56-67.

Grimm, D. (2015): Auf der Suche nach Akzeptanz – Über Legitimationsdefizite und Legitimationsressourcen der Europäischen Union. In: Leviathan, Jahrgang 43 (2015), Heft 3, S. 325–338.

Habermas, J. (2012): The Crisis of the European Union. Cambridge.

Hennette S./Piketty T./Sacriste G./Vauchez A. (2017): Pour un traité de démocratisation de l'Europe. Paris.

Hoffmann, R. T./Krajewski,M. (2012):'Staatsschuldenkrisen im Euro-Raum und die Austeritätsprogramme von IWF und EU'. In: KJ 45, S. 2-17.

Joerges, C. (2012): „Recht und Politik in der Krise Europas. Zur Wirkungsgeschichte einer verunglückten Konfiguration" Merkur. Zeitschrift für europäisches Denken Heft 762, 66. Jahrgang November 2012, S. 1013-1024.

Joerges, C. (2016a), 'What is left of the European Economic Constitution II? From Pyrrhic Victory to Cannae Defeat'. In Kjaer, P. F./Olsen, N. (eds.). Critical Theories of Crisis in Europe: From Weimar to the Euro. London/New York.

Joerges, C. (2016b): Pereat iustitia et fiat mundus? Die Krise des Rechts in der Krise Europas? Merkur. Zeitschrift für europäisches Denken 70, Heft 803, 17-31.

Jörke, D./Nachtwey, O. (2017): Die rechtspopulistische Hydraulik der Sozialdemokratie. Zur politischen Soziologie alter und neuer Arbeiterparteien. In: Leviathan – Berliner Zeitschrift für Sozialwissenschaft 45, special issue 32, 155-178.

Kreuder-Sonnen, C. (2016): Beyond Integration Theory: The (Anti-)Constitutional Dimension of European Crisis Governance. Journal of Common Market Studies, 54, 6, 1350–1366.

Krugman, P. (2015): Killing the European Project. New York Times Blog: The conscience of a liberal. 12.07.2015. Online abrufbar unter: https://krugman.blogs.nytimes.com/2015/07/12/killing-the-european-project/ (21.11.2017).

Lordon, F. (2011): Ce n'est pas la Grèce qu'il faut exclure, c'est l'Allemagne! Les Blogs du „Diplo": La Pompe à Phynance. Mars 2010. Online abrufbar unter: https://blog.monde-diplo.net/2010-03-29-Ce-n-est-pas-la-Grece-qu-il-faut-exclure-c-est-l (letzter Zugriff: 21. 11.2017).

Magnette, P. (2016) Dans l'intérêt de l'Europe il faut parfois lui désobéir 10 novembre 2016 Mediapart. Online abrufbar unter: https://www.mediapart.fr/journal/international/1011-16/paul-magnette-dans-l-interet-de-l-europe-il-faut-parfois-lui-desobeir?onglet=full (letzter Zugriff: 21.11.2017).

Mendès-France, P. (1957): Marché commun européen. In: Journal officiel de la République française. Débats parlementaires-Assemblée nationale. 19.01.1957, n° 3. Paris, S. 159-166.

Menéndez, A. J. (2016). The Refugee Crisis: Between Human Tragedy and Symptom of the Structural Crisis of European Integration. European Law Journal, 22, 4, 388–416.

Merkel, A. (2012) Pressekonferenz. Online abrufbar unter: https://www.bundesregierung.de/ContentArchiv/DE/Archiv17/Mitschrift/Pressekonferenzen/2012/01/2012-01-30-eu-rat-bkin.html (letzter Zugriff: 21.11.2017).

Michéa, J.-C. (2007): L'Empire du moindre Mal. Essay sur la civilisation libérale. Paris.

Mélenchon, J.-L. (2016): L'avenir en commun - Le programme de la France insoumise et son candidat. Paris.

Moulin-Doos, C. (2015): Civic Disobedience: Taking Politics Seriously. A Democratic Theory of Political Disobedience. Nomos, Schriftenreihe: Zeitgenössische Diskurse des Politischen.
Moulin-Doos, C. (2016b): Bürger als Mit-Akteur und Rechtssubjekt: europäische und globale Bürgerschaft als Orientierung für die politische Bildung? Zeitschrift für internationale Bildungsforschung und Entwicklungspädagogik. Heft 2. S. 14-18.
Moulin-Doos, C. (2017): Die Frage nach einer umweltgerechten Wirtschaftspolitik: Zwischen Entpolitisierung bzw. Moralisierung und (Re)Politisierung. In: Emde, O./Jakubczyk, U./Kappes, B./Overwien, B. (Hrsg.): Mit Bildung die Welt verändern? Globales Lernen für eine nachhaltige Entwicklung. Berlin/Toronto, S. 110-120.
Moulin-Doos, C. (2017): Populismen in Europa: Nicht per-se antidemokratisch, sondern antiliberal. In: Leviathan – Berliner Zeitschrift für Sozialwissenschaft 45, special issue 32, 290-307.
Moses, J. W. (2017): Eurobondage. The Political Costs of European Monetary Union. Colchester.
Oberndorfer, L. (2012): Die Renaissance des autoritären Liberalismus? Carl Schmitt und der deutsche Neoliberalismus vor dem Hintergrund des Eintritts der „Massen“ in die europäische Politik. PROKLA. Heft 168, 42., Nr. 3, 413-431. Münster.
Oberndorfer, L. (2012): Vom neuen zum autoritären Konstitutionalismus: soziale Bewegungen, Recht und Demokratie in der europäischen Krise. In: Kurswechsel, 2, S. 62-67.
Sapir, J. (2006): La Fin De L'eurolibéralisme. Paris.
Sandbeck, S./Schneider, E. (2014): From the Sovereign Debt Crisis to Authoritarian Statism: Contradictions of the European State Project. New Political Economy, 19 (6), S. 847-871.
Rawls, J. (2005): A Theory of Justice. Cambridge u. a..
Ruffin, F. (2013) Quand la gauche a basculé à droite. Fakirpresse. Veröffentlicht am 28.10.2013. https://www.youtube.com/watch?v=i0d975vtTys (21.11.2017)
Scharpf, F. (1999): Governing in Europe: Effective and Democratic? Oxford.
Scharpf, F. (2008a) Der einzige Weg ist den EuGH nicht zu folgen. Magazin Mitbestimmung Heft 07/08. 18-23.
Scharpf, F. (2008): Negative und positive Integration. In Höpner, M./Schäfer, A. (Hrsg.): Die Politische Ökonomie der europäischen Integration. Frankfurt a. M./New York, S. 49-87.
Scharpf, F. (2014a): ‘Political Legitimacy in a Non-optimal Currency Area’. In: Hobolt, S./Cramme, O. (Hrsg.): Democratic Politics in a European Union under Stress. Oxford. S. 19-47.
Scharpf, F. (2014b): After the Crash. A Perspective on Multilevel European Democracy. Max Planck Institut für Gesellschaftsforschung Diskussion Paper 14/21. Online abrufbar unter: http://www.mpifg.de/pu/mpifg_dp/dp14-21.pdf (letzter Zugriff: 21.11.2017).
Scharpf, F. (2015): Das Dilemma der supranationalen Demokratie in Europa. In: Leviathan 43, 1, S. 11-28.
Scharpf, F. (2017): Vom asymmetrischen Euro-Regime in die Transfer Union – und was die deutsche Politik dagegen tun könnte. In: Leviathan 45, 3, S. 286-308.
Scheuerman, W. (2016): ‘Crises and Extra-Legality: From Above and from Below’. In: Kjaer, P. F./Olsen, N. (Hrsg.): Critical Theories of Crisis in Europe: From Weimar to the Euro. London/New York, S. 197-212.
Séguin, Ph. (1992) Discours pour la France. Paris.
Seikel, D. (2016) Flexible Austerity and Supranational Autonomy. The Reformed Excessive Deficit Procedure and the Asymmetry between Liberalization and Social Regulation in the EU. Journal of Common Market Studies, 54, 6, 1398–1416.

Shapiro, M. (1980): Comparative Law and Comparative Politics, Southern California Law Review, 53, 537-542.

Shaw, J./More, G., (1995): New Legal Dynamics of European Union, Oxford.

Stiglitz, J. (2017): The Euro: And its Threat to the Future of Europe.

Stützle, I. (2013): Austerität als politisches Projekt: von der monetären Integration Europas zur Eurokrise. Münster.

Streeck, W. (2015): Warum der Euro Europa spaltet statt es zu einigen. In: Leviathan, 43, 3, 365-387.

Supiot, A. (2012): Under Eastern Eyes". In: New Left Review, 73, S. 29–36.

Urška, Š. (2015): The Role of Effet Utile in Preserving the Continuity and Authority of European Union Law: Evidence from the Citation Web of the Pre-accession Case Law of the Court of Justice of the EU. In: European Journal of Legal Studies, 8, 1, S. 18-45.

Varoufakis, Y. (2016): 'Europe's Left after Brexit', 8th September. Online abrufbar unter: https://diem25.org/europes-left-after-brexit/ (letzter Zugriff: 21.11.2017)

Watkins, S. (2014): Editorial: the Political State of the Union. New Left Review N° 90 Nov-Dez. 2014, S. 5-25.

White, J. (2011): Left and right as political resources, Journal of Political Ideologies, 16 (2). S. 123-144.

White, J. (2013): Emergency Europe, Political Studies, 63 (2), S. 300-318.

White, J. (2017): Principled Disobedience in the EU. Constellations, S. 1-13.

Angaben zur Person:

Dr. Claire Moulin-Doos

ist eine in Deutschland lebende französische Europäerin. Sie studierte Politikwissenschaften in Frankreich und erlangte einen Master im Europarecht. Zudem ist sie promovierte Politiktheoretikerin (Universität Bremen). Zurzeit habilitiert Moulin-Doos im Bereich der Politischen Bildung an der Universität Kassel.

Ihre besonderen Forschungsinteressen liegen auf: Theorien der Demokratie, Politische Bildung in Deutschland, Verrechtlichung und Konstitutionalisierung des Politischen, Menschenrechtsdiskurse, Europäische Konstruktion, politischer Ungehorsam und politische Bewegungen.

Werner Ruf

Die vielen Gesichter der EU: Vom Friedensprojekt zur Festung Europa

Zusammenfassung: Die Europäische Union, als Friedensprojekt gedacht und 2012 mit dem Friedensnobelpreis ausgezeichnet, hat viele Gesichter. So ist sie auf dem Weg zu einer zunehmend ernst zu nehmenden Militärmacht. Zugleich transformiert sie sich selbst, wie auch ihre Peripherie, nach neoliberalen Grundsätzen. Die Folgen sind Elend und Flucht. So gerät die EU zunehmend zu einer sich abschottenden Festung, die immer mehr bereit ist, die wirtschaftlichen und sozialen Folgen ihrer Politik, die Deregulierung von Staatlichkeit in der Peripherie durch militärische Interventionen, zu lösen. Die Bekenntnisse zu Humanität, Demokratie und Rechtsstaatlichkeit geraten so in zunehmenden Widerspruch zu einem Verhalten, das von kapitalistischen Interessen determiniert wird. Dies rührt an die Wurzeln der Glaubwürdigkeit des europäischen Projekts.

Schlüsselbegriffe: Grundwerte, Migration, Militarisierung, Neo-Liberalismus

The many faces of EU: from peace project to Fortress Europe

Abstract: Initially, the European Union was drawn up as a peace project, and in 2012 it received the Nobel Peace Prize. However, since its formation it has had many different faces – and it has become a military alliance of growing importance. At the same time, the EU has transformed both itself and its periphery according to the principles of neo-liberalism. The results are misery and forced migration. The EU has turned itself into a fortress against refugees and readily provides military intervention to combat the consequences of these policies and the deregulation of statehood in the periphery. Its professed principles of humanitarianism, democracy, and the rule of law contradict its real behavior, which is determined by capitalist interests. This questions the credibility of the European project.

Key words: basic values, migration, militarization, neo-liberalism.

Die Krise der EU ist mehr als die Krise des Euro, des Austritts Großbritanniens, des Aufstiegs rechter Parteien. Sie ist auch und wesentlich die Folge eines diskursiv vorangetragenen Selbstverständnisses, das immer mehr in Widerspruch gerät zur politischen, sozialen und wirtschaftlichen Praxis der Gemeinschaft. Hierzu gehören das Selbstverständnis, das Europa als Friedensmacht präsentiert, zugleich aber tritt Europa zunehmend als globaler militärischer Akteur auf, was Michael Berndt (2007) veranlasste, die ‚Neue Europäische Sicherheitsarchitektur' unter der Fragestellung „Sicherheit in, für und vor Europa?" kritisch zu analysieren. Ähnlich janusköpfig erweist sich das immer wieder betonte Bekenntnis zur Demokratie als tragende Säule des europäischen Projekts, wie es sich bis heute nach den Durchgangsphasen von EGKS über EG und EWG bis zur EU und insbesondere in den Auseinandersetzungen um das Projekt einer Europäischen Verfassung ergeben hat[62].

Als janusköpfig erweist sich auch das Verhältnis der EU zur Demokratie: 2003 erarbeitete der Europäische Konvent einen Vertrag über eine Verfassung für Europa, der in Rom von den Staats- und Regierungschefs der EU-Mitgliedstaaten unterzeichnet wurde. In der europä-

[62] Für einen Blick auf die vermeintlich rechtsstaatlichen und demokratischen Charaktermerkmale der EU siehe Moulin-Doos in diesem Band.

ischen Öffentlichkeit regte sich zunehmend Kritik an diesem Verfassungsentwurf, die sich vor allem gegen die Festschreibung zweier Grundsätze richtete: 1. Die Verankerung des Neoliberalismus in der Verfassung durch die Konstitutionalisierung der Bolkestein-Richtlinie (in Frankreich polemisch „*directive Frankenstein*" genannt). 2. Die Verpflichtung zu kontinuierlicher schrittweiser Aufrüstung der Mitgliedstaaten. Eine Volksabstimmung über den Verfassungsentwurf war nur in wenigen Mitgliedstaaten vorgesehen, musste allerdings aufgrund einschlägiger konstitutioneller Regelungen in einigen EU-Ländern durchgeführt werden, darunter die Gründungsmitglieder Frankreich und Niederlande. In beiden Ländern wurde der Verfassungsentwurf (Frankreich am 29. Mai, Niederlande am 1. Juni 2005) mehrheitlich abgelehnt.

Die Reaktion der Regierungen war nun nicht, wie man hätte erwarten dürfen, die Überarbeitung des Entwurfs, um diesen mehrheitsfähig zu machen, sondern der Abschluss eines Staatsvertrags am 13. Dezember 2007 in Lissabon, der am 1. Dezember 2009 in Kraft trat. Ein erneutes Referendum fand nicht statt, der Staatsvertrag ist bindend für alle Mitgliedstaaten und gilt *de jure* als konstitutionelle Norm der EU. Diese Missachtung des Willens des Souveräns dürfte wesentlich mitverantwortlich sein für die „Europaverdrossenheit" vieler Bürgerinnen und Bürger, auch wenn dieses fundamentale Problem medial kaum Beachtung findet. Dass gerade der Neoliberalismus als Handlungsmaxime und die Militarisierung der EU den Anspruch der EU, Friedensprojekt zu sein, nachhaltig unterminieren, soll im Folgenden thematisiert werden.

Auch die Europäische Nachbarschaftspolitik präsentiert sich diskursiv als Friedensprojekt. In der harten Realität der Durchsetzung von Interessen erhält sie ein anderes Antlitz. Auch sie ist zunehmend geprägt von Interessen, die in erster Linie wirtschaftlicher Natur sind und zunehmend unter Aspekten der Sicherheit gesehen werden. Nicht zuletzt spielt im Entwicklungsprozess der EU der Aufstieg Deutschlands zur Führungsmacht eine zentrale Rolle, der hier besondere Beachtung finden soll.

Vorangestellt sei aber zunächst eine Formulierung des Mythos der Union wie ihn die Kommission 2002 in geradezu poetischer Weise auf ihrem Gipfel in Laeken zum Ausdruck brachte:

> „Welche Rolle spielt Europa in dieser gewandelten Welt? Muss Europa nicht - nun, da es endlich geeint ist - eine führende Rolle in einer neuen Weltordnung übernehmen, die Rolle einer Macht, die in der Lage ist, sowohl eine stabilisierende Rolle weltweit zu spielen als auch ein Beispiel zu sein für zahlreiche Länder und Völker? Europa als Kontinent der humanitären Werte, der Magna Charta, der Bill of Rights, der Französischen Revolution, des Falls der Berliner Mauer. Kontinent der Freiheit, der Solidarität, vor allem der Vielfalt, was auch die Achtung der Sprachen, Kulturen und Traditionen anderer einschließt. Die einzige Grenze, die die Europäische Union zieht, ist die der Demokratie und der Menschenrechte. Die Union steht nur Ländern offen, die ihre Grundwerte, wie freie Wahlen, Achtung der Minderheiten und der Rechtsstaatlichkeit, teilen.
>
> Nun, da der Kalte Krieg vorbei ist und wir in einer globalisierten, aber zugleich auch stark zersplitterten Welt leben, muss sich Europa seiner Verantwortung hinsichtlich der Gestaltung der Globalisierung stellen. Die Rolle, die es spielen muss, ist die einer Macht, die jeder Form von Gewalt, Terror und Fanatismus entschlossen den Kampf ansagt, die aber auch ihre Augen nicht vor dem schreienden Unrecht in der Welt verschließt. Kurz gesagt, einer Macht, die die Verhältnisse in der Welt so ändern will, dass sie nicht nur für die reichen, sondern auch für die ärmsten Länder von Vorteil sind. Einer Macht, die der Globalisierung einen ethischen Rahmen geben, d. h. sie in Solidarität und in nachhaltige Entwicklung einbetten will." (ISS 2002: 113 f).

Mythos und Realität eröffnen einen Spannungsbogen, der das europäische Projekt auf eine Zerreißprobe stellt, gerät doch der immer vorangetragene Diskurs über die „Werte" als fundamentale Basis der Union immer stärker in Widerspruch zu ihrem tatsächlichen Handeln.[63]

Die EU basiert offiziell auf vier „Grundfreiheiten": Freiem Warentransfer, Freizügigkeit der Personen, Dienstleistungsfreiheit und freier Kapital- und Zahlungsverkehr. So plausibel es auf den ersten Blick scheinen mag, dass die Verdichtung von Handelsbeziehungen und die Internationalisierung des Kapitalverkehrs (zumindest unter gleichen Partnern) friedensfördernd sein mag, so wird das doch durch empirische Befunde keineswegs belegt (Calislar 2006). In den folgenden drei Teilen soll exemplarisch dargestellt werden, wie die konkrete Politik der EU ihrem menschenrechtlichen, Demokratie einfordernden und friedensorientierten Diskurs widerspricht. Ein besonderer Blick ist dabei auf das koloniale Erbe der Gemeinschaft zu werfen, weil gerade die Überführung der ehemaligen Kolonien in „privilegierte" Partner der Union deren Selbständigkeit und Selbstverwirklichung in keiner Weise gefördert hat, sondern deren Abhängigkeit durch neoliberale Politik verschärft und Regime hervorgebracht hat, die in keiner Weise demokratischen Normen entsprechen:

1. Militarisierung der EU: Wenig Beachtung findet, dass die EU auch ein Militärbündnis ist, das per se dem in den Vordergrund gestellten Friedensdiskurs widerspricht und gerade angesichts der jüngsten Entwicklungen im atlantischen Raum einen immer wichtigeren Stellenwert erhält. Eng verbunden damit ist auch die militärpolitische Emanzipation Deutschlands.
2. Koloniales Erbe: Hier geht es um die historische Entwicklung der Beziehung der EWG/EU zum afrikanischen Nachbarkontinent, die auf dem kolonialen Erbe, vor allem Frankreichs, aber auch Großbritanniens, aufgebaut wurde und die noch immer, durch die neoliberale Dominanz in diesen Beziehungen verstärkt, Abhängigkeit, Unterentwicklung und Demokratiemangel intensivieren.
3. Offene Märkte – geschlossene Grenzen: Die Aktualität von Migration und Flucht, vor allem aus Afrika, beherrscht seit zwei Jahren den öffentlichen Diskurs in Europa. An keinem Beispiel zeigen sich deutlicher die doppelten Standards der Politik der EU.

Die hier aufgeworfenen Fragen berühren unmittelbar das Selbstverständnis der EU, die, will sie ihren normativen Bekenntnissen treu bleiben, ihr Handeln an diesen Normen messen lassen und sich, um ihrer Glaubwürdigkeit und ihres Bestands willen, auf ihre sozialen und friedensorientierten Grundwerte besinnen muss.

1 Militarisierung der EU oder Suche nach Frieden

2012 erhielt die Europäische Union den Friedensnobelpreis. In der Tat: Der Prozess der europäischen Einigung hatte es erreicht, dass dieser Kontinent, der über Jahrhunderte durch Kriege zerrissen und verwüstet worden war, zu einer politischen (und ökonomischen) Einheit zusammengefügt wurde, innerhalb derer Krieg nicht mehr vorstellbar erscheint. Die militärische Dimension der Friedensnobelpreisträgerin wird hier untersucht, da sie bisher meist eine untergeordnete und sträflich vernachlässigte Rolle gespielt hat, die in der durch die Wahl Donald Trumps sich ergebenden internationalen Konstellationen neue Aktionsfelder eröffnet, die offensichtlich vom dominanten Akteur der EU, Deutschland, umgehend zum Ausbau neuer Machtpositionen genutzt werden (Wagner 2016).

Erinnert werden muss hier an ein wirkungsmächtiges Kuriosum: Als erkennbar wurde, dass die von den USA geförderte Staatswerdung der drei westlichen Besatzungszonen nicht

[63] Begleitet sind diese Änderungen in den Zielen der EU vom scheinbar unaufhaltsamen Aufstieg Deutschlands.

mehr zu verhindern sein würde, schlossen die europäischen Staaten Frankreich, Großbritannien, Niederlande, Belgien und Luxemburg am 17. März 1948 den Brüsseler Pakt, der vorsah, dass die Parteien „alle Schritte unternehmen, die sich im Falle der Erneuerung einer deutschen Aggressionspolitik als notwendig erweisen“ (Woyke 1996, 287). Insbesondere sah der Vertrag einen Beistandsautomatismus vor, der weit über die Formulierungen des Art. 5 des späteren NATO-Vertrags hinausgingen:

> „Sollte eine der Hohen Vertragsschließenden Teile das Ziel eines bewaffneten Angriffs in Europa werden, so werden ihm die anderen Hohen Vertragschließenden Teile [...] alle in ihrer Macht stehende militärische und sonstige Hilfe und Unterstützung leisten.“ (Randelzhofer 1998: 39)

Als am 4. April 1949 der NATO-Vertrag geschlossen wurde, traten ihm die Brüsseler Pakt-Staaten geschlossen bei.

Ein erster Anlauf zur Militarisierung Europas war die beabsichtigte Gründung der Europäischen Verteidigungsgemeinschaft (EVG), die bereits 1950 im Zusammenhang mit den Plänen zur Schaffung einer Europäischen Politischen Gemeinschaft von Frankreich und der jungen Bundesrepublik Deutschland betrieben wurden. Der EVG sollten die Brüsseler-Pakt-Staaten, Frankreich, Belgien, Luxemburg, Niederlande und die ehemaligen Kriegsgegner (West-)Deutschland und Italien, angehören. Deren Streitkräfte sollten insgesamt einer gemeinsamen Führung unterstellt werden. Der nach langen und zähen Verhandlungen gefundene Kompromiss scheiterte jedoch am 30. August 1954, als die französische Nationalversammlung die Ratifizierung des Vertrags ablehnte.

Am 9. Mai 1955 trat der westdeutsche Teilstaat der NATO bei. Vorausgegangen waren die sogenannten Stalin-Noten (10. März 1952, 9. April 1952, 24. Mai 1952, 23. August 1952). Ausgelöst wurden sie durch die geplante Gründung der EVG, die die Sowjetunion als Bedrohung, aber - durchaus richtig – auch als Vorstufe zu einem möglichen NATO-Beitritt der Mitgliedstaaten dieses Bündnisses betrachtete, in dem die BRD erstmals wieder mit einer Armee vertreten gewesen wäre. Stalin bot in diesen Noten die Wiedervereinigung der beiden deutschen Staaten und freie Wahlen in einem Gesamtdeutschland an. Sein Preis: Die Neutralisierung Deutschlands nach dem Vorbild Österreichs. Dies hätte einen *cordon sanitaire* von Finnland über Schweden, Deutschland, die Schweiz, Österreich und Jugoslawien zwischen den beiden Blöcken gezogen, ein Plan der 1957 in neuer Variation wieder vom polnischen Außenminister Rapacki (atomwaffenfreie Zone in Mitteleuropa) aufgegriffen wurde. Die Stalin-Noten lösten eine heftige Debatte in der Bundesrepublik Deutschland aus, wo selbst in der CDU dem Kanzler Adenauer, der in enger Abstimmung mit den USA die sowjetische Initiative vehement ablehnte, der Vorwurf gemacht wurde, er verhindere eine realistische Chance für die deutsche Vereinigung (Kaiser 1988).

Als Reaktion auf den Beitritt der BRD zur NATO folgte nur fünf Tage später, am 14. Mai 1955, die Gründung der Warschauer Vertragsorganisation (WVO): Sie zementierte die Spaltung Europas und hatte zur Folge, dass sich die Truppen beider Bündnisse an der innerdeutschen Grenze unmittelbar gegenüber standen. Eine der Ironien des westdeutschen NATO-Beitritts war, dass die Bonner Republik sich nun gemeinsam mit den Mitgliedstaaten des Brüsseler Paktes im selben Bündnis wiederfand. Dieser Pakt wurde im Vorfeld des westdeutschen NATO-Beitritts im September 1954 in die Westeuropäische Union (WEU) umgewandelt, der die BRD und Italien beitraten. Ihre Hauptaufgabe war hinfort die Kontrolle der diesen beiden Staaten noch auferlegten Rüstungsbeschränkungen. Doch erreichten die westeuropäischen Staaten, dass die NATO auch die Einhegung etwaiger militärischer Emanzipationsansprüche des westdeutschen Staates sicherte: Als einziges Mittglied des Bündnisses musste die Bundesrepublik Deutschland ihre gesamten Streitkräfte dem NATO-Oberkommando unterstellen. Dies entsprach jener saloppen Formel, die der erste NATO-

Generalsekretär, der Brite Lord Ismay, für die Aufgaben des Bündnisses fand: „to keep the Russians out, the Americans in, and the Gemans down.“ (u. a. Wallraf 2017: 8)

Die WEU aber sollte in fast grotesker Weise zum Streitross des Aufstiegs Westdeutschlands und später des vereinigten Deutschlands werden: 1984, auf dem Höhepunkt der Debatte über die Stationierung der US-amerikanischen Mittelstreckenraketen, erklärte der damalige Vorsitzende des Ministerrats der Westeuropäischen Union, Hans-Dietrich Genscher, anlässlich der Feier des dreißigjährigen Bestehens dieser Militärorganisation an die Adresse der USA:

> „Die WEU wird sich künftig mit allen wichtigen sicherheits- und verteidigungspolitischen Fragen befassen, in denen sich eine gemeinsame europäische Haltung empfiehlt. [...] Wir sind bereit, die damit (gegenüber dem Atlantischen Bündnis W. R.) verbundene Verantwortung zu tragen. Wir wollen aber auch gehört werden. Die Stimme Europas findet im transatlantischen Dialog das ihr zukommende Gehör, wenn die Sieben gemeinsam auftreten. Die WEU ist das geeignete Forum für die Abstimmung ihrer Haltung in Sicherheitsfragen.“ (Europa-Archiv 1984)

Im Vertrag von Maastricht (EUV vom 17. Februar 1992) wurde in Art. J. 4 (2) festgelegt: „Die Union ersucht die Westeuropäische Union (WEU), die integraler Bestandteil der Entwicklung der Europäischen Union ist, die Entscheidungen und Aktionen der Union, die verteidigungspolitische Bezüge haben, auszuarbeiten und durchzuführen.“ In einer Erklärung zur WEU stellte die Konferenz fest:

> „Die WEU wird als Verteidigungskomponente der Europäischen Union und als Mittel zur Stärkung des europäischen Pfeilers der Atlantischen Allianz entwickelt. Zu diesem Zweck wird sie eine gemeinsame europäische Verteidigungspolitik formulieren und diese durch die Weiterentwicklung ihrer operationellen Rolle konkret durchführen.
> Ziel ist es, die WEU stufenweise zur Verteidigungskomponente der Europäischen Union auszubauen. Zu diesem Zweck ist die WEU bereit, auf Ersuchen der Europäischen Union Beschlüsse und Aktionen der Union mit verteidigungspolitischen Implikationen zu erarbeiten und durchzuführen.“ (ISS, 1992)

Dem folgte der Vertrag von Amsterdam (1997), der der WEU die sog. Petersberg-Aufgaben vom Juni 1992 übertrug, in der die Mitgliedstaaten sich bereit erklärten, der WEU im Rahmen der *Gemeinsamen Außen- und Sicherheitspolitik* (GASP) Verbände ihrer konventionellen Streitkräfte für militärische Einsätze unter Leitung der WEU zur Verfügung zu stellen. Die Aufgaben dieser Verbände, die bis heute Gültigkeit haben, erstrecken sich auf: (1) Humanitäre Aktionen oder Evakuierungsmaßnahmen, (2) Friedenserhaltende Maßnahmen, (3) Kampfgruppeneinsätze für das Krisenmanagement, einschließlich Maßnahmen zur Wiederherstellung des Friedens, (4).

Im Vertrag von Nizza (2000) institutionalisierte die EU ihre *Europäische Sicherheits- und Verteidigungspolitik* (ESVP). Dies bedeutete faktisch das Ende der WEU, deren Aufgaben nun direkt von der EU übernommen wurden und die integraler Bestandteil der Europäischen Sicherheits- und Verteidigungspolitik sind (vgl. ISS, 2000).

In der Erklärung des EU-Gipfels in Saint-Malo vom Dezember 1998 tauchte erstmals der Begriff „autonome Fähigkeiten“ im Zusammenhang mit GASP und ESVP auf, der sowohl Washington als auch die Atlantiker innerhalb der EU alarmierte (IISS 2003). Der Anspruch auf eine autonome Verteidigungspolitik der EU wurde dann im Vertrag von Lissabon (13. Dezember 2007) endgültig festgeschrieben, der Art. V des Brüsseler Pakts (Beistandsverpflichtung) wurde in diesen Vertrag übernommen:

> „Im Falle eines bewaffneten Angriffs auf das Hoheitsgebiet eines Mitgliedstaats schulden die anderen Mitgliedstaaten ihm alle in ihrer Macht stehende Hilfe und Unterstützung, im Einklang mit Artikel 51 der Charta der Vereinten Nationen.“ (Art. 42 Ziff. 7).

Bemerkenswert an diesem langen Prozess ist nicht nur, dass es gerade jener gegen die Militarisierung (West-)Deutschlands gerichtete Pakt war, der zuerst der BRD, dann dem vereinigten Deutschland den militärischen Wiederaufstieg ermöglichte, sondern dass er Teil jenes Staatsvertrags wurde, der das gescheiterte europäische Verfassungsprojekt ersetzte: In den europäischen Ländern, in denen ein Referendum über die europäische Verfassung stattfand – Frankreich und Niederlande- scheiterte das Projekt aufgrund des Widerstands der Mehrheit der Wahlberechtigten gegen die unzureichende Demokratisierung der EU, gegen die Festschreibung des Neoliberalismus als Wirtschaftsform und gegen die Militarisierungsbestimmungen. Statt das Votum des Souveräns zu berücksichtigen und den Verfassungsentwurf entsprechend zu überarbeiten, schlossen die Regierungen 2007 den „Grundlagenvertrag", einen Staatsvertrag, der am 1. Dezember 2009 in Kraft trat.

2 Koloniales Erbe

Mit in die Ehe der Europäischen Gemeinschaft brachte Frankreich seine (ehemaligen) Kolonien, ebenso Großbritannien als es 1973 der EG beitrat. Schon lange vor der formalen Dekolonisation der überwiegenden Mehrzahl der afrikanischen Kolonien Frankreichs waren diese finanzpolitisch mit Frankreich eng verbunden: In den Verhandlungen von Bretton Woods hatte sich Frankreich eine Sonderregelung für sein afrikanisches Kolonialreich ausbedungen: die *Communauté Financière d'Afrique* (CFA). Der Franc CFA ist bis heute gültige Währung in zwölf ehemaligen west- und zentralafrikanischen Kolonien Frankreichs (Benin, Burkina Faso, Elfenbeinküste, Gabun, Kamerun, Mali, Niger, Republik Kongo, Senegal, Togo, Tschad, Zentralafrikanische Republik, hinzu kommen Guinea-Bissau (vormals portugiesisch) und Äquatorial-Guinea (vormals spanisch). Der Franc CFA wird garantiert durch die Französische Zentralbank, innerhalb des Währungsverbunds herrscht Transferfreiheit. Tatsächlich sichert dieses System Frankreich einen ungehinderten Marktzugang zu den afrikanischen Märkten und eine gesicherte Versorgung mit billigen und strategisch wichtigen Rohstoffen (Öl, Uran, Diamanten, Gold). Der freie Kapitalverkehr sichert die ungehinderte Repatriierung von Profiten (Osmanovic 2016). Der Franc CFA ist Grundlage jenes Systems aus Politik, Kriminalität und Korruption, das die französische Afrika-Politik kennzeichnet (Schmid 2011).

1963 schloss die damalige Europäische Wirtschaftsgemeinschaft in der kamerunischen Hauptstadt das sog. Yaoundé-Abkommen, ein Assoziierungsabkommen, das die Bildung einer Freihandelszone mit nahezu allen ehemaligen französischen schwarzafrikanischen Kolonien plus Burundi und Ruanda zum Ziel hatte. Ihm folgte 1971 das Yaoundé-II-Abkommen. Nachdem 1973 Großbritannien der EU beigetreten war, wurden die sog. Lomé-Abkommen (1975, 1979, 1984, 1989) und schließlich das Cotonou-Abkommen (2000) geschlossen. Nach dem EWG-Beitritt Großbritanniens (1973) umfassten die Lomé-Abkommen die Gesamtheit der ehemaligen europäischen Kolonien und betrafen nun die Beziehungen der EWG/EU zu den afrikanischen, karibischen und pazifischen Staaten. Diese Abkommen regeln die wirtschaftliche, finanzielle und kulturelle Zusammenarbeit, sie schaffen günstige Bedingungen für private Investitionen, für die Förderung der Landwirtschaft, regeln die landwirtschaftlichen Exporte aus den AKP-Ländern, vor denen die Landwirtschaft der EWG-Staaten geschützt werden sollte. Im Zuge der WTO-Verhandlungen mussten zahlreiche Bestimmungen dieser Verträge wegen ihres protektionistischen Charakters revidiert werden, worauf hier nicht näher eingegangen werden kann. Als Fazit ist jedoch festzuhalten, dass sich die spätere EU mit diesen Verträgen eine besondere Bindung der ehemaligen Kolonien an die „Mutterländer" sicherte und zugleich deren Volkswirtschaften für die Expansion europäischen Kapitals unter neo-liberalem Vorzeichen öffnete.

Doch Europa sah nach dem Ende des bipolaren Systems seine Außen-, Sicherheits- und Wirtschaftspolitik durchaus in konzentrischen Kreisen: Neben der Anbindung der osteuropäischen ehemaligen Mitgliedsstaaten der Warschauer-Vertrags-Organisation, die insbesondere für das vereinigte Deutschland wichtig war, ging es den Südstaaten der Union um Einflussnahme und Ordnungsvorstellungen in ihrer unmittelbaren Nachbarschaft: im Mittelmeerraum. Im November 1995 unterzeichneten die damals 15 EU-Staaten die ‚Deklaration von Barcelona' mit zwölf so genannten Mittelmeer-Drittländern (MDL). Dies sind die Staaten des Maghreb und des Maschrek einschließlich Israel, Türkei und Zypern. Nach dem Vorbild der Konferenz für Sicherheit und Zusammenarbeit in Europa (KSZE) umfasste die Vereinbarung drei Körbe: I. Politische und Sicherheitspartnerschaft, II. Wirtschafts- und Finanzpartnerschaft, III. Partnerschaft im kulturellen, sozialen und menschlichen Bereich (Jünemann 1997). Während die Vereinbarungen in Korb I ein grundsätzliches Bekenntnis zu Demokratie und Rechtsstaatlichkeit enthalten und Korb III darauf zielt, die Zivilgesellschaft der MDL in die Demokratisierungsbemühungen einzubeziehen und damit der EU die Möglichkeit eröffneten, mit selbst gewählten Akteuren in den Ländern zu kooperieren, lag der Schwerpunkt offensichtlich auf Korb II. Er sah die Schaffung einer Freihandelszone vor und verpflichtete die MDL zu umfassenden Strukturanpassungen und zur Liberalisierung ihrer Wirtschaft und Außenhandelspolitik.

Insbesondere die Demokratisierungsbestimmungen machten den MDL Schwierigkeiten, implizierte ihre Umsetzung doch die Öffnung ihrer politischen Systeme in Richtung auf Meinungsfreiheit, Demokratie und Rechtsstaatlichkeit, was die Grundlagen der autoritär gestalteten Stabilität dieser Länder gefährdete. Andrerseits eröffnete gerade die gemeinsame Sicherheitspolitik den mehr oder weniger diktatorisch verfassten Systemen die Möglichkeit, sich Europa gegenüber als Wahrer der Sicherheit zu präsentieren, indem sie die eigene Opposition meist islamistischer Orientierung unterdrückten. Jünemann (1997, 102) bringt dies treffend auf den Punkt, wenn sie schreibt:

> „[...] dass Begriffe wie ‚Terrorismus' relativ sind und sich leicht für die Kriminalisierung politischer Gegner instrumentalisieren lassen. So können in autoritären Regimen damit auch Oppositionsgruppen kriminalisiert werden, gerade weil sie demokratische Ziele verfolgen."

Entscheidend waren dagegen die wirtschaftlichen Interessen der EU-Staaten, die mittels Zollabbau, Liberalisierungen und Strukturanpassungen realisiert werden sollten. Diese Maßnahmen wurden von den einzelnen Ländern jedoch sehr unterschiedlich umgesetzt: Einzig Tunesien galt viele Jahre als Paradebeispiel und erhielt schließlich als Lobeszertifikat einen „Fortgeschrittenen-Status" Der entsprechende Vertrag war lange mit dem Diktator Ben Ali verhandelt worden, wurde aber erst nach dessen Sturz im November 2012 von der islamistischen enahda-Regierung unterzeichnet (Leaders 2012).

Eine weitere Etappe in diesem Prozess stellte dann die sogenannte „Mittelmeerunion" dar, die 2008 auf Initiative Frankreichs gegründet wurde. Sie war im Kern kosmetischer Natur und diente vor allem der Image-Pflege des französischen Präsidenten Nicola Sarkozy. Grundlage des Vertragswerks, dem schließlich mit den neu hinzu gekommenen EU-Mitgliedern 43 Staaten einschließlich Syrien, Jordanien und Mauretanien angehörten, blieb die Barcelona-Erklärung. Die ihr zugrunde liegenden marktliberalen Prinzipien wurden schließlich in den Vertrag von Lissabon übernommen und dort 2003 als Europäische Nachbarschaftspolitik formuliert und mit dem ausdrücklichen Ziel der Förderung von Reformprozessen verankert (Auswärtiges Amt 2015). Sie umfasst die östliche Partnerschaft (Armenien, Aserbaidschan, Belarus, Georgien, Moldau, Ukraine) und in der südlichen Partnerschaft Marokko, Algerien, Tunesien, Libyen, Ägypten, Israel, palästinensische Gebiete, Jordanien, Libanon, Syrien. Gezielt gefördert werden sollen die Umsetzung rechtsstaatlicher und demokratischer Reformen sowie die Stärkung der wirtschaftlichen Integration.

3 Offene Märkte – geschlossene Grenzen[64]

Der Siegeszug des Neo-Liberalismus, der inzwischen geradezu religiöse Züge anzunehmen scheint, begann Anfang der 80er Jahre des vergangenen Jahrhunderts mit Bekenntnissen zu einer geradezu totalen Marktfreiheit. In der Ära der Regierungen von Ronald Reagan und Margret Thatcher wurde etwa das Buch von Milton und Rose Friedman ‚Free to Choose' (1980), das gewissermaßen als Glaubensbekenntnis des Neo-Liberalismus angesehen werden kann, zu einem internationalen Event hochstilisiert, das nach seinem Erscheinen in einer zehnteiligen TV-Serie popularisiert wurde. Milton Friedman hatte ursprünglich zur Preistheorie gearbeitet, nannte sich selbst einen „naiven Keynesianer" und erregte Aufsehen mit einer malthusianisch klingenden These über eine „natürliche" Arbeitslosenquote. 1976 erhielt er den Nobel-Preis für Ökonomie. Seine Schüler, die ‚Chicago Boys', übernahmen den „Wiederaufbau" der chilenischen Wirtschaft nach dem Putsch gegen Präsident Allende.

‚Free to Choose' wurde mehrfach für das Internet aufgearbeitet. Dort sind jüngere und erweiterte Versionen des Buches abrufbar. Die bis heute absolut sehenswerte Serie wurde 1990, nunmehr fünfteilig, nochmals ausgestrahlt, wobei Personen wie Arnold Schwarzenegger, George Shultz und Ronald Reagan die einzelnen Teile einleiteten. Die radikalen Vorstellungen der Friedmans von Marktfreiheit gipfeln in Thesen wie „Die Gewerkschaften sind an der Arbeitslosigkeit schuld" (Episode 8) oder „Die Schulen sind am Analphabetismus schuld" (Episode 6). In extremer Simplifizierung des Glaubens von Adam Smith an die „unsichtbare Hand des Marktes" argumentiert das Ehepaar Friedman, dass nur die totale Marktfreiheit alle Probleme unserer Gesellschaft lösen könne. Mit dem unerwarteten Zusammenbruch des Realsozialismus und unter Verweis auf dessen wirtschaftliche Gründe konnte der Neoliberalismus nun plötzlich weltweite Gültigkeit beanspruchen: Eine sich wirtschaftlich gebende Theorie gewann weltweit Gestaltungskraft, wie schon Marx (1972, 466) vorhersah:

> „Die wohlfeilen Preise ihrer Waren sind die schwere Artillerie, mit der sie alle chinesischen Mauern in den Grund schießt, mit der sie den hartnäckigsten Fremdenhass der Barbaren zur Kapitulation zwingt. Sie zwingt alle Nationen, die Produktionsweise der Bourgeoisie sich anzueignen, wenn sie nicht zugrunde gehen wollen; sie zwingt sie, die sogenannte Zivilisation bei sich selbst einzuführen, d. h. Bourgeois zu werden. Mit einem Wort, sie schafft sich die Welt nach eigenem Bilde."

Hier soll nicht weiter diskutiert werden, wie die Durchsetzung kapitalistischer Verhältnisse bis in den letzten Winkel des Planeten zu organisierter Gewaltförmigkeit und der Herausbildung struktureller Gewaltverhältnisse beiträgt (s. dazu Ruf 2016a). Vielmehr soll die Übernahme des Neoliberalismus als Strategie zur Transformation ihrer Peripherie, also der europäischen Nachbarschaft, einschließlich der Folgen für die dortigen Gesellschaften, untersucht werden. Als empirische Referenz soll hierbei Tunesien dienen, weil dieses Land, aufgrund seines ihm von der EU verliehenen „Fortgeschrittenen-Status", geradezu als Modell dienen kann. Zugleich war Tunesien – vielleicht nicht zufällig (Radl 20117) - Ausgangspunkt der arabischen Revolten des Jahres 2011. Da es als einziges Land dieser Aufstände noch immer für einen Übergang zur Demokratie kämpft, liegen dazu auch umfangreiche Forschungsergebnisse vor. Diese kommen einmütig zu einem vernichtenden Befund: Weder die islamistische Partei en-Nahda (die Wiedergeburt) noch die jetzt regierende bürgerliche Formation Nida'a Tunis (Ruf Tunesiens) haben unter dem Druck der Gläubigerländer einen wirklichen Kurswechsel vollzogen. Statt die Ursachen der Misere und des Elends zu analysieren, die zu den Aufständen um den Jahreswechsel 2010/11 führten (Hibou 2017), setzen die führenden politischen Kräfte weiter auf den von außen aufgezwungenen neoliberalen Weg, der in der Unterzeichnung von Rahmenabkommen mit dem IWF und der EU (s. o.) ih-

[64] Diese Überschrift habe ich dem Titel eines Aufsatzes von Elmar Altvater (2017) entnommen.

ren vorläufigen Höhepunkt fand. Im Oktober 2015 begannen zwischen der EU und Tunesien Verhandlungen über ein „umfassendes und vertieftes Freihandelsabkommen", das, so das Ziel der Verhandlungen seitens der EU, auch für die bisher weitgehend ausgesparten Sektoren Landwirtschaft und Dienstleistungen gelten soll.

Im Großen und Ganzen folgen die von außen auferlegten Reformen den Prinzipien des *Washington Consensus* und den klassischen Strukturanpassungsprogrammen des IWF. Deren Kern ist: die Privatisierung von Staatsbetrieben, tiefe Einschnitte in soziale Einrichtungen bis hin zum staatlich gesicherten Gesundheits- und Schulsystem, die Aufhebung von Subventionen für Grundnahrungsmittel und die Senkung von Löhnen. Dadurch sollen die betroffenen Länder für ausländische Investitionen attraktiver gemacht werden. Durch die Abschaffung von Handelsbarrieren (Zöllen) und der Kontrolle von Finanztransfers wird der Marktzugang für europäische Firmen erleichtert. Die bisherige Bilanz zeigt eindeutig, dass die von den neoliberalen Rezepten antizipierten Effekte nicht erreicht werden: „Es gibt keine positive Korrelation zwischen ökonomischer Liberalisierung, wirtschaftlichem Wachstum, der Reduzierung von Armut und Demokratisierung." (Günay 2016, 17).

Genau dies belegen auch zahlreiche empirische Studien (Bedoui/Mokadem 2016, Bedoui 2017, Mahjoub 2017, Aouadi 2017), in denen beispielsweise nachgewiesen wird, wie die Strukturanpassungsprogramme eine auslösende Funktion bei den Protesten der Arbeiter in den Phosphatminen Südtunesiens im Jahre 2008 hatten, die schließlich 2010 im generalisierten Aufstand mündeten (Radl 2017). Alle seriösen Bilanzen der Ergebnisse der bisherigen Freihandelsabkommen belegen: Diese unter dem Vorzeichen des Neoliberalismus geschlossenen Vereinbarungen haben keine Entwicklung gebracht, sie haben Abhängigkeit, Elend und Perspektivlosigkeit insbesondere in der Jugend verstärkt: Mehr als die Hälfte der tunesischen Hochschulabsolventen sind arbeitslos. Damit geht ihre Produktivkraft dem Aufbau einer nationalen Ökonomie verloren.

Diese Bedingungen und die von ihnen hervorgerufenen strukturellen Entwicklungen gelten mit unbedeutenden Variationen auch für die anderen nordafrikanischen Länder (Amarouche 2017, Zoubdi 2017). Die Staaten am Südufer des Mittelmeers werden zu verlängerten Werkbänken europäischer Firmen für die lohnintensiven Phasen der Produktion, vor allem in den Bereichen der Textil- und elektrotechnischen Produktion. Die Löhne bewegen sich hart am Existenzminimum, reproduzieren damit unter prekären Verhältnissen die Arbeitskraft, schaffen jedoch keine Kaufkraft, die eine nationale Ökonomie auf die Beine stellen könnte, worauf Elsenhans (2017) hinweist. Birgit Mahnkopf (2017) kommt zusammenfassend für die Freihandelsabkommen zu dem Schluss:

> „Die EU-Handelspolitik […] orientiert sich zuerst und vor allem an den Ziele EU-basierter transnationaler Unternehmen, und deren Ziel ist es, die ausländischen Märkte so weit wie möglich zu liberalisieren und zu deregulieren."

Erreicht wird dies durch die Abschaffung von Zöllen, um billigeren (und besseren) Importen aus der EU den Weg zu den nordafrikanischen Märkten zu öffnen, dies wiederum führt zur Folge zur Vernichtung von einheimischen Arbeitsplätzen. Die schwindenden Zolleinnahmen schmälern die Staatseinkünfte und verhindern Investitionen in der (sozialen) Infrastruktur. Die freigesetzten Arbeitskräfte finden keine Beschäftigung mehr in der ohnehin durch Billigstlohnempfänger überbesetzten Landwirtschaft, die nun auch noch liberalisiert werden soll. Das bedeutet, sie wird für rationalisierende Investitionen geöffnet, die weitere Arbeitsplatzverluste zur Folge haben werden.

Elend und Perspektivlosigkeit haben schon seit über 20 Jahren „illegale" Formen der Migration vom Maghreb nach Europa in Bewegung gesetzt. Die sog. Harraga (von arab. *harqa*, „die ihre Papiere verbrennen") hielten sich zunächst in Grenzen und wurden – mit finanzieller Unterstützung durch die EU - von den autoritären Regimen der Maghrebstaaten relativ wirksam bekämpft. Mit den Kriegen im Nahen Osten, der Zerstörung der Staatlichkeit in Irak, Syrien, Libyen, den Folgen neoliberaler Transformation in Schwarzafrika, insbesondere durch das sog. *land grabbing* [65], geriet Migration zu einem Massenphänomen, dem beizukommen mit politischen (Dublin-Vereinbarungen), und zunehmend mit militärischen, Lösungen versucht wird. Genau dies aber gelingt immer schlechter, da sich nun die Zerstörung von Staatlichkeit, insbesondere in Libyen, bitter rächt.

Unter der treffenden Überschrift „Heute Schleuser, morgen Partner" hat Christoph Ehrhardt (2017) das Problem in der Frankfurter Allgemeinen Zeitung auf den Punkt gebracht.[66] Unterhändler der italienischen Regierung haben offensichtlich mit Milizenführern Übereinkünfte erreicht, dass diese nicht mehr als Schleuser fungieren, sondern nun „gegen großzügige Vergütung" andere Einkommensquellen nutzen, Gelder aus Italien und/oder der EU. In diesen Kontext passt es, dass die „Regierung der Nationalen Übereinkunft", die, neben den beiden anderen „Regierungen" des Landes, vom Westen geschaffen wurde und unterstützt wird, einseitig die Küstengewässer Libyens ausgeweitet hat und den Hilfsorganisationen und ihren Rettungsschiffen mit italienischer Hilfe verbietet, bis an die Zehn-Meilen-Zone heranzufahren, um Flüchtlinge aufzunehmen. Was mit den Menschen in dieser Zone geschieht, bekommt niemand mehr zu sehen. Die Milizen haben inzwischen ihrerseits ‚Lager' aufgebaut, wo unter unbeschreiblichen Bedingungen Menschen festgehalten, gefoltert, vergewaltigt werden. Hier passen die Überlegungen der EU in das Bild des Grauens, wenn in zerstörten Staaten wie Libyen „Legalitätsinseln" (Pro Asyl) eingerichtet werden sollen, von wo dann Schutzsuchende ohne Prüfung ihrer Fluchtgründe in ihre Herkunftsländer abgeschoben – oder schlicht verkauft – werden können. Denn, selbst die völlig mittellosen, auf ihrem Weg zur Küste ausgeplünderten Flüchtlinge stellen noch immer eine Geldquelle dar: Sie werden, wenn sie endgültig zahlungsunfähig sind, oft ermordet oder von den Banditen, die sie schleusten, in die in Nordafrika wieder auflebende Sklaverei verkauft.

So greifen die Prozesse ineinander: Marktöffnung und neoliberale Transformation der Gesellschaften des Südens verschaffen dem Norden Gewinne und produzieren im Süden wachsendes Elend und Perspektivlosigkeit. Autoritäre und repressive politische Systeme erscheinen „stabilisierend", da sie z. T. mit brutalsten Methoden die Migration stoppen (exemplarisch für Marokko s. Human Rights Watch 2014, aber auch (s. o.) die Zusammenarbeit mit kriminellen Organisationen). Die Kriege im Nahen Osten haben inzwischen ein weiteres Ventil für die Migration eröffnet, den Weg in den dschihadistischen Terrorismus: Mit Handgeldern von 6 000 bis 8 000 US $ werden Jugendliche vom „Islamischen Staat" und anderen terroristischen Gewaltakteuren angeworben, sie erhalten einen monatlichen Sold zwischen 300 und 500 $ (Ruf 2016b, S. 101-105). Es ist kein Wunder, dass allein aus dem Vorzeigeland Tunesien über 5 000 Kämpfer nach Syrien und in den Irak gezogen sind. Das kleine Tunesien hat auch hier einen „Fortgeschrittenen-Status": Es stellt mit Abstand die größte Zahl der Dschjihadisten in Syrien und im Irak.

Da ein Leben in Würde – dieser Begriff war der zentrale Slogan der arabischen Revolten – nicht möglich ist, nehmen junge Menschen massenhaft den Tod im Kauf, sei es bei der

[65] Der Begriff *land grabbing* bezeichnet die massenhafte Enteignung von Land weltweit, in unserem Kontext vor allem in Afrika. Die Bauern, Fischer, Hirten verfügen nicht über formale Besitztitel, da es keinen Kataster gibt. Finanzstarke Investoren vertreiben im Verbund mit den lokalen Regierungen hunderttausende Menschen von ihrer angestammten Scholle, um in gigantischen Bewässerungsprojekten entlang des Niger und des Blauen Nil riesige Plantagen für den Anbau von Zuckerrohr zur Produktion von Biosprit anzulegen. Jenseits der Vertreibung werden die bewässerten Flächen zu Brutstätten der Malaria-Mücke und der Bilharziose übertragenden Schnecken. (Pearce, 2012, zu den Sahel-Staaten: 321–344.)

Flucht über das Mittelmeer oder auf den Schlachtfeldern des Nahen Ostens. Die dem Neo-Liberalismus innewohnende strukturelle Gewalt produziert offene Gewalt. Zu ihrer Abwehr setzt die EU selbst zunehmend auf Gewalt, wobei sie vor Verhandlungen mit Horror-Regimen wie Sudan und Eritrea zur Errichtung von Sperranlagen nicht zurückschreckt (Rankin/Kingsley 2016). Dass gegen den sudanesischen Präsidenten Omar Bachir ein Haftbefehl des Internationalen Strafgerichtshofs vorliegt, scheint dabei nicht zu stören. Die Öffnung der Märkte liefert die Bausteine für die Transformation Europas zur Festung, die beschworenen gemeinsamen Werte geraten zu einer immer durchsichtigeren Tünche, die die Doppelstandards des Menschenrechtsdiskurses und die zunehmende Militarisierung des einstigen Friedensprojekts immer schlechter kaschieren kann.

Fazit

Die den sog. Drittstaaten aufgezwungene Marktöffnung schafft nicht nur keine Entwicklung, sondern vertieft die bereits durch den Kolonialismus angelegte wirtschaftliche Abhängigkeit der nachbarschaftlichen Peripherie. Verstärkt wird dadurch die zunehmende Steuerungsunfähigkeit des Staates, der nicht mehr in der Lage ist, eigene strategische Wachstumspole zu fördern. Das Resultat der von außen aufgezwungenen neoliberalen Deregulierung hat die wachsende Verelendung der Masse der Bevölkerung zur Folge. Sie destabilisiert nicht nur zunehmend die betroffenen Länder, der Druck dieses Elends bewirkt eine Stärkung der defensiven Regulierung auf Seiten der Staaten der EU, die zunehmend zur Festung ausgebaut wird: Die durch neo-liberale Politik verursachte Migration wird „versicherheitlicht“, also als Bedrohung kategorisiert. Die Versicherheitlichung des entwicklungspolitischen Diskurses, der konsequent neoliberalen Prämissen folgt, hat Aram Ziai (2007: insbes. 123-127) in einer Analyse entwicklungspolitischer Grundsatzdokumente der rot-grünen Bundesregierung nachgewiesen. Das Migrationsproblem wird nicht an seinen Wurzeln angegangen, sondern soll mit polizeilichen und zunehmend mit militärischen Mitteln bekämpft. Während der Staat zunehmend seine Steuerungskompetenzen verliert, wird zugleich ein disproportional großer Sicherheitsapparat aufgebaut, der nicht nur in krassem Widerspruch zum neo-liberalen Diskurs steht, sondern auch die proklamierte „Wertegemeinschaft“ der EU immer fragwürdiger erscheinen lässt.

Die Militarisierung der EU und ihre zunehmende Emanzipation von der US-geführten NATO eröffnen der EU die Chance des Eintritts in das Konzert der großen Mächte, die nach den Vorstellungen der realistischen Schule ihre Interessen und Machtansprüche zunehmend auch militärisch durchzusetzen versucht. Dabei scheint es, dass das neo-liberal verursachte Phänomen der Süd-Nord-Migration geradezu als Katalysator genutzt wird, um humanitäre Grundrechte abzubauen und Akzeptanz für diese Militarisierung in den Kernländern zu schaffen. Der Gipfel dieser Apologetik sind die so genannten humanitären Militäreinsätze, die die EU mittlerweile selbständig in Afrika durchführt(e).[67] Die Festung schirmt sich also nicht nur nach außen ab, aus ihr heraus werden auch – strategisch gesprochen – Entlastungsangriffe in „Krisengebiete“ geführt, die oft genug der „Stabilisierung“ dortiger Herrschaftssysteme dienen, auch wenn diese keineswegs den humanitären Kriterien entsprechen, die

[67]Genannt seien hier nicht die Beteiligungen an den zahlreichen von den UN geführten Missionen, sondern nur die ausschließliche von der EU geführten Operationen wie Atalanta/EU NAVFOR am Horn von Afrika, die Intervention in der Demokratischen Republik Kongo 2006, die Intervention in der Zentralafrikanischen Republik seit 2007, die EUFOR Tschad/Zentralafrikanische Republik 2007, die EU-Training Mission in Somalia (seit März 2010, die EU-Training Mission in Mali (seit Februar 2013), die EUNAVFOR MED Sophia im Mittelmeer (seit Juni 2015).

sowohl als Grundlagen der EU-Politik beschworen wie zur Legitimierung der Militäreinsatze herangezogen werden.

Dass innerhalb der EU Deutschland als stärkste Wirtschaftsmacht eine führende Rolle einnimmt, zeigt sich nicht nur an der Vehemenz, mit der neo-liberale Grundsätze im Inneren – etwa gegen Griechenland – durchgesetzt werden, sondern auch an der zunehmenden Beteiligung der Bundeswehr an anderen bi- und multilateralen Militäreinsätzen wie beispielsweise in Mali. So verändert sich die Europäische Union, die als Friedensmacht (Senghaas 1992) angetreten war, in doppelter Weise: Als stärkste Wirtschaftsmacht der EU hat Deutschland das größte Interesse am neo-liberalen Umbau sowohl der EU wie auch ihrer gesamten Peripherie von den unmittelbaren Nachbarschaften bis zum afrikanisch-karibisch-pazifischen Raum. Diese Strukturen sollen notfalls auch militärisch abgesichert werden. Dies zeigt sich in der wachsenden Militarisierung der europäischen wie auch der deutschen Außenpolitik: In Zeiten der am Horizont aufscheinenden Lockerung der NATO-Integration begrüßt und befürwortet die politische Klasse unseres Landes die von der NATO geforderte Erhöhung des Militäretats auf 2 % des Bruttosozialprodukts: Auch militärisch würde Deutschland, dank seiner Wirtschaftskraft, zur militärisch stärksten Macht in der EU. Dieser Aufstieg scheint inzwischen gelungen: Innerhalb der NATO stieg Deutschland inzwischen zur „Rahmennation" auf. D. h. unter deutscher Führung werden die Streitkräfte verschiedener europäischer Staaten in der NATO koordiniert. Diese Führungsrolle soll auch innerhalb der europäischen militärischen Strukturen gelten (Glatz/Zapfe: 2017). Dass die Jahrzehnte alte Forderung, 0,7 % des BSP für Entwicklungshilfe zur Verfügung zu stellen, weiterhin unerreichbar erscheint, passt in dieses Bild.

So fügt sich die im Neo-Liberalismus begründete Elendsproduktion in den Trend der wachsenden Militarisierung. Das neo-liberale Projekt bedarf zu seiner Stabilisierung letztlich der offenen Gewalt. Innerhalb der EU hat sich ein Dominanz-Gefälle herausgebildet, in dem schwächere Volkswirtschaften der Liberalisierung nicht mehr gewachsen sind, Ungleichheiten entstehen, die die Lebensqualität der Bürgerinnen und Bürger in Frage stellen. All dies ist weit entfernt von den hehren Prinzipien, die die EU – wie in der eingangs zitierten Erklärung von Laeken – als ihre Werte festgeschrieben hat. So gerät die Union zunehmend in einen eklatanten Widerspruch zwischen ihrem normativen Fundament und ihrem tatsächlichen Handeln. Die „Flüchtlingskrise", Produkt ihrer eigenen Wirtschafts- und Handelspolitik, ist nur ein Ausdruck dieses Widerspruchs. Die als Friedensprojekt gedachte Union, die die Marktöffnung um jeden Preis betreibt, transformiert sich zur bewehrten Festung gegen das von ihr selbst verursachte Elend und gegen die Humanität, für die sie einst angetreten war. Dies gefährdet das „Friedensprojekt" mehr als ein Brexit. Das nun von der Berliner Dominanz propagierte (und de facto schon lange existierende) Konzept des „Europas der verschiedenen Geschwindigkeiten" zementiert Herrschaftsverhältnisse, die zum Sprengsatz des Traums von der „Friedensmacht Europa" werden.

Literatur

Altvater, E. (2017): Open Markets and Closed Frontiers. The European Union's negative and exclusive neoliberal integration. In: Baumgratz, G./Chaabane, K./Ruf, W./Telkämper, W. (Hrsg.): Development by Free Trade? S. 97–107.

Amarouche, A. (2017): Accord d'association Algérie-UE et diversification économique en Algérie. Quel bilan, quelles perspecives? In Baumgratz et al. S. 187-202.

Aouadi, S.: Les Relations commerciales tuniso-européennes. Nouveaux défis. In. Baumgratz et al., S. 158–162.

Auswärtiges Amt (8. Dez. 2015): http://www.auswaertiges-amt.de/DE/Europa/Erweiterung_Nachbarschaft/Nachbarschaftspolitik/Nachbarschaftspolitik_node.html (letzter Zugriff: 31.03.2017).

Baumgratz, G./Chaabane, K./Ruf, W./Telkämper W. (Hrsg.) (2017): Development by Free Trade? The Impact of the European Union's Neoliberal Agenda on the North African Countries. Brüssel.

Bedoui, A./Mokadem, M. (2016): Evaluation du Partenariat entre L'Union Européenne et la Tunisie. Tunis.

Bedoui, A. (2017): De l'échec du modèle économique et social de la Tunisie et de la nécessité d'un modèle alternatif. In: Baumgratz et al. S. 249–260.

Berndt, M. (1997): Deutsche Militärpolitik in der ‚neuen Weltunordnung". Münster.

Berndt, M. (2007): Die „Neue Europäische Sicherheitsarchitektur" Sicherheit in, für und vor Europa. Wiesbaden.

Calislar, F. (2006): Handelspolitik: Realistische Ansätze „Schafft Handel wirklich Frieden)", Universität Zürich. Online abrufbar unter: www.calislar.ch/pix/welthandel.pdf (letzter Zugriff: 13.02.2017.

Ehrhardt, C. (4. Sept. 2017): Heute Schleuser, morgen Partner. In: Frankfurter Allgemeine Zeitung, S. 5.

Elsenhans, H. (2017): Instrumentaliser la coopération pour sortir du sous-développement et de la dépendance ? In: Baumgratz et al. S. 233–248.

Europa-Archiv (1984): Folge 24, D 703-707.

Friedman, R/Friedman, M.: Free to Chose.

Glatz, R. L./Zapfe, M.: Ambitionierte Rahmennation: Deutschland in der Nato. SWP-Aktuell 62, Berlin, August.

Günay, C. (2016): reality check: Why the EU Needs to Rethink its Neighbourhood Policy. EuroMesco, 29 PapersIEMed. European Institute of the Mediterranean, Florenz.

Human Rights Watch (10.02.2014): Maroc: Abus à l'encontre de migrants subsahariens. Online abrufbar unter: https://www.hrw.org/fr/news/2014/02/10/maroc-abus-lencontre-de-migrants-subsahariens, (letzter Zugriff: 01.04.2017).

IISS (International Institute for Strategic Studies) 2003: Strategic Comments, Vol. 9, Issue 10, London.

ISS (Institute for Security Studies of the Eurpean Union, 2002): The Laeken Declaration on the Future of the European Union. Chaillot Paper Nr. 51, From Nice to Laeken. European Defence: Core Documents, Paris, S. 113 f. Aus dem Englischen W. R.

ISS (Institute for Security Studies of the European Union 1992): Declaration Treaty of Maastricht. Online abrufbar unter: http://europa.eu.int/eur-lex/de/treaties/dat/EU_treaty.html#0104000047 (letzter Zugriff: 18.11.2003).

ISS (Institute for Security Studies of the European Union, 2000): The Nizza Treaty. (http://europa.eu.int/scadplus/leg/de/cig/g4000p.htm (letzterZugriff: 18.11.2003).

Jünemann, A. (1997): Die Mittelmeerpolitik der Europäischen Union. In: Frankreich Jahrbuch Opladen, S. 93–115.

Kaiser, J. (1988): Wir haben eine Brücke zu sein. Köln.

Leaders (Tunesisches Online-Magazin, 19. Nov. 2012). http://www.leaders.com.tn/article/9893-tunisie-ue-l-accord-sur-le-statut-avance-signe-a-bruxelles (letzter Zugriff: 31.03. 2017).

Mahjoub, A. (2017): La politique économique européenne vis-à-vis des pays de la rive sud de la Méditerranée. Une critique de l'Accord de libre échange complet et approfondie (ALECA) de la Tunisie avec l'UE. In: Baumgratz et al. S. 163–172.

Mahnkopf, B. (2017): From Barcelona tot he politics of neighborhood. Goals and consequences of the EU's economic and trade policy. In: Baumgratz et al. S. 143–153.

Marx, K./Engels, F. (1972): Manifest der Kommunistischen Partei, in: MEW 4. Berlin/DDR, S. 461-493.

Pearce, F. (2012): Land Grabbing. Der globale Kampf um Grund und Boden. München.

Radl, S (2017): Structural Adjustment in Tunisia. The Crisis of Neoliberalism and the 'Gafsa Riots' of 2008. In: Baumgratz et al. S. 109–130.

Randelzhofer, A. (Hrsg.) (1998): Völkerrechtliche Verträge, München.

Rankin, J./Kingsley, P. (the Guardian 2016): EU considering working with Sudan and Eritrea to stem migration. Online abrufbar unter: https://www.theguardian.com/world/2016/jun/06/eu-sudan-eritrea-migration (letzter Zugriff: 02.04.2017).

Ruf, W. (2004): Schluss mit der Zivilmacht: Europe goes military. In: Österreichisches Studienzentrum für Frieden und Konfliktlösung (Hrsg.): Pax Americana und Pax Europaea, Friedensbericht, Münster, S. 11–24.

Ruf, W. (2016a): Kapitalismus, Neoliberalismus und neue Weltunordnung – Politische Ökonomie und neue Friedlosigkeit. In: Bernhard, A.u. a. (Hrsg.): Krieg und Frieden, Hohengehren, S. 19–41.

Ruf, W. (2016b): Islamischer Staat & Co. Profit, Religion und globalisierter Terror. Köln.

Schmid, B. (2011): Frankreich in Afrika. Münster.

Senghaas, D. (2000): Europa 2000. Ein Friedensplan. Frankfurt.

Senghaas, D. (1992): Friedensprojekt Europa

Wagner, J. (2016): Europäisches Krisenmanagement: Globalstrategie, Brexit und das ‚Friedensprojekt' Europa. Ringvorlesung „Welt aus den Fugen", Fachbereich 05 Universität Kassel. Online abrufbar unter: http://univideo.uni-kassel.de/video/Welt-aus-den-Fugen-Ringvorlesung-02112016/5f921a4e7cb0633cf42ee7c0ba35185b (letzter Zugriff: 03.04. 2017).

Wallraf, W. (2017): Rotes Tuch in Blau mit weißer Kompassrose. Überlegungen zur Position der Linken zum Nordatlantikpakt. In: WeltTrends Nr. 131, Sept. 2017, S. 8–13.

Woyke, W. (1996): Westeuropäische Union – WEU. In: Kohler-Koch, B./Woyke, W. (Hrsg.): Die Europäische Union, Bd. 5 Lexikon der Politik (Hrsg. von D. Nohlen, S. 287–291).

Ziai, A. (2007): Globale Strukturpolitik? Die Nord-Süd-Politik der BRD und das Dispositiv der Entwicklung im Zeitalter von neoliberaler Globalisierung und neuer Weltordnung. Münster.

Zoubdi, A.: Accord d'Association Algérie-UE et diversification économique. Bilan d'un échec. In: Baumgratz et al. S. 174–186.

Angaben zur Person:

Prof. Dr. Werner Ruf

lehrte u. a. an der New York University, der Universität Aix-Marseille III, von 1982–2003 Professor für internationale und intergesellschaftliche Beziehungen und Außenpolitik an der Universität Kassel.

Gerd Steffens

Demos oder Ethnos? – Warum eine alte Frage heute zurückkehrt

Zusammenfassung: Ausgehend von heutigen Doppeldeutigkeiten im Gebrauch des Begriffs Volk rekonstruiert der Autor die Genese zweier Nationalstaatskonzepte in Europa: Das eine Konzept gründet sich auf Volk als Demos, das andere auf Volk als Ethnos. Der zweite Teil des Aufsatzes erörtert, welche Bedeutung die Frage nach Demos oder Ethnos in den Transformationskrisen der Gegenwart hat.

Schlüsselbegriffe: Volk, Ethnos, Demos, Nationalstaat, Staatsbürgerschaft, Vernunft, Identität, Markt, Krise, Demokratie, Wahrheit

Demos or ethnos? – Why an ancient question returns today

Abstract: In this article, the author reconstructs the genesis of two national concepts in Europe: the one concept is based on the people as demos, the other on the people as ethnos. The second part of the essay discusses the importance of the question of demos or ethnos in the transformation crises of the present.

Keywords: people, ethnos, demos, nationality, citizenship, reason, identity, market, crisis, democracy, truth

Über einen der wichtigsten Wendepunkte der jüngsten deutschen Geschichte heißt es im offiziösen Online-Museum der Bundesrepublik:

> „Bei den Montagsdemonstrationen am 13. November 1989 sind erstmals neue Slogans zu hören: ‚Wir sind ein Volk' anstatt ‚Wir sind das Volk' und ‚Deutschland, einig Vaterland'. Die Mehrheit demonstriert nicht mehr für Reformen in der DDR, sondern für die deutsche Einheit."[68]

Was in dieser offiziösen Geschichtsfassade übertüncht ist: Der unscheinbare Wechsel von „das" zu „ein" bewirkt einen fundamentalen Bedeutungswechsel im Begriff „Volk": Während der Ruf „Wir sind das Volk" das Recht auf Selbstbestimmung des Volkes gegen autokratische Herrschaft einfordert, „Volk" also als Grundgesamtheit demokratischer Selbstgesetzgebung, als „Demos", gemeint ist, reklamiert „ein Volk" die Zugehörigkeit zu einer ethnischen Einheit, versteht unter „Volk" also nicht „Demos", sondern die Abstammungsgemeinschaft „Ethnos", um die trennscharfen griechischen Begriffe zu verwenden.

Der Parolenwechsel am 13.11.1989 kam übrigens nicht, wie man heute weiß, wie von selbst aus dem Bauch des demonstrierenden Volkes, sondern wurde durch „spin-doctors" der Bild-Zeitung und des Konrad-Adenauer-Hauses gezielt gefördert, die sogar daran gedacht hatten, die entsprechenden Transparente bereitzustellen (Fischer 2005). Sie bewegten sich damit auf schon vorgeformtem Terrain, denn die Doppeldeutigkeit des Volksbegriffs gehörte von Anfang an zum Kernbestand der Staatsraison der 1949 gegründeten Bundesrepublik. Ihre Verfassung, das Grundgesetz, enthält explizit beide Volksbegriffe als je nach Opportunität zu nutzende Legitimitätsressource: In Art. 20 die Volkssouveränität als Kernprinzip der Demokratie („Alle Staatsgewalt geht vom Volke aus") und in Art. 116 in aller Klarheit einen ethnisch definierten Volksbegriff, der die „Volkszugehörigkeit" zur Grundlage der Bestim-

---

[68]https://www.hdg.de/lemo/kapitel/deutsche-einheit/weg-zur-einheit/zehn-punkte-programm.html

mung macht, wer „Deutscher im Sinne dieses Grundgesetzes“ ist[69]. Zur Staatsraison der Bundesrepublik gehörte auch, dass sie sich als Rechtsnachfolgerin des Deutschen Reiches verstand und auf der Fortgeltung einer einzigen deutschen Staatsangehörigkeit bestand, die letztlich auf jener „Volkszugehörigkeit“ beruhte, in deren Feststellung die bestehenden Rechtsverhältnisse eingingen, eben auch, sofern nicht ausdrücklich aufgehoben, solche aus der NS-Zeit. Kaum übertrieben ist es, den Art. 116 als Statthalter völkischen Denkens im GG zu bezeichnen; obgleich schon 1949 als „Übergangsbestimmung“ gefasst, besteht er auch nach der Verfassungsreform von 1994 unverändert fort. Er sichert eine Kontinuität, die mit der Fortgeltung des – wenngleich reformierten – Staatsangehörigkeitsgesetzes von 1913 die Zugehörigkeit zur Nation und damit diese selber nach wie vor primär ethnisch begründet. Es mutet daher kurios an, wenn die herrschende Mitte der politischen Klasse sich über die Nutzung einer Legitimitätsressource durch „Rechtspopulisten“ empört, deren Erhaltung ihr selber so wichtig ist, dass sie trotz der Verantwortung des völkischen Nationalismus für die Katastrophen des 20. Jahrhunderts an der ethnischen Leitidee der Zugehörigkeit bis heute festhalten will.

Mithin belehrt ein kurzer Blick ins historische Heiligtum der Wende[70], ebenso wie ins Grundgesetz, nicht nur über die Doppeldeutigkeit des Begriffs „Volk“, sondern auch über die fortbestehende Spannung, ja Widersprüchlichkeit, der beiden Bedeutungen. Die im Titel aufgeworfene Frage „Demos oder Ethnos?“ will beide Bedeutungen auseinanderhalten und im „oder“ anzeigen, dass es sich um ein widersprüchliches Verhältnis, also um eine strukturelle und keine bloß sematische Frage, handeln könnte. Dem möchte ich im ersten Schritt meiner Darlegung nachgehen, indem ich – u.a. gestützt auf die Untersuchung von Rogers Brubaker (1994) – die Genese zweier Nationalstaatskonzepte in Europa darstelle und zu einer idealtypischen Verdichtung führe (1). Im zweiten Teil werde ich erörtern, warum die Frage nach „Demos“ oder „Ethnos“ eine neue und dringliche Aktualität erlangt und ihr mit Hilfe eines von Karl Polanyi entwickelten historischen Interpretationsrahmens nachgehen (2).

[69]GG Art. 116: „Deutscher im Sinne dieses Grundgesetzes ist vorbehaltlich anderweitiger gesetzlicher Regelung, wer die deutsche Staatsangehörigkeit besitzt oder als Flüchtling oder Vertriebener deutscher Volkszugehörigkeit oder als dessen Ehegatte oder Abkömmling in dem Gebiete des Deutschen Reiches nach dem Stande vom 31. Dezember 1937 Aufnahme gefunden hat.“ – Für das GG, so Ulrich Herbert (Herbert 2001, 277) sei „ein staatsübergreifender Begriff vom ‚deutschen Volk‘ konstitutiv“. Daher waren neben den Nachkriegsflüchtlingen auch die Einwohner der DDR und die sog. Spätaussiedler „Deutsche im Sinne dieses Grundgestzes“ (vgl. Brubaker 1994, 220 f.).

[70]Das geplante Einheitsdenkmal mutet wie ein unfreiwillig ironischer Kommentar zum Parolenwechsel und zur Doppeldeutigkeit des Volksbegriffs an: Eine längliche Schale mit dem Schriftzug: „Wir sind das Volk Wir sind ein Volk“ wird durch die Bewegung der auf ihr wandelnden Besucher dazu gebracht, mal auf die eine, mal auf die andere Seite zu kippen.

1 Vernunft oder Mythos Volk? – Worauf soll sich die neue Legitimität der Nationalstaaten gründen?

Unter dem Titel „Staats-Bürger. Deutschland und Frankreich im historischen Vergleich" hat Rogers Brubaker (1994) gezeigt, dass sich seit dem 18. Jahrhundert in Frankreich und Deutschland zwei sehr klar unterschiedene, ja antagonistische, Konzepte des Nationalstaats herausgebildet haben. Beide Konzepte sind Antworten auf zentrale Fragen, die sich in der epochalen Krise der alten aristokratischen Ordnung Europas stellten, wobei die deutsche Antwort zugleich eine Antwort auf die Antwort, eine polemische Antwort, auf die Lösungsangebote der französischen Revolution war.

Nachdem der Prozess der Aufklärung alle Gewissheiten der Weltordnung als einer göttlichen Schöpfungsordnung ins Wanken gebracht und die Legitimation ihrer irdischen Repräsentanten, der aristokratischen Dynastien, entzaubert hatte, waren neue Grundlagen für die Basisregeln menschlichen Zusammenlebens gefragt, die nicht mehr im Jenseits des Glaubens und der Tradition, sondern im Diesseits verankert waren. Das Denken der Aufklärung fand die Lösung bekanntlich im Vertrauen auf die menschliche Vernunft, die nicht nur imstande wäre, die Gesetze der Natur zu entziffern, sondern auch, die Verhältnisse unter den Menschen zum Wohl aller zu ordnen. Das Konzept der Vernunft, wie es insbesondere Kant so prägnant und umfassend ausarbeitete, ist im Grunde die Keimzelle der demokratischen Revolution, weil es deren zentrale Elemente notwendig hervortreibt: die in der Vernunftfähigkeit aller Menschen begründete prinzipielle Gleichheit aller, mithin die zwingende Universalität der Menschenrechte als menschheitlicher Rahmen von Brüderlichkeit oder Solidarität und die Freiheit des Denkens, Redens und politischen Entscheidens als unerlässliche Grundlage bürgerlicher Selbstgesetzgebung.

Die französische Revolution von 1789 war – auch wenn die Gleichheit der Frauen in einem langen historischen Prozess erst nachholend erkämpft werden musste – eine so erfolgreiche Entfaltung des in der Vernunft gegründeten Konzeptes einer demokratischen Selbstherrschaft des Volkes, dass die übrige Welt sich damit auseinandersetzen musste. Indem sie die Untertanen der absoluten Monarchie in freie und gleiche Bürger einer Republik verwandelte, schuf die französische Revolution ein öffentliches, mithin gesellschaftliches und politisches, Verständnis der Person von großer Attraktivität und revolutionärer Sprengkraft. Die Person eines jeden erhielt gleichsam eine öffentliche Dimension, einen legitimen Raum politischer Aktivität, in welchem sie, als Citoyen, im Zusammenwirken aller zum Autor des gesellschaftlichen Geschicks werden konnte. Wer Teilhaber dieser neuen, kollektiven Souveränität des Volkes sein durfte, sollte nicht durch ständische oder ethnische Herkunft bestimmt sein, sondern durch den praktizierten, durch Anwesenheit und Tätigkeit, ausgedrückten Willen der Zugehörigkeit. In Art. 4 der Verfassung von 1793 heißt es: „Jeder Mensch, der in Frankreich geboren und wohnhaft ist und über 21 Jahre alt" und

> „jeder Ausländer, der über 21 Jahre alt ist und der in Frankreich seit mindestens einem Jahr wohnt und arbeitet, oder dort Eigentum erwirbt, eine Französin heiratet, ein Kind adoptiert oder einen Alten pflegt, jeder Fremde schließlich, der sich nach dem Urteil der gesetzgebenden Versammlung (corps legislatif) Meriten um die Menschheit erworben hat, ist ab sofort aktiver französischer Staatsbürger (citoyen francais)."[71]

---

[71] Auch wenn die Verf. v. 1793 nicht mehr in Kraft getreten ist, so war es doch Praxis, die Möglichkeit der Zugehörigkeit zur Republik kosmopolitisch und durch die Bereitschaft der Teilhabe an ihr zu begründen. Weltbürgerlich oder republikanisch denkenden Prominenten der Zeit wurde deshalb die Bürgerschaft der französischen Republik verliehen, so auch Friedrich Schiller. Die Verwicklungen, die sich daraus ergaben, tauchen die Verhältnisse in Deutschland und insbesondere in Weimar in ein amüsantes Licht (Schiller, o. J.).

„Die Staatsbürgerschaft", so hebt Brubaker hervor, „stand im Mittelpunkt von Theorie und Praxis der Französischen Revolution." (Brubaker 1994, 66). Tatsächlich war die Verwandlung des feudalen, durch partikulare Rechts- und Unterwerfungsverhältnisse definierten Untertanen in den freien und gleichen Bürger einer Republik der Angelpunkt der epochalen Wende, der „Sattelzeit" oder „Achsenzeit", wie Historiker diese Wende zur Moderne nennen, um die Tiefe des Strukturbruchs auszudrücken. Die Verwandlung der Subjekte aus Untertanen in autonome Personen[72] war es, die die Dynamik der Revolutionszeit, die Widerstandskraft der jungen Republik gegen die militärische Invasion des aristokratischen Europa und auch die Eroberungen der napoleonischen Heere antrieb, und sie bildete im Weiteren den Kern der Kämpfe zwischen Revolution und Restauration im Europa des 19. Jahrhundert. Eben diese epochemachende Wirkung, die von der Befreiung der Subjekte ausging, meinte Goethe, als er im September 1792 mit einem berühmt gewordenen Bonmot die Offiziere der aristokratischen Berufsarmeen tröstete, die fassungslos darüber waren, dass die aus dem republikanischen Volk rekrutierten französischen Soldaten der Invasion der vereinigten fürstlichen Armeen Europas widerstanden: „Von hier und heute geht eine neue Epoche der Weltgeschichte aus, und ihr könnt sagen, ihr seid dabei gewesen." (Goethe 1962, 48).

Die Entdeckung, dass die Verwandlung des Untertanen in den Bürger eine historisch neue, eine gesellschaftliche Produktivkraft mit kaum erschöpfbarer Dynamik hervorgebracht hat, bestimmte fortan die Politik Europas, gerade auch in den Versuchen der autokratischen Regime, diese Produktivkraft zu kanalisieren, in andere Richtung zu lenken oder in eigenen Dienst zu nehmen. Dies gilt für die „preußischen Reformen" als gleichsam halbierter und von oben kontrollierter Freisetzung bürgerlicher Autonomie ebenso wie für die um 1800 einsetzenden Konzipierungen eines Äquivalents für den freien und gleichen republikanischen Bürger, welches die Motivationskraft freigesetzter Individuen zwar abschöpfen, diese aber gleichzeitig in unverfügbare Herkünfte einbinden sollte.

Diese paradoxe, aber – wie spätere Katastrophen zeigen – doch wirkungsvoll erzielbare Leistung gelang durch die Abkoppelung von der Legitimationsgrundlage der Vernunft als autonomiebegründende Fähigkeit *aller* Menschen und deren Ersetzung durch einen ethnokulturell bestimmten Volksbegriff als Legitimitionsquelle, von der nicht öffnende, sondern ein- und ausschließende, Wirkungen ausgingen. Diese ideologiepolitische Entwicklung eines völkischen Nationalismus, die sich über das 19. Jahrhundert hin erstreckte und schließlich im 20. Jahrhundert im nationalsozialistischen Deutschland kulminierte, hatte spezifische historische Voraussetzungen, die mit der Nationalstaatsbildung in Deutschland zu tun hatten. Sie führten in der historischen Retrospektive zu Deutungen des spezifisch deutschen Entwicklungspfades, die von der „verspäteten Nation" (Plessner 1959), vom deutschen „Sonderweg" (vgl. Wehler Bd.3,1995, S. 461ff.) oder vom „langen Weg nach Westen" (Winkler 2000) handelten. Was immer im Einzelnen gegen die eine oder andere dieser Formulierungen eingewendet worden ist, verschwindet vor der wuchtigen Evidenz der Entwicklungen und Ereignisse, die eng mit einem militant aktivierenden nationalen Selbstbild verknüpft sind, welches sich aus einem mythisch oder rassistisch aufgeladenen Volksbegriff speist[73].
Üblicherweise und mit Recht wird in diesem Zusammenhang darauf hingewiesen, dass der Volksbegriff in Deutschland zunächst eben jene leere Stelle besetzt, die der bis 1871 fehlen-

[72]Subiecti (die Unterworfenen) waren im Lateinischen und in der Rechtsgeschichte des feudalen Europa die Untertanen.

[73]Die Norm, das Idealmaß, auf die sich die Sonderwegs-Metaphern beziehen, ist die Entwicklung nationalstaatlicher Demokratien im „Westen", also in England, USA und Frankreich. Dem steht ein ethnokultureller Weg der Begründung von Nationalstaaten gegenüber, der besonders in Deutschland beschritten wurde, aber auch in ostmitteleuropäischen Ländern von Bedeutung ist, die sich v. a. als Nationalstaaten aus zerfallenden multinationalen Einheiten bildeten.

de Nationalstaat gelassen habe. Die Lücke und ihre Auffüllung fällt vor allem im Vergleich mit Frankreich ins Auge; deshalb griff eine traditionelle deutsche Historiographie gern zum Begriffspaar Staatsnation/Kulturnation, und in polemischeren Zeiten wurde daraus leicht eine Konfrontation Kultur vs. Zivilisation, womit sich während des 1. Weltkriegs etwa die Dichterbrüder Thomas und Heinrich Mann attackierten. Den historischen Hintergrund bildete der seit dem 18. Jahrhundert den deutschen Intellektuellen bewußtwerdende Umstand, dass einem relativ großen, gemeinsamen Sprachraum, der Kommunikationsgemeinschaft eines Lese- und Diskussionspublikums, eine äußerst zersplitterte politische Landschaft feudaler Klein- und Mittelstaaten gegenüberstand. Daraus Sprache, dann Kultur als Substanz der Zusammengehörigkeit und ein Volk als deren Träger zu folgern, war ein offenbar verführerischer Schluss, der erlaubte, einen zunächst als Defizit empfundenen Zustand als Quelle einer unaufhaltsamen Dynamik zu deuten. Herder wollte im „Volksgeist" die Antriebskraft von Kulturentwicklung und Geschichte sehen. Die Romantik entwickelte daraus ein ganzes Entschlüsselungsprogramm einer vorgestellten Volksgeschichte, insbesondere des Mittelalters und seiner sagenhaften Vorgeschichte, eine rückwärtsgewandte Utopie, die zugleich als Verheißung über das Leiden an der Gegenwart hinwegtröstete. Es war die Zeit der napoleonischen Kriege und der sog. Befreiungskriege, in der die mythologische Ursuppe des Völkischen in Deutschland am heftigsten brodelte (vgl. mit zahlreichen Belegen dazu etwa Wehler, Bd. 1, 1987, 506-546; Schulze 1994, 168-208). Fichte etwa, um eine besonders elaborierte Argumentation herauszugreifen, wollte in seinen „Reden an die Deutsche Nation" (Fichte [1808] 2008) geradezu ein Gegenprogramm zu der wirkungsmächtigen Legitimation für eine Politik von unten entwickeln, die seit der Revolution die politischen und militärischen Energien Frankreichs speiste. Er bettete den Einzelnen in eine Ewigkeitsvorstellung von „Volk" ein, die seinem Dasein allein Sinn verleihe.

> „Der Glaube des edlen Menschen an die ewige Fortdauer seiner Wirksamkeit auch auf dieser Erde gründet sich demnach auf die Hoffnung der ewigen Fortdauer des Volkes, aus dem er sich selbst entwickelt hat, und der Eigentümlichkeit desselben nach jenem verborgenen Gesetze ohne Einmischung und Verderbung durch irgendein Fremdes. (...) Diese Eigentümlichkeit ist das Ewige, dem er die Ewigkeit seiner selbst und seines Fortwirkens anvertraut, die ewige Ordnung der Dinge, in die er sein Ewiges legt; ihre Fortdauer muß er wollen, denn sie allein ist ihm das entbindende Mittel, wodurch die kurze Spanne seines Lebens hienieden zu fortdauerndem Leben hienieden ausgedehnt wird." (Fichte [1808] (2008), 132)

Dauer, so fährt Fichte fort, verspricht dem Einzelnen „allein die selbständige Fortdauer seiner Nation; um diese zu retten muß er sogar sterben wollen, damit diese lebe" (ebd.) – „Sterben, damit Deutschland lebe" – wer heute hört hier nicht den raunenden Heroismus dieser NS-Parole und auch „Du bist nichts, Dein Volk ist alles" scheint hier nicht weit. Natürlich kann Fichte nichts dafür, dass ihn die Nationalsozialisten ausgebeutet haben, aber auch für sich und streng in die historische Situation zurückgenommen zeichnet Fichte mit großer Eindeutigkeit ein quasi religiöses Verständnis von Volk und Nation – das Volk als irdischer Gott, das Leben der Einzelnen eine Art völkischer Kommunion, Teilnahme an der völkisch gedachten Ewigkeit.

Weitaus bedeutender als die unmittelbar mobilisierende Wirkung der völkischen Agitation, an der sich neben Fichte auch Kleist, Arndt, Jahn und andere beteiligten (Wehler, Bd. 1, 1987, 506-546; Schulze 1994, 168-208, insb. 198 ff), war die Dynamik, die von der Stiftung des Mythos Volk als Ethno-Einheit mit religiöser Aura ausging. Der ethnische Volksbegriff wurde zum wichtigsten Bezugspunkt aller Rechtfertigungen deutscher Einigungspolitiken vom Vormärz über die Reichsgründung 1871 bis zur „Wiedervereinigung" 1990 und aller aggressiven Mobilisierungen nach innen und nach außen. Deren radikalste Version war bekanntlich die nationalsozialistische Volksgemeinschaft, die – gegründet auf eine als naturwissenschaftlich fingierte „Rassenlehre“ – einen mörderischen Kollektivismus hervorbrachte. Rechtfertigungs- und Motivationsquelle war eine Aufspaltung der moralischen Welt in eine Binnen- und Außenmoral, für die radikal unterschiedene, ja entgegengesetzte, Maßstäbe galten, die nach innen Solidarität, nach außen Vernichtungsbereitschaft erzeugten. Nur innen, im Volk und aus dem Volk, sollten auch Wahrheit und Objektivität zu Hause sein, wie Carl Schmitt, Jurist und scharfsinnigster NS-Theoretiker, 1933 hervorhob, um das ethnorassistisch gedachte Volk zur Quelle der Erkenntnis und des Rechts zu erklären und damit – in der historischen Situation des Jahres 1933 – zugleich den Auschluss von Beamten jüdischer Herkunft zu begründen:

> „Bis in die tiefsten, unbewußtesten Regungen des Gemütes, aber auch bis in die kleinste Gehirnfaser hinein steht der Mensch in der Wirklichkeit dieser Volks- und Rassenzugehörigkeit. Objektiv ist nicht jeder, der es sein möchte und der mit subjektiv gutem Gewissen glaubt, er habe sich genug angestrengt, um objektiv zu sein. Ein Artfremder mag sich noch so kritisch gebärden und noch so scharfsinnig bemühen, mag Bücher lesen und Bücher schreiben, er denkt und versteht anders, weil er *anders geartet ist (Hervorheb. Schmitt),* und bleibt in jedem entscheidenden Gedankengang in den existenziellen Bedingungen seiner eigenen Art. Das ist die objektive Wirklichkeit der ‚Objektivität‘.“ (Carl Schmitt 1933, 45).

Wenn es keine universell menschheitlich geltenden Regeln mehr gibt, an denen gemessen werden kann, ob Wahrheitsansprüche zu Recht erhoben werden, wenn die Quellen der Erkenntnis auf den je eigenen Volksbrunnen beschränkt sind, ist die Verdrängung von ‚Vernunft‘ durch ‚Volk‘ als Legitimationsbasis für Zusammenleben total geworden. Kein Hinterfragen, keine Kritik mehr soll den hermetischen Zirkel des selbstbezüglichen Volkes durchbrechen können. Das wäre in der Welt antagonistisch gedachter Ethnien immer nur Ausdruck des „Artfremden“, daher schon als Gedanke disqualifiziert. Nach der Ersetzung von ‚Vernunft‘ durch ‚Volk‘ gibt es auch nichts mehr, was Gleichheit als *menschheitliche* Gleichheit verstehen ließe. „Jede wirkliche Demokratie beruht darauf,“ so die demokratietheoretische Konsequenz Carl Schmitts, „daß nicht nur Gleiches gleich, sondern, mit unvermeidlicher Konsequenz, das Nichtgleiche nicht gleich behandelt wird. Zur Demokratie gehört also notwendig erstens Homogenität und zweitens – nötigenfalls – die Ausscheidung oder Vernichtung des Heterogenen.“ (Schmitt [1926] 1962, S. 13 f.). In der völkisch gedachten Staatlichkeit gibt es keinen Raum für einen von „Ethnos“ unterschiedenen „Demos“ mehr. Wie Michael Mann gezeigt hat, bildet die totale Überblendung des „Demos“ durch den „Ethnos“ die Überzeugung, dass ausschließlich der „Ethnos“ der „Demos“ sein könne, die zentrale Voraussetzung der Genozide und ethnischen Säuberungen der jüngsten Geschichte und der Gegenwart (Mann 2007).

Im Lauf meiner Darlegung haben sich, so meine ich, die wichtigsten Züge der beiden sehr verschiedenen Konzepte von Nationalstaaten und Staatsbürgerschaft abgezeichnet, die sich in Europa seit Ende des 18. Jahrhunderts herausgebildet haben und die – so meine These – noch heute so wirkungsmächtig sind, dass sie die politische Agenda der Gegenwart erheblich mitbestimmen und deshalb ins Bewusstsein gehoben werden sollten. Bevor ich nach spezifischen Wirkungen heute und den Gründen dafür frage, möchte ich aber meine Zusage einer idealtypischen Gegenüberstellung einlösen. Idealtypisch hat Max Weber bekanntlich jene für die Sozialwissenschaften unerlässlichen Begriffsbildungen genannt, die den „‘gemeinten Sinn‘“ von Handlungen und Handlungsverläufen hervortreiben, der den Akteuren und Zeitgenossen oft nur halbwegs klar ist (Weber [1922] 1980, 10 f.).

Tab 1: Zwei Typen von Nationalstaats- und Zugehörigkeitskonzepten in Europa seit 1789/1815

Kategorien	Volk als „Demos"/Typus „Frankreich"	Volk als „Ethnos"/Typus „Deutschland"
Legitimationsbasis	Universalistischer Vernunftbegriff	Ethnokultureller Volksbegriff
Legitimationsweise	politisch, republikanisch/demokratisch	ethnisch, kulturell, sprachlich
Zugeschriebene Ursache der Zugehörigkeit	Wille der Individuen, Zustimmung zur Verfassung	Naturgegebene Abstammungsgemeinschaft
Prinzip der Zusammensetzung	ethnisch indifferent	ethnisch homogen
Geschichtsbezug	Gegenwart als Höhepunkt der Geschichte	Gegenwart als Tiefpunkt zwischen Vergangenheit und Zukunft
Volksbegriff	Volk als demokratischer Souverän; egalitär; Gesamtheit der Bürger	Volk als überzeitliche Wesenheit; Gesamtheit der Sprach- und Abstammungsgleichen
Oppositionsbeziehung ("Feindbilder")	sozial, politisch	national, ethnokulturell

2 Demos vs. Ethnos und der Kampf um Wahrheit

Die Wucht, mit der sich die Frage „Demos" oder „Ethnos" in den letzten Jahren – und insbesondere im Jahr 2016 – zurückgemeldet hat, hat viele überrascht. Trotz der schon seit Jahren stark gewachsenen Akzeptanz nationalistischer oder ethnozentristischer Politikangebote in Europa, die in einigen Ländern zu Regierungsübernahme oder -beteiligung geführt, in anderen die Möglichkeit dazu eröffnet hat, haben das britische Brexit-Referendum und die Wahl Trumps zum US-Präsidenten 2016 wie der Donnerhall einer Zeitenwende gewirkt. Zahllos die Stimmen in Kommentaren und Analysen, die – insbesondere nach der Wahl Trumps – meinten, in einer anderen Welt aufzuwachen. Doch war diese Empfindung nichts anderes als der Reflex einer lange gehegten Selbsttäuschung, die plötzlich zusammenbrach. Denn die bedrohlichen gesellschaftlichen, politischen und ökonomischen Krisen, die eine entgleisende Globalisierung hervorgebracht hat, waren seit langem sichtbar und von kritischen Sozialwissenschaftlern so gründlich und überzeugend analysiert, dass die Debatte darüber die Feuilletons und – mindestens gelegentlich – auch die breitere mediale Öffentlichkeit erreicht hatte:

- Unter dem Stichwort „Postdemokratie" war seit den Analysen von Colin Crouch (2008) die nachlassende Integrationsleistung der westlichen Demokratien ein viel besprochenes Thema, das im Zeichen manifester Krisen noch facettenreicher und brisanter geworden ist: Neben die politikverdrossene Apathie sind neue Formen des Aufbegehrens (Nachtwey 2016), neben liberale und technokratische Elitenherrschaft sind Formen eines postmodernen Bonapartismus getreten.
- Nach etlichen Vorläuferkrisen hatte die Weltfinanzkrise 2008 ff. zum Zusammenbruch des Weltfinanzmarktes geführt, der sich im Zuge der weltweiten neoliberalen Deregulierungen als Markt der Märkte und höchste Instanz für politische und ökonomische Entscheidungen etabliert hatte. Die gigantischen Rettungs- und Reparaturkosten tragen

weithin die Staaten, mithin deren steuerzahlende Bürger. Sie tragen auch nach der Wiederherstellung der Hegemonie des Weltfinanzmarktes das Risko künftiger Krisen.

- Im Zuge der Finanzialisierung des globalen Akkumulationsregimes hat sich die Vermögens- und Einkommensungleichheit dramatisch erhöht. Denn auf den Kapitalmärkten, den Aktionsfeldern der privaten Vermögensbesitzer, hat sich Shareholder Value, der Gewinn aus eingesetztem Kapital als permanent präsente und prioritäre, alles andere strukturierende Entscheidungsmaxime vollständig durchgesetzt. Zudem werden Gewinne auf den globalen Märkten faktisch weithin steuerfrei angeeignet. Die Ungleichheit hat sich nicht nur zwischen „reichen" und „armen" Ländern vertieft, sondern auch innerhalb der „reichen" Länder, in denen die Prekarisierung von Lebensverhältnissen zu Verwerfungen führt, die seit längerem an oft spektakulären Befunden (Piketty 2014, Wehler 2013, Krysmansky 2012) diskutiert und jüngst unter dem Begriff der „Abstiegsgesellschaft" (Nachtwey 2016) beschrieben worden sind.
- In Europa haben Eurokrise und Krise der Migrationspolitik schonungslos die Bruchstellen des europäischen Projektes offengelegt. Weil die EU (wie ihre Vorläufer EG und EWG) zwar dem „Bourgeois", dem Wirtschaftsbürger, den wirtschaftlichen Akteuren, ihre freien Märkte als Tätigkeitsfelder geöffnet hat, den „Citoyen", den Staatsbürger, aber – vom ornamentalen EU-Parlament abgesehen – zu Hause in den Nationalstaaten gelassen hat, ist das europäische Projekt unverkennbar zu einem wirtschaftsliberalen Elitenprojekt geworden, dessen Entscheidungen gegen demokratischen Einfluss von unten weithin abgedichtet sind (Scharpf 1999, Streeck 2013). In der Eurokrise hat sich nicht nur die Tendenz des Durchregierens von oben verstärkt; sie hat auch ein Verständnis der EU als Wettbewerbsraum der Mitgliedsstaaten hervorgetrieben, in welchem die Nationalstaaten als wirtschaftsnationalistisch orientierte Akteure mit ihren – neuerdings häufig so benannten – nationalen „Geschäftsmodellen" miteinander konkurrieren. Dass ein so akzentuiertes Rollenverständnis solidarischem Verhalten keinen Raum lässt, ja jeglicher Solidaritätsverweigerung unter Berufung auf Eigeninteresse und -verantwortung Legitimität verschafft, hat die „Flüchtlingskrise" gezeigt; und die Entscheidung der britischen Bevölkerung für den „Brexit" ist ganz offenkundig eine Entscheidung gegen auch nur vorstellbare Solidaritätszumutungen gewesen.

Den Hintergrund dieser Krisenlagen bildet zudem die ökologische Dauerkrise eines im „Anthropozän" (Müller/Kuhlwein/Niebert 2016) oder „Kapitalozän" (Altvater 2014) völlig überlasteten Planeten, die zu ihrer Entschärfung global regulierende Eingriffe von erheblicher Durchsetzungskraft bräuchte. Obgleich die Debatte darüber in den letzten Jahrzehnten zeitweise auch breitere Öffentlichkeiten erreicht hat, werden die Nachweise, dass zur Bewältigung dieser planetarischen Krise tiefgreifende Veränderungen in Produktions-, Akkumulations- und Lebensweise nötig sind, weithin ignoriert oder in sog. marktkonforme Lösungen, wie einen „grünen Kapitalismus", umgeformt (Brand/Wissen 2017; Schmelzer 2015).

Warum in dieser globalen Krisenlage, die gerade auch die „reichen" Länder erfasst, die so traditionell anmutende Frage nach „Demos" oder „Ethnos" eine neue und dringliche Aktualität erlangt, lässt sich gut mit Hilfe eines historischen Interpretationsmodells erschließen, welches wir dem österreichischen Wirtschaftswissenschaftler Karl Polanyi (1886-1964) verdanken. Polanyi erlebt seit der Weltfinanzkrise 2008 neue Aufmerksamkeit, doch war es Jürgen Habermas, der bereits 1998 auf die für epochale Transformationsperioden aufschlussreichen Ideen des Denkansatzes von Polanyi hingewiesen hat[74]. An der Geschichte der kapita-

[74]Habermas, Die postnationale Konstellation, 1998, insb. S. 125 ff. Habermas findet in den Analysen Polanyis ein Modell für die Reaktionen von Gesellschaften, wenn die Wirklichkeiten, in denen sie leben, nicht mehr mit ihren Selbstverständnissen und Weltwahrnehmungen übereinstimmen. Mit Pola-

listischen Weltwirtschaft im 19. und in der ersten Hälfte des 20. Jahrhunderts, darunter der erste Globalisierungsboom und die Weltwirtschaftskrise, entwickelt Polanyi die These, „dass die Idee eines selbstregulierenden Marktes eine krasse Utopie bedeutete". „Eine solche Institution", fährt Polanyi fort, „konnte über längere Zeiträume nicht bestehen, ohne die menschliche und natürliche Substanz der Gesellschaft zu vernichten [...]". (Polanyi [1944] 1978, S. 19 f.). Was Polanyis historischer Analyse von Aufstieg und Fall des klassischen Wirtschaftsliberalismus eine für die Krisenlage der Gegenwart blicköffnende Kraft verleiht, sind verblüffend eindeutige Analogien: Wie der Wirtschaftsliberalismus im 19. Jahrhundert nach und nach die Märkte entfesselt, sie von allen Beschränkungen freigestellt und das Laissez-Faire selbstregulierender Märkte als das oberste Gestaltungsprinzip auch der Gesellschaft durchgesetzt hat, so hat die neoliberale Revolution seit den siebziger Jahren – nach der keynesianistischen und wohlfahrtsstaatlichen Zwischenperiode der Nachkriegszeit – die alles durchdringende Vorherrschaft der Märkte wiederhergestellt: Nicht die Gesellschaft reguliert mittels demokratischer Politik die Märkte, sondern die Märkte, d.h. die Gewinnerwartungen ihrer Akteure, regulieren die Gesellschaft, sie erlegen ihr die alles durchdringenden Gesetze der Warenförmigkeit, der Kommodifizierung auf. Weil der Warenförmigkeit insbesondere auch Arbeit und Natur, obgleich keineswegs zum Zweck des Verkaufs produziert, unterworfen werden, enteignen die Märkte die Gesellschaft von der Verfügung über ihre natürliche Substanz und zehren sie – falls ihnen keine Gegenbewegung entgegentritt – völlig auf. Die Arbeiterbewegung und die von ihr erkämpften sozialstaatlichen Sicherungen sind in den Augen Polanyis die klassischen Repräsentanten dieser Gegenbewegung. Aber auch protektionistische, auf Autarkie gerichtete Regime und faschistische Bewegungen können deren Ausdruck sein, weil es die ruinösen Folgen der entfesselten oder entbetteten Marktherrschaft sind, die ihnen die Anhänger zutreiben und ihrer auf Schließung und Exklusivität gerichteten Agitation Durchsetzungskraft verleihen. Die „faschistische Situation", „die typische Gelegenheit leichter und vollkommener faschistischer Siege", so Polanyi (ebd. S. 316 f.), entstehe nicht aus der Stärke der Bewegung, sondern umgekehrt verdanke die Bewegung ihre Stärke der Situation, nämlich des evidenten Zusammenbruchs einer Marktwirtschaft, die an der Verwirklichung der Utopie des selbstregulierten Marktes offenkundig gescheitert ist.

Aus der Perspektive dieses Analysemodells lassen sich für die hier diskutierten Fragen wichtige Hinweise gewinnen: Die marktradikale Kolonialisierung der Gesellschaft und die Zerrüttung der Lebensperspektiven breiter Schichten machen Angebote von Gegenbewegungen attraktiv, die Schutz vor den desaströsen Folgen der Freisetzung unbeherrschbarer Marktkräfte versprechen. Auch heute ist es offenkundig die „Situation", eine krisenhafte Konstellation von Markt und Gesellschaft, die ethnonationalistischen, identitären Bewegungen den Entfaltungsraum öffnet und Menschen hinter wieder zu errichtenden Mauern des Nationalstaats, der Ethnie, des wirtschaftlichen Protektionismus Schutz suchen lässt. Deshalb greifen alle klugen sozialpsychologischen Analysen dann zu kurz, wenn sie das Problem vor allem oder gar nur in den unaufgeräumten Köpfen und nicht in den entgleisten Verhältnissen suchen. Die Wiederbelebung völkischer Mythen, der Rückgriff auf die ein- und ausschließenden Wirkungen des ethnokulturellen Volksbegriffs, entfaltet erst dann massenhafte An-

---

nyi betrachtet er den Faschismus als regressive und gewaltförmige Gegenbewegung, die auf Schließung von Horizonten gerichtet ist, die durch Industrialisierung und Marktwirtschaft aufgesprengt worden waren. Mit langem Blick zurück lässt sich, so Habermas, die europäische Geschichte als Abfolge von Öffnungen und Schließungen von Horizonten in konflikthaften, oft blutigen Transformationskrisen lesen, in denen Prozesse gesellschaftlichen Lernens zu neu integrierten, erweiterten Horizonten führen oder regressiv fehlschlagen können. – Auf die Fruchtbarkeit dieser Perspektive für eine sozialwissenschaftlich reflektierte politische Bildung habe ich verschiedentlich aufmerksam gemacht, z. B. Steffens 2011 und 2013.

ziehungskraft, wenn die „Situation", die Evidenz beobachteter oder empfundener Verhältnisse, sie beglaubigt.

Ebendies erklärt auch, warum die gegenwärtige nationalistische oder ethnoidentitäre Welle in Europa eine verbreitete *europäische* Erscheinung ist und sich auf den deutschen Traditionen nicht höher auftürmt als anderswo, sondern eher – ein scheinbares Paradox – sogar flacher zu verlaufen scheint als etwa in Frankreich, der historischen Heimat der nicht völkisch, sondern republikanisch begründeten Zugehörigkeit. Dass die EU, die europäische Version der neoliberalen Globalisierung, heute ein bevorzugtes Angriffsziel der „Rechtspopulisten" ist, entspringt keineswegs bloß deren beschränkter Weltsicht. An der EU lassen sich ja tatsächlich Empfindungen eines doppelten Ausschlusses konkretisieren: des Ausschlusses von den Globalisierungsgewinnen, den große Teile der europäischen Gesellschaften als „Abstiegsgesellschaften" (Nachtwey 2016) zu erleiden haben, und des Ausschlusses von demokratischer Mitbestimmung, den die Auslagerung nahezu aller relevanten Entscheidungen an die europäische Exekutive des Rats und der Kommission zur Folge hat. „Nicht der Populismus bedroht also die EU", schreibt Ulrike Guérot, „sondern die EU produziert den europäischen Populismus." (Guérot 2016, 61). Wolfgang Streeck, langjähriger Direktor am Max-Planck-Institut für Gesellschaftsforschung, sieht die EU-Krise vor dem „Moment, an dem sich die Wege von Kapitalismus und Demokratie trennen müssen", weil der Kapitalismus nicht einmal mehr „die Illusion sozial gerecht verteilten Wachstums" erzeugen könne. „Der heute wahrscheinlichste Ausgang", so fährt er fort, „wäre dann die Vollendung des hayekanischen Gesellschaftsmodells der Diktatur einer vor demokratischer Korrektur geschützten kapitalistischen Marktwirtschaft." (Streeck 2013, 235). Ein alternativer Weg, dessen Chancen Streeck freilich skeptisch sieht, bestünde darin, die freigesetzten Märkte wieder unter Kontrolle der Gesellschaft zu bringen. „Demokratisierung heute müsste heißen, Institutionen aufzubauen, mit denen Märkte wieder unter soziale Kontrolle gebracht werden können", und er fährt – durchaus im Geiste Polanyis – fort: „Märkte für Arbeit, die Platz lassen für soziales Leben, Märkte für Güter, die die Natur nicht zerstören, Märkte für Kredit, die nicht zur massenhaften Produktion uneinlösbarer Versprechen verführen." (ebd. 237). Eine solche Demokratisierung hält Streeck freilich im Rahmen der EU für ganz und gar unrealistisch; wer diesen Weg gehen wolle, spiele unter den „gegenwärtigen Umständen nur den Sozialingenieuren eines selbstregulierenden globalen Marktkapitalismus in die Hände" (ebd. S. 256).

Freilich ist die Brisanz der Frage nach „Demos" oder „Ethnos" nicht mit einer quasi funktionalistischen Einordnung in Krisenlagen von Marktwirtschaft und Demokratie zu erledigen. Denn die Wiederbelebung völkischer Vorstellungen als primäre Quelle politischer Legitimation ist ja *nicht nur* der Griff nach etwas, was Schutz vor den entfesselten Kräften der globalen Märkte und deren desaströsen Folgen versprechen soll. Sie bewirkt zugleich – und darin besteht die wirklich verheerende Folge dieses vermeintlichen Rettungsgriffs – die Eliminierung menschheitlicher Vernunft als Legitimationsquelle von kommunikativer, demokratischer Selbstgesetzgebung. Schon Fichtes Argumentation hat, wie oben gezeigt, zum Ziel, das, auf einer vernunftbegründeten Autonomie der Person beruhende, Konzept der Teilhabe an der Gesellschaft auszuhebeln und durch ein Konzept zu ersetzen, welches den Einzelnen anleitet, sein Leben aus der gedachten Ewigkeitsperspektive des Volkes wahrzunehmen. Und aus ihr, nicht aus Vernunft und an den Regeln vernünftiger Argumentation, soll sich entscheiden, was als Wahrheit, als „Objektivität", gilt. Carl Schmitt hat diesen ethnozentristischen, anti-universalistischen Wahrheitsbegriff auf brutale Weise explizit gemacht und damit auf den Punkt gebracht, was als Betriebsgeheimnis des ethnoidentären Denkens gelten kann: die Freistellung des Handelns von lästigen Begründungspflichten nach Regeln argumentativer Geltung und empirischer Nachprüfbarkeit. Eben diesem Motiv folgen auch die hemdsärmligen Versuche des amerikanischen Präsidenten Trump und seiner Umgebung, Wahrheitsregeln außer Kurs zu setzen und unter der Verheißung der Parole „America first“ dekretieren zu können, was als wahr, als objektiv richtig, zu gelten hat. Mag diese Haltung auch durch eine ironische Postmoderne inspiriert sein, wie schon 2003 der legere Umgang mit erfundenen Massenvernichtungswaffen als Kriegsgrund im Irak, so will sie doch genau jene Entscheidungsfreiheit von Herrschaft herstellen, jenen nur im Herrscherwillen gründenden Dezisionismus, welche Gefolgschaftsbeziehungen möglich macht, die als völkische Glaubensgemeinschaft angelegt sind. Daher ist es kein Zufall, wenn alle diejenigen Kräfte in der Krisenkonstellation der Gegenwart, die auf „Ethnos“ statt „Demos“ setzen, zugleich einen Krieg gegen Wahrheit führen und an die Stelle der Nachprüfbarkeit durch universal geltende Regeln die Behauptung setzen wollen, ethnokulturelle Identität sei Quelle und Maßstab der Wahrheit. Eben deshalb, weil es im Kampf zwischen „Demos“ und „Ethnos“ um die Verteidigung des vernunftbegründeten Wahrheitsbegriffs geht, ohne den demokratische Selbststeuerung der Gesellschaft nicht einmal mehr denkbar ist, geht es ums Ganze, gerade auch für politische Bildung.

Literatur

Altvater, E. (2014): Die Kontrolle der Zukunft. Edward Snowden und das neue Erdzeitalter. Blätter f. dt. u. intern. Politik. 4/2014.

Altvater, E. (2016): Zerstörung und Flucht. Von der Hierarchie der Märkte zur Migrationskrise in Europa. Blätter f. dt. u. intern. Politik. 1/2016.

Bajohr, F./Wildt, M. (2009): Volksgemeinschaft. Neue Forschungen zur Gesellschaft des Nationalsozialismus. Frankfurt a. M.

Brand, U./M. Wissen (2017): Imperiale Lebensweise. Zur Ausbeutung von Mensch und Natur im globalen Kapitalismus. München.

Brubaker, R. (1994): Staats-Bürger. Frankreich und Deutschland im historischen Vergleich. Hamburg.

Brunkhorst, Hauke (2016): Krise und Kritik: Für eine Repolitisierung Europas. Blätter f. dt. u. intern. Politik. 1/2016.

Crouch, Colin (2008): Postdemokratie. Frankfurt a. M.

Fichte, J. G. [1808] (2008): Reden an die deutsche Nation. Hamburg.

Fischer, V. (2005): "Wir sind ein Volk" – Die Geschichte eines deutschen Rufes. Deutschlandradio Kultur – Länderreport. 29.09.2005. http://www.deutschlandradiokultur.de/wir-sind-ein-volk.1001.de.html?dram:article_id=155887

Goethe, J. W. [1822] (1962): Kampagne in Frankreich 1972. Belagerung von Mainz. Johann Wolfgang Goethe dtv-Gesamtausgabe Bd. 27. München.

Guérot, U. (2016): Die EU und der Aufstieg des Rechtspopulismus. Blätter f. dt. u. intern. Politik. 6/2016.

Habermas, J. (1998): Die postnationale Konstellation. Frankfurt.

Krysmanski, H. J. (2012): 0,1 %. Das Imperium der Milliardäre. Frankfurt a. M.

Mann, M. (2007): Die dunkle Seite der Demokratie. Eine Theorie der ethnischen Säuberung. Hamburg.

Nachtwey, O. (2016): Die Abstiegsgesellschaft. Über das Aufbegehren in der regressiven Moderne. Berlin.

Piketty, T. (2014): Das Kapital im 21. Jahrhundert. München.

Plessner, H. (1974): Die verspätete Nation. Frankfurt.

Polanyi, K. [1944] (1978): The Great Transformation. Politische und ökonomische Ursprünge von Gesellschaften und Wirtschaftssystemen. Frankfurt.

Scharpf, F. W. (1999): Regieren in Europa – Effektiv und demokratisch? Frankfurt a. M./New York.
Schiller, F. v. (o. J.).: Bürger von Frankreich. Faksimile des Bürgerbriefs der Französischen Republik. Mit einer Einführung von Gerhard Schmid. Weimar.
Schmelzer, M. (2015): Spielarten der Wachstumskritik. In: Atlas der Globalisierung: Der Postwachstums-Atlas. Berlin.
Schmitt, C. [1926] (1961): Die geistesgeschichtliche Lage des heutigen Parlamentarismus. 3. Aufl. (Unveränderter Nachdruck der 1926 erschienenen zweiten Auflage) Berlin.
Schmitt, C.(1933): Staat, Bewegung, Volk. Die Dreigliederung der politischen Einheit. Hamburg Schulze, H. (1994): Staat und Nation in der europäischen Geschichte. München.
Steffens, G. (2011): Politische Bildung in einer Welt der Umbrüche und Krisen. In: Sander, W./A. Scheunpflug (2011): Politische Bildung in der Weltgesellschaft. Bonn, 385-398.
Steffens, G. (2013): Krise und gesellschaftliches Lernen. In: Krisendiskurse. Jahrbuch für Pädagogik (2013). Frankfurt.
Streeck, W. (2013): Gekaufte Zeit. Die vertagte Krise des demokratischen Kapitalismus. Berlin.
Weber, M. [1922] (1980): Wirtschaft und Gesellschaft. Grundriss der verstehenden Soziologie. 5. Aufl. Tübingen.
Wehler, H. U.: Deutsche Gesellschaftsgeschichte. 5 Bände. München 1987-2008.
Wehler, H. U. (2013): Die neue Umverteilung. Soziale Ungleichheit in Deutschland. München.
Werner, K. F. (1992): Art. „Volk, Nation, Nationalismus, Masse“, Abschn. IV, 3. In: Brunner, O./ Conze, W./ Koselleck, R. (Hrsg.) (1992): Geschichtliche Grundbegriffe. Historisches Lexikon zur politisch-sozialen Sprache in Deutschland. Bd. 7. Stuttgart.
Winkler, H. (2000): Der lange Weg nach Westen. 2 Bände. München.

Angaben zur Person:

Prof. Dr. phil. Gerd Steffens , geb. 1942,

lehrte bis 2007 Politische Bildung und ihre Didaktik am Fachbereich Gesellschaftswissenschaften der Universität Kassel. Gegenwärtige Arbeitsschwerpunkte: Transformationskrisen und gesellschaftliche Lernprozesse; Historische Kompetenz und Politische Bildung.

Andreas Eis

Soziale Kämpfe um politische Alternativen verstehen und gestalten: Hegemoniekritik als Ansatz emanzipatorischer Europabildung

Zusammenfassung: Der Beitrag untersucht die Rolle Politischer Bildung bei der Herstellung dominanter Narrationen zur europäischen Integrationspolitik. Während die Ausgestaltung eines vereinten Europas immer schon hoch umstritten war, wird die Thematisierung des europäischen Einigungsprozesses in Schule und Unterricht von einem affirmativen Konsens getragen. Die Reproduktion dieses hegemonialen Konsenses trägt, so die zentrale These des Aufsatzes, nicht zur Wiedergewinnung von Vertrauen und zur demokratischen Ausgestaltung der EU bei. Als Ergebnis einer Analyse von Bildungsprogrammen und Zukunftsszenarien plädiert der Autor hingegen für eine hegemoniekritische Erweiterung der Konfliktanalyse in der europapolitischen Bildung, bei der die realen sozialen Kämpfe um unterschiedliche Europaprojekte im Mittelpunkt stehen.

Schlüsselbegriffe: europapolitische Bildung, Hegemonietheorie, Herrschaftskritik, Politikanalyse, soziale Kämpfe, Konfliktorientierung

Understanding and shaping social conflicts: A critique of hegemony as an approach to an emancipatory European education

Abstract: The paper analyses the role that citizenship education plays in the construction of dominant narratives about the European integration process. Although this process has always been highly controversial between different political projects as well as in the social sciences, these controversies are rarely being addressed in the school and classroom. Instead of an open controversy, European Citizenship Education programs are widely dominated by an affirmative consensus. The central argument of the chapter is that this consensus does not help to regain confidence in European institutions and the development of democracy within the EU. Through analysing educational programs and citizenship scenarios, the author argues for a critical power analysis as an approach to political education that focuses on social conflicts about different hegemonic projects.

Keywords: European political education, theory of hegemony, critique of power/authority relations, policy analysis, social struggles, conflict orientation

Einleitung: Politische Bildung zwischen Trans- und Renationalisierung

Die Idee und Dynamik europäischer Integration war seit Gründung der ersten Europäischen Gemeinschaft(en) (EGKS, EURATOM, EWG) von widerstreitenden Interessen zwischen sehr unterschiedlichen politischen Projekten geprägt. Diese bewegten sich nicht nur zwischen den beiden Polen „Vereinigte Staaten von Europa“ oder „Europa der Vaterländer“. Auch das Spannungsverhältnis zwischen den von Regierungen ausgehandelten Verträgen eines „Europas von oben“ und wiederholten Einwänden und Widerständen durch Parlamente und Bevölkerungen der Mitgliedsstaaten begleitete die Geschichte des europäischen Einigungsprozesses.[75] Diese grundlegenden Konflikte und politischen Kämpfe um die Frage: „Welches Europa wollen wir?“ wurden in der deutschen politischen Öffentlichkeit ebenso wenig ausgetragen wie in der schulischen politischen Bildung thematisiert. Hingegen scheint europabezogene Bildung und europapolitische „Bürgerschaftsbildung“ konsensuell von einer affirmativen Grundidee getragen, die sich bereits in der ersten KMK-Empfehlung zur Europabildung in der Schule von 1978 mit dem Ziel verbindet, „das Bewusstsein einer europäischen Identität zu wecken und zu fördern.“[76] Diese „Identität“ einer *politischen*, nicht nur rechtlichen Zugehörigkeit zu einer supranationalen Gemeinschaft ist in weiten Teilen der Bevölkerung wenig ausgeprägt, europäische Öffentlichkeiten kaum vorhanden. Was auch immer unter europäischer Identität – als Bildungs- und politischem Ziel – verstanden werden könnte, ist in Politik, Gesellschaft und Wissenschaft, aber leider nicht in der Schule (Eis 2010), immer schon höchst umstritten: Bringt die Integrationspolitik tatsächlich den versprochenen Zugewinn an Freiheit, Wohlstand und *demokratischer* Gestaltbarkeit transnationaler Problemlagen? Oder bedeutet die Übertragung politischer Kompetenzen auf eine supranationale Ebene, verbunden mit der Stärkung demokratisch nicht (oder wenig) legitimierter Akteure, vielmehr einen Abbau demokratischer Mitwirkung und sozialer Sicherheit?

Politische Bildung sieht sich aktuell mit einer anhaltenden Vielfachkrise der europäischen Integration ebenso wie mit sozialen Kämpfen um die Ausgestaltung Europas konfrontiert: zwischen weiterer Ökonomisierung oder Demokratisierung, zwischen wirtschaftspolitischer Vertiefung und autoritärem Etatismus in der Krisenbearbeitung der EU oder Renationalisierung, Austritt (Brexit) sowie Rückverlagerung von Kompetenzen in die Mitgliedsstaaten. Diese Grundkonflikte werden wenig verstehbar, geschweige denn politisch gestaltbar, wenn die zentrale Frage: „Wofür steht das vereinte Europa?“ in Werbeprospekten und vielen Bildungsmaterialien mit den seit 60 Jahren gleichen Versprechen beantwortet wird: „Frieden und Freiheit“, „Gut für Verbraucher und Unternehmen“, „Grenzenlose Bildung“, „Europa schafft Arbeitsplätze“ und „Europa verbessert den Schutz seiner Außengrenzen“ (Bundesregierung 2017).

Im ersten Teil dieses Beitrages soll argumentiert werden, dass derartige ‚didaktische' Angebote und Versuche, das Vertrauen der Europabürger*innen (zurück-)zugewinnen, ähnlich wie das im März 2017 von der EU-Kommission vorgestellte „Weißbuch zur Zukunft Europas“ (EK 2017) wenig mit einer demokratiepolitischen Öffnung oder dem immer wieder postulierten „offenen, transparenten und regelmäßigen Dialog mit […] der Zivilgesellschaft“ (EUV, Art. 11) zu tun haben. Weit entfernt von politischer Aufklärung und diskursiver Auseinandersetzung mit den sozialen Verwerfungen und demokratischen Defiziten der EU besteht vielmehr die Gefahr, dass diese Art europapolitischer Hegemonieproduktion tatsächlich die nationalistischen Bewegungen weiter stärken und die Möglichkeiten für ein solidarisches, demokratischeres Europa schwächen wird. Denn auch bei ‚bildungs-‘ und ‚politiknahen' Unionsbürger*innen können EU-euphorische Überwältigungen durchaus neue Verdrossenheit auslösen, wenn sie sich in Themen erschöpfen wie: Investitionen im Bereich „Digitales“, „fortschrittliche Handelsabkommen“, „Grenzmanagement“, „Terrorismusbekämpfung“ und „Verteidigungszusammenarbeit“. Dies sind die zentralen Zukunftsthemen in

[75] Z. B. die Ablehnung der Europäischen Verteidigungsgemeinschaft 1954 in der französischen Nationalversammlung, das Scheitern der Aufnahme Großbritanniens in die EWG durch den Einspruch Frankreichs 1963 oder auch die Ablehnung zum EG-Beitritt Norwegens durch die eigene Bevölkerung 1973, bis hin zur Ablehnung des Verfassungsvertrags 2005 durch zwei Gründungsstaaten der EG/EU.

[76] In der aktualisierten Fassung von 2008 heißt es weiter: „Hierzu gehört auch die Vorbereitung der jungen Menschen darauf, ihre Aufgaben als Bürgerinnen und Bürger in der Europäischen Union aktiv wahrzunehmen.“ (KMK 1978/2008, S. 7).

allen fünf Szenarien des Weißbuches, mit dem die EU-Kommission 2017 auf Brexit, Wirtschaftskrisen und Rechtspopulismus reagiert.

In einem zweiten Schritt werden diese im EU-Weißbuch 2017, aber auch von zivilgesellschaftlichen Akteuren (NECE 2013) und in der Europaforschung (Weidenfeld 2007; Varwick 2011) entwickelten Szenarien zur Zukunft der EU mit den im vorliegenden Band bereits diskutierten Hegemonieprojekten zum „Staatsprojekt Europa" (vgl. den Beitrag von Buckel u. a.) verglichen. Dabei steht die Frage im Mittelpunkt, inwiefern in diesen Szenarien und Hegemonieprojekten die politische Rolle von (Nicht-)Unionsbürger*innen überhaupt thematisiert und in den sozialen Kräfteverhältnissen verortet wird. Abschließend wird im dritten Teil die fachdidaktische Anschlussfähigkeit der „historisch-materialistischen Politikanalyse" (nach Buckel u. a. 2014) als methodischer Zugang für einen herrschaftskritischen Ansatz der europapolitischen Bildung herausgearbeitet.

1 Mit *Industrie 4.0* und *Pulse of Europe* aus der Krise?

Europabildung ist Teil sozialer Kämpfe um unterschiedliche Projekte des Gemeinwohls: um konkurrierende Konzeptionen von Demokratie, Lebensqualität, sozialer Gerechtigkeit, Nachhaltigkeit und globaler Wettbewerbsfähigkeit. Bildung ist das zentrale Feld der Reproduktion, der Weitergabe sozialer und politischer Werte, Normen und Wissensbestände. Dies geschieht sowohl in der formalen Bildung (mit Curricula, staatlich zugelassenen Schulbüchern), durch non-formale europapolitische Bildung in Verbänden, Stiftungen, Medien bis hin zu den Presse- und Informationsdiensten von Regierungen und EU-Institutionen oder auch durch informelle Lernprozesse im Jugendaustausch, in sozialen (Protest-)Bewegungen und der politischen Praxis. Die sozialen und politischen Kämpfe sind unübersehbar, in denen es um das gesellschaftliche Selbstverständnis und die Zukunft europäischer Integration geht (vgl. die bisherigen Beiträge in diesem Band). Ziel Politischer Bildung muss es sein, diese sozialen Kämpfe um unterschiedliche Europaprojekte zu thematisieren und hinsichtlich ihrer Interessen, Strategien, sozioökonomischen Basis, Akteure und deren konsensuellen Verankerung in zivilgesellschaftlichen Strukturen und im Alltagsverstand der Menschen zu verstehen. In der aktuellen *Pulse of Europe* Bewegung werden hingegen – ähnliche wie in vielen *European Citizenship Education* Programmen – die Konfliktlinien, die multiplen Krisenerscheinungen und alternativen politischen Projekte vielmehr durch Europaeuphorie und die Förderung einer europäischen „Bürgeridentität" übertüncht, die sich in eher kulturellen Glaubensbekenntnissen, als in politischen Kämpfen, zu realisieren scheint (Decker 2017; Guérot 2017).

Seit Beginn des europäischen Integrationsprozesses werden sehr unterschiedliche politische Projekte verfolgt: Das *Europa der Vaterländer* (de Gaulle) vs. die *Vereinigten Staaten von Europa* (Churchill), eine *Wirtschaftsgemeinschaft* und Freihandelszone vs. eine *politische und soziale Union* oder differenziertere Modelle des *Mehrebenensystems*, eines *Europas der Regionen* oder der unterschiedlichen Geschwindigkeiten. Ein aktuelles Beispiel für die Möglichkeit einer *Vertieften Zusammenarbeit* im Rahmen des EU-Vertrages von Lissabon ist die in elf Mitgliedstaaten beschlossene, aber immer noch nicht umgesetzte Einführung einer Finanztransaktionssteuer. Die europäischen Verträge wurden dabei keineswegs durch einen breiten inhaltlichen Konsens getragen und scheiterten immer wieder auch am Einspruch der Bürger*innen oder einzelner Mitgliedstaaten.[77] Die eigentlichen sozialen Kämpfe ver-

[77] Siehe oben Anm. 1; in Frankreich und den Niederlanden wurde der Verfassungsvertrag 2005 in Referenden abgelehnt, nicht zuletzt nach einer heftigen Debatte über die zukünftige Festschreibung einer neoliberalen Wirtschaftsordnung mit Verfassungsrang.

schwinden mitunter hinter den verkürzten Alternativen hinsichtlich der Tiefe, der Erweiterung und der Finalität einer zusammenwachsenden Europäischen Gemeinschaft und Union.

In ähnlicher Weise werden in einigen wissenschaftlichen Analysen (siehe Tab. 1, vgl. Weidenfeld 2007; Varwick 2011) unterschiedliche Entwicklungspfade weitgehend anhand formaler Kriterien beschrieben, d. h. über den Umfang der Übertragung von Souveränitätsrechen an die EU, deren flexible regionale Erweiterung in einem „Geschlossenen Kerneuropa", einem „Europa der offenen Kerne" oder als „Supermacht" (Weidenfeld), zwischen „Staatswerdung" und „Erosion" (Varwick).

Auf den ersten Blick scheint das „Weißbuch zur Zukunft Europas" (EK 2017) hier nicht viel Neues zu bieten (vgl. Tab. 1): „Weiter wie bisher", also nach der „Methode net" (oder mit Varwick das „Muddling-Through-Szenario", 2011, 25); „Wer mehr will, tut mehr" bis hin zu „Viel mehr gemeinsames Handeln". Ein „Titanic"-Erosionsszenario zieht die EU-Kommission nicht in Betracht, aber das war auch nicht das Ziel dieser Programmschrift, die „Wege zur Wahrung der Einheit in der EU27" aufzeigen möchte.[78] Bei etwas genauerem Studium des übersichtlichen, knapp 25-seitigen, Papiers weisen die fünf Szenarien zwar eine Reihe von graduellen Unterschieden auf, erschöpfen sich jedoch weitgehend in einem einzigen – alternativlosen – Entwicklungspfad: Investitionen in digitale Technologien, weitere Liberalisierung des Dienstleistungssektors, Stabilisierung des Währungsraumes und immer wieder Terrorbekämpfung und Grenzsicherung. Entweder ist von „Zusammenarbeit auf dem Gebiet der Verteidigung" und „Kooperation in Sicherheitsfragen" sowie Bündelung „militärischer Fähigkeiten" die Rede (im Szenario „Weiter wie bisher", EK 2017, 16 f.) oder von einer Vertiefung der Verteidigungszusammenarbeit einer kleinen Gruppe von Ländern („Wer mehr will …", ebd., 21) bis hin zur „Europäischen Verteidigungsunion" und einer „systematischen Zusammenarbeit in den Bereichen Grenzmanagement, Asylpolitik und Terrorismusbekämpfung" (für das Szenario: „Weniger, aber effizienter", ebd., 23).

[78]Europäische Kommission, Pressemitteilung „Kommission legt Weißbuch zur Zukunft Europas vor", vom 1.3.2017 (IP-17-385)

Tab. 1: Entwicklungspfade, Szenarien und Hegemonieprojekte

<table>
<tr><th>Szenarien zur Zukunft der EU (Weidenfeld 2007, 130 ff. vgl. Varwick 2011, 24 ff.)</th><th>„Wege zur Wahrung der Einheit in der EU27“ (EK 2017: Weißbuch)</th><th>Szenarien zur Bürgerschaft in Europa 2030 (NECE 2013)</th><th>Hegemonieprojekte „im Kampf um europäische Integration“ (Buckel u. a. 2014/2017)</th></tr>
<tr><td>Supermacht Europa „die politische Union wird Wirklichkeit“</td><td>Viel mehr gemeinsames Handeln In allen Bereichen mehr Macht, Kompetenzen, Ressourcen</td><td>Great Europe europäischer Bundesstaat mit Bankenunion, Steuer- und Budgetunion; Initiativrecht für Europäisches Parlament</td><td rowspan="6">neoliberales Hegemonieprojekt globale Produktion, Finanzialisierung, „wettbewerbsstaatlicher Umbau aller gesellschaftlichen Bereiche“
konservatives Hegemonieprojekt starker Staat, Nation/Ethnizität „als Selbstzweck und Eigenwert“; Leitkultur; „Europa der souveränen Nationen“ Ablehnung einer vertieften EU
national-soziales Hegemonieprojekt sozialer Ausgleich innerhalb des nationalen Wohlfahrtsstaats; Nation als privilegierte „Gerechtigkeit ermöglichende Solidargemeinschaft“
proeuropäisch-soziales Hegemonieprojekt gesamteuropäische Sozial-, Tarifpolitik, Solidargemeinschaft
linksliberal-alternatives Hegemonieprojekt liberale postnationale Bürgerschaft; soziale Rechte; Umverteilung</td></tr>
<tr><td>Methode Monnet „kleine, aber beständige Schritte zu ‚mehr‘ Europa, die alle Mitgliedstaaten mitgehen“</td><td>Weiter wie bisher „Die EU konzentriert sich auf die Umsetzung ihrer positiven Reformagenda.“</td><td>Network of Nations „power is transferred away from Brussels back to nation states“</td></tr>
<tr><td>Geschlossenes Kerneuropa „ein Kern von Mitgliedstaaten macht sich auf den Weg zu ‚mehr‘ Europa, die anderen bleiben zurück“</td><td>Schwerpunkt Binnenmarkt „Die EU wird schrittweise wieder auf den Binnenmarkt ausgerichtet.“</td><td rowspan="2">Union of Communities “Everyone is a member of multiple communities and associations. People avoid working with governments as much as they can. […] Participation in civil society has become a necessity for most people.”</td></tr>
<tr><td>Europa der offenen Kerne „einzelne Mitgliedstaaten schreiten voran, alle anderen können aber jederzeit folgen“</td><td>Wer mehr will, tut mehr „Die EU ermöglicht es Mitgliedstaaten, in bestimmten Bereichen mehr zu erreichen.“</td></tr>
<tr><td></td><td>Weniger, aber effizient Mehr Integration in ausgewählten Feldern, z. B. IT, „Terrorismusbekämpfung“, „Grenzmanagement“, „Verteidigungsunion“</td><td rowspan="2">European Spring “Traditional power hegemonies are besieged by all sorts of movements that use combinations of liquid democracy and charismatic leadership.” “Power is decentralized by the introduction of direct and participatory forms of democracy.”</td></tr>
<tr><td>Titanic „das Ende der Integration“</td><td></td></tr>
</table>

Einige Passagen dieses im März 2017 anlässlich des 60. Jubiläums der Römischen Verträge veröffentlichten Dokuments grenzen an Realsatire. Mit anschaulichen Beispielen werden „mögliche Ausblicke“ in die Zukunft der EU didaktisch aufbereitet: „Die Europäer können sich in vernetzten Fahrzeugen fortbewegen, stoßen aber aufgrund rechtlicher und technischer

Hindernisse an den Grenzübergängen möglicherweise immer noch auf Probleme." (Szenario: „Weiter wie bisher", 17). Gemeint sind hier smarte Autos, die mit ihrer Umwelt kommunizieren und pro Stunde circa 50-60 Gigabyte Daten austauschen. Als besonders „innovatives" Beispiel für die Industrie 4.0 sollen somit z. B. Unfälle vermieden werden. Im fünften Szenario „Viel mehr gemeinsames Handeln" heißt es entsprechend: „Die Europäer nutzen dank EU-weiter Regeln und der Arbeit einer EU-Agentur in ganz Europa ungehindert vernetzte Fahrzeuge." (ebd. 25). Auch im fünften, dem am weitreichendsten Szenario politischer Integration gilt es noch kleinere technische Hürden der Bürger*innenbeteiligung zu überwinden: „Europäer, die bei einem Projekt für einen EU-finanzierten Windpark in ihrer Gegend mitreden wollen, können nur schwer die zuständige europäische Behörde ausfindig machen" (ebd., 25). Die Zeitschrift *Titanic* oder *Die Partei* hätte diese Zukunftsszenarien kaum besser auf den Punkt bringen können.

Auf die eigentlichen Ursachen der tiefgreifenden Wirtschafts-, Finanz-, Währungs- und Demokratiekrise in Europa, auf alternative Entwicklungspfade, wie sie von breiten Bündnissen aus Wissenschaft, Gewerkschaften und NGOs für eine solidarische und politisch vertiefte Union vorgelegt wurden[79], finden in den offiziellen EU-Szenarien ebenso wenig Raum wie die Politikfelder Umwelt-, Klima-, Sozialpolitik oder Vorschläge für eine Reform demokratischer Repräsentation und Mitbestimmung, die sich nicht auf pseudopartizipatorische Instrumente[80] beschränkt.

Auch in der *Pulse of Europe* Bewegung werden, ähnliche wie in vielen Citizenship Education Programmen, die Krisen und Konfliktlinien zwischen alternativen Europaprojekten kaum wahrgenommen. Ulrike Guérot (taz, 10.4.2017) spricht von einer „Art bürgerlichem Kaffeetrinken". „Bei Sonnenschein mit Luftballons für die EU zu demonstrieren sei schön und gut, [...] doch der Bewegung fehlten konkrete Ziele" (ebd.). Auf der Homepage finden wir durchaus eine Reihe von unterstützenswerten Zielen: „Wir wollen einen Beitrag dazu leisten, dass es auch in Zukunft ein vereintes, demokratisches Europa gibt – ein Europa, in dem die Achtung der Menschenwürde, die Rechtsstaatlichkeit, freiheitliches Denken und Handeln, Toleranz und Respekt selbstverständliche Grundlagen des Gemeinwesens sind." (https:// pulseofeurope.eu/de/) Diese Europa-Euphorie liest sich als kulturelles Glaubensbekenntnis, hat mit der politischen Realisierung dieser Ansprüche in der aktuellen EU-Politik jedoch nur sehr wenig zu tun. Deutlich umfassendere Aussagen zur möglichen Zukunft der Bürger*innenbeteiligung und der demokratiepolitischen Entwicklung der EU finden sich in den vier Szenarien „Citizenship in Europe 2030", die vom Bildungsnetzwerk „Networking European Citizenship Education" (NECE 2013, vgl. Tab. 1 + Abb. 1) ausgearbeitet wurde.

---

[79]U. v. a.: Europa neu begründen 2012/16; Bofinger u. a. 2012; AG Alternative Wirtschaftspolitik 2017 (die jährlich erstellten alternativen Wirtschaftsgutachten enthalten dezidierte europapolitische Analysen und Politikempfehlungen. Die Kurzfassung wurde 2017 von über 900 Wissenschaftler*innen und Gewerkschafter*innen unterstützt, vgl. ebd., 9).

[80]Z. B. die Europäische Bürgerinitiative (EBI) wurde mit dem Lissabon-Vertrag neben der Konsultation „der Zivilgesellschaft" als partizipatorisches Instrument gefeiert (EUV, Art. 11). Die ohnehin rechtlich kraftlose EBI, die die Kommission lediglich zum Handeln „auffordern" kann, wurde nicht einmal in dieser Form der Scheinpartizipation eingelöst, wie der EuGH zur Nicht-Zulassung einer Stopp-TTIP-Initiative urteilte (Heselhaus 2017).

Abb. 1: Vier Szenarien zur Bürgerschaft in Europa 2030 (NECE 2013)

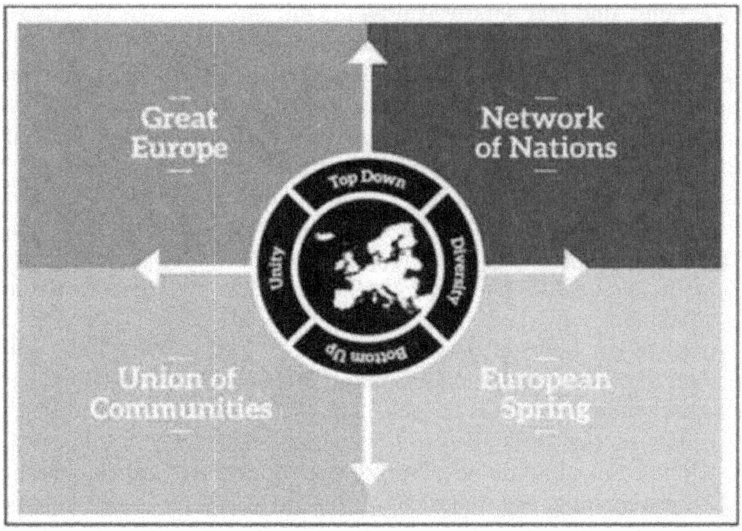

Die Szenarien unterscheiden zunächst zwei grundlegende Unsicherheiten auf den *Dimensionen*: (1) einer EU, in der weiterhin *top-down* Entscheidungen durch Regierungen vorherrschen oder einer Union, in der zunehmend *bottom-up* Kräfte dominant werden sowie (2) einer Entwicklung in Richtung eines eher einheitlichen oder eines stärker ausdifferenzierten Europas (*unity* vs. *diversity*). Für die beiden Szenarien „Great Europe" (im Koordinatenfeld: top-down/unity) und das „Network of Nations" (top-down/diversity) finden sich eine Reihe von Parallelen zu den oben erwähnten Entwicklungspfaden im EU-Weißbuch oder bei Weidenfeld und Varwick. Bemerkenswert sind die beiden *bottom-up* Szenarien, die weit entfernt davon sind, lediglich die optimistischen Aufrufe zu mehr Bürger*innenengagement und Partizipation zu wiederholen, wie dies in der europabezogenen Demokratiepädagogik häufig der Fall ist (vgl. die zahlreichen *European Active Citizenship Education* Programme, vgl. Eis 2017). Hingegen zeichnet sich v. a. im Szenario „Union of Communities" eine ernüchternde Entwicklung ab, in der sich selbst der *„aktivierende* Sozialstaat" in Auflösung befindet und durch soziale Selbstorganisation der *Communities* ersetzt wird. Die Menschen werden aktiv und engagieren sich in zahlreichen Assoziationen und Gemeinschaften, weil sie von staatlichen Institutionen – außer der klassischen Nachtwächterfunktion – nichts erwarten können:

> "In this scenario it is more important for your job, pension, health or education to have a good social network than to belong to a country or to the EU. [...] Participation in civil society has become a necessity for most people. There are de facto two separate societies. The formal and institutional sphere of national and EU governments with their focus on economics and finance, and a large informal sphere in which many networks of communities operate, unified in their multiple and diverse efforts to shape civil society for the benefit of its members." (NECE 2013, 8).

Die hier skizzierte Form der „Partizipation" ist die postpolitische Auflösung sozialer Kämpfe im sozialen Engagement und im unternehmerischen Selbst (Eis 2016). Die Verortung im Feld „unity" (statt „diversity") betrifft hier die wenigen verbliebenen staatlichen Funktionen: die Schaffung von Rahmenbedingungen für den Binnenmarkt, Finanzstabilität, Freihandel und die innere und äußere Sicherheit. Hier sind wir wieder sehr nahe bei den fünf neoliberalen Szenarien des EU-Weißbuchs.

Nicht viel optimistischer stimmt aus einer emanzipatorischen Perspektive das zweite *bottom-up* Szenario „*European Spring*“ (NECE 2013, 9 f). Viele Bürger*innen ergreifen politische Initiativen, organisieren Proteste und mobilisieren Massen. Sie realisieren mehr direkte Demokratie, werden allerdings in den NECE-Prognosen wiederum durch „charismatische Führerfiguren“ gelenkt. Instrumente der flexiblen, themenbezogenen Mitbestimmung wie *liquid democracy* und online-Plattformen werden realisiert, können mittelfristig jedoch nur mit punktueller Unterstützung der „Aktivbürger“ per Mausklink rechnen.[81]

2 Herrschaftskritik und Analyse sozialer Kämpfe um Europa[82]

In europapolitischen Analysen (ebenso wie in der öffentlichen Kommunikation durch EU-Institutionen) verbinden sich mit deliberativen Politik- und Demokratiekonzepten „dialogorientierte“ Beteiligungs- und neue „Steuerungsmodelle“, Politikberatung durch „repräsentative Verbände“, Expert*innen und andere „zivilgesellschaftliche“ Akteure (EUV, Art. 11; vgl. Kohler-Koch 2011). Staatlichkeit und Regieren in trans- und supranationalen Räumen (wie der EU als „Mehrebenensystem“) werden in *Governance-Modellen* als Regierungstätigkeit und politische Steuerung durch Deliberation, Kooperation, Selbstverantwortung und Wettbewerb beschrieben (Tömmel 2014). Gesellschaftliche Probleme werden nach diesem Modell von den Betroffenen selbst nicht (nur) durch staatliche Maßnahmen und „hierarchische“ Steuerung, sondern durch private, selbstorganisierte oder durch „partnerschaftliche“ öffentlich-private Kooperationen sachorientiert und effektiv bearbeitet. Diese „weichen“, vermeintlich „nicht-hierarchischen“ Modi politischer Steuerung ergänzen oder ersetzen allgemeinverbindliche Problemlösungen, für deren Bearbeitung (supra-)staatliche Institutionen nicht ausreichend legitimiert, kompetent oder durchsetzungsfähig genug sind. Eindrückliche Beispiele dieser „weichen Modi“ der Governance sind Selbstverpflichtungen der Industrie zur Schadstoffreduzierung oder Lebensmittelkennzeichnung, der Handel mit CO_2-Zertifikaten bis hin zum Investorenschutz durch „regulatorische Kooperationen“ in transatlantischen Freihandelsverträgen. Den normativen Ansprüchen herrschaftsfreier Diskurse und somit *demokratischer* Deliberation werden die realpolitischen Aushandlungsprozesse angesichts struktureller Ungleichheitsverhältnisse (von Ressourcen, Macht und Kompetenzen) zweifellos nicht gerecht. Dennoch werden Herrschaftsverhältnisse in europapolitischen Policy-Analysen vielfach systematisch ausgeblendet, worauf auch einige ihrer prominenten Vertreterinnen nachdrücklich hinweisen (Mayntz 2009, 32; vgl. Kohler-Koch/Quittkat 2011). Politikdidaktische Entwürfe für Konflikt- und Problemstudien zur Europapolitik orientieren sich an diesen idealisierten Modellen des „Politikzyklus“ und der Output-Legitimation durch effiziente Problemlösungen (Breit/Frech 2010, 45-97; Weißeno/Landwehr 2014; vgl. kritisch zur Output-Legitimation: Moulin-Doos in diesem Band). Auch wenn Interessenkonflikte der *einzelnen* Akteure hier durchaus thematisiert werden, fehlt deren Einordnung in gesellschaftliche Kräfte- und Herrschaftsverhältnisse.

Die Governance-Forschung untersucht „Entgrenzungen“ staatlichen Regierens anhand der Analyse „nicht-hierarchischer“ Formen kollektiver Entscheidungsfindung und Selbstregulierung, die Steuerungsmodi zwischen staatlichen, privaten, ökonomischen und zivilgesellschaftlichen Akteuren deutlich verschieben (Eis 2013, 133 ff.). Politisches deln“ wird hier jedoch weitgehend auf Verwaltung, d. h. auf die Regulierung *technischer*

[81] “People align (temporarily) on issues and choose their political leaders by following them on liquid democracy platforms and then voting them in and out of office, by ‘liking’ or ‘disliking’ them and by very quickly mass-mobilizing around certain topics.” (ebd., 9).

[82] Der hier vorgeschlagene hegemoniekritische Ansatz der Politikanalyse wird ausführlicher in Eis/Hammermeister 2017 vorgestellt.

Probleme reduziert, im Sinne einer effizienten Herstellung allgemeinverbindlicher Problemlösungen. Die höchst ungleich verteilten politischen Einflussmöglichkeiten und sozioökonomisch sowie ideologisch-kulturell abgesicherten Herrschaftsverhältnisse spielen hingegen in Governance-Analysen und in der Policy-Forschung kaum eine Rolle. Auch wenn in diesen Ansätzen die Veränderung von Staatlichkeit und Regierungshandeln in transnationalen Räumen empirisch in den Blick kommt (Berücksichtigung von privaten, zivilgesellschaftlichen Akteuren, informellen Verfahren, Re-Definierung des Öffentlichen und des Privaten), so ist diese Form der Policy-Analyse weitgehend „herrschaftsblind" (Mayntz 2009, 31).

Eine *hegemoniekritische Politikanalyse* beabsichtigt hingegen, gerade diese Herrschaftsblindheit gegenüber ökonomischen und kulturell-ideologischen Machtverhältnissen in einem jeweils spezifischen Politikfeld empirisch zugänglich zu machen (Buckel u. a. 2014 sowie der Beitrag in diesem Band). Die Methode der „historisch-materialistischen Politikanalyse" (ebd., 43 ff.) wurde durch Fallstudien zur europäischen Migrationskontrollpolitik sowie zu den „sozialen Rechten" der Unionsbürgerschaft empirisch operationalisiert (Buckel 2013). Dabei können vor dem Hintergrund der multiplen Krise europäischer (Des-)Integration zunächst fünf verschiedene politische „Projekte" unterschieden werden, die versuchen gesellschaftlich hegemonial zu werden, d. h. als Reaktion auf die in die Krise geratene Ordnung um kulturell-ideologische Deutungsmacht kämpfen. Dabei bestimmt heute weitgehend das (1) „neoliberale Hegemonieprojekt" die europäische Integrationspolitik (Buckel u. a. 2014, 65 ff.). Im Mittelpunkt stehen hier die Flexibilisierung von (Re-) Produktionsverhältnissen, die Finanzialisierung der Ökonomie, verbunden mit einem „autoritären Etatismus" (ebd., 33), der in erster Linie die Interessen der Finanzmärkte durchsetzt und auf Wettbewerbsfähigkeit in allen Gesellschaftsbereichen ausgerichtet ist. Eine „rationale Migrationspolitik" steht hier unter der Prämisse, qualifizierte Fachkräfte anzuwerben und „ungenutzte Potentiale" auszuschöpfen (ebd., 66). Das neoliberale Projekt konnte sich seit der Krise des Fordismus in den 1970er Jahren als Gegenmodell zu dem bis dahin dominanten (2) „proeuropäisch-sozialen Hegemonieprojekt" durchsetzen. Dieses keynesianisch orientierte Hegemonieprojekt wird weiterhin von vielen Gewerkschaften und europäischen Intellektuellen unterstützt (z. B. Bofinger u. a. 2012). Sie fordern mehr demokratische Kontrolle, eine weitere Aufwertung des Europäischen Parlaments und eine gemeinsame europäische Migrations- und Sozialpolitik. Europaskeptische Positionen gibt es hingegen im konservativen Lager ebenso wie bei den Linken. Entsprechend eines (3) „konservativen Hegemonieprojektes" oder auch eines (4) „national-sozialen Hegemonieprojektes" wird von äußerst heterogenen Akteuren argumentiert, dass Demokratie und Sozialstaat nur in Abgrenzung zur EU auf der nationalen Ebene gesichert werden können (Buckel u. a. 2014, 47 ff.). Während national-konservative Akteure in der Migrationspolitik eine strikte Begrenzung der Einwanderung fordern und ein verpflichtendes Bekenntnis zu einer (wie auch immer inhaltlich bestimmbaren) nationalen „Leitkultur" einfordern, richtet das national-soziale Projekt seine politische Strategie auf die Sicherung der wohlfahrtsstaatlichen Kompromisse für die „nationale Arbeiterklasse" (ebd., 74) als eine „Form der privilegierten Gemeinschaft" (Balibar, zit. nach Buckel u. a. ebd.). Gemäß eines (5) „links-liberal alternativen Hegemonieprojektes" kritisieren u. a. viele NGOs die Abgrenzung der EU nach außen, fordern eine neue Migrations- und Menschenrechtspolitik, aber auch eine demokratisch kontrollierte faire Handelspolitik und eine glaubwürdige Entwicklungszusammenarbeit und Umweltpolitik, um Fluchtursachen nachhaltig entgegenzuwirken.

Die hier nur schlagwortartig skizzierten Hegemonieprojekte werden von der Forschungsgruppe „entlang von fünf Dimensionen beschrieben: (1.) der Strategie in Bezug auf die Europäisierung; (2.) der sozialen Basis des Projektes; daran anschließend (3.) durch die migrationspolitische Konkretisierung der allgemeinen Strategie; (4.) die Benennung der zentralen

Akteur*innen; und (5.) schließlich entlang der Machtressourcen dieser Akteur*innen" (ebd., 64).

Abb. 2: Historisch-materialistische Politikanalyse (vgl. Buckel u. a. 2014)

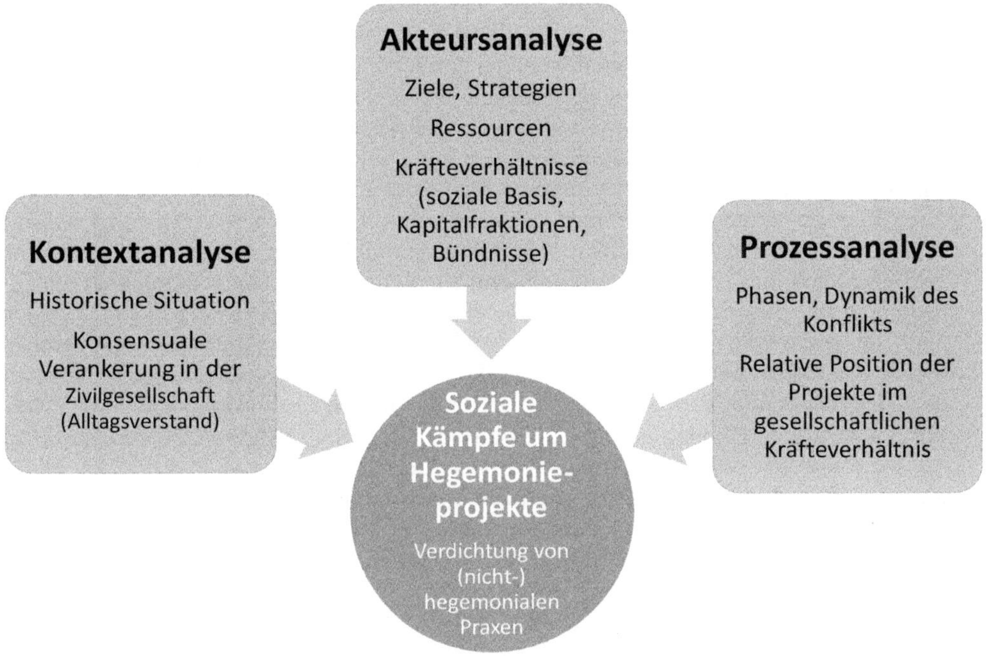

In folgenden Punkten kann die Methode der *Historisch-materialistischen Politikanalyse* (Buckel 2013; Buckel u. a. 2014) als eine herrschaftskritische Erweiterung bestehender methodischer Zugänge der Konflikt- und Problemstudien gesehen werden:

- Zwar weisen *Konfliktanalysen* (z. B. nach Giesecke oder Reinhardt) z. T. ähnliche Schlüsselkategorien als Erkenntnisinteresse aus (Konflikt, Akteure, Interessen, Bündnisse/Solidarität, Machtressourcen, Geschichtlichkeit), diese werden jedoch (ähnlich wie in der Policy-Analyse) weniger *im Kontext sozialer Kämpfe* um Hegemonieprojekte gesehen, auch wenn Giesecke durchaus auf die „latenten Konfliktlinien" in gesellschaftlichen Auseinandersetzungen verweist (Giesecke 1997, 26 f.).
- Die *Analyse von Herrschaftsverhältnissen im erweiterten „integralen Staat"* umfasst zudem die verdichteten Kräfteverhältnisse vor dem Hintergrund der konsensualen Verankerung hegemonialer Projekte im Alltagsverstand und der Zivilgesellschaft. Für die politischen Strategien des Abbaus sozialstaatlicher Sicherungen durch Aktivierung, Selbstverantwortung und Re-Privatisierung sozialer Risiken kann dies sehr überzeugend in der Implementierung von Bildungsprogrammen zum Engagement- und Service-Learning gezeigt werden (Wohnig 2017). Ähnliche Beispiele ließen sich für den Bereich der Bildung für nachhaltige Entwicklung zeigen (Eis 2015).
- Mit dem *Hegemoniekonzept* wird die Frage untersucht, „warum selbst noch die Beherrschten [...] in ihre eigene Beherrschung einwilligen, sie passiv erdulden oder sogar affirmieren" (Buckel 2013, 18). Der zentrale Gedanke ist eine Führung durch Konsens, also mittels Kompromissen, Zugeständnissen und Einhegung von Konflikt und Ansprü-

chen. Mit *Hegemonieprojekten* verbinden die Autor*innen die „Verkettung einer Vielzahl unterschiedlicher Taktiken und Strategien, mittels derer Myriaden von Akteur*innen versuchen, ihre partikularen Interessen in allgemeine zu transformieren, um hegemonial zu werden." (Buckel 2013, 19). Es geht also um den Versuch, „konträre gesellschaftliche Positionen hinlänglich zu integrieren und in einen kohärenten Zusammenhang zu bringen", d. h. um eine „politische Erzählung" herzustellen, mit deren Hilfe ein politisches Projekt hegemonial werden kann (ebd., 19 f.).

- Der „Versuch der Organisation von Hegemonie" ist umkämpft, ein offener Prozess und kann scheitern. Daher geht es vor allem um die Analyse von „*strategischen Praxen* – und nicht unterstellten Interessenpräferenzen" wie in Rational-Choice- und Governance-Ansätzen. Mit einem „Projekt" verbindet der Forschungsansatz eine Vielfalt von Akteuren, Allianzen, strategischen Praxen, relevanten gesellschaftlichen Kräften und Ressourcen. Sie können im Gesamteffekt „von Einzelnen nicht mehr kontrolliert werden". Es geht also auch hier um eine Modellbildung zur Reduzierung von Komplexität: um Zurechnung von Strategien, Akteuren usw. als plausible „begriffliche Konstruktionsleistung, die nicht mit Kausalnachweisen, sondern nur mit Plausibilitäten argumentieren kann". Als empirische Grundlage dienen die „Analyse von Positionspapieren, Investitionen der Beteiligung am Gesetzgebungsverfahren, juristische Dokumenten usw." (ebd.).
- Für die politische Bildung ist die zentrale Bedeutung von *zivilgesellschaftlichen Akteuren* die Rolle von Intellektuellen, die Verankerung der politischen Projekte im *Alltagsverstand,* d. h. durch politische Lernprozesse in Bildungsinstitutionen, (sozialen) Medien, Verbänden, Wissenschaft, Thinktanks, bis hin zu PR-Agenturen, Kampagnen und deren jeweilige „sozialer Basis" und unterstützenden Kapitalfraktionen von besonderer Relevanz.
- Die erkenntnisleitende (und auch fachdidaktische) Kernidee ist, dass konkrete politische Konflikte und Entscheidungen eingebettet sind in *latente soziale Kämpfe* (um europäische Integration) und unterschiedliche politische Projekte (Hegemonieprojekte). Politik wird hier nicht als „allgemeinverbindliche Problemlösung" im Sinne des (wie auch immer bestimmten) Gemeinwohls (oder als deliberative Aushandlung) dargestellt, sondern als soziale Kämpfe zur Durchsetzung unterschiedlicher Konzeptionen und Strategien zur (demokratischen) Gestaltung des Gemeinwesens.

3 Hegemoniekritik als fachdidaktischer Ansatz der Europabildung?

Die Bedeutung dieses analytischen Ansatzes für die Politische Bildung zeigt sich insbesondere mit Blick auf die ambivalente Funktion der Zivilgesellschaft als zentrales Feld der Hegemoniebildung, aber auch hinsichtlich der Potentiale emanzipatorischer Praxis. Die Anschlussfähigkeit zeigt sich also zum einen in der Erweiterung von Modellen der Policy-Analyse und der Konflikt- und Problemstudie, die sich v. a. in der schulischen Politikdidaktik häufig am Politikzyklus orientieren und das Politische – vielfach herrschaftsblind und in normativ idealisierter Weise – auf ein „Problemlösungshandeln" im Dienste des (wie auch immer bestimmten) „Gemeinwohls" reduzieren. Eine zweite politikdidaktische Konsequenz ergibt sich aus der Analyse, dass die entscheidenden sozialen Kämpfe darum, welchen Akteuren und Gruppen es gelingt, „ihre Partikularinteressen zu verallgemeinern, das heißt, sie hegemonial werden zu lassen" (Buckel u. a. 2014, 44), in allen drei Sphären des „integralen Staates" (Gramsci) geführt werden, also nicht nur durch staatliche Akteure, sondern auch im Bereich der gesellschaftlichen Produktion und Reproduktion sowie in der Zivilgesellschaft (vgl. Eis/Hammermeister 2017).

Die Zivilgesellschaft steht gerade im europabezogenen und Globalen Lernen sowie in Ansätzen der Bildung für nachhaltige Entwicklung (BNE) im Mittelpunkt vieler Debatten über eine Öffnung schulischer Politischer Bildung in die Bereiche des non-formalen Lernens sowie für Ansätze des Demokratielernens durch Engagementerfahrungen einer „aktiven Bürgerschaft" (Active Citizenship Education; vgl. Moulin-Doos 2017; Eis 2017; Emde/Overwien 2017). Während die herausgehobene Rolle der Zivilgesellschaft immer wieder als „Schule der Demokratie", als Hoffnungsträgerin für mehr „Bürgerbeteiligung" und neue Formen deliberativer Demokratie bemüht wird, bleibt ihre widersprüchliche Funktion zur konsensuellen Absicherung gesellschaftlicher Herrschaftsverhältnisse, aber auch als Terrain zur Austragung sozialer Kämpfe bislang weitgehend unberücksichtigt. Ein herrschaftskritischer Zugang eröffnet hier die Möglichkeit, politische Gestaltungsräume unter Bedingungen entgrenzter Staatlichkeit nicht nur zu postulieren oder im sozialen Engagement aufzulösen. Vielmehr gilt es empirisch zu analysieren, welche gesellschaftlichen Interessen von konkreten Akteuren und Bündnissen in aktuellen Konflikten und in unterschiedlichen Politikfeldern vertreten werden und warum sich diese (nicht) durchsetzen und demokratisch legitimieren lassen.

Herrschaft wird nicht nur und nicht in erster Linie durch Institutionen, Gesetze, Entscheidungen ausgeübt. Zudem sind „demokratische Mehrheitsentscheidungen" nicht zu trennen von den sozio-ökonomischen Ressourcen, kulturellen und Wissens-Netzwerken, Expertisen (v. a. nichtstaatlicher Akteure), die diese Entscheidungen vorbereiten – deren Gegenstand überhaupt erst auf die Agenda bringen. Die zunehmenden Formen von Selbstregulierung, privat-öffentlichen „Kooperationen", Selbstverpflichtung usw. als Ersatz für verbindliche Regelungen stellen eine prekäre Verantwortungsübertragung und Entpolitisierung gesellschaftlicher Verhältnisse dar (Eis/Moulin-Doos 2016).

Herrschaftskritik als Ansatz politischer Bildung bedeutet zunächst eine sozio-ökonomische und kulturell-ideologische Öffnung von Macht- und Herrschaftsanalysen (Frankfurter Erklärung 2015; Lösch/Thimmel 2010). Welche Projekte (Vorstellungen, Ziele, Strategien) setzen sich durch, warum, durch welche Mechanismen? Wie vollzieht sich die zivilgesellschaftliche Absicherung von Herrschaft u. a. durch Sozialisation, Bildung, Wissenschaft, die Herstellung von Deutungsmacht durch mediale Kommunikation. Hier sind sehr unterschiedliche Zugänge möglich, deren fachdidaktische (und bildungspraktische) Umsetzung noch weiterzuentwickeln gilt. Habitusanalysen (Bremer 2007), subjektorientierte Ansätze (Trumann 2013; Bauer 2016), Gouvernementalitätskritik (Bünger 2013; Friedrichs 2017), radikaldemokratische Ansätze (deMoll u. a. 2013) oder Arbeiten, die sich am Hegemoniebegriff orientieren (Bernhard 2005; Mayo 2015; Süß 2015) nehmen unterschiedliche Arten von Ressourcen und Wege der Reproduktion von Herrschaft in den Blick: organisatorische, systemische, diskursive, symbolische, strategisch-strukturelle.

Der emanzipatorische Anspruch „mit Bildung die Welt [zu] verändern" (Emde u. a. 2017) spiegelt zugleich ein idealisiertes, die eigenen Wirkungsmöglichkeiten von Pädagog*innen, Wissenschaftler*innen und Bildungsarbeiter*innen überschätzendes Selbstverständnis wider. Muss es nicht vielmehr als eine empirisch gesicherte Funktionalität gelten, dass Bildung – insbesondere in ihrer formalen Variante in Unterricht und zertifizierten Ausbildungsgängen – gesellschaftliche Verhältnisse eher reproduziert und somit Herrschaft absichert, statt Motor von Demokratisierung gesellschaftlicher Verhältnisse zu sein (Eis 2016)? *Liberale und deliberative* Demokratiekonzeptionen dominieren weitgehend den europapolitischen Diskurs auch in der Bildung. Sie gehen zum einen vom *Postulat* (und Versprechen) universeller Menschenrechte, gleicher Freiheiten und Chancen zur Selbst- und Mitbestimmung aus, zum anderen vom normativen *Anspruch*, die für alle Beteiligten besten Vorstellungen des Gemeinwohls in herrschaftsfreien Diskursen aushandeln (oder rechtfertigen) zu können, in denen alle Bürger*innen – in der kosmopolitischen Variante alle Menschen – eine in gleicher Weise hörbare und gewichtige Stimme haben.[83]

Aus *hegemonietheoretischer* Perspektive kann Politik gewiss nicht auf Verwaltungshandeln, im Sinne von effizienten Lösungen technischer Probleme durch (selbsternannte) Betroffene und Expert*innen, reduziert werden (vgl. Moulin-Doos in diesem Band, § 1.3). Nach Konzeptionen *radikaler Demokratie* (Moulin-Doos 2017) entspricht dieses Verständnis von Regierungstätigkeit eher einer entpolitisierten *Durchsetzung* bereits hegemonialer Positionen im Sinne einer *polizeilichen* Logik (Rancière). Politik endet oder verschwindet dort, wo soziale Kämpfe um alternative Projekte und Konzeptionen des Gemeinwesens nicht mehr erkennbar und gestaltbar sind. Auch konkrete politische Konflikte wie die Aushandlung von CO_2-Verordnungen für PKW, die Zulassung von Glyphosat als Pestizid oder die ausstehende Umsetzung der bereits 2013 beschlossenen Finanztransaktionssteuer (für elf EU-Mitgliedsstaaten) stehen im Kontext sozialer Kräfteverhältnisse und Kämpfe um sehr unterschiedliche politische Projekte über die Frage, welches Europa durchsetzbar ist und in welcher Gesellschaft unterschiedliche Gruppen von Akteuren leben wollen.

Literatur

Arbeitsgruppe Alternative Wirtschaftspolitik 2017: Memorandum 2017. Statt „Germany first“: Alternativen für ein solidarisches Europa, Köln.

Bauer, C. (2016): „Subjektorientierung“? Kritik des Subjektbegriffs in der Didaktik der schulischen politischen Bildung, Frankfurt a. M.

Bernhard, A. (2005): Antonio Gramscis Politische Pädagogik. Grundrisse eines praxisphilosophischen Erziehungs- und Bildungsmodells. Hamburg.

Bofinger, P./Habermas, J./Nida-Rümelin, J. (2012): Einspruch gegen die Fassadendemokratie. In: FAZ 180, 4.8.2012, S. 33.

Breit, G./Frech, S. (2010): Politik durchschauen. Wie man sich erfolgreich einen Durchblick verschafft, Schwalbach.

Bremer, H. (2007): Soziale Milieus, Habitus und Lernen. Zur Analyse von sozialer Selektivität und Chancengleichheit in pädagogischen Handlungsfeldern am Beispiel der Erwachsenenbildung, Weinheim.

Buckel, S. (2013): „Welcome to Europe“ Die Grenzen des europäischen Migrationsrechts. Juridische Auseinandersetzungen um das „Staatsprojekt Europa“, Bielefeld.

Buckel, S./Georgi, F./Kannankulam, J./Wissel, J. (2014): Theorie, Methoden und Analysen kritischer Europaforschung. In: Forschungsgruppe „Staatsprojekt Europa“ (Hrsg.): Kämpfe um Migrationspolitik. Theorie, Methode und Analysen kritischer Europaforschung. Bielefeld, S. 15-84.

Bünger, C. (2013): Die offene Frage der Mündigkeit. Studien zur Politizität der Bildung, Paderborn.

Bundesregierung (2017): Chance. Frieden. Kraft: Europa wird 60, hrsg. vom Presse- und Informationsamt (März 2017), Berlin.

Decker, M. (2017): Pulse of Europe. Unpolitisches Politikum. In: Frankfurter Rundschau 14.04.2017. Online abrufbar unter: www.fr.de/politik/pulse-of-europe-unpolitisches-politikum-a-1260944)

[83] Vgl. Steffens in diesem Band; für eine Kritik dieser Position: Moulin-Doos 2018.

deMoll, F./Kirschner, C./Riefling, M./Rodrian-Pfennig, M. (2013): Überlegungen zu einem Modell radikaldemokratischer politischer Bildung. Eine Dezentrierung des Kompetenzbegriffs. In: Bremer, H./Kleemann-Göhring, M./Teiwes-Kügler, C./ Trumann, J. (Hrsg.) (2013): Politische Bildung zwischen Politisierung, Partizipation und politischem Lernen. Beiträge für eine soziologische Perspektive, Weinheim, S. 293-314.

Eis, A. (2017): Education for European Democratic Citizenship. In: Lange, D./Reinhardt, V. (Hrsg.): Basiswissen Politische Bildung, 2 Bde., Baltmannsweiler, Bd. 2, 2. überarbeitete Neuauflage, S. 369-377.

Eis, A. (2016): Partizipation und politisches Lernen in der postdemokratischen Aktivgesellschaft. In: Demirovic, Alex (Hrsg.): Transformation der Demokratie – Demokratische Transformation, Münster, S. 104-122.

Eis, A. (2015): Soziale Praxis und politisches Lernen in der entpolitisierten Aktivgesellschaft. In: Götz, Michael/Widmaier, Benedikt/Wohnig, Alexander (Hrsg.): Soziales Engagement politisch denken. Chancen für die Politische Bildung, Schwalbach, S. 117-138.

Eis, A. (2013): Der europabezogene Ansatz: Politische Bildung in entgrenzten Demokratien. In: Deichmann, C./Tischner, C. K. (Hrsg.): Handbuch Dimensionen und Ansätze in der politischen Bildung, Schwalbach, S. 129-144.

Eis, A./Hammermeister, J. (2017): Herrschaftskritik und emanzipative Praxis: Hegemonie und Zivilgesellschaft als pädagogisches Verhältnis bei Antonio Gramsci. In: Gloe, M./Oeftering, T. (Hrsg.): Politische Bildung meets Politische Theorie, Schwalbach, S. 103-119.

Eis, A./Moulin-Doos, C. (2016): Prekäre Verantwortung zwischen Entpolitisierung und politischer (Selbst)Steuerung. Verantwortungskonflikte in der Politischen Bildung. In: Henkel, A./Åkerstrøm-Andersen, N. (Hrsg.): Precarious Responsibility: Attribution of Responsibility under Conditions of Trust in Systems. Soziale Systeme. Zeitschrift für Soziologische Theorie Jg. 19/Heft 2., Berlin/Boston, S. 405-429.

Europäische Kommission (2017): Weißbuch zur Zukunft Europas. Die EU der 27 im Jahr 2025 – Überlegungen und Szenarien, COM(2017)2025, Brüssel.

Emde, O./Jakubczyk, U./Kappes, B./Overwien, B. (Hrsg.) (2017): Mit Bildung die Welt verändern? Globales Lernen für eine nachhaltige Entwicklung, Leverkusen-Opladen.

Frankfurter Erklärung. Für eine kritisch-emanzipatorische politische Bildung, in: Journal für politische Bildung, 4/2015, S. 94-96; sowie in: Politisches Lernen, 3-4/2015, S. 40-41.

Friedrichs, W. (2017): Mündigkeit als Steuerungsdispositiv. Propädeutische Überlegungen zur Bedeutung der neuen Demokratietheorien für die politische Bildung. In: Greco, S./Lange, D. (Hrsg.): Emanzipation. Zum Konzept der Mündigkeit in der Politischen Bildung. Schwalbach, S. 69-78.

Giesecke, H. (1997): Kleine Didaktik des politischen Unterrichts, Schwalbach.

Guérot, U. (2017): „Eine Art bürgerliches Kaffeetrinken“. Bei Sonnenschein mit Luftballons für die EU zu demonstrieren sei schön und gut, sagt Ulrike Guérot. Doch der Bewegung fehlten konkrete Ziele. In: Die Tageszeitung, 10.4.2017. Online abrufbar unter: http://www.taz.de/!5396168/.

Heselhaus, S. (2017): EuG-Urteil zur Europäischen Bürgerinitiative: Gut für Bürgerbeteiligung, zu spät für “Stop TTIP”, VerfBlog, 2017/5/26. Online abrufbar unter: https://dx.doi.org/10.17176/20170526-090141.

KMK 2008 [1978]: Europabildung in der Schule. Empfehlungen der Ständigen Konferenz der Kultusminister der Länder in der Bundesrepublik Deutschland, i. d. F. vom 05.05.2008. Online abrufbar unter: http://www.kmk.org/fileadmin/Dateien/veroeffentlichungen_beschluesse/1978/1978_06_08_Europabildung.pdf.

Kohler-Koch, B./Quittkat, C. (2011): Die Entzauberung partizipativer Demokratie. Zur Rolle der Zivilgesellschaft bei der Demokratisierung von EU-Governance, Frankfurt/M.

Lösch, B./Thimmel, A. (Hrsg.) (2010): Kritische Politische Bildung. Ein Handbuch. Schwalbach.

Mayntz, R. (2009): Zur Selektivität der steuerungstheoretischen Perspektive. In: Dies. (Hrsg.): Über Governance. Institutionen und Prozesse politischer Regelung. Frankfurt/M., S. 29-40.

Mayo, P. (2015): Hegemony and Education under Neoliberalism. Insights from Gramsci. New York/London.

Moulin-Doos, C. (2016): Bürger als Mit-Akteur und Rechtssubjekt: Europäische und globale Bürgerschaft als Orientierung für die politische Bildung? In: ZEP 2, S. 12-16.

Moulin-Doos, C. (2017): Populismen in Europa. In: Jörke, D./Nachtwey O. (Hrsg.): Das Volk gegen die (liberale) Demokratie. Leviathan Sonderband 32, S. 303-321.

Moulin-Doos, C. (2018): Ist das Volk der radikalen Demokratie(-theorie) logischerweise emanzipatorisch? In: Martinsen, F./Nienhoff, M. (Hrsg.): Handbuch radikale Demokratietheorie (i. E.).

NECE – Networking European Citizenship Education (Hrsg.) (2013): Four scenarios on the Future of Citizenship in Europe 2030. The Hague/Amstelveen. Online abrufbar unter: http://www.bpb.de/veranstaltungen/netzwerke/nece/165582/scenario-workshop-for-the-nece-conference-2013.

Süß, R. (2015): Kollektive Handlungsfähigkeit. Gramsci – Holzkamp – Laclau/Mouffe. Wien/Berlin.

Tömmel, I. (2014): Das politische System der EU, 4. überarbeitete und erweiterte Aufl., München.

Trumann, J. (2013): Lernen in Bewegung(en). Politische Partizipation und Bildung in Bürgerinitiativen. Bielefeld.

Varwick, J. (2011): Krise und Zukunft der Europäischen Integration. Von der „European Union“ zur „European Onion“? In: Politische Bildung 1/2011, S. 11-31.

Weidenfeld, W. (2007): Europa leicht gemacht. Antworten für junge Europäer. Bonn.

Weißeno, G./Landwehr, B. (2014): Vermittlung konzeptuellen Wissens über die Europäische Union – ein Unterrichtsbeispiel. In: Frech, S./Kalb, J./Templ, K.-U. (Hrsg.): Europa in der Schule. Perspektiven eines modernen Europaunterrichts, Schwalbach, S. 77-89.

Wohnig, A. (2017): Zum Verhältnis von sozialem und politischem Lernen. Eine Analyse von Praxisbeispielen politischer Bildung. Wiesbaden.

Angaben zur Person:

Prof. Dr. Andreas Eis

ist seit 2015 Professor für Didaktik der Politischen Bildung an der Universität Kassel. Er studierte Sozialwissenschaften und Philosophie in Jena, Rennes (Frankreich) und East-Lansing (USA) für das Lehramt an Gymnasien. Nach seinem zweiten Staatsexamen in Thüringen arbeitete Eis in der Lehrerbildung an den Universitäten Jena, Augsburg, Frankfurt/M. und Oldenburg. Seine Forschungsschwerpunkte sind europapolitische Bildung, Transformationsprozesse und Vergesellschaftung in entgrenzten Demokratien, Diversität und partizipatorische Demokratiebildung sowie qualitative empirische Lern- und Unterrichtsforschung.

Bernd Overwien

Flucht und Migration in Europa: Reflexion globaler Ungleichheitsverhältnisse und lokaler Handlungsoptionen

Zusammenfassung: Dieser Aufsatz verbindet wesentliche konzeptionelle Ideen des Globalen Lernens mit aktuellen Diskussionen um eine europabezogene Bildung. Globales Lernen wird in verschiedenen europäischen Ländern diskutiert und praktiziert. Flucht und Migration ist dabei in Deutschland ein Themenfeld, das in letzter Zeit besonders stark thematisiert wird. Hierbei geraten dann, sowohl in der schulischen als auch der außerschulischen Bildung, Fluchtursachen in den Blick. Damit sind dann notwendige politische Veränderungen auf einer globalen politischen Ebene angesprochen.

Schlüsselbegriffe: Globales Lernen, Flucht, Migration

Flight and migration in Europe: reflection on global relations of inequality and local options for action

Abstract: This article tries to connect conceptions of global education with the necessities of the actual European education debate. Global education is a concept which is discussed in many European countries, it is already a practice both in and out of school education. Some actors have been trying to work with the phenomena of flight and migration and their causes.

Keywords: Flight, migration, global education

Einführung

Die Bearbeitung des Themenfeldes Flucht und Migration in Bildungsprozessen der Schule und in der außerschulischen Bildung ist durchaus voraussetzungsvoll. Dies hängt damit zusammen, dass es sich hier einerseits um globale Prozesse handelt, die zwischen einigen Ländern des nahen und ferneren Ostens, einer Reihe von afrikanischen Ländern und Europa stattfinden, in der Mehrzahl der Wanderungsbewegungen andererseits allerdings innerhalb und zwischen diesen Ländern. Bekanntlich sind beispielsweise die meisten syrischen Bürgerkriegsflüchtlinge in die Nachbarländer geflohen. Auch im Süden Afrikas gibt es die mit Flucht und Migration verbundenen Phänomene zwischen südafrikanischen Ländern und der Republik Südafrika. Weitere Migrationsprozesse sind auf dem amerikanischen Kontinent zu beobachten: zwischen einigen Nachbarländern und Argentinien oder aber zwischen zentralamerikanischen Ländern und den USA und Kanada. Dabei gibt es jeweils eine Reihe von Fluchtursachen und Gründen für Migration. So spielen Kriegsfolgen und politische Verfolgung eine wichtige Rolle. Neben diesen (halbwegs) anerkannten Asylgründen im Bereich von Menschenrechtsverletzungen gibt es selbstverständlich auch ökonomische Motive, die jeweiligen Länder zu verlassen. Diese Gründe lassen sich aber nicht auf persönliche Motivlagen der Migrant*innen reduzieren, sondern sind eng verbunden mit politischen Prozessen in den Herkunftsländern, die wiederum bis heute auch Rahmungen aus der Kolonialzeit haben[84]. Gleichzeitig ist eine Reihe der Migrationsgründe auch mit der nachkolonialen ökonomischen Struktur der Welt verbunden, die nach wie vor durch ungleichen Tausch und – trotz

[84] Siehe Werner Ruf im gleichen Band

aller wirtschaftsliberalen Glaubensbekenntnisse – Handelsschranken in Richtung des globalen Nordens[85] gekennzeichnet ist. Zwar wurden viele Produktionsanlagen in Länder des globalen Südens verlagert, Vorteile ergeben sich aber hauptsächlich im globalen Norden, deren multinationale Konzerne viele Umweltprobleme mit verlagern konnten. Zu dieser Skizze hinzuzufügen sind dann noch Fluchtmotive, die bereits jetzt aus spürbaren Klimaveränderungen folgen, deren Ursache seit der Industrialisierung hauptsächlich im Norden liegt, wenn auch jetzt manche „Schwellenländer" beteiligt sind (vgl. Lessenich 2017, Brand/Wissen 2017). Es sei noch die Komplexität verschärfende Anmerkung hinzugefügt, dass es in den Herkunftsländern vieler Migrant*innen auch politisch-ökonomische Gründe gibt, die Migration als positive Entwicklung aus dem Blickwinkel der Staatshaushalte erscheinen lässt. Immerhin sind häufig die Rücküberweisungen der Migrant*innen aus der Diaspora ein wesentlicher Anteil am Bruttosozialprodukt von Ländern mit insgesamt schwachen wirtschaftlichen Strukturen, wobei der Einsatz des Geldes dort oft ungesteuert und kontraproduktiv verläuft.

1 Flucht, Migration, Globalisierung

Die vorstehende kleine Skizze einiger Hintergründe zum Thema Flucht und Asyl zeigt, dass es sich hier um ein durchaus komplexes Themenfeld handelt. Es ist eingebunden in Globalisierungsprozesse, die gekennzeichnet sind durch eine

> „[...] Intensivierung weltweiter sozialer Beziehungen, durch die entfernte Orte in solcher Weise miteinander verbunden werden, dass Ereignisse am einen Ort durch Vorgänge geprägt werden, die sich an einem viele Kilometer entfernten Ort abspielen und umgekehrt [...]" (Giddens 1995, S. 85).

Der hier angesprochene Globalisierungsprozess, zu dem auch das Phänomen der weltweiten Migration gehört, ordnet also Verhältnisse zwischen der individuellen Lebenswelt, der Arbeitswelt und weiterer damit verbundener politischer Handlungsfelder neu (Angilletta 2002, S. 47 ff.). Der/Die politisch eingriffsfähige Bürger*in wird sich stärker als je zuvor mit einem weltweiten Prozess des Ineinandergreifens ökonomischer, politischer und sozialer Realitäten und Aktivitäten auseinandersetzen müssen. Das ist innerhalb einer „imperialen Lebensweise" (Brand/Wissen 2017) noch ganz komfortabel, wenn es im Konsumbereich um sehr preiswerte, im globalen Süden hergestellte Produkte geht, bei denen auch die verarbeiteten Rohstoffe aus nördlicher Perspektive sehr preisgünstig extrahiert wurden (vgl. Peters/Burchardt 2016). Schon wenn man sich aber mit den sozialen Fragen hinter diesen Rohstoffen und Produkten befasst, wird es weniger gemütlich, weil sehr häufig menschenunwürdige Arbeitsbedingungen bis hin zu sklavereiähnlichen Bedingungen anzutreffen sind. Zwar lassen sich Ursachen von Flucht und Migration nicht sehr einfach auf diese Verhältnisse reduzieren, zum Ursachenbündel gehören sie aber sicher dazu.

Direkt spürbar wird Globalisierung in den nördlichen Industrieländern durch die Menschen, die hier ankommen und die menschenrechtlichen ‚Werteordnungen' der Industrieländer und das Asylrecht ernst nehmen. Dies hat auch Folgen für die Aufnahmeländer, da diese mit Sozialängsten oder auch rassistischen Haltungen auf Zuwanderung jedweder Form reagieren. Zum Teil mögen Ängste auch mit fehlendem Verständnis der Situation zu tun haben. Allgemein gesprochen folgt aus den genannten Entwicklungen, dass die Kluft zwischen globaler Interdependenz und der Fähigkeit der Menschen, die Komplexität der dadurch veränderten Realitäten zu bewältigen, größer wird (vgl. Engelhard/Otto 2005, S. 134 f). Derzeit in

[85] In einschlägigen Publikationen ist nicht mehr von Industrie- und Entwicklungsländern die Rede, sondern vom globalen Norden und globalen Süden. Dadurch wird Distanz zum herkömmlichen Entwicklungsbegriff signalisiert, wenn auch die neue Sprachregelung etwas pauschal ist (vgl. etwa Bechtum/Overwien 2017).

ganz Europa zu beobachtende Entwicklungen eines verstärkten Rechtspopulismus sind sicherlich nicht allein auf Globalisierungstendenzen zurückzuführen. Eine aktuelle Untersuchung zeigt aber, dass Globalisierungsängste bei der Hinwendung zu Rechtspopulist*innen und Rechtsextremen in ganz Europa eine wichtige Rolle spielen (vgl. De Fries/Hoffmann 2016).

Das skizzierte Geschehen und eine daran ansetzende zunehmende Verbreitung diffuser Ängste führen offenbar auf unterschiedlichen Feldern zu einer Spaltung der Gesellschaft[86]. So gibt es in Deutschland bekanntermaßen eine breit verankerte Bereitschaft, Geflüchtete aufzunehmen (Ahrens 2015). Gleichzeitig gibt es politische Kräfte, die die Fluchtbewegungen mit Globalisierungsängsten verknüpfen und mit populistischen (Schein-) Argumentationsmustern bei Wahlen punkten. Bei Teilen der Bevölkerung wächst eine diffuse Angst um die Zukunft, die einerseits mit weltweiten Instabilitäten und Bedrohungen zu tun hat, die abgesehen von einigen Formen des Terrorismus eigentlich nicht neu sind, sich aber durch den fortschreitenden Globalisierungsprozess verdichten. Andererseits hat ein neoliberal begründeter Sozialabbau tatsächlich auch im Norden die Situation für viele Menschen konkret negativ verändert und Ängste vor einem möglichen weiteren Abstieg mobilisiert. Die aktuellen Fluchtbewegungen nach Europa machen weltweite Entwicklungen sichtbarer und ein Teil der Bevölkerung sucht sein Heil in nationalistischen Phrasen. Hier wird klar, dass es politische Kräfte gibt, die das wollen, was Peter Hennicke 2005 (S. 10) in dem Bericht des Wuppertal-Instituts ‚Fair Future' alarmierend zum Ausdruck bringt: Jetzt

> „steht die Entwicklung an einem Scheideweg: entweder bleibt die Mehrheit der Welt vom Wohlstand ausgeschlossen oder das Wohlstandsmodell wird so umgestaltet, dass alle daran teilnehmen können, ohne den Planeten ungastlich zu machen. Es geht um die Wahl zwischen globaler Apartheid und globaler Demokratie".

Politische Folgen dieser im Raum stehenden Alternativen sind bereits zu besichtigen. Rechtspopulist*innen arbeiten an der Spaltung der Gesellschaft und haben offenbar Ziele vor Augen, die Hennicke mit „globaler Apartheit" zum Ausdruck bringt. Claus Leggewie sieht nicht die Globalisierung an sich als Problem, sondern eine Variante, die vor allem die soziale Ungleichheit im Norden verschärft habe. Er sieht die Notwendigkeit einer progressiven Wende und damit einhergehender alternativer Formen globaler Kooperation, die normativ mit sozialer Gerechtigkeit, Demokratie und Nachhaltigkeit verbunden sind (Leggewie 2017).

Es geht also, gerade auch mit Blick auf Migrationsbewegungen, um die Lösung von Weltproblemen und die Veränderung von Strukturen der Ungleichheit. Wenn den aufkommenden Rechtstendenzen wirksam entgegengetreten werden soll, dann müsse es – so Leggewie – auf nationaler, europäischer und globaler Ebene um mehr demokratische Steuerungskompetenzen gehen. Wirtschaft gestalte sich europäisch (und global) und Politik bleibe bisher dem Nationalstaat verhaftet.

---

[86]Zur Verbreitung aktueller Ängste in Deutschland s. Bude 2014, zu deren Rolle in der politischen Bildung s. Besand 2014.

2 Arbeit an den Ursachen von Flucht und Migration?

Wenn also von Flucht und Migration die Rede ist, dann muss auch die Rede von den Ursachen sein. Die Spaltung im Norden, die auch mit sozialer Spaltung einhergeht, kann eine Politik mindern, die die Bevölkerung wieder stärker an Wohlstandsgewinnen teilhaben lässt, so der Gewerkschafter Gustav Horn (2017). Hinzugefügt werden muss allerdings, dass dies auch global eine Rolle spielt und dabei ökologische Fragen nicht an den Rand gedrängt oder verlagert werden. Die „imperiale" Produktions- und Lebensweise in den Ländern des Nordens, die eine rücksichtlose Ausbeutung von Mensch und Natur immer mehr verschärft hat, müsse sich hin zu solidarischen Lebensweisen verändern, auf der Grundlage eines gerechteren und ökologischen Miteinanders, so die Politikwissenschaftler Ulrich Brand und Markus Wissen (vgl. Brand/Wissen 2017). Der Ökonom Heiner Flassbeck fordert, dass globale Wirtschaftspolitik auf allen Ebenen die Konsequenzen aus dem Scheitern neoliberaler Politik ziehen müsse. Die Rückführung staatlicher Regelung und Intervention habe keineswegs zu mehr wirtschaftlicher Stabilität geführt. Sie habe die Macht wirtschaftlicher Eliten gefördert und immer mehr Bürger*innen an den Rand gedrängt. Es gehe global darum, einen fairen Rahmen für unternehmerische Tätigkeit zu schaffen und um weit mehr internationale Koordination der Politik. Auch der ökologische Umbau der Wirtschaft verlange nach einem kompetenten Staat, insbesondere in den Ländern des Nordens, die in der Vergangenheit am weitestgehendsten in die natürlichen Systeme eingegriffen haben (Flassbeck 2015, S. 86 ff).

Für eine ganze Reihe der kurz angesprochenen Weltprobleme, die auch im Kontext von Migration eine Rolle spielen, gibt es durchaus den Versuch, Lösungsansätze auf internationaler Ebene zu schaffen. Die globalen Nachhaltigkeitsziele der Vereinten Nationen zeigen Wege in die richtige Richtung auf, wenn diese sich auch an vielen Stellen noch im Dickicht internationaler Kompromisse verlieren. Immerhin liegt hier ein Ausdruck des politischen Willens vor, die Welt zu retten und gleichzeitig gerechter zu gestalten. Dabei soll auch die Umgestaltung des industrialisierten Nordens in Angriff genommen werden. Der Wissenschaftliche Beirat der Bundesregierung zu globalen Umweltveränderungen (WBGU 2011) betont für Deutschland die Notwendigkeit einer post-fossilen Wirtschaftsweise, zeigt die Machbarkeit der Wende zur Nachhaltigkeit und präsentiert zehn konkrete Maßnahmenbündel. Immer wieder wird betont, dass Bildung auf dem eingeschlagenen politischen Weg eine wichtige Rolle spielen soll. Allerdings sind die Vorstellungen des WBGU zur Rolle der Bildung zu sehr auf die kognitive Dimension ausgerichtet. Was dann genau eine transformatorische Bildung für die eingeforderte „Große Transformation" ist, muss noch diskutiert werden. Wie innergesellschaftliche Problemlagen und Spannungen da einbezogen werden können, wird bisher in diesem Kontext nicht diskutiert. Es wird auch um Weiterentwicklungen interkulturell pädagogischer Ansätze gehen müssen (vgl. Mecheril 2016). Es muss darum gehen, Globalisierungsprozesse zu verstehen, in die Deutschland und Europa eingebunden sind (vgl. Overwien/Rathenow 2009).

3 Globales Lernen – ein europäischer Ansatz

Flucht und Migration sind also nicht losgelöst von globalen Problemlagen zu diskutieren. Ein Bildungskonzept, das geeignet erscheint, Hintergründe des Globalisierungsprozesses transparent zu machen und Komplexität zu reduzieren, ist das des Globalen Lernens. Ausgangspunkt der verschiedenen Entwicklungslinien Globalen Lernens ist die Erkenntnis, wonach es eines besonderen Zugangs des Lernens bedarf, um globale Prozesse der Vernetzung sozialer Beziehungen zu erschließen. Das Spektrum der Ansätze ist weitgespannt: von fachdidaktischen Bemühungen, globale Entwicklungen und Gefährdungen zu fassen bis hin zu solchen Konzepten, die Globales Lernen als zeitgemäßes Verständnis von Allgemeinbildung betrachten und eine Transformation von Bildung insgesamt anmahnen (vgl. Seitz 2002, S. 366). Die Wurzeln Globalen Lernens lassen sich bis in reformpädagogische Diskussionen um ‚World Studies' im Großbritannien der fünfziger Jahre zurück verfolgen. Eine andere Spur ist, ebenfalls in Großbritannien, die der ‚Development Education', die zunächst von einem kritischen Umgang mit der kolonialen Tradition des Landes geprägt ist und sich dann zu einer Global Education entwickelte (Bourn 2015. S. 10). Hierbei ist eine Diskussion innerhalb der UNESCO wichtig, die 1974 zu einer „Empfehlung über die Erziehung zu internationaler Verständigung und Zusammenarbeit und zum Weltfrieden sowie die Erziehung im Hinblick auf Menschenrechte und Grundfreiheiten" führte (zit. n. Seitz 2002, S. 367, bzw. Bourn 2015, S. 8 f). Global Education formt sich hier in kritischen Diskussionen mit US-Wissenschaftler*innen hin zu einem Ansatz, der Strömungen aus der Umweltbildung, der antirassistischen Bildung, der Friedenspädagogik und der Menschenrechtsbildung aufnahm (Bourn 2015, S. 12 f). Während Bourn weiterhin den Begriff der ‚Development Education' für seinen Ansatz nutzt, sprechen Pike/Selby (1988) von ‚Global Education'.

In Deutschland existieren seit den siebziger Jahren verschiedene pädagogische Ansätze nebeneinander, die sich erst später zum Globalen Lernen vereinen. In der Bildungsarbeit vieler Nichtregierungsorganisationen werden die Grenzen einer ‚Dritte-Welt-Pädagogik' und der entwicklungspolitischen Bildung deutlich. Einflüsse aus dem englischen Sprachraum führen zu einer Dokumentation, die das Schweizer Forum ‚Schule für eine Welt' Mitte der neunziger Jahre vorlegte. Hier werden, im zeitlichen Kontext der UN-Konferenz für Umwelt und Entwicklung in Rio 1992, Bezüge zwischen Umwelt und Entwicklung verdeutlicht und Grundsätze für ein globales Lernen formuliert (vgl. Bühler 1996, S. 224 ff.). Konzeptionell wird hier ausgeführt, welche Rolle Bildung und Erziehung bei der Entstehung einer nachhaltigen Gesellschaft spielen können (vgl. Scheunpflug 2017, S. 142). Globales Lernen ist heute in einer Reihe europäischer Länder ein verbreiteter Ansatz, der in engem Verhältnis zur Bildung für nachhaltige Entwicklung steht, sich aber stärker auf Fragen des Nord-Süd-Verhältnisses bezieht (vgl. Jucker/Mathar 2014). Anfang der Zweitausender Jahre treffen sich auf Einladung des Nord-Süd-Zentrum des Europarats im europäischen Maastricht Vertreter*innen aus verschiedenen europäischen Ländern, um hier dann die ‚Maastrichter Erklärung zum Globalen Lernen' zu verabschieden. Die Erklärung fordert auf verschiedenen Ebenen eine Stärkung globalen Lernens und zeigt Position:

> „Globales Lernen bedeutet Bildungsarbeit, die den Blick und das Verständnis der Menschen für die Realitäten der Welt schärft und sie zum Einsatz für eine gerechtere, ausgewogenere Welt mit Menschenrechten für alle aufrüttelt." (Nord-Süd-Zentrum des Europarates 2008, S. 70)

Globales Lernen wird heute weitgehend als besonderer Zugang zur Bildung für nachhaltige Entwicklung (BNE) betrachtet. Dabei ist Globales Lernen teils ein Obergriff solcher didaktischer Bemühungen, die eine weltweite Orientierung bei der Auswahl von Unterrichtsgegenständen anstreben (Adick 2002, S. 399). Teils gibt es aber auch genauere Vorstellungen zur Strukturierung von Lernprozessen. So sehen Selby/Rathenow (2003) die Notwendigkeit, globale Fragestellungen in vier Dimensionen zu bearbeiten, einer inhaltlichen, einer räumlichen, einer zeitlich-historischen und einer „inneren Dimension". Letztere deutet auch die Ebene der Gefühle an, Gefühle, die durch Ohnmacht Katastrophenangesprochen werden können. Asbrand/Scheunpflug (2014) richten Globales Lernen am Ziel weltweiter Gerechtigkeit aus und streben, mit systemtheoretischen Anleihen bei Luhmann, eine Verringerung von Komplexität in Lernprozessen und eine Erhöhung der Eigenkomplexität der Lernenden an.

Globales Lernen ist, eng verbunden mit BNE, inzwischen gut in den Curricula angekommen. Die KMK-Empfehlung zum Globalen Lernen, die in einer ersten Form 2007 erschien und 2016 aktualisiert wurde, zeigt, dass globale Fragen an vielen Stellen in die politische Bildung und in andere Fächer der Schule integriert werden können (KMK/ BMZ 2016). Mehr noch weist sie den Weg hin zu einer global orientierten politischen Bildung für die ganze Schule. Dieser KMK-„Orientierungsrahmen für den Lernbereich globale Entwicklung“ weist, auf der Grundlage des Nachhaltigkeitsverständnisses der Vereinten Nationen und der Bildung für nachhaltige Entwicklung, Wege zur Kompetenzentwicklung in der Schule, wie etwa die Fähigkeiten zu „Perspektivenwechsel und Empathie“, zur „Solidarität und Mitverantwortung“, zur „Handlungsfähigkeit im globalen Wandel“ oder auch zur „Partizipation und Mitgestaltung“.

Viele dieser Ziele finden sich aktuell in hessischen Lehrplänen und auch denen anderer Bundesländer. Auch Unterrichtsmaterial[87] und Schulbücher (bspw. Füchter u. a. 2016) stehen zur Verfügung. Aus der außerschulischen politischen Bildung kommen zahlreiche Anregungen, produktiv auch neue ökonomische Ansätze und weitere gesellschaftliche Gestaltungsideen einzubeziehen (vgl. Emde u. a. 2017). Es sollte also möglich sein, die globale Dimension politischer Bildung in den nächsten Jahren verstärkt zu integrieren.

Auf theoretischer Ebene bewegt sich derzeit die Diskussion in Richtung einer Global Citizenship Education, die auch Bezüge zur European Citizenship Education aufweist, bzw. mit ihr verbunden werden kann (vgl. Grobbauer 2017). Vorstellungen aus dem Kontext der Vereinten Nationen bringen dieses Konzept in die internationale Diskussion (UNESCO 2014). Kritik an der Vernachlässigung von Nachhaltigkeitsfragen kommt indirekt aus der österreichischen UNESCO-Kommission, die konkretere Vorstellungen der Etablierung eines zu diskutierenden Konzepts vorlegt (Wintersteiner u. a. 2015). Aus Finnland gibt es den Vorschlag, eine Critical Global Citizenship Education zu formulieren und Fragen eines andauernden Kolonialismus auf allen Ebenen zu thematisieren, bis hin zur Kritik von Schulbüchern und Curricula (Mikander 2016). Die Autorin schließt hier an Diskussionen an, die im kanadisch-finnischen Kontext entstanden sind und schon früh auf die Notwendigkeit eines kritischen Zugangs verweisen (Andreotti 2006). Dennoch sind all diese Diskussionen konzeptionell noch am Anfang und es steht aus, sie mit Globalem Lernen und BNE zu verbinden.

4 Globales Lernen, Flucht und Migration

Auf einer Tagung des ‚Eine Welt Netzwerkes Bayern’ erzählt Diop, ein junger Geflüchteter aus dem Senegal, seine Geschichte. Als er zwölf Jahre alt war, starb sein Vater. Er und seine Geschwister übernahmen dessen Arbeit auf dem Fischerboot. Die Fänge wurden von Jahr zu Jahr geringer. Die Fischer wüssten, dass dies vor allem an den europäischen und anderen internationalen Fangflotten liege, die mit dem Einverständnis der senegalesischen Regierung so intensiv fischen, dass für die Einheimischen kaum etwas bliebe. Das Geld, das internationale Unternehmen dafür bezahlen, komme bei den Fischern nicht an. Diop entschloss sich dann, als er alt genug war, nach Europa zu fliehen. Über Mauretanien und die kanarischen Inseln kam er nach Spanien und arbeitete im Tomatenanbau. Bedingt durch die Finanzkrise und ihre Folgen waren diese Jobs nun auch für Spanier*innen plötzlich wieder attraktiv. Diop verlor den Job und ging nach Deutschland, wo er seitdem auf ein Asylverfahren wartet (Diop 2016).

Diese Geschichte ist voller Anklage pragmatischen Verhaltens und dennoch auch Ambivalenzen. Der Senegal ist ein stabiler Staat. Das Asylverfahren wird negativ ausgehen. Europa wird seine Verantwortung für die soziale Situation im Senegal letztlich abschieben.

---

[87]Siehe: www.globaleslernen.de oder auch_www.attac.de/bima (vgl. auch die Beiträge von Oppenhäuser, Heseding und Engelhardt u. a. in diesem Band)

Das Beispiel zeigt, dass es schwierig ist, zwischen ‚Wirtschaftsflüchtlingen' und einer begründeten Asylsituation zu unterscheiden. Sicher hat ein Mensch, der vor Krieg und Verfolgung flieht oder jemand mit der Erfahrung von Folter, ganz andere Gründe für die Flucht. Wichtig zu sehen ist aber, dass wir es hier nicht mit Diskussionen um ein ‚ganz richtig' oder ‚ganz falsch' zu tun haben. Es gibt ein Kontinuum von Gründen, die ursprüngliche Heimat zu verlassen.

Auch mit solchen Fragen befassen sich viele der Bildungsinitiativen Globalen Lernens, die nach 2015 in großer Zahl entstanden. Nach Ayazi gibt es kaum eine NGO, die innerhalb des Globalen Lernens arbeitet, die nicht auch schulische oder außerschulische Lernprojekte oder auch Unterrichtseinheiten zu Flucht und Asyl anbietet. Der direkte Rahmenplanbezug ist bisher nur schwach zu finden, weshalb sich viele der Angebote auf die allgemeinen Ziele des o. g. Orientierungsrahmens der KMK beziehen (Ayazi 2017).

Eine intensivere Diskussion ist zu den Kriterien des inhaltlichen Herangehens zu finden. So betont EPIZ-Berlin (2016, S. 7), ein größerer lokaler Anbieter, seinen Zugang zum Globalen Lernen wie folgt und bezieht daraus auch die Motivation, das Thema Flucht und Asyl konkret zu bearbeiten:

> „Es fokussiert auf soziale Gerechtigkeit und somit auf die weltweite Durchsetzung politischer, sozialer und ökonomischer Menschenrechte. In der Auseinandersetzung damit werden Lebenssituationen und insbesondere marginalisierte Perspektiven von Menschen in Ländern des Globalen Südens differenziert einbezogen. Die Wechselwirkungen [...] zwischen Globalem Norden und Globalem Süden stehen thematisch im Zentrum des Globalen Lernens. Globales Lernen achtet darauf, Machtgefälle und Diskriminierung kritisch zu thematisieren. Es greift dabei die vier Dimensionen der nachhaltigen Entwicklung – Gesellschaft, Politik, Umwelt und Wirtschaft – auf und setzt sich mit den sich daraus ergebenden Herausforderungen und Chancen auseinander."

Das größte Webportal mit Unterrichtsmaterialien zum Globalen Lernen wird von einem Zusammenschluss deutscher NGOs betrieben. Dort werden umfangreiche Unterrichtsmaterialien, auch zum Thema Flucht und Migration, angeboten. Bei der Auswahl gelten inhaltliche Kriterien:

> „Gelungene Bildungsarbeit zum Thema ‚Flucht und Asyl' sollte daher erstens sachliche Information über Fluchtursachen, Fluchtbiografien, Fluchtwege und Fluchthindernisse vermitteln, zweitens Empathie und Anteilnahme ermöglichen und drittens – und nicht zuletzt – dazu einladen, persönliches Engagement zu entwickeln und für Flüchtlinge vor Ort einzutreten." (Portal Globales Lernen 2016)[88]

Allerdings wird mit Recht angemerkt, dass ein zu enger Blick auf Sachinformationen über Flucht und Migration nicht ausreichte. Es ist schwer, die Komplexität des Themas in Form von Bildungsmedien zu vermitteln und nicht bei der bloßen Aufbereitung von Sachinformationen stehen zu bleiben. So weist Spetsmann-Kinkel (2013, S. 7) darauf hin,

> „dass sowohl Fragen der Integration von Migrant/inn/en als auch die Betrachtung globaler Migrationsbewegungen nicht zu lösen sind von ökonomischen Prozessen des Profits, der Konkurrenz, Ressourcenmaximierung, Abhängigkeit und Macht."

Frieters-Reermann (2017) unterstreicht dies, indem er die inhaltliche Forderung postuliert, wonach alle Bildungsangebote und Materialien aus postkolonialer Perspektive kritisch reflektiert werden müssen. Hiermit schließt er zumindest an Selby/Rathenow an, die die historisch-kritische Perspektive als unverzichtbaren Teil Globalen Lernens sehen.

[88] Portal Globales Lernen der Länder: http://www.globaleslernen.de/de/aktuelles/fokus-flucht-und-asyl/bildungsangebote-fuer-schulen (05.07.2017)

Anhand einiger weniger Beispiele kann hier angedeutet werden, welche Inhalte in Schulaktivitäten zum Thema Flucht und Asyl eine Rolle spielen.[89] So gibt es ein Angebot eines Projekttags an nordrhein-westfälischen Schulen „Flucht – warum fliehen Menschen, was erleben sie und wie gehen wir damit um?" Schüler*innen der 5.-7. Klasse bereiten sich auf ein Rollenspiel vor. Sie erfahren etwas über Zahlen und Fakten zu Herkunfts- und Aufnahmeländern und auch konkrete Geschichten zu Fluchtursachen und individuellen Gründen der Flucht. Im Rollenspiel steht dann die Vorbereitung auf die Anhörung beim Bundesamt für Migration und Flüchtlinge im Mittelpunkt. In der Reflexionsphase geht es neben der Nachbereitung auch um die Möglichkeit, sich politisch zu engagieren.[90]

Das Kindertheaterstück ‚Die kleine Klimaprinzessin' mit Arbeitsmaterialien für Grundschulen bringt das Thema Klimawandel und Flucht zusammen. Das angebotene Arbeitsmaterial erlaubt es, das Stück anhand sachlicher Informationen in einer eigenen Variation umzuarbeiten und dann vorzustellen.

Mit Unterstützung von ‚Brot für die Welt' werden vom Weltladen Fürth Botschafter*innen des Globalen Lernens ausgebildet. Schüler*innen interviewen Geflüchtete und arbeiten mit diesen in Workshops zusammen, die dann als eben jene Botschafter*innen gesehen werden. Die Geflüchteten werden dann als eben jene Botschafter*innen betrachtet. Die Arbeit mit ihnen ähnelt der mit Zeitzeug*innen und es wird an Portraits und dokumentierten Statements der Geflüchteten gearbeitet. Das Projekt ist für Schüler*innen ab etwa 14 Jahren mit guten englischen Sprachkenntnissen geeignet.

Viele der weiteren Beispiele sind projektartig angelegt. Nicht ganz unproblematisch ist die direkte Begegnung mit Geflüchteten. Bekanntermaßen führt interkulturelle Begegnung nicht automatisch zu mehr Verständnis. Gleichzeitig führt auch eine zu stark ausgeprägte Helfermentalität zu Hierarchien. Wichtig ist auch zu beachten, dass unter den geflohenen Menschen auch traumatisierte sein können, die nicht so ohne weiteres von Erlebnissen erzählen können. Auch auf Seiten der Schüler*innen können starke Emotionalisierungen auftreten, die bei der Planung solcher Aktivitäten sorgfältige Beachtung finden müssen (vgl. Frieters-Reermann 2017, S. 88 f).

Es stellt sich die Frage, was denn Kinder in der Schule bei all diesen Projekten mitnehmen. Dies ist bisher kaum untersucht. Deshalb sollen an dieser Stelle beispielhaft Schüler*innen zu Wort kommen. In dem Projekt „Gemeinsam Grenzen Überwinden"[91] arbeiten Schüler*innen der siebten Klasse zusammen. Im Rahmen eines Rollenspiels zum Lebensalltag von Geflüchteten in Deutschland bekommen junge Menschen eine Idee von deren Lebensrealitäten. Die vorherige Vermittlung von Informationen zum europäischen Asylsystem und zu Fluchtursachen mitsamt kolonialer Geschichte vieler Länder liefert ebenso Hintergründe wie eine Fotoausstellung über die Lebensrealität von Geflüchteten in Europa. Am Ende einer Einheit antwortet eine Schülerin auf die Frage „Was hast du gelernt?": „Ich verstehe jetzt, dass Flüchtlinge wie normale Menschen respektiert werden sollen." Und eine andere Antwort: „Ich verstehe jetzt, warum die Menschen flüchten müssen und wie sie sich fühlen und auch, wie die Leute, die Asyl beantragt haben, leben und was sie besitzen" (nach Ayazi 2017).

Die Beispiele sollen verdeutlichen, wie im Globalen Lernen mit Flucht und Migration umgegangen wird und wie europäische Sicht- und Handlungsweisen mit globalen Perspekti-

---

[89]Die Beispiele finden sich unter: http://www.globaleslernen.de.

[90]Hierbei muss sich niemand Sorgen um die Einhaltung des Beutelsbacher Konsenses machen, denn erstens entscheiden die jungen Leute selbst, ob sie sich engagieren und zweitens dürfte es mit der dahinter stehenden Normativität kaum Probleme geben (vgl. Overwien 2016).

[91]Weitere Informationen zu den Angeboten von „Gemeinsam Grenzen Überwinden" finden sich unter: www.gemeinsamgrenzenueberwinden.wordpress.com/ (05.07.2017).

ven verbunden sind. Was allerdings fehlt, ist eine wissenschaftlich evaluierende Arbeit zu diesen global orientierten Bildungsansätzen.

Literatur

Adick, C. (2002): Ein Modell zur didaktischen Strukturierung des Globalen Lernens. In: Bildung und Erziehung Nr. 55, 397-416.

Ahrens, P.-A. (2015): Skepsis oder Zuversicht? Erwartungen der Bevölkerung zur Aufnahme von Flüchtlingen in Deutschland. Hannover: Sozialwissenschaftliches Institut der EKD.

Andreotti, V. (2006): Soft versus critical global citizenship education. In: Policy & Practice – A Development Education Review, 40-51.

Angilletta, S. P.(2002): Individualisierung, Globalisierung und die Folgen für die Pädagogik. Opladen.

Asbrand, B./Scheunpflug, A. (2014): Globales Lernen. In: Sander, W. (Hrsg.): Handbuch politische Bildung. Schwalbach/Ts., 469-484.

Ayazi, C. (2017): Migration und Flucht – Methoden und Tools zum Globalen Lernen. In: Emde, O./Jakubczyk, U./Kappes, B./Overwien, B. (Hrsg.): Mit Bildung die Welt verändern? Globales Lernen für eine nachhaltige Entwicklung, Leverkusen-Opladen (im Erscheinen).

Bechtum, A./Overwien, B. (2017): Kann postkoloniale Kritik Schule machen? Über ihre Grenzen und Potenziale für (entwicklungs-)politische Bildungsarbeit. In: Burchardt, H.-J./Peters, S./Weinmann, N. (Hrsg.): Entwicklungstheorie heute – Entwicklungspolitik von morgen. Baden-Baden (Im Erscheinen).

Besand, A. (2014): Gefühle über Gefühle. Zum Verhältnis von Emotionalität und Rationalität in der politischen Bildung, in: Zeitschrift für Politikwissenschaft, H. 3 , S. 373-383.

Bourn, D. (2015): The Theory and Practice of Development Education. A Pedagogy for Global Social Justice. London/New York.

Bühler, H. (1996): Perspektivwechsel? – Unterwegs zu „globalem Lernen“. Frankfurt/M.

Brand, U./Wissen, M. (2017): Imperiale Lebensweise. Zur Ausbeutung von Mensch und Natur im globalen Kapitalismus. München.

Bude, H. (2014): Gesellschaft der Angst. Hamburg.

De Vries, C./Hoffmann, I. (2016): Globalisierungsangst oder Wertekonflikt? Wer in Europa populistische Parteien wählt und warum. Gütersloh.

Diop, S. (2016): Ansprache an das Publikum des Eine-Welt-Netzwerkes Bayern am 12.10.2016. Online abrufbar unter: www.eineweltnetzwerkbayern.de/fileadmin/assets/Globales_Lernen/Kongress_GL_2016/Dokumentation_Bayerischer_Bildungskongress_2016.pdf (letzter Zugriff: 05.07.2017).

Emde, O./Jakubczyk, U./Kappes, B./Overwien, B. (Hrsg.): Mit Bildung die Welt verändern? Globales Lernen für eine nachhaltige Entwicklung, Leverkusen-Opladen (i. E.).

Engelhard, K./Otto, K.-H. (2005): Globalisierung: eine Herausforderung für Entwicklungspolitik und entwicklungspolitische Bildung. Münster.

EPIZ e. V. (Hrsg.) (2016): Globales Lernen. Handbuch für Referent_innen. Konzeption, Durchführung und Auswertung von Veranstaltungen des Globalen Lernens. www.epiz-berlin.de (01/2017).

Flassbeck, H. (2015): Der Staat du die globale Krise: Blockaden und Perspektiven. In: Burchardt, Hans-Jürgen; Peters, Stefan (Hrsg.): Der Staat in globaler Perspektive. Frankfurt a. M., S. 85-97.

Frieters-Reermann, N.: Flucht und Globales Lernen. In: Lang-Wojtasik, G./ Klemm, U. (Hrsg.): Handlexikon Globales Lernen, Münster/Ulm (2. erweiterte Aufl.), S. 85-90.

Füchter, A./Heither, D./Hünlich, R./Klöckner, E./Wunderer, H. (2016): Mensch & Politik. Sekundarstufe II. Braunschweig.

Giddens, A.(1995): Konsequenzen der Modernen. Frankfurt a. M.

Grobbauer, H. (2017): Global Citizenship Education – Politische Bildung in der Weltgesellschaft. In: Emde, O./Jakubczyk, U./Kappes, B./Overwien, B. (Hrsg.): Mit Bildung die Welt verändern? Globales Lernen für eine nachhaltige Entwicklung, Leverkusen-Opladen (im Erscheinen).

Hennicke, P. (2005): Vorwort. In: Wuppertaler Institut für Klima, Umwelt, Energie (Hrsg.): Fair Future. Ein Report des Wuppertaler Instituts. Begrenzte Ressourcen und globale Gerechtigkeit. München: C. H. Beck, S. 9-12.

Horn, G. A. (2017): „Welt, Waren, Wahn" Tagesspiegel 8.1.2017.

Jucker, R./Mathar, R. (2014): Introduction: From a Single Project to a Systemic Approach to Sustainability – An Overwiew of Developments in Europe. In: Jucker, R/Mathar, R. (Hrsg.): Schooling for Sustainable Development in Europe. Heidelberg/New York, S. 3-14.

KMK/BMZ (2016): Gemeinsames Projekt der Kultusministerkonferenz (KMK) und des Bundesministeriums für wirtschaftliche Zusammenarbeit und Entwicklung (BMZ): Orientierungsrahmen für den Lernbereich Globale Entwicklung im Rahmen einer Bildung für nachhaltige Entwicklung. 2., aktual. und erw. Aufl., Berlin: Cornelsen. http://www.orientierungsrahmen.de (letzter Zugriff: 03.07.2017)

Leggewie, C. (2017): „Der Schuldige für das Aufkommen.", Tagesspiegel 8.1.

Lessenich, S. (2016): Neben uns die Sintflut. Die Externalisierungsgesellschaft und ihr Preis. München.

Mecheril, P. (2016). Migrationspädagogik: ein Projekt. In: Mecheril, P. (Hrsg.): Handbuch: Migrationspädagogik. (S. 8-31). Weinheim.

Mikander, P. (2016): Globalization as Continuing Colonialism: Critical Global Citizenship Education in an Unequal World. In: Journal of Social Science Education, 15. Jg, Heft 2, S. 70-79.

Nord-Süd-Zentrum des Europarates (2008): Leitlinien Globales Lernen. Ein Handbuch für Lehrende für das Verständnis und die Umsetzung von Globalem Lernen. Lissabon. Online abrufbar unter; nscglobaleducation.org/images/Resource_center/GE_Guidelines_German.pdf (letzter Zugriff: 04.07.2017).

Overwien, B. (2016): Globales Lernen & Bildung für nachhaltige Entwicklung. Behindert der Beutelsbacher Konsens thematische und methodische Innovation? In: Widmaier, Benedikt; Zorn, Peter (Hrsg.): Brauchen wir den Beutelsbacher Konsens? Bonn: BpB, S. 260-268.

Overwien, B./Rathenow, H.-F. (Hrsg.) (2009): Globalisierung fordert politische Bildung, Opladen.

Peters, S./Burchardt, H.-J. (2017): Umwelt und Entwicklung in globaler Perspektive. Ressourcen – Konflikte – Degrowth. Frankfurt.

Pike, G./Selby, D. (1988): Global Teacher, Global Learner. Toronto.

Scheunpflug, A. (2017): Globales Lernen – Geschichte. In: Lang-Wojtasik G./Klemm, U. (Hrsg.): Handlexikon Globales Lernen, Münster/Ulm (2. erweiterte Aufl.), S. 141-144.

Seitz, K. (2002): Bildung in der Weltgesellschaft. Gesellschaftstheoretische Grundlagen Globalen Lernens, Frankfurt a. M.

Selby, D./Rathenow, H.-F. (2003): Globales Lernen: Praxishandbuch für die Sekundarstufe I und II. Berlin.

Spetsmann-Kunkel, M. (2013): Migration in der Weltgesellschaft – einleitende Bemerkungen. In: ZEP, Zeitschrift für internationale Bildungsforschung und Entwicklungspädagogik 36 (2013) 4 S. 4-7.

UNESCO (2014): Global Citizenship Education. Preparing learners for the challenges of the twenty-first century. Paris. Online abrufbar unter: http://unesdoc.unesco.org/images/0022/002277/227729e.pdf (letzter Zugriff: 05.07.2017).

WBGU (Wissenschaftlicher Beirat der Bundesregierung Globale Umweltveränderungen) (2011): Welt im Wandel – Gesellschaftsvertrag für eine Große Transformation. Hauptgutachten, Berlin.

Wintersteiner, W./Grobbauer, H./Diendorfer, G./Reitmair-Juárez, S. (2015): Global Citizenship Education. Politische Bildung für die Weltgesellschaft. Wien. Online abrufbar unter: http://www.komment.at/media/pdf/pdf222.pdf (letzter Zugriff: 05.07.2017).

Angaben zur Person:

Prof. Dr. Bernd Overwien

arbeitet seit 2008 an der Universität Kassel im Fachgebiet Didaktik der politischen Bildung. Seine Arbeitsschwerpunkte sind Bildung für nachhaltige Entwicklung/Globales Lernen und die Verbindungen zwischen schulischem und außerschulischem (informellem) Lernen.

Holger Oppenhäuser

Kritische politische Bildung zur Wirtschaftspolitik in der Europäischen Union: Zur Konzeption der Attac-Bildungsmaterialien „Wirtschaft demokratisch gestalten lernen“

Zusammenfassung: Seit 2015 veröffentlicht Attac Deutschland Bildungsmaterialien zu Wirtschaftsfragen. Diese rücken Positionen in den Mittelpunkt, die in der öffentlichen Debatte eher vernachlässigt werden und zielen auf eine Ausweitung demokratischer Gestaltungsspielräume im Bereich der Wirtschaft. Bisher erschienen Materialien zum politischen Umgang mit der Krise der Eurozone und zur Handelspolitik der Europäischen Union. Der Artikel diskutiert diese Materialien im Hinblick auf Standards der Politikdidaktik und auf die aktuelle Debatte um eine kritische politische Bildung.

Schlüsselbegriffe: Kritische Politische Bildung, Wirtschaftspolitik, Attac, globalisierungskritische Bewegung

Critical political education on economic policies in the European Union: On the teaching materials "Learning to democratically shape the economy" by Attac Germany

Abstract: Since 2015, the German chapter of the counter-globalization network Attac has published teaching materials on economic issues. These materials present positions that have been less present in the public debate and aim to expand democratic decisions in the economic field. The first publications focused on the political reactions to the crises of the Eurozone and European Union trade policy. The article discusses these materials with regard to the established didactics of political education and the more recent debate on 'critical political education'

Keywords: Critical Political Education, Economic Policy, Attac, Counter-globalization Movement

Das globalisierungskritische Netzwerk Attac versteht sich als „Bildungsbewegung mit Aktionscharakter“ und hat sich insbesondere die „ökonomische Alphabetisierung“ auf die Fahnen geschrieben. Kern der Aktivitäten von Attac ist die Initiierung von Bildungsprozessen zu wirtschaftlichen Fragen, die in politische Willensbildungsprozesse und öffentliche (Protest-) Aktionen münden. Neben der Publikation von Print- und Online-Materialien stehen die Organisation von Sommerakademien, Kongressen und Vorträgen mit Attac-Referent*innen im Zentrum der Bildungsarbeit. Seit 2015 produziert Attac aber auch gezielt Materialien für die schulische und außerschulische Bildungsarbeit[92]. Ein Anlass dafür war nicht zuletzt, dass zunehmend privatwirtschaftliche Interessengruppen wie der Bankenverband oder die vom Arbeitgeberverband Gesamtmetall finanzierte PR-Agentur ‚Initiative Neue Soziale Marktwirtschaft' mit kostenlosem Material an Schulen herantreten. Dieses transportiert[93] mehr oder

[92]Ursprünglich wurde Attac 1998 in Frankreich gegründet und hat mittlerweile Ableger in über 30 Ländern. Attac Deutschland wurde im Jahr 2000 gegründet und hat in den Anfangsjahren schon einmal Bildungsbausteine in Kooperation mit der GEW erstellt.

[93]Verschiedene Studien haben den enormen Umfang von unternehmensfinanzierten und oftmals wissenschaftlich und politisch tendenziösen (marktradikalen) Materialien gezeigt (vgl. GEW (2013), LobbyControl (2013), VZBV (2014)).

weniger subtil die Sichtweise dieser Akteure auf ökonomische Prozesse und damit letztlich die entsprechenden (Profit-)Interessen (vgl. Heseding in diesem Band).

Dazu wollen die Attac-Bildungsmaterialien unter dem Motto „Attac Bildung: Wirtschaft demokratisch gestalten lernen" bewusst einen Kontrapunkt setzen. Denn auch in Gesprächen mit Lehrkräften wird immer wieder deutlich, dass Schulen und andere Bildungsträger durchaus Bedarf an kritischen Materialien zu ökonomischen Themen haben und es in diesem Bereich nur wenige kritische Akteure gibt, die ihre Expertise didaktisch aufbereitet zur Verfügung stellen. Wie das Motto verdeutlich, stellt Attac dabei die Frage nach der demokratischen Gestaltung ökonomischer Prozesse ins Zentrum, wobei die Ebene und die Tiefe dieser Gestaltung offengehalten ist. Die Spannbreite reicht von Vorschlägen der wirtschaftspolitischen Steuerung – auf der Ebene des Nationalstaates, der internationalen Wirtschaftsbeziehungen oder der zunehmend bedeutsamen supranationalen Ebene der EU – bis hin zu Ansätzen einer umfassenden demokratischen Kontrolle, die wirtschaftliches Handeln den Zwängen der profitorientierten, kapitalistischen Wirtschaftsweise entzieht. Im Gegensatz zu manchen unternehmensfinanzierten Materialien wird diese Agenda offengelegt und das Material entspricht den Anforderungen des Transparenz-Kodex der Deutschen Vereinigung für politische Bildung[94].

Die Arbeitsblätter und Methodenbeschreibungen werden online gratis zur Verfügungen gestellt (www.attac.de/bima) und können gedruckt zum Selbstkostenpreis im Webshop von Attac bestellt werden (http://shop.attac.de). Thematisch greifen sie jeweils aktuelle Diskussionen in sozialen Bewegungen auf und bereiten diese in Modulen mit verschiedenen Schwerpunkten auf. Jedes Modul beginnt mit einer kurzen fachlichen Einführung und einem knappen didaktischen Kommentar zu den einzelnen Arbeitsvorschlägen. Erarbeitet werden sie von Lehrer*innen, Wirtschaftswissenschaftler*innen, Politolog*innen, Fachdidaktiker*innen und Pädagog*innen mit vielfältigen Erfahrungen in der schulischen und außerschulischen Bildungsarbeit. Ein zentrales Prinzip ist die Verknüpfung der Lerngegenstände mit aktivierenden Methoden und insbesondere kooperativen Lernformen. So eignen sich die Materialien zum großen Teil sowohl für den Einsatz in der Bildungsarbeit von Gewerkschaften, Verbänden und freien Trägern der politischen Bildung sowie im Kontext sozialer Bewegungen, in dem sich Attac selbst verortet als auch im Unterricht (Sekundarstufe I und II). Sie entziehen sich damit ein wenig den institutionellen Schubladen der professionellen Debatten um Bildungsarbeit.

Die genauere Darstellung wird im Folgenden entlang zentraler Prinzipien der politikdidaktischen Diskussion – die zumeist auf den schulischen Unterricht fokussiert ist – und der Debatte um eine spezifische kritische politische Bildung (vgl. Lösch/Thimmel 2010, Widmaier/Overwien 2013, Frankfurter Erklärung 2015), an der die Attac-Materialien orientiert sind, entwickelt. Dabei wird der Befund von Hertelt/May (2016, 127) geteilt, dass die konzeptionellen Überlegungen der kritischen politischen Bildung „keineswegs herkömmliche[n] didaktische[n] Konzeptionen widersprechen", sondern sich hauptsächlich „gegen einen unpolitisch und relativistisch wahrgenommenen Problem- und Kontroversenformalismus" wenden.

[94]Vgl. DVPB-Transparenz-Kodex für Unterrichtsmaterialien. In: Polis 2/2014, S. 28. Die Finanzen von Attac sind transparent (www.attac.de/finanzen) und die externen Förderer der Materialien stehen im Impressum.

1 Spezifische Problemorientierung: Die Agenda der sozialen Bewegungen

Im Zusammenhang mit dem Prinzip der Problemorientierung wird in der fachdidaktischen Diskussion betont, dass bereits die Definition eines politischen Problems und die Auswahl entsprechender Probleme für den Unterricht einen politischen Charakter haben und insofern begründungspflichtig sind (vgl. Goll 2014, 258 ff). In diesem Zusammenhang schlägt die Frankfurter Erklärung, die Positionen einer explizit kritischen politischen Bildung zur Diskussion stellt, eine spezifische Orientierung an aktuellen gesellschaftlichen Krisenprozessen vor:

> „Eine an der Demokratisierung gesellschaftlicher Verhältnisse interessierte Politische Bildung stellt sich den Umbrüchen und vielfältigen Krisen unserer Zeit", denn eine reine „Kompetenzorientierung wird didaktisch substanzlos, wenn politisches Wissen und Fähigkeiten nicht auf die politische Gestaltung gesellschaftlicher Gegenwarts- und Zukunftsfragen bezogen werden" (Frankfurter Erklärung 2015).

Die Bildungsmaterialien von Attac können sich an dieser Stelle auf das eingangs genannte Selbstverständnis der Organisation als Teil der globalisierungskritischen Bewegung beziehen. Es ist Kennzeichen sozialer Bewegungen, bislang vernachlässigte gesellschaftliche Probleme und alternative Entwicklungspfade in die Debatte zu bringen (vgl. Roth/Rucht 2008). Dazu werden neben Informations- und Diskussionsveranstaltungen zahlreiche Partizipationsformen von der Initiierung von Unterschriftenlisten über verschiedene Aktionsformen bis hin zum zivilen Ungehorsam realisiert. Insofern haben soziale Bewegungen eine spezifische kritische Funktion bezüglich der Definition politischer Probleme.

Dementsprechend greifen die bisher veröffentlichten Materialien von Attac zwei Themen auf, die in den letzten Jahren europaweit Anlass für die größten Proteste der jüngsten Zeit waren: die Frage nach der politischen Bearbeitung der Eurokrise und die Auseinandersetzung um EU-Handelsabkommen wie TTIP und CETA. Im Zuge der Krisenproteste, die in Griechenland und Spanien die stärkste Wirkung in der Gesellschaft und dem politischen System entfalteten, kamen auch in Deutschland über drei Jahre mehrere zehntausend Menschen zu Demonstrationen und Blockaden gegen die EZB – als Teil der sogenannten Troika – nach Frankfurt. An den ebenfalls europaweiten Protesten gegen die Handelsabkommen beteiligten sich in Deutschland wiederholt mehrere hunderttausend Bürger*innen. Beide Themen sind also offensichtlich von aktueller politischer Relevanz. Zugleich treten sie thematisch in vielerlei Hinsicht das Erbe des globalisierungskritischen Protestzyklus seit Ende der 1990er Jahre an, in dessen Zuge Attac gegründet wurde.

2 Wissenschaftsorientierung im Spannungsfeld politischer Konflikte

Die globalisierungskritische Bewegung entstand als Gegenbewegung zur politischen Vorherrschaft des sogenannten Neoliberalismus. Der angeblich alternativlosen Privatisierung öffentlich kontrollierter Sektoren und der Deregulierung der (Finanz-, Handels-, oder Arbeits-) Märkte hielt sie Slogans wie „Die Welt ist keine Ware" oder „Mensch und Umwelt vor Profit" entgegen. Dies impliziert die Kritik am neoklassischen Paradigma, das nicht nur die Wirtschaftswissenschaften weithin dominiert, sondern dessen Modelle zudem auf immer mehr gesellschaftliche Bereiche übergreifen und sie Kosten-Nutzen-Kalkülen unterwerfen. Die weltanschaulichen und wissenschaftlichen Grundlagen dieser Kritik sowie die daraus erwachsenden Kampagnen und Projekte von Attac folgen dabei keinem bestimmten theoretischen Paradigma, sondern sind vielfältig. So finden sich zum Beispiel im Wissenschaftlichen Beirat Vertreter*innen verschiedener Disziplinen und Paradigmen. In den Debatten finden sich Argumente aus unterschiedlich ausgerichteten Theorien (etwa keynesianisch, marxistisch, feministisch oder ökologisch), deren genaue Zuordnung kaum sinnvoll wäre. Vor diesem Hintergrund ist auch das Bildungsmaterial von Attac nicht ,neutral'. Es geht ausdrücklich darum, (vielfältige) Gegenexpertisen zu den dominierenden neoklassischen Sichtweisen auf wirtschaftliche Prozesse einzubringen. Damit wird zwar eine spezifische Position eingenommen, die aber dennoch am „aktuellen wissenschaftlichen Erkenntnistand[.] ausgerichtet“ (Juchler 2014, 285) ist, ohne bestimmte Theorien zu verabsolutieren. Dennoch werfen die mit dem Prinzip der Wissenschaftsorientierung verbundenen Vorstellungen von Kontroversität Fragen auf, wenn einerseits unterschiedliche wissenschaftliche Auffassungen und andererseits kritisches Denken qua Wissenschaft betont werden (vgl. ebd., 288 f).

So schreibt Juchler, dass „insbesondere auch das ideologiekritische Hinterfragen von Meinungen, Interessen und Machtverhältnissen [...] im wissenschaftsorientierten Politikunterricht geübt werden kann“ (ebd., 290). Dies könnte so verstanden werden, als sei die Wissenschaft per se das Gegenteil von Ideologie. Dies ist aber, wie unter anderem die Arbeiten von Foucault gezeigt haben, nicht der Fall. Wissenschaftliche Theorien stehen – trotz ihrer immanenten Rationalitätskriterien – in einem komplexen Wechselspiel mit sozialen Interessen und politischen Kräfteverhältnissen. Dies verdeutlicht auch eine vergleichende Untersuchung von Bildungsmaterialien zur Eurokrise in Deutschland und Frankreich (Kortendiek/van Treeck 2015). Sie zeigt zum einen, dass die Bildungsmaterialien staatlicher wie nicht-staatlicher Akteure durch deren spezifische Sichtweisen auf die Krise geprägt sind. Zum anderen kam sie zu dem Ergebnis, dass die Materialien in Frankreich weitgehend einer keynesianischen Sicht auf die Eurokrise folgen, während in Deutschland eine neoklassische Perspektive dominiert. Divergierende wissenschaftliche Theorien sind also immanenter Teil der politischen Auseinandersetzungen und der darauf bezogenen Bildungsprozesse.

Wenn ideologiekritisches Denken gelernt werden soll, muss gerade auch dieser Zusammenhang von Macht und Wissen reflektiert werden. Mit anderen Worten muss die These der Frankfurter Erklärung – wonach „Lernende und Politische Bildner_innen [...] in soziale und politische Diskurse eingebunden“ sind und „dazu eine kritisch-reflexive Position“ einnehmen sollen – auch auf wissenschaftliche Diskurse bezogen werden. Es geht um die Abschätzung der Wirkung unterschiedlicher Theorien sowie darauf basierender Politiken in ökonomischer wie sozialer und ökologischer Hinsicht. Damit verbunden ist die Thematisierung von sozialen Ungleichheiten, Interessengegensätzen, Machtasymmetrien und systemischen Zwängen. Methodisch bietet sich dabei an, verschiedene politische Vorschläge (die mindestens implizit auf entsprechende Theorien verweisen) aus Sicht unterschiedlicher Interessengruppen zu beleuchtet (s. u.). Eine andere Möglichkeit ist die kritische Auseinandersetzung mit vermeintlich objektiven Aussagen. So bietet zum Beispiel ein Arbeitsblatt (Attac 2016, II. 2) zwei konträre Definitionen zum Thema Privatisierung an – nämlich aus dem ,Duden Wirtschaft von A bis Z' und von der ,Attac AG-Privatisierung' –, auf deren Grundlage sich die Lernenden mit dem strategischen Charakter von Definitionen auseinandersetzen und dann eine eigene Definition erarbeiten können.

3 Kontroversität durch Kritik

Die Verknüpfung wissenschaftlicher Theorien mit politischen Konflikten und divergierenden Interessen zeigt sich auch in der Polarisierung entsprechender wissenschaftlicher Felder. Ein Beispiel ist eben die weitgehende Dominanz der Neoklassik im wirtschaftswissenschaftlichen Feld bei entsprechender Marginalisierung keynesianischer, geschweige denn anderer heterodoxer, Ansätze. Auf politischer und medialer Ebene entspricht dies dem Einfluss der sogenannten Wirtschaftsweisen mit dem regelmäßigen Minderheitenvotum des Gewerkschaftsvertreters Peter Bofinger (http://www.sachverstaend igenrat-wirtschaft.de), der vergleichsweise geringen Bedeutung des ‚Gegengutachtens' der Memorandum-Gruppe (www.alternative-wirtschaftspolitik.de) und der Marginalisierung der Debatten um Alternativen zum derzeitigen Wirtschaftssystem (vgl. Brand u. a. 2012).

Die Attac-Materialien stellen diese weniger präsenten Ansätze ins Zentrum. Zur Kontroversität trägt das Material gerade dadurch bei, dass es hegemoniale Deutungen mit Alternativen konfrontiert und diese Agenda offenlegt. Dabei geht es um Lernangebote, die bestimmte Perspektiven eröffnen und zur Diskussion einladen und nicht darum, die Lernenden zu manipulieren oder gar zu indoktrinieren. Was den Einsatz in der Schule angeht, ist ohnehin davon auszugehen, dass die Lehrkräfte Materialien von Attac gezielt als kritische Alternative zu anderen Positionen einsetzen, wie entsprechende Anfragen von Schulen zeigen. Die Frankfurter Erklärung bringt das entsprechende Verständnis von Kontroversität auf den Punkt:

> „Politische Bildung in einer Demokratie bedeutet, Konflikte und Dissens sichtbar zu machen und um Alternativen zu streiten. […] Kontroversität als didaktisches Prinzip geht hierbei nicht in einer Dokumentation unterschiedlicher Positionen und mitunter ähnlicher (oder bereits einflussreicher) Perspektiven auf. [...] Aufgabe einer kritisch-emanzipatorischen politischen Bildungsarbeit ist es, ausgeschlossene und benachteiligte Positionen sichtbar zu machen. Welche gesellschaftlichen Grundprobleme werden öffentlich thematisiert, welche Stimmen werden gehört und welche Akteur*innen setzen ihre Vorstellungen des Gemeinwohls durch?"

Grammes (2014b, 271) betont, dass das Kontroversitätsprinzip „methodisch vor allem durch Mehrperspektivität oder Multiperspektivität umgesetzt" wird. Zugleich konstatiert er jedoch, dass in „der Praxis demokratischer Öffentlichkeit und medialer Selbstdarstellung [...] strukturelle Kontroversen oft dethematisiert" und durch postdemokratische „Scheinkontroversen" (ebd., 268) ersetzt werden. Gerade dann gilt es, Multiperspektivität zu schaffen, indem gesellschaftlich schwelender Dissens ins Zentrum gestellt wird.

So bietet Attac Materialien und Methoden an, mit denen die jeweiligen Themen aus der Perspektive unterschiedlicher ökonomischer Theorien und Interessengruppen in verschiedenen (europäischen) Ländern[95] betrachtet werden können. Ein Arbeitsblatt (Attac 2015, II. 4) thematisiert beispielsweise, dass es – je nach wirtschaftswissenschaftlicher Theorie – mehrere Sichtweisen auf die krisenhaften Entwicklungen in Europa gibt. Zunächst teilen sich die Lernenden in zwei Gruppen, die sich einmal mit der neoklassischen Krisenerzählung und einmal mit der keynesianischen Krisenerzählung auseinandersetzen. Beide Gruppen bereiten einen Kurzvortrag zu ‚ihrer' Krisendeutung vor und entscheiden, ob sie zur Untermauerung ein Diagramm zum aktuellen Schuldenstand der Eurostaaten oder ein Diagramm zur Entwicklung der Staatsschulden in Europa heranziehen. Anschließend diskutieren die Lernenden, welche Erzählung sie für plausibler halten. Abschließend werden die beiden Erzählungen mit einer dritten, nämlich der Krisenerzählung im Anschluss an Marx verglichen.

---

[95] Eine solche multiperspektivische Erweiterung national beschränkter Debatten – etwa die Kontrastierung der in Deutschland vorherrschenden ordoliberalen Vorstellungen mit Stimmen aus anderen Ländern – wäre angesichts der Europäischen Integration und ihrer komplexen Verfahren generell nötig (vgl. Bieling 2014, 42 f.).

Ein Beispiel für die internationale Erweiterung der Perspektiven ist ein Arbeitsblatt (Attac 2016, I. 6) zu dem im Vergleich zu TTIP wenig beachteten EPA (Economic Partnership Agreement) zwischen der EU und dem ECOWAS-Verbund[96] westafrikanischer Staaten. Im Zentrum steht dabei die Frage von Milchprodukten, also die Überproduktionskrise in der EU, die mittels Export von Milchpulver gelöst werden soll und so die Stabilisierung lokaler Märkte in Westafrika untergräbt. Zunächst werden der Kern des Konflikts sowie zentrale Akteure mittels eines fiktiven, aber realitätsnahen Zeitungsberichts über einen EU-Afrika-Gipfel analysiert. Anschließend erarbeiten die Lernenden im Rahmen eines Gruppenpuzzles anhand von Originalquellen die Interessen dieser Akteure (der Westafrikanische Staatenbund ECOWAS, ein Netzwerk westafrikanischer Bauernorganisationen, die Europäische Kommission, die Arbeitsgemeinschaft bäuerliche Landwirtschaft in Kooperation mit MISEREOR, eine Europäische Großmolkerei sowie ein europäischer Molkereiverband). Diese Quellen stehen für den bilingualen Unterricht auch auf Englisch zur Verfügung. Anschließend treffen sich die Vertreter*innen der einzelnen Gruppen wieder in Stammgruppen und sollen dort einen Kompromiss finden. Abschließend werden die Kompromisse, die in den Gruppen erarbeitet wurden, mit der realen Entwicklung anhand eines Artikels der NGO ‚Germanwatch' verglichen.

4 Exemplarisches Lernen

Auch wenn die Themenauswahl an aktuellen sozialen Bewegungen orientiert ist, zielen die Materialien im Sinne des exemplarischen Lernens (vgl. Grammes 2014a) auf die Erarbeitung von Grundverständnissen, die über den einzelnen Fall hinausweisen. Zu den allgemeinen Fragen, die am je konkreten Beispiel behandelt werden, gehören insbesondere die Rolle sozialer Bewegungen, das Spanungsverhältnis von Kapitalismus und Demokratie sowie die Zusammenhänge zwischen ökonomischen Theorien, sozialen Ungleichheiten, Interessengegensätzen und Machtasymmetrien. Stärker auf die aktuelle Situation bezogen ließe sich auch sagen, es geht um die kritische Auseinandersetzung mit der Dominanz des Neoliberalismus und den damit einhergehenden Tendenzen zur Postdemokratie. Diese können als zeitgenössische Schlüsselprobleme aufgefasst werden, die anhand aktueller Konflikte in verschiedenen Politikfeldern bearbeitet werden können.

4.1 Das Beispiel der Eurokrise

So greifen die fünf Module zur Frage ‚Europa nach der Krise?' Themenfelder auf, die im Kontext der Krise relevant waren, beziehungsweise sind, und machen sie an exemplarischen Auseinandersetzungen bearbeitbar. Diese können dann gegebenenfalls anhand von tagespolitischen Debatten vertieft werden. In Modul I geht es um die zunehmend ungleiche Verteilung gesellschaftlichen Reichtums, insbesondere um die Frage der Steuerpolitik und ihrer Rolle bei der Verteilung der finanziellen Belastungen aufgrund der Krise. Modul II thematisiert den Verlauf der Krisen, von den Ursachen der Finanzkrise über die Bankenkrise bis hin zur Staatsfinanzierungskrise in Europa. Modul III beschäftigt sich mit Fragen der Finanzmarktregulierung in Europa und greift dabei exemplarische Konflikte um die Einführung einer Finanztransaktionssteuer und die Rolle der EZB heraus. Modul IV behandelt den Streit um die wirtschaftlichen Ungleichgewichte in der Eurozone und seine Bedeutung für verschiedene soziale Gruppen und politische Akteure in Deutschland und in anderen europäischen Ländern. Modul V thematisiert schließlich die wirtschaftlichen und sozialen Folgen der Kür-

[96]Die „Economic Community Of West African States" (ECOWAS) ist eine 15 Staaten zählende Gruppe, die 1975 zur Förderung der ökonomischen Integration westafrikanischer Länder gegründet wurde.

zungspolitik in den Krisenländern sowie die fehlende demokratische Legitimation zentraler Akteure (Stichwort ‚Troika'[97]) und fragt nach möglichen Alternativen.

Nicht zuletzt die Auseinandersetzung mit den wirtschaftlichen Ungleichgewichten in der Eurozone setzt einen Kontrapunkt zur neoklassischen Krisendeutung, welche die Eurokrise bekanntlich als Staatsschuldenkrise infolge unsoliden Haushaltens und mangelnder Konkurrenzfähigkeit einiger vorwiegend südeuropäischer Länder deutet, die mittels Kürzungspolitik (Austerität) und Deregulierung der Arbeitsmärkte bekämpft werden müsse. Die von dieser Interpretation ausgeblendete Kehrseite der ‚Defizitländer', nämlich die Problematik der Exportüberschüsse, insbesondere von Deutschland, thematisiert ein Arbeitsblatt (Attac 2015, IV. 3), das von einem Artikel aus der Tageszeitung ‚Die Welt' über die Ergebnisse des EU-Monitoring zur Erfassung wirtschaftlicher Ungleichgewichte ausgeht. Mit der Methode des Gruppenpuzzles werden die damit verbunden Interessen auf deutscher und europäischer Ebene analysiert. Entsprechende Hinweise geben dabei Stellungnahmen vom Deutschen Gewerkschaftsbund, vom Bundesverband der Deutschen Industrie und von Bundeskanzlerin Merkel sowie ein Kommentar der spanischen Zeitung ‚El Pais'. Ein weiteres Arbeitsblatt (Attac 2015, IV. 5) rückt dann die Frage nach einer alternativen Regulierung der europäischen Wirtschaftsbeziehungen ins Zentrum. Ausgangspunkt ist ein Artikel aus der ‚tageszeitung – taz' über einen Vorschlag aus den Reihen der Opposition (von Lisa Paus [Grüne] und Axel Troost [Linke]), eine europäische Ausgleichsunion anzustreben. Anhand von Rollenkarten wird eine Talkshow vorbereitet, in der dieser Vorschlag debattiert wird. Neben der Moderation sind die Opposition, die Regierung, die EU-Kommission, eine Gewerkschaft und ein Arbeitgeberverband an der Debatte beteiligt. Aber auch eine Gruppe Exil-Spanier*innen und eine Umweltinitiative bereiten sich auf die Debatte vor und planen eine Protestaktion während der Sendung.

4.2 Das Beispiel EU-Handelsverträge

Das Material zu den aktuellen Verhandlungen von EU-Handelsverträgen – nämlich TTIP mit den USA, CETA mit Canada, TiSA mit beiden und 20 weiteren Staaten sowie den EPAs (European Partnership Agreements) mit den Staaten Afrikas, der Karibik und des Pazifik – stellt zum einen ökonomische Fragen im Feld der Handelspolitik ins Zentrum und zum anderen wiederum die Frage der Demokratie.

In Modul I geht es primär um die ökonomischen Fragen: Welche Interessen spielen hier eine Rolle, in welchem Verhältnis stehen sie zur Theorie des Freihandels, welche Machtasymmetrien zwischen Staaten(blöcken) oder gesellschaftlichen Interessengruppen sind dabei relevant und last but not least, welche Vorschläge für einen gerechten, sozial und ökologisch nachhaltigen Austausch von Gütern gibt es. So können die Lernenden beispielsweise anhand eines Comics David Ricardos klassische Argumentationen für den ‚Freihandel' sowie die Kritik daran erarbeiten. Dabei geht es auch um die Frage, welche Akteure in konkreten Situationen ein Interesse an Freihandel haben und welche nicht. Abschließend kann das Wissen angewandt werden, indem sich die Lernenden kritisch mit einem Zeitungskommentar auseinandersetzen, der mit Ricardo für das TTIP-Abkommen argumentiert.

[97]Die sogenannte Troika ist ein Zusammenschluss der Europäischen Zentralbank (EZB), dem Internationalen Währungsfonds (IWF) und der EU-Kommission. Zusammen verhandeln diese drei Institutionen mit Mitgliedsländern der Eurozone über die Bedingungen für Kredite aus dem Europäischen Rettungsfonds ESM und überwachen deren Umsetzung. Die Maßnahmen, die ein Land als Bedingung für einen Kredit umsetzen muss, werden in einem sogenannten ‚Memorandum of understanding' festgehalten und formal von der Euro-Gruppe beschlossen. Im Frühjahr 2015 wurde der Begriff ‚Troika' im offiziellen Sprachgebrauch durch den der ‚Institutionen' abgelöst.

In Modul II geht es dann um die Frage, inwiefern durch solche internationalen Verträge – insbesondere durch Regelungen zum sogenannten Investorenschutz (Schiedsgerichte) oder zur Einflussnahme von Unternehmen auf künftige Gesetzgebungsprozesse (Regulatorische Kooperation) – demokratische Handlungsspielräume systematisch und dauerhaft eingeschränkt werden. Und nicht zuletzt geht es um die Frage, mit welchen Instrumenten soziale Bewegungen sich diesen Verträgen entgegenstellen. Exemplarisch dafür ist ein Arbeitsblatt (Attac 2016, II. 7) mit einem Bericht der Süddeutschen Zeitung über die Nichtzulassung einer Europäischen Bürgerinitiative (EBI) zu TTIP durch die EU-Kommission, zu dem die Lernenden in Form eines Leser*innenbriefes Stellung nehmen können. Auf die Nichtzulassung der EBI haben zahlreiche zivilgesellschaftliche Gruppen mit einer selbstorganisierten Bürgerinitiative (sEBI) reagiert und dabei weit mehr Unterschriften gesammelt, als bei einer regulären EBI notwendig gewesen wäre. Diese Entwicklung kann anhand einer Pressemitteilung von ‚Mehr Demokratie' nachvollzogen und anschließend bewertet werden. Abschließend können die Lernenden die Initiierung einer Bürger*inneninitiative zu einem Thema ihrer Wahl planen und dabei erkunden, welche Voraussetzungen und strategischen Überlegungen dabei relevant sind.

5 Orientierung an den Lernenden

Diese Möglichkeit, eigene Themenschwerpunkte zu setzen, ist ein Beispiel für die „Adressatenorientierung" (vgl. Petrik 2014) beziehungsweise die Orientierung an den Interessen und Voraussetzungen der Lernenden. Schon durch die generelle Themensetzung sind diesem Prinzip im Falle der Attac-Materialien allerdings Grenzen gesetzt. Denn es rückt Konflikte ins Zentrum, die in der Regel nicht den Prioritäten von Schüler*innen entsprechen und die auf den ersten Blick relativ weit von ihrem Alltag entfernt scheinen. Genauer betrachtet haben Fragen der politischen Ökonomie freilich eine ganze Menge mit Alltagserfahrungen zu tun, aber genau dies zu verdeutlichen ist oft nicht ohne „pädagogische Fremdheitszumutungen" (Ziehe, zitiert nach Petrik 2014, 245) möglich.

Im besten Falle gelingt es, die politischen Konflikte so einzuführen, dass die Frage ‚was hab ich damit zu tun' von Anfang an im Blick ist. So kann beispielsweise eine Aktivität (Attac 2015, III. 7), bei der die Teilnehmenden verschiedene Rollen wie Bürger*in, Banken, Unternehmen und die Zentralbank übernehmen und als solche verschiedene alltägliche Zahlungsvorgänge abwickeln, spielerisch in die Themenfelder Geld, Banken, Zentralbanken, Geldpolitik und Staatsfinanzierung einführen. Die Ausgangsfrage lautet schlicht: ‚Was habe ich mit der EZB zu tun?'. Im Zentrum steht die Schüler*in Hannah, die bei einem Schreiner gejobbt hat, sich ein Handy kauft, Geld spart und deren Schule repariert wird. Das Ziel der Aktivität ist zunächst nur, die Rolle der verschiedenen Akteure und insbesondere der Zentralbank im Wirtschaftsprozess zu verstehen. Zugleich wird aber die Frage aufgeworfen, warum die Zentralbank keine direkten Kredite an Staaten vergibt, die dann mit zusätzlichen Materialien aufbereitet und kontrovers diskutiert werden kann.

Weiterhin können auch abstrakte Themen methodisch so aufbereitet werden, dass sie an den Vorverständnissen der Teilnehmenden ansetzen und sie von Beginn an aktiv einbeziehen. So ermöglicht etwa das auf Augusto Boal zurückgehende Statuen-Theater einen weitgehend körperlichen Einstieg in abstrakte Themen, der an den Erfahrungen der Teilnehmenden ansetzt und Veränderungsperspektiven eröffnen kann.

Abb. 1: Straßentheater im Rahmen der Attac-Aktionsakademie (Foto: Attac)

Im Material zu den Handelsverträgen wird vorgeschlagen, an den Vorverständnissen der Lernenden anzusetzen und mit dieser Methode ins Thema einzusteigen, sie dann bei der Auseinandersetzung mit TTIP oder anderen Verträgen zur Verdeutlichung des Konfliktes zu nutzen und sie schließlich bei der Auseinandersetzung mit Vorschlägen für eine alternative Handelspolitik wieder aufzugreifen (Attac 2016, I. 4). In diesem Zusammenhang wird angeregt, dass die Lernenden eine Statue entwickeln, mit der sie in der Fußgängerzone für eine alternative Handelspolitik werben könnten. Mit solchen Zugängen, die an den Vorverständnissen ansetzen und der „leiblich-emotionale(n) Komponente" (Frankfurter Erklärung) politischer Urteilsbildung Rechnung tragen, kann es gelingen, dass die Lernenden auch zunächst fernliegende Themen ‚zu ihrem Thema machen' und nicht zuletzt bei der Entwicklung politischer Alternativen mit Eifer dabei sind.

6 Handlungsorientierung: Das Repertoire der sozialen Bewegungen

Ein Ziel des Materials ist es schließlich, das Handlungsrepertoire sozialer Bewegungen zu thematisieren. Damit wird einerseits die Frage des „Lernens in Bewegungen" aufgenommen, von der die Entwicklung des didaktischen Prinzips der Handlungsorientierung einmal ausging, ohne andererseits die berechtigten Einwände, insbesondere im Hinblick auf den schulischen Kontext, zu übergehen (vgl. Reinhardt 2014, 276 ff; Trumann 2013). So ist das Material nicht in dem Sinne handlungsorientiert, dass die Lernenden unmittelbar (zu den behandelten Themen) politisch aktiv werden sollen. Sondern es geht darum, Kampagnen oder einzelne Aktionen von Bewegungsgruppen rückblickend zu thematisieren und im Hinblick auf ihre Wirksamkeit und damit die realen Einflussmöglichkeiten von Bewegungen und NGOs zu diskutieren.

So wird beispielsweise die bevorstehende Einführung einer Finanztransaktionssteuer in einigen Staaten der EU aufgriffen, die zuvor lange Jahre von Attac und vielen anderen Organisationen gefordert wurde. Das entsprechende Arbeitsblatt (Attac 2015, III. 6) regt die Lernenden auf der Basis einer Stellungnahme der Kampagne ‚Steuer gegen Armut' und einer Pressemitteilung von Attac dazu an, zu diskutieren, inwieweit die Implementierung den ursprünglichen Vorschlägen entspricht, und ob sie dementsprechend als Erfolg oder als systemstabilisierende Instrumentalisierung einer sozialen Bewegungen zu werten ist. Mithilfe einer

Checkliste für die Planung politischer Aktionen und eines Online-Leitfadens zur politischen Kampagnenarbeit können die Lernenden anschließend Ideen für eine eigene Kampagne zu einem Thema ihrer Wahl entwickeln und setzen sich so mit Möglichkeiten und Grenzen politischer Beteiligung in Bewegungsgruppen oder NGOs auseinander. Ein anderes Beispiel ist das bereits erwähnte Arbeitsblatt (Attac 2016, I. 4), in dem sich die Lernenden mit Vorschlägen für eine alternative Handelspolitik auseinandersetzen, die von 50 zivilgesellschaftlichen Organisationen vorgelegt wurden. Zunächst wird angeregt, diese Vorschläge in Kleingruppen aus der Perspektive unterschiedlicher Interessengruppen zu beurteilen, bevor das Konzept an sich diskutiert wird. Anschließend wird vorgeschlagen, dass die Lernenden – wiederum in Kleingruppen – eine Statue entwickeln, mit der sie in der Fußgängerzone für einen Aspekt einer alternativen Handelspolitik werben könnten, der ihnen sinnvoll erscheint. Dieses letzte Beispiel entspricht, wie viele der Attac-Materialien, einem weiten, eher methodisch fokussierten Verständnis von Handlungsorientierung. Kötters-König (2001, 7 ff) fasst darunter nicht nur unmittelbares politisches Handeln im Zuge des Lernprozesses, sondern auch kooperative Lernformen, insbesondere Simulationen und produktives Gestalten. Ein weiteres Beispiel ist die kritische Auseinandersetzung mit einer Großdemonstration gegen TTIP (siehe Abbildung 2).

Selbstverständlich sollen die Materialien die Lernenden insgesamt anregen, politisch aktiv zu werden und ihnen entsprechende Werkzeuge an die Hand geben. „Politische Bildung eröffnet Wege, die Gesellschaft individuell und kollektiv handelnd zu verändern", heißt es zu Recht in der Frankfurter Erklärung. Im Rahmen der staatlichen Zwangsveranstaltung Schule unmittelbar auf politisches Handeln zu zielen wäre aber – anders als im Rahmen freiwilliger Bildungsprozesse in Gewerkschaften, NGOs und Bewegungsgruppen – in der Tat fragwürdig. Proteste und Revolutionen finden gegebenenfalls auf der Straße statt und nicht im Klassenzimmer unter der Aufsicht von Staatsbediensteten.

Abb. 2: Probeseite aus dem Arbeitsblatt ‚Großdemonstration gegen TTIP' (Attac 2016: II. 6)

attac Bildung

II. Handelsverträge und Demokratie
Großdemonstration gegen TTIP II.6

Großdemonstration gegen TTIP

Rund eine Viertelmillion Menschen demonstrieren am 10 Oktober 2015 gegen TTIP und CETA
Foto: Attac

ARBEITSVORSCHLÄGE

1. Schildern Sie einem/einer Partner_in ihre Eindrücke von der Berichterstattung über die Großdemonstration in Berlin (M1). Berücksichtigen Sie dabei die folgenden Fragen:

- Welches Gewicht würden Sie der Größe und Vielfalt der Demonstration beimessen?
- Inwiefern würden Sie durch die Größe und Vielfalt der Demonstration zu einer Teilnahme motiviert?
- Wie würden Sie sich fühlen, wenn Sie, wie im letzten Absatz angedeutet, neben PEGIDA-Anhänger_innen demonstrieren würden?

2. Wie argumentieren F.A.S. (M3) und Attac (M4) **a)** zu TTIP und **b)** zu Antiamerikanismus? Verfassen Sie eine begründete Stellungnahme zur Großdemonstration aus Sicht einer der beiden Positionen. Nutzen Sie zum begrifflichen Verständnis den Informationstext der Bundeszentrale für politische Bildung (M2).

3. Bilden Sie eine Gruppe von vier bis sechs Personen. Diskutieren Sie in der Gruppe die Möglichkeiten der Einflussnahme auf politische Entscheidungsprozesse. Erstellen Sie ein Poster, welches Ihre Diskussionsergebnisse und Positionen wiedergibt.

4. Diskutieren Sie im Plenum, welche Einflussmöglichkeiten Ihre Gruppe auf die TTIP-Verhandlungen sieht. Welche Möglichkeiten und Grenzen zivilgesellschaftlicher Partizipation sehen Sie?

Wirtschaft demokratisch gestalten lernen
TTIP & CO: HANDELSVERTRAG STICHT DEMOKRATIE? II.6
Stand: 6/2016 1/4

Literatur

Attac (2015): Europa nach der Krise? Attac Bildungsmaterial. Frankfurt a. M. www.attac.de/bima

Attac (2016): TTIP & CO: Handelsvertrag sticht Demokratie? Attac Bildungsmaterial. Frankfurt am Main. Online abrufbar unter: www.attac.de/bima.

Bieling, H-J. (2014): Europäische Integration. Integrationsfortschritte, Bedrohungen und Perspektiven. In: Frech, S./Kalb, J./Templ, K.-U. (Hrsg.): Europa in der Schule. Perspektiven eines modernen Europaunterrichts. Bad Schwalbach/ Ts., 32-44.

Brand, U./Lösch, B./Opratko, B./Thimmel, S. (Hrsg.) (2012): ABC der Alternativen 2.0. Hamburg.

Frankfurter Erklärung. Für eine kritisch-emanzipatorische Politische Bildung. Juni 2015. Online abrufbar unter: https://sozarb.h-da.de/politische-jugendbildung/frankfurter-erklaerung/.

GEW – Gewerkschaft Erziehung und Wissenschaft (2013): Propaganda und Produktwerbung. Wie Unternehmen mit kostenlosen Unterrichtsmaterialien Einfluss auf Schulen ausüben. Frankfurt a. M.

Goll, T. (2014): Problemorientierung. In: Sander, W.: Handbuch politische Bildung. Schwalbach/Ts., 258-265.

Grammes, T. (2014a): Exemplarisches Lernen. In: Sander, W.: Handbuch politische Bildung. Schwalbach/Ts., 249-257.

Grammes, T. (2014b): Kontroversität. In: Sander, W.: Handbuch politische Bildung. Schwalbach/Ts., 266-274.

Hertelt, W./May, M. (2016): Kritische politische Bildung ohne didaktische Konzeption? In: Zeitschrift für Didaktik der Gesellschaftswissenschaften. Heft 2/2016, 119-129.

Heseding, R. (2017 i. E.): Lobbyismus an Schulen? Ergebnisse einer Diskursanalyse von Unterrichtsmaterialien am Beispiel der Europakrise. In: Eis, A./Moulin-Doos, C. (Hrsg.): Kritische politische Europabildung. Die multiple Krise Europas als kollektive Lerngelegenheit? Immenhausen.

Juchler, I. (2014): Wissenschaftsorientierung. In: Sander, W.: Handbuch politische Bildung. Schwalbach/Ts., 284-292.

Kötters-König, C. (2001): Handlungsorientierung und Kontroversität. Wege zur Wirksamkeit der politischen Bildung im Sozialkundeunterricht. In: Aus Politik und Zeitgeschichte. B 50/2001, 6-12.

LobbyControl (2013): Lobbyismus an Schulen. Ein Diskussionspapier über Einflussnahme auf den Unterricht und was man dagegen tun kann. Köln.

Lösch, B./Thimmel A. (Hrsg.) (2010): Kritische Politische Bildung. Ein Handbuch, Schwalbach/Ts.

Petrik, A. (2014): Adressatenorientierung. In: Sander, W.: Handbuch politische Bildung. Schwalbach/Ts., 241-248.

Kortendiek P./van Treeck, T. (2015): Die Eurokrise unterrichten – Was lernen SchülerInnen in Deutschland und Frankreich über die Eurokrise? CIVES-Praxistest 4.

Reinhardt, S. (2014): Handlungsorientierung. In: Sander, W.: Handbuch politische Bildung. Schwalbach/Ts., 275-283.

Roth, R./Rucht, D. (2008): Die sozialen Bewegungen in Deutschland seit 1945. Ein Handbuch. Frankfurt a. M.

Trumann, J. (2013): Lernen in Bewegung(en). Politische Partizipation und Bildung in Bürgerinitiativen, Bielefeld.

VZBV – Verbraucherzentrale Bundesverband e. V. (2014): Unterrichtsmaterial unter der Lupe. Wie weit geht der Lobbyismus in Schulen? Berlin.
Widmaier, B./Overwien, B. (Hrsg.) (2013): Was heißt heute Kritische Politische Bildung? Schwalbach/Ts.

Angaben zur Person:

Holger Oppenhäuser (M.A. Politologie)

arbeitet als Bildungsreferent im Attac Bundesbüro und promoviert an der Universität Marburg zum Thema ‚Globalisierung im Diskurs der nationalistischen Rechten'.

Rieke Heseding

Lobbyismus an Schulen? Ergebnisse einer Diskursanalyse von Unterrichtsmaterialien am Beispiel der Europakrise

Zusammenfassung: Immer wieder werden insbesondere den Unterrichtsmaterialien wirtschaftsnaher Verbände einseitige Positionierungen nachgewiesen. Aber auch gewerkschaftsnahe Verbände und Institutionen bieten kostenfreie Unterrichtsmaterialien an, mit denen eindeutige Interessen vertreten werden. Problematisch wird die Einseitigkeit erst, wenn ihre Konzeption so arrangiert ist, dass Positionen und Meinungen nicht transparent werden. Am Beispiel der Eurokrise wurden daher Bildungsmedien unterschiedlicher Anbieter hinsichtlich der Transparenz ihrer inhaltlichen Positionen und Strukturen untersucht, die bei allen Anbietern – vorrangig aber bei den wirtschaftsnahen Institutionen – intransparente Konstitutionen erkennen ließen.

Schlüsselwörter: Lobbyismus, Transparenz, Bildungsmedien, Europakrise

Lobbying at School? A Discourse Analysis of Teaching Materials about the European Crisis

Abstract: Teaching materials offered by business-oriented associations have consistently shown to be one-sided. By the same token, associations aligned to trade unions offer free educational materials representing particular interests. However, the one-sidedness becomes problematic when it is conceived in such a way that ideological positioning and opinions are not presented as such, but instead as a nonpartisan truth. Taking the example of the euro crisis, educational media from different providers have been analysed with regard to their degree of transparency regarding their position. The results showed non-transparency among all providers, but most blatantly on the side of the business-related institutions.

Keywords: lobbying, transparency, educational media, European crisis

1 Lobbyismus an Schulen

Das Ausmaß der Einflussnahme von Wirtschaft und Industrie auf die Lerninhalte an deutschen Schulen zeigte bereits der internationale Vergleich im Rahmen der PISA-Studie von 2006, nach der 87,5 Prozent der 15-jährigen einer entsprechenden Einflussnahme ausgesetzt sind (Kamella 2013, 4). So bieten mittlerweile 16 der 20 größten deutschen Unternehmen kostenlose Bildungsmedien an, die aufgrund sinkender Schulbuchetats und der zeitlichen Streckung von Schulbuchanschaffungen vermehrt von Lehrkräften genutzt werden (Engartner 2015d, 32). Die Einflussnahme verschiedener Akteure über kostenlos verfügbare Bildungsmedien ist damit bereits jetzt quantitativ bedeutsam. Die Aktualitätsproblematik von Schulbüchern, die gerade in der politischen Bildung immanent vorhanden ist, verstärkt diese Entwicklung zusätzlich (Engartner 2015c, 24).

Jedoch bieten nicht nur Unternehmen, Wirtschaftsverbände und arbeitgebernahe Stiftungen Bildungsmedien an, auch Gewerkschaften, gewerkschaftsnahe Stiftungen und Initiativen sowie gemeinnützige Organisationen stellen neben staatlichen Institutionen, wie der Bundeszentrale für politische Bildung, frei verfügbare Unterrichtsmaterialien zur Verfügung. Und natürlich verfolgen auch diese Institutionen und Verbände Interessen, verfügen aber kaum über vergleichbare finanzielle Mittel, sodass der Markt der frei zugänglichen Materialien weiterhin von den Großunternehmen und Banken dominiert wird. Bereits mehrere Studien zur Kontroversität in online-verfügbaren Bildungsmaterialien konnten aufzeigen, dass vor allem die marktdominierenden Materialien der Wirtschaft oder wirtschaftsnaher Institutionen durch Einseitigkeit gekennzeichnet sind (vgl. Mitschke 2012; Matthes/Wiater 2013; Verbraucherzentrale Bundesverband e.V. 2014; Kortendiek/van Treeck 2015). Es ist aber durchaus legitim, Positionen verschiedener Institutionen durch Bildungsmedien zu vertreten und kann zudem durch eine methodisch-didaktisch sinnvolle Gestaltung zur individuellen Perspektivenentwicklung der Lernenden beitragen (Mitschke 2012, 75).

Die Einseitigkeit der Materialien wird dann problematisch, wenn die Unterrichtskonzepte so arrangiert sind, dass Positionen und Meinungen nicht transparent werden. Das heißt, in solchen Fällen wird der gesellschaftliche Diskurs nicht in seiner Kontroversität abgebildet, sondern die ideologische Perspektive wird immanent und unmerklich vermittelt. Dies aber widerspricht grundlegenden Prinzipien der politischen Bildung.

Vor diesem Hintergrund und der zunehmenden Bedeutung dieser Lernmittel erschien eine exemplarische Analyse der didaktisch-methodischen Konstitution solcher Unterrichtsmaterialien sinnvoll. Um Formen, Strukturen und Wirkmächtigkeit solcher Materialkonzepte nachvollziehbar zu machen, wurde die Analyse an einem inhaltlichen Diskurs entwickelt, der in besonderer Weise durch die Perspektive der politischen und ökonomischen Akteure geprägt wurde. Der Beitrag fasst die Ergebnisse einer Studie zusammen, die im Rahmen einer Masterarbeit an der Universität Oldenburg durchgeführt wurde (Heseding 2015).

1.1 Eurokrise als multiple Krise und hegemoniale Deutungen

Als inhaltlicher Diskurs eignete sich daher die Eurokrise, die aufgrund ihrer Aktualität kaum in Schulbüchern vertreten war. Ein Rückgriff auf online-verfügbare Unterrichtsmaterialien erschien hier in der Unterrichtspraxis wahrscheinlich und es war angesichts der Bedeutung der Thematik eine Vielzahl von Bildungsmedien Dritter zu erwarten. Diese Komplexität und Mehrdimensionalität der Krise ermöglichten zahlreiche Ansätze der didaktischen Reduktion, was zugleich einseitige und intransparente Konzeptionen begünstigt. Dem liegt die Annahme zugrunde, dass politisch relevante oder auch dominante Krisendeutungen ihren Niederschlag in didaktischen Konzeptionen finden und hier Ungleichgewichte reproduziert werden.

Gesellschaftliche Diskussionen über die Eurokrise sind eng an soziale Machtverhältnisse und Konflikte gebunden, sodass dominante Krisendeutungen und Krisenpolitiken resultieren. Die aktuellen Machtverhältnisse, die eine wirtschafts- und finanzmarktorientierte Ausrichtung Europas fördern, führen daher im öffentlichen Diskurs zu einer Beschränkung der Eurokrise auf eine ökonomische Krise, die als Wirtschafts- und Finanzkrise diskutiert wird (Brand 2009, 2). Der Ursprung dieser dominanten Krisendeutung ist die globale Finanzkrise. Alternativ wird die Eurokrise als multiple Krise verstanden, die die oben beschriebene Beschränkung auf die Wirtschafts- und Finanzkrise kritisiert. Im Kern, so die These, sei der neoliberale Finanzmarktkapitalismus unfähig, Überakkumulation von Kapital, Blasen, Finanzkrisen oder Überproduktionen sowie Nachfrageschwächen zu verhindern. Dieser kritische Ansatz spricht in diesem Zusammenhang von umfangreichen Krisenprozessen des ‚fordistischen Nachkriegskapitalismus', die sich außer durch Nachfrage- und Akkumulationsschwächen im industriellen Sektor auch durch eine Erschöpfung der Akkumulation durch den Massenkonsum auszeichnen (Demirović et al. 2011, 14). Damit hat dieser Ansatz bei aller Plausibilität der konkurrierenden Modelle eine erheblich größere Reichweite. Die aus den Deutungsmustern resultierenden Bewältigungsstrategien bzw. Politikansätze können mit Hilfe der fünf Hegemonieprojekte[98] kategorisiert werden, mit denen später die politische Dimension (politische Lösungsansätze) der Unterrichtsmaterialien erfasst werden kann (Buckel 2012, 88; Kannankulam 2013, 24-29).

1.2 Thematische und didaktisch-methodische Diskursanalyse

Der Analyse lag die Frage zugrunde, wie wirtschafts- sowie gewerkschaftsnahe Institutionen auf inhaltlicher und didaktisch-methodischer Ebene den thematischen Diskurs „Eurokrise“ in online-verfügbaren Unterrichtsmaterialien konstituieren. Im Zentrum der Analyse stehen dabei die Aspekte Transparenz und Kontroversität. Grundsätzlich erfolgte das methodische Vorgehen abduktiv, wobei die Untersuchung weder den Anspruch erhebt, die Analyse ohne Vorleistungen durchzuführen, noch geht sie ausschließlich deduktiv von bestehenden Theorien aus (Stürmer 2014, 61). Zur Überprüfung der Transparenz institutionsgebundener Interessen und Meinungen in online-verfügbaren Unterrichtsmaterialen eignen sich insbesondere Analyseverfahren, die die argumentative und semantische Wissenskonstitution in einem spezifischen thematischen Diskurs untersuchen (Ott 2014, 260).

Die thematische Diskursanalyse nach Höhne stellt hier eine passende Methode dar, da sie nicht auf die Beurteilung der Materialien bezüglich der „Wahrheit“ oder „Objektivität“ zielt, sondern vielmehr die Offenlegung semantischer Tiefenstrukturen ermöglicht und somit transparente oder intransparente Strukturen offenlegen kann (Höhne 2010, 424-437). Daher ist die Analyse der sprachlichen Mittel neben der Analyse der Wissenskonstitution zentraler Bestandteil der Methode (Ucharin 2010, 342).

Die Methodik der thematischen Diskusanalyse als solche wurde auf der Grundlage des genealogisch-kritischen Diskursverständnisses Foucaults für die Analyse von Schulbüchern entwickelt. Zudem wurde diese Methode durch die didaktisch-methodische Analyse in Anlehnung an das Konzept der Entwicklung und Evaluation von Unterrichtseinheiten für den sozioökonomischen Unterricht nach Hedtke und Engartner ergänzt (Engartner 2015b, 4; Hedtke 2012, 19).

Es wurden also zwei Forschungsansätze kombiniert, aus deren Integration das hier nur grob umrissene Forschungsdesign bzw. die Schrittfolge der thematischen und didaktisch-methodischen Diskursanalyse abgeleitet wurde.

1. Fragestellung und Datenbasis
2. Diskursformatanalyse (medialer Rahmen)
3. Intradiskursive Relationen
4. Interdiskursive Relationen
5. Didaktisch-methodische Analyse

Dabei soll durch die diskursanalytische Rekonstruktion die Konstitution der Unterrichtsmaterialien aus gewerkschafts- und wirtschaftsnaher Perspektive offengelegt und hinsichtlich ihrer Transparenz überprüft werden. Untersucht wurden die sechsseitige Unterrichtseinheit „Eurokrise – Die Währungsunion in Bedrängnis“ der Böckler Schule[99], das Bildungsmaterial „Europa nach der Krise?“ von Attac[100], die Materialien von DIE ZEIT in Kooperation mit der

[98] Unterschieden werden das national-konservative Hegemonieprojekt, das national-soziale Hegemonieprojekt, das pro-europäische, soziale Hegemonieprojekte, das links-liberal-alternative Hegemonieprojekt und das neoliberale Hegemonieprojekt.

[99] Abrufbar unter www.yumpu.com/de/document/view/6671323/eurokrise-die-wahrungsunion-in-bedrangnis-hans-bockler-stiftung.

[100] Vergleiche zur Konzeption der Attac Bildungsmaterialien auch den Beitrag von Holger Oppenhäuser in diesem Band.

ING DiBa[101], die Arbeitsblätter von Handelsblatt macht Schule in Kooperation u. a. mit dem Oldenburger Institut für Ökonomische Bildung (IÖB) und dem Institut der deutschen Wirtschaft Köln[102] sowie die Materialien der Stiftung Jugend und Bildung e. V., mitfinanziert durch das Bundesfinanzministerium[103].

2 Konstitutionen online-verfügbarer Unterrichtsmaterialien

Der Vergleich der Konstitutionen der Materialien aus gewerkschafts- und wirtschaftsnahen Quellen sollte, so der Ansatz, Aussagen über die Kontroversität und die Transparenz der Medien zur Eurokrise ermöglichen. Und so zeigen auch die Befunde der Diskursformatanalyse, der didaktisch-methodischen Konzeption und der Differenzbildungen klare Auffälligkeiten in der Umsetzung der didaktischen Konzepte. Die Untersuchung hat in den online-verfügbaren Unterrichtsmaterialien zur Eurokrise durch die thematische Diskursanalyse semantische Strukturen sichtbar gemacht, die Macht-Geometrien konstituieren, vornehmlich aber unterschiedliche Ausprägungen des Krisenverständnisses reproduzieren. Im Zusammenwirken mit der didaktisch-methodischen Analyse in Anlehnung an die sozioökonomische Bildung konnten so einseitige und intransparente Strukturen vorrangig – aber nicht allein – auf Seiten der wirtschaftsnahen Bildungsmedien erfasst werden.

2.1 Inhaltliche Gestaltung – Krisendeutungen und Hegemonieprojekte

Bereits die Erstellung des Datenkorpus zeigte die unterschiedlichen thematischen Schwerpunktsetzungen der Anbieter und ließ die verschiedenen Krisenperspektiven erkennen. So wird in der Unterrichtseinheit der Böckler Schule die Krise als „Krise des Privatsektors" (B 2012, 2-3) interpretiert, deren Ursache Ungleichgewichte in den Leistungsbilanzen sind (B 2012, 4). Die Krisenpolitik solle demnach der Ausgleich der Handelsbilanzen und in Bezug auf Deutschland die Förderung der Binnennachfrage durch expansive Investitions- und Lohnpolitik sein (B 2012, 5-6). Attac thematisierte neben der dominanten und alternativen Krisendeutung und -politik auch Aspekte der Verteilung gesellschaftlichen Reichtums, der Ungleichgewichte in der Eurozone und der Auswirkungen der Sparmaßnahmen auf die Menschen (AV8[104] 2015, 3). Hingegen wurden in den Materialien des Handelsblatts neben der dominanten Krisendeutung und -politik die Perspektiven der Finanzpolitiker_innen, der Unternehmer_innen, der Industrie und der Finanzmärkte bevorzugt (H 2011/2012, 2-3). In den Unterrichtsmaterialien der ZEIT wird die Eurokrise als Bankenkrise oder Finanzkrise gedeutet, wodurch eindeutig eine Beschränkung auf dominante Krisendeutungen stattfindet (Z 2010, 3, 5). Als Krisenpolitik sollten u. a. eine stärkere Finanzaufsicht etabliert werden und die Beteiligung der Schuldigen (Spekulanten, Banken, Staaten) an den Kosten erfolgen (Z 2010, 3, 5).

Die Autor_innen der Bildungsmedien Jugend und Bildung deuten die Krise eindeutig als Staatsschuldenkrise und diskutieren die Krisenpolitik der EU, insbesondere die Austeritätspolitik und die Rolle der Rating Agenturen. In den Materialien werden vorrangig die Reformen und Maßnahmen der Staats- und Regierungschefs sowie der Finanz- und Wirtschaftsminister der EU genannt, sodass die Europäische Finanzstabilisierungsfazilität (EFSF), der Europäische Stabilisierungsmechanismus (ESM) und der Fiskalvertrag als Lösungsansät-

---

[101] Abrufbar unter http://zfds.zeit.gaertner.de/Arbeits-blaetter-Sekundarstufe-II2.

[102] Abrufbar unter http://www.wigy.de/wirtschaft-im-unterricht.html.

[103] Abrufbar unter http://www.jugend-und-bildung.de/. Die Materialsammlungen werden mit Großbuchstaben abgekürzt. Zitate aus den Diskurselementen werden kursiv gesetzt und durch Interpunktionszeichen gekennzeichnet. Z. B. steht (B 2012, 4) für Böckler Schule 2012 Seite 4.

[104] AV8 steht für das Attac-Material, Kapitel 5, Arbeitsblatt 8. Analog ist die Beschreibung für AII4.

ze im Mittelpunkt stehen (J 2011, 1-2). Dabei wird beständig ein Bezug zur deutschen Krisenpolitik hergestellt. Daher findet auch hier eine Beschränkung auf dominante deutsche und staatliche Krisenpolitiken statt (J 2012, 1). An dieser Stelle konnten bereits erste Tendenzen zur Einseitigkeit der Materialien der wirtschaftsnahen Institutionen festgestellt werden, die einen Ausschluss multiparadigmatischer Perspektiven vermuten ließen. Die Ergebnisse der Analyse konnten zudem die Konstitution bestehender Macht-Geometrien verdeutlichen. Allgemein wurde den gewerkschaftsnahen Institutionen ein alternatives und den wirtschaftsnahen Institutionen ein dominantes Krisenverständnis zugeordnet. Ein differenzierterer Blick kann unter Bezugnahme der Hegemonieprojekte und der unterschiedlichen Krisendeutungen und -politiken die Einordnung der Anbieter_innen in die gegenwärtigen Machtverhältnisse ermöglichen. So kann Attacs Krisendeutung eindeutig dem Verständnis der Eurokrise als multiple Krise zugeordnet werden und positioniert sich am entferntesten von dem derzeitigen hegemonialen Projekt. Somit kann Attac dem links-alternativen Hegemonieprojekt zugeordnet werden. Die Böckler Schule nimmt ebenfalls Elemente des multiplen Krisenverständnisses auf, entspricht jedoch vorrangig einer keynesianischen Deutung. Hinsichtlich der Hegemonieprojekte kann die Böckler Schule am ehesten dem pro-europäischen und in Ansätzen dem links-liberal alternativen Hegemonieprojekt zugeordnet werden. Das Handelsblatt weist eindeutig das dominante ordoliberale Krisenverständnis auf und kann folglich dem derzeitig hegemonialen neoliberalen Projekt zugeordnet werden. Die ZEIT in Zusammenarbeit mit der ING DiBa sowie Jugend und Bildung sind hingegen in einer Kombination aus ordoliberalem und keynesianischem Krisenverständnis zu verorten. In Bezug auf die Hegemonieprojekte werden vor allem in diesen Materialien einerseits die Risse im neoliberalen hegemonialen Projekt und andererseits „die Stunde der Exekutive" erkennbar, die eine striktere Finanzaufsicht und mehr Regulierung fordern (Kannankulam 2013, 27-28). Ebenso wird aber auch die pro-europäische Ausrichtung der Materialien von Jugend und Bildung deutlich.

2.2 Räumliche Gestaltung und Quellenverwendung

Die Diskursformatanalyse verdeutlichte, dass den unterschiedlichen Krisendeutungen und -politiken in den Materialien von Attac und der Böckler Schule thematisch mehr Raum gegeben wird als auf Seiten von Handelsblatt und ZEIT. Die Materialien von Jugend und Bildung sind jedoch hinsichtlich ihres thematischen Raums für Krisendeutungen und -politiken mit den Materialien der gewerkschaftsnahen Institutionen zu vergleichen. Jedoch werden hier auf dem zur Verfügung stehenden Raum nicht unterschiedliche oder alternative Krisenerzählungen dargestellt, sondern das Verständnis der europäischen Exekutiven reproduziert, sodass eine einseitige Darstellung konstruiert wird. Die Wahl der Quellen, die wenig überraschend auf beiden Seiten dem jeweiligen wissenschaftlichen oder interessenorientierten Lager entsprechen, zeigen einseitige Tendenzen bei allen Bildungsmedien. So hätte bspw. Attac bei der neoklassischen Krisenerzählung einen Aufsatz eines_r Vertreters_in dieser Perspektive wählen können, der möglicherweise andere Formulierungen als Kortendiek und van Treeck gewählt hätte (AII4 2015, 3-4). Der Vergleich der Wahl der Quellen zeigt jedoch auch, dass auf Seiten der wirtschaftsnahen Institutionen nur die eigenen Quellen (Handelsblatt, ZEIT) oder diffuse Quellen (Jugend und Bildung) verwendet wurden, sodass die Materialien der gewerkschaftsnahen Institutionen innerhalb ihres Lagers sichtlich weniger einseitig sind. Zudem wurden die Kürzungen und Modifizierungen der ZEIT-Artikel nicht im Text gekennzeichnet, sodass die Änderungen oder Auslassungen für die Rezipient_innen nicht deutlich werden und Intransparenz vermutet werden kann (Z 2010, 2-5).

2.3 Kontroversität der Materialien

Die Analyse der Text-Bild-Grafik-Komposition (intradiskursive Relationen) und die methodische Analyse zeigten, dass die Abbildungen und Grafiken, vor allem bei den Materialien des Handelsblatts, nur einer abwechslungsreichen Darstellung geschuldet sind oder die Perspektive auf finanzielle und wirtschaftliche Aspekte der Eurokrise verstärken (z. B. der „Billionen-Markt", „IWF-Kriegskasse", H 2011/2012, 1-7). So erzeugt diese mediale Konstitution veränderte Sinneffekte, die den Inhalt der Textquellen mit der Grafik in Verbindung setzen und somit die gewünschte Perspektive der Autor_innen verstärken. Auf Seiten der Materialien der gewerkschaftsnahen Institutionen werden die Grafik-Bild-Text-Verknüpfungen hingegen zur Abgrenzung (Attac) oder zur Ergänzung der Texte genutzt und wurden in den Arbeitsvorschlägen aufgenommen. Ebenfalls konnten durch die didaktisch-methodischen Analysen erkennbare Unterschiede zwischen den zwei konstruierten Kategorien festgestellt werden. Zunächst wird ein Überhang der Arbeit mit den eigenen Archiven und Quellen auf Seiten der Materialien der wirtschaftsnahen Institutionen deutlich. Insbesondere die ZEIT verweist bei weiterführender Recherche ausschließlich auf Artikel des ZEIT-Archivs, aber auch Jugend und Bildung weist analog ein Überangebot an weiterführenden Quellen des Mitherausgebers, dem Bundesfinanzministerium, auf. Eine vergleichbare Konstitution ist bei den Materialien von Attac und der Böckler Schule nicht zu erkennen, die sich in ihren Aufgabenvorschlägen hauptsächlich auf die dargestellten Quellen beziehen. In den wirtschaftsnahen Materialien werden Lernziele oder zu erwerbende Kompetenzen formuliert, um die didaktisch-methodische Konstitution transparent zu machen. Jedoch sind in den Materialien der ZEIT Widersprüche zwischen den formulierten Lernzielen und der methodischen Umsetzung vorhanden, sodass die angestrebte Auseinandersetzung mit den Materialien nicht erfolgen kann. So wird zunächst und vordergründig ein didaktisch-methodisches Konzept entwickelt, das Kontroversität verspricht, sich tatsächlich jedoch auf Reproduktion beschränkt. Die durch die Vorgabe der Lernziele und Kompetenzen angestrebte Transparenz manifestiert sich schließlich in einer Scheintransparenz, die unter dem Deckmantel einer kritischen Auseinandersetzung dominante Formen des Krisenverständnisses und entsprechende Deutungsmuster reproduziert (Z 2010, 1).

Die Bearbeitungsaufträge des Handelsblatts beschränken sich ebenfalls auf Reproduktion oder die Analyse von Handlungsrestriktionen durch die Politik. Hingegen fördern die Aufgaben von Attac, Böckler Schule sowie Jugend und Bildung eine kritische Auseinandersetzung mit den dargestellten Inhalten (Attac, Böckler Schule) oder aktuellen Kontroversen (Jugend und Bildung). Folglich kann für diese drei Materialsammlungen hinsichtlich der didaktisch-methodischen Konzeption von Kontroversität ausgegangen werden, wobei die Materialien von Attac und der Böckler Schule die Kontroversität mittels der dargestellten Quellen erzeugen und Jugend und Bildung dies nur über die Analyse der aktuellen Tagespresse umsetzt (J 2012, 1).

Darüber hinaus zeigen die Arbeitsaufträge oder -vorschläge bei der Böckler Schule und Attac bereits die Existenz unterschiedlicher und alternativer Krisendeutungen und -politiken auf, sodass diese transparent gemacht werden. Hingegen wird in den Arbeitsaufträgen der wirtschaftsnahen Materialien bereits eine Deutung der Krise vorausgesetzt, sodass eine transparente Darstellung erschwert wird.

Zudem wird in den Materialien der gewerkschaftsnahen Institutionen stärker auf soziale Themen, Gerechtigkeit und Veränderungsbewusstsein eingegangen. Diese Aspekte werden in den wirtschaftsnahen Materialien kaum thematisiert. Die Rolle der Menschen und die Auswirkungen der Krise auf die Gesellschaft und die Natur werden entweder gar nicht oder beschränkt auf (finanz-)wirtschaftliche Aspekte dargestellt. Darüber hinaus konnte durch die zahlreichen Verweise auf die eigenen Materialarchive oder die quantitative Nennung der

Herausgeber_innen (bspw. ZEIT 50-mal) offensichtliche Werbung erkannt werden (Z 2010, 2-3).

2.4 (In-)Transparenz der Materialien

Die Wahl und die Konstitution der Differenzbildungen über offensichtliche semantische Strukturen oder über Implikationen, Präsuppositionen und Prädikationen bilden den Ausgangspunkt der unterschiedlichen Konstitutionen der Bildungsmedien der zwei Lager. Vereinzelt konnten aber auch Unterschiede innerhalb der jeweiligen Lager festgestellt werden. Der bedeutendste Unterschied stellt die Wahl der Differenzbildung, also die Konstitution des „Wir" und der „Anderen", dar.

Die Materialien von Attac und der Böckler Schule konstituieren sich thematisch wesentlich über die Differenzbildung zwischen der dominanten und der eigenen alternativen Krisendeutung und -politik. So wird fortlaufend die Ablehnung neoklassischer Krisenpolitiken sowie der Deutung der Krise als Schuldenkrise erkennbar. Dies kann anhand der Strickleiter aus Prädikationen und Differenzen verdeutlicht werden.

Die Aktantenrelation (wir = alternative Krisendeutung und -politik/die Anderen = dominante Krisendeutung und -politik) bildet den Ausgangspunkt für die Strickleiter, in der neben dieser konträren auch die kontradiktorische Beziehung (z. B. deutscher „Stammtisch" = nicht alternativ) und die durch die Analyse identifizierten Prädikationen (z. B. alternative Deutung und Politik kennt die Ursachen der Krise) und Differenzen (z. B. deutscher „Stammtisch" verkennt in Teilen die Ursachen) ermittelt werden konnten (B 2012, 3-4).

Die Strickleiter veranschaulicht folglich die Konstitution der Krisendeutungen und Krisenpolitiken über Prädikationen und Differenzbildungen im Unterrichtsmaterial (Höhne 2010, 437). Konnten in den Materialien sowohl die Prädikationen als auch die Differenzen im Material identifiziert werden, wurden diese zitiert und sind in der Strickleiter gegenüber positioniert. Präsupponierte und implizite, nicht im Material genannte, Differenzen – und damit auch Prädikationen zu den Positionen (z. B. deutscher „Stammtisch") – wurden kursiv gesetzt.

Tab. 1: Prädikationen und Differenzbildungen in den Materialien der Böckler-Schule

Alternative Deutung und Politik der Autor_innen	Dominante deutsche Deutung und Politik/Deutscher „Stammtisch“
Prädikation	konträr kontradiktorisch
nicht deutsch	nicht alternativ
Prädikationen und Differenzen	
Krise des Privatsektors (B 2012, 3)	Haushaltskrise (B 2012, 2)
kennen die Ursachen	verkennt in Teilen die Ursachen (B 2012, 2)
Ursachen: Ungleichgewichte in den Bilanzen (B 2012 2-6), niedrige Lohnkosten (B 2012, 4-5), Unterschiede in Wettbewerbsfähigkeit (B 2012, 2)	Ursachen: bösartige Spekulanten, schlampige Haushaltspolitik (B 2012, 5), unverantwortliche Fiskalpolitik (B 2012, 2)
will Wesen der Krise verstehen (B 2012, 3)	*wollen Wesen der Krise nicht verstehen*
Deutschland als Teil des Problems (B 2012, 6)	*Deutschland nicht Teil des Problems*
engagiert	bequem (B 2012, 3)
wissenschaftlich	deutscher Stammtisch (B 2012, 3)
haben Recht (B 2012, 2)	*haben Unrecht*
analysieren die richtige Krise	analysieren die falsche Krise (B 2012, 2-3)
Deutschland als Teil der Lösung (B 2012, 6)	*Deutschland ist die Lösung*
Währungsunion mit 16 Deutschländern wäre ein Albtraum (B 2012, 5)	alle Länder sollen so sein wie Deutschland (B 2012, 5)
Deutschland muss seine Überschüsse abbauen (B 2012, 4, 6)	Länder müssen Staatsfinanzierung in Ordnung bringen (B 2012, 5)
Deutschland muss Binnennachfrage steigern (B 2012, 4, 6)	bessere Wettbewerbsfähigkeit durch Austeritätspolitik (B 2012, 5)

Anhand dieser Strickleiter wird deutlich, dass die Position der Autor_innen sowie ihre Krisendeutung und -politik durch die Differenzbildungen implizit als wissenschaftlich, engagiert und anspruchsvoll dargestellt werden. Die Differenz dieser Prädikationen wird folglich der dominanten Krisendeutung zugeschrieben. Überwiegend werden die Differenzbildungen nicht implizit, sondern durch für die Rezipient_innen sichtbare semantische Strukturen, gebildet. Dies wird anhand der explizit im Material genannten Differenzen erkennbar. Ähnliche Prozesse konnten auch bei den Bildungsmedien von Attac beobachtet werden.

Tab. 2: Prädikationen und Differenzen in den Materialien von Attac

Alternative kapitalismuskritische Deutung und Politik	Dominante neoklassische und keynesianische Deutung und Politik
Prädikation – konträr / kontradiktorisch	
nicht dominant	nicht alternativ
Prädikationen und Differenzen	
nicht-radikale Marktverfechter (Marxisten) nicht peinlich	radikale Marktverfechter nur noch peinlich (AII4 2015, 4)
Nicht-Keynesianer (Marxisten) am besten	Keynesianer etwas besser (AII4 2015, 4)
Krise des Wirtschaftssystems (AII4 2015, 4)	Staatsschuldenkrise, Krise des Privatsektor (AII4 2015, 1-3)
ignoriert nicht Wirtschaftskrisen (AII4 2015, 4)	neoklassische Ansätze ignorieren Wirtschaftskrisen (AII4 2015, 4)
reduziert Wirtschaftskrisen nicht (AII4 2015,4)	reduziert Wirtschaftskrisen auf kontrollierbare Störungen (AII4 2015, 4)
Ursachen: Profitmaximierung und Konkurrenz, kapitalistische Produktionsweise (AII4 2015, 4)	Ursachen: neoklassisch: fehlende Wettbewerbsfähigkeit, verschwenderische Staatsausgaben (AII4 2015, 1, 3) keynesianisch: restriktive Fiskalpolitik, Lohnzurückhaltung in Exportüberschussländern (AII4 2015, 2,3)
Forderungen greifen weitreichend, ausreichend	Forderungen greifen zu kurz, unzureichend (AII4 2015, 4)
System könnte auf Dauer gut gehen	System kann auf Dauer nicht gut gehen (AII4 2015, 4)
Vergesellschaftung des Kreditsektors (AV8 2015, 3)	Verluste der Banken vergesellschaften (AV8 2015, 3)
Leitbild Gemeinwohl, soziale Gerechtigkeit, ausgeglichene Beziehungen zwischen Mensch und Natur	*nicht gemeinwohlorientiert, nicht sozial, keine ausgeglichenen Beziehungen zwischen Natur und Mensch*
Rolle der Bürger entscheidend	*Rolle der Bürger nicht entscheidend*
Überführung des Bankensektors in den öffentlichen Dienst, Enteignung der Großaktionäre, Transparenz der Kontenbuchführung, Netzwerk öffentlicher Investitionsbanken mit Bürgernähe, festgeschriebene Ziele und Maßnahmen (AV8 2015, 3)	neoklassisch: Lohnkürzungen, Deregulierung, fiskalische Kürzungsmaßnahmen, keine Bail-outs (AII4 2015, 1) keynesianisch: Überschussländer müssen Investitionen erhöhen und Löhne steigern, Regulierung, Finanztransaktionssteuer (AII4 2015, 4; AV8 2015, 2)

Die Strickleiter zeigt eindeutig die in den Materialien konstruierte Überlegenheit der kapitalismuskritischen (marxistischen) gegenüber den anderen Krisendeutungen und -politiken auf. Im Vergleich zur Konstitution der Differenzen und Prädikationen der Böckler Schule sind die hier konstituierten Differenzen leichter zu erkennen. Im Gegensatz dazu werden in den Materialien von der ZEIT, des Handelsblatts und Jugend und Bildung die Differenzen zwischen verschiedenen Akteuren der Krise gebildet, sodass in diesen Fällen die dominante Krisendeutung und -politik implizit vorausgesetzt und über Präsuppositionen konstruiert wird. Somit erzeugt die Konstitution den Eindruck einer Vermittlung natürlicher Gegebenheiten, der auf intransparenten Strukturen basiert.

Tab. 3: Prädikationen und Differenzen in den Materialien Jugend und Bildung

Zahlungsfähige Euro-Länder	Euro-Krisenländer
Prädikation	konträr / kontradiktorisch
nicht krisenhaft	nicht zahlungsfähig
Prädikationen und Differenzen	
Deutschland (J 2012, 2)	Griechenland, Portugal, Spanien, Irland (J 2011, 1-3, J 2012, 1)
Wachstum durch Wirtschaftsleistungen	Wachstum durch Schulden (J 2011, 1-3; J 2012, 1)
Nicht notwendig?	notwendige Sparmaßnahmen (J 2011, 1)
neue Lösungsansätze (J 2012, 1)	*keine Lösungsansätze*
Strukturreformen (J 2011, 1)	Wachstumsförderung (J 2011, 1)
fordern Haushaltssanierung und Wachstumsstrategie (J 2012, 2)	*kein Wachstum, kein sanierter Haushalt*
Sparen nicht wichtig	Sparen weiterhin wichtig, aber mit Augenmaß (J 2011, 1)
ausreichende Wirtschafts- und Finanzpolitik, kritische Regelungslücken in der europäischen finanz- und wirtschaftspolitischen Überwachung (J 2012, 1)	unzureichende Wirtschafts- und Finanzpolitik (J 2012, 1)

Insgesamt werden auf Seiten der Unterrichtsmaterialien der wirtschaftsnahen Institutionen die Voraussetzungen der Krisendeutung und die Verwendung der dominanten Deutung als Wirtschafts- und Finanzkrise erkennbar. Ein Vergleich zeigt aber unterschiedliche Perspektiven und Differenzbildungen der Anbieter. Die Unterrichtsmaterialien der ZEIT fokussieren vorrangig die deutsche finanzpolitische Perspektive auf die Eurokrise (Z 2010, 2-5).

Tab. 4: Prädikationen und Differenzen in den Materialien der ZEIT

Deutschland	Verschuldete Staaten
Prädikation — konträr / kontradiktorisch	
nicht verschuldet	nicht deutsch
Prädikationen und Differenzen	
ehrliche Bilanzierung	Bilanzschönung (Z 2010, 2)
profitables Wirtschaften	Misswirtschaft (Z 2010, 2)
gewissenhaft	Zockermentalität (Z 2010, 2)
bescheiden	Gier (Z 2010, 3)
geregelte, sichere Finanzindustrie	Eldorado der Finanzindustrie (Z 2010, 3)
(*wirtschaftlich*) stark (Z 2010, 5)	*schwach*
strickte Finanzaufsicht	laxe Finanzaufsicht (Z 2010, 3)
profitiert von Krisenmaßnahmen (Z 2010, 5)	*profitiert nicht von den Krisenmaßnahmen*
kein Dominostein (stabil)	Dominostein wankt (Z 2010, 5)
gelungene Wirtschafts- und Finanzpolitik	gescheiterte Wirtschafts- und Finanzpolitik (Z 2010, 7)
Souveränitätsgewinn	Souveränitätsaufgabe (Z 2010, 5)
Deutsche rettungsmüde (Z 2010, 5)	*müssen gerettet werden*

Im Gegensatz dazu fokussieren die Arbeitsblätter des Handelsblattes vorrangig die Perspektive der Märkte in Differenz zur Wirtschaftspolitik (H 2011/2012, 2-3).

Tab. 5: Prädikationen und Differenzen in den Materialien des Handelsblatts

Globale Investoren	Europäische Politik
Prädikation — konträr / kontradiktorisch	
nicht politisch	nicht global/nicht wirtschaftlich
Prädikationen und Differenzen	
verlieren Glauben an Zukunft der Euro-Zone (H 2011, 2)	*haben den Glauben noch/sind verantwortlich für den mangelnden Glauben an Euro-Zone*
kein Druck, die Krise zu lösen/erzeugen Druck (H 2011, 2)	Druck auf Berlin, Brüssel und Paris, die Krise zu lösen (H 2011, 2)
durschlagende Entscheidungen stellen Vertrauen kurzfristig her (H 2011, 2)	kein kurzfristiges Vertrauen hergestellt (H 2011, 2)
risikofreie Einstufung der Staatsanleihen war legitimiert	Politik ermöglichte risikoloses investieren risikofreie Einstufung der Staatsanleihen (H 2011, 3)
Vertrauenskrise (H 2011, 3)	*Schuldenkrise*
wollen die Maßnahme nicht umsetzen → unprofitabel	zwingt im Stresstest Banken zur Abschreibung ihrer Staatsanleihen zum Marktwert (H 2011, 3)
Banken werden bestraft, obwohl sie sich in Krisenländern ‚engagiert' haben (H 2011, 2)	*verkennen das Engagement der Investoren*

Die Strickleiter zeigt neben der Positionierung der Autor_innen inhaltlich auch die Dominanz der Märkte über die Politik. Zudem wird vorrangig durch implizite Differenzen und

Prädikationen die Schuld an der Krise auf die Politik übertragen. Darüber hinaus wird deutlich, dass Maßnahmen der Märkte als erfolgreicher empfunden werden.

So zeigt bereits die Wahl der Differenzbildung, dass die gewerkschaftsnahen Institutionen mit ihren Materialien aufklären sowie Alternativen aufzeigen wollen. Die wirtschaftsnahen Institutionen legen einen Schwerpunkt auf das Erklären der in ihrem Paradigma herrschenden Deutungsmuster. Neben diesen verschieden gewählten Differenzbildungen zeigt auch ihre jeweilige Konstitution erkennbare Unterschiede.

Ein Vergleich der Strickleitern der Differenzen und Prädikationen sowie der Argumentationsanalyse verdeutlicht, dass auf Seiten der wirtschaftsnahen Materialien wesentlich häufiger über Präsuppositionen und Implikationen das „Wir" konstruiert wird. Somit wird erneut deutlich, dass die eigene Perspektive nicht über offensichtliche semantische Strukturen dargestellt und diese damit intransparent wird. Zusätzlich erfolgt mit einer Abwertung des jeweils anderen Lagers eine implizite und präsupponierte Aufwertung der eigenen Position. Diese Aufwertung erfolgt ebenfalls bei den Materialien der gewerkschaftsnahen Institutionen, sodass Präsuppositionen und implizite Schlussregeln bei der Darstellung der präferierten Krisenperspektive einen positionsunterstützenden Effekt haben.

Die Attac-Materialien implizieren:

> „So lange jedoch Profitmaximierung und Konkurrenz vorherrschen' und die Folge ‚werden wir immer wieder Krisen wie die gegenwärtige erleben', die Schlussfolgerung ‚Profitmaximierung und Konkurrenz müssen abgeschafft werden, damit sich Krisen nicht wiederholen." (AV8 2015, 4).

Das Diskursfragment „Warum bekämpft die Politik die falsche Krise? Ich nehme an, weil es leichter vermittelbar ist." (B 2012, 3) aus dem Böckler Schule-Material erzeugt über die rhetorische Frage und die darauffolgende provokative Antwort zudem eine eindeutige Abwertung der dominanten Politiken, die gleichzeitig eine Disambiguierung von Politik und eine Simplifizierung bewirkt.

Intransparent ist auf Seiten der Böckler Schule und Attac somit die Bewertung der präferierten alternativen Krisendeutung und -politik. So wird über implizite Differenzen und damit über Prädikationen deutlich, dass die eigene Perspektive und Analyse wissenschaftlicher und komplexer seien als die der anderen (bspw. Bezeichnung als „deutscher Stammtisch") (B 2012, 2). Jedoch wird durch die Anordnung der Quellen und ihrer Überschriften die Existenz von Alternativen erkennbar und deutlich, welche Position vertreten wird.

3 Fazit

Abschließend kann festgestellt werden, dass in allen Materialien eigene Positionen vermittelt werden sollen. Dabei variieren jedoch der Umfang und die Transparenz der Selbstdarstellung. In Bezug auf Krisendeutungen und -politiken weist die Konstitution der Materialien von Attac die transparentesten Strukturen auf. Zudem wird in den Bildungsmedien nicht nur zwischen zwei Perspektiven, sondern zwischen drei (neoliberal, keynesianisch, marxistisch) unterschieden. Ebenso wird die präferierte Krisendeutung und -politik der Böckler Schule erkennbar. Die in Teilen intransparente Aufwertung der eigenen Position ist jedoch stärker als bei den Materialien von Attac. Auf Seiten der wirtschaftsnahen Institutionen ist die Konstitution der eigenen Position wesentlich intransparenter. Neben dem Fehlen von alternativen Krisendeutungen und -politiken werden auch Aspekte abseits des Wirtschafts- und Finanzmarktes nicht dargestellt, sodass die Materialien einseitig sind und allein das Verständnis der dominanten Krisendeutung und -politik reproduzieren.

Dennoch ist zu betonen, dass die Einseitigkeit der Bildungsmedien oder anders ausgedrückt, eine mangelnde Kontroversität, nicht zwingend negativ oder mit indoktrinierenden

Absichten verbunden ist. So formuliert bspw. Attac die bewusste Konstitution einer alternativen Perspektive, um einen Gegenpol zu dominanten Deutungsmustern zu entwickeln (Eis et al. 2015, 5-6.). Darüber hinaus ist es durchaus legitim, die eigene Position in Bildungsmedien hervorzuheben, da es sich bei den Unterrichtsmaterialien nicht um staatlich geprüfte Medien handelt. In Anlehnung an die Forderungen des Transparenzkodex[105] ist es jedoch durchaus problematisch, wenn Materialien – wie hier gezeigt – eindeutige intransparente Strukturen aufweisen, die eine unbewusste Reproduktion dominanter Deutungsmuster fördern. In solchen Fällen muss von intendierter Indoktrination ausgegangen werden.

Literatur

Brand, U. (2009): Die Multiple Krise. Dynamik und Zusammenhang der Krisendimensionen, Anforderungen an politische Institutionen und Chancen progressiver Politik.

Buckel, S. (2012): „Managing Migration" – Eine intersektionale Kapitalismusanalyse am Beispiel der Europäischen Migrationspolitik. In: Berliner Journal für SOZIOLOGIE H. 22, 79–100.

Demirović, A. (2011): Die multiple Krise - Krisendynamiken im neoliberalen Kapitalismus. In: Demirović, A. et al. (Hrsg.): VielfachKrise. Im finanzmarktdominierten Kapitalismus, 11–28.

DIE ZEIT; ING DiBa (2010): Euro-Krise? Wer zahlt die Zeche? Krisenmanagement zwischen Staatspleiten und Rettungsschirmen. Online abrufbar unter: http://zfds.zeit.gaert - ner.de/Arbeits-blaetter-Sekundarstufe-II2 (letzter Zugriff: 27.02.2016).

Eis, A./Hörnschemeyer, C./Krämer, J./Oppenhäuser, H./Quaißer, G./Storn, H./Schmidt,M./ Michels, T. (2015): Europa nach der Krise? Attac (Hrsg). Online abrufbar unter: www.attac.de/bima (letzter Zugriff: 27.02.2016).

Eis, A./Lösch, B./Schröder, A./Steffens, G. (2015): Frankfurter Erklärung. Für eine kritisch-emanzipatorische Politische Bildung.

Engartner, T. (2015a): Konzept zur Entwicklung und Evaluation von Unterrichtseinheiten für den sozio-ökonomischen Unterricht im Rahmen des Projekts „Böckler Schule".

Engartner, T. (2015b): Wie Unternehmen um Schülerinnen und Schüler buhlen. In: Bildung & Wissenschaft H. 11 (2005), 24–26.

Engartner, T. (2015c): Lobbyismus hat an Schulen keinen Platz. In: Frankfurter Allgemeine Zeitung, 10.11.2015, 32.

Handelsblatt macht Schule; wigy – Wirtschaft verstehen (2011): Angriffe auf Europa. Online abrufbar unter: http://www.wigy.de/wirtschaft-im-unterricht.html (letzter Zugriff: 27.02. 2016).

Hedtke, R. (2012): Die Wirtschaft in der Schule. Agendasetting, Akteure, Aktivitäten.

Höhne, T. (2010): Die thematische Diskursanalyse – dargestellt am Beispiel von Schulbüchern. In: Reiner Keller (Hrsg.): Handbuch Sozialwissenschaftliche Diskursanalyse. Forschungspraxis, 423–453.

Jugend und Bildung (2011): Operation an lebendiger Währung: Die Staatsschulden-krise und der Euro. Online abrufbar unter: http://www.jugend-und-bildung.de/files/332/AB_FinanzenSteu-ern_12_2011_Eurokrise_II_final.pdf (letzter Zugriff: 27.02.2016)

Jugend und Bildung (2012): Europa in der Krise. http://www.jugend-und-bildung.de/files/332/AB_FinanzenSteuern_08-2012_Schuldenkrise_final-1.pdf, 27.02.16.

[105] Der Transparenz-Kodex ist ausführlich nachzulesen unter: http://blog.dvpb.de/wpcontent/uploads/ 2015/03/Pressemitteilung_DVPB_Transparenz_Kodex_fuer_Unterrichtsmaterialien.pdf.

Kamella, F. (2013): Lobbyismus an Schulen. Ein Diskussionspapier über Einflussnahme auf den Unterricht und was man dagegen tun kann.

Kannankulam, J. (2013): Die Euro-Krise zwischen Miteinander ringenden Hegemonieprojekten und Autoritärem Etatismus. In: Büsing, H. et al. (Hrsg.): Demokratie in der Krise. Krisenpolitik und demokratische Legitimation, 17–34.

Kortendiek, P./van Treeck, T. (2015): Die Eurokrise unterrichten. Was lernen SchülerInnen in Deutschland und Frankreich über die Eurokrise?

Matthes, E./Wiater, W. (2013): „Clusteranalyse „Nachhaltige Entwicklung" und soziale Marktwirtschaft".

Mitschke, C. (2012): Ökonomische Bildung – eine neutrale Sache? Wie die Initiative Neue Soziale Marktwirtschaft (INSM) Einfluss auf Unterrichtsinhalte an allgemeinbildenden Schulen ausübt.

Ott, C. (2014): Das Schulbuch beim Wort nehmen – Linguistische Methodik in der Schulbuchforschung. In: Knecht, P. (Hrsg.): Methodologie und Methoden der Schulbuch- und Lehrmittelforschung. Methodology and methods of research on textbooks and educational media, 254–263.

Patner, J./Neumann, H.-M. (2012): Die Währungsunion in Bedrängnis. Böckler Schule (Hrsg). Online abrufbar unter: www.yumpu.com/de/document/view/6671323/eurokrise-die-wahrungsunion-in-bedrangnis-hans-bockler-stiftung (letzter Zugriff: 27.02.16).

Stürmer, V. (2014): Kindheitskonzepte in den Fibeln der SBZ/DDR 1945-1990.

Ucharin, A. (2010): "In meiner Heimat war ich Jurist [...] und jetzt fahre ich Taxi." Die diskursive Konstruktion der Arbeitswelt in Lehrwerken für Integrationskurse. In: C. Chlosta/M. Jung (Hrsg.): DaF integriert, 335–350.

Verbraucherzentrale Bundesverband e. V. (2014): Unterrichtsmaterial unter der Lupe. Wie weit geht der Lobbyismus in Schulen? Eine Qualitätsanalyse von Lehrmaterialien verschiedener Anbieter und Interessensvertreter des Verbraucherzentrale Bundesverbands (vzbv).

Angaben zur Person:

Rieke Heseding

ist Studienreferendarin für das gymnasiale Lehramt am Studienseminar Leer in Niedersachsen mit den Fächern Politik-Wirtschaft und Mathematik.

Gesine Bade

Kritische politische Europabildung im Sachunterricht?

Zusammenfassung: Europabildung gehört für viele nicht in die Grundschule. Curricula und Lehrmaterialien klammern das Thema weitgehend aus. Dabei gehören Europa und die EU ebenso wie der Rest des Globus' zu der Lebenswelt von heute aufwachsenden Kindern. Viele politische Fragestellungen beschäftigen junge Menschen auch schon zu Beginn ihrer Schullaufbahn. Fragen zu Krieg, Frieden, Flucht und Ausgrenzung werden sogar schon von Vorschulkindern gestellt. Im Sachunterricht könnten diese Themen behutsam mithilfe von emotionalen und rationalen Zugängen bearbeitet werden. Politische Bildung könnte hier von Anfang an und ganz selbstverständlich stattfinden. Stattdessen werden die EU und Europa höchstens in Form von Landkarten gepaukt. Der Artikel fordert mehr Mut von Lehrenden und Bildungsexpert*innen, aktuelle und medial höchst präsente politische Themen in den Sachunterricht zu integrieren.

Schlüsselbegriffe: Europabildung im Sachunterricht, kritische politische Bildung, Grundschulcurricula

Europe as a subject of political education in elementary school

Abstract: Many would argue that education programs about Europe do not belong in primary school. Curricula and teaching materials hardly touch on this topic. However, Europe and the EU, as well as the rest of the globe, belong to the living environment of children growing up today. Young people at the very beginning of their school career, can be interested in a wide range of political issues. Questions concerning war, peace, flight, and exclusion are asked even by preschool children. 'General Science' class is a place to address these subjects in a modest and rational way. Thus, political education could take place early on in the classroom. Instead, Europe and the EU are addressed in the form of maps, at most. This article demands more boldness from teaching staff and education-experts to integrate current topics with high media exposure into the 'General Science' class.

Keywords: Europe education, elementary school curricula, critical civic education

1 Grundschüler*innen und politische Europabildung?

Die Grundschule ist die erste Schulform, die prägend auf ein Kind in seinem Bildungs- und Lebensweg einwirkt. Ihre Hauptaufgabe ist die Vermittlung grundlegender Allgemeinbildung in den wesentlichen Kulturbereichen, womit sie den Ausgangspunkt für die weiterführenden Bildungswege darstellt. Die Erziehung zu demokratischen Werten und Grundrechten nimmt dabei eine zentrale Stellung in allen deutschen Bildungsplänen ein (vgl. Deutsches Institut für Internationale Pädagogische Forschung 2017). Gleichzeitig zeichnet sich die Grundschule in Deutschland dadurch aus, dass sie die einzige Schulform ist, in der bedingungslos alle sozialen Milieus gemeinsam lernen. Dabei entstehen oft auch multikulturelle Lerngruppen. Der Umgang mit kultureller und sozialer Diversität kann hier also nicht nur abstrakt reflektiert, sondern täglich und in der realen Lebenswelt der Kinder gelernt werden. Inwieweit die Grundschule ihr damit innewohnendes Potential für politische Bildung nutzt, hängt mitunter stark von der pädagogischen Wirklichkeit ab.

Im folgenden Artikel soll zuerst der vorgesehene Rahmen für politische Bildung im Sachunterricht der Grundschule erläutert werden, bevor die kognitiven Lernvoraussetzungen von Primarschüler*innen in diesem Lernbereich in den Blick genommen werden (Abschnitt 2). Daraufhin werden die Empfehlungen der Kultusministerkonferenz zur Europabildung in Bezug zu den curricularen Verankerungen in den Lehrplänen der Länder gesetzt (Abschnitt 3). Schließlich werden didaktische Überlegungen zur Umsetzung kritischer politischer Europabildung in der Grundschule angestellt (Abschnitt 4). Übergeordnet ist die Fragestellung, inwieweit Kinder im Grundschulalter in der Lage sind, nicht nur politisches Wissen, sondern auch zentrale politische Kompetenzen am Inhaltsfeld ‚Europa' zu erlangen und welche Voraussetzungen die pädagogische Praxis dafür erfüllen muss.

Obwohl politische Bildung als Querschnittsaufgabe aller Schulfächer zu betrachten ist, findet sie hauptsächlich im Sachunterricht[106] statt.

> „Die besondere Aufgabe des Sachunterrichts besteht darin, Schülerinnen und Schüler darin zu unterstützen, ihre natürliche, kulturelle, soziale und technische Umwelt sachbezogen zu verstehen, sie sich auf dieser Grundlage bildungswirksam zu erschließen und sich darin zu orientieren, mitzuwirken und zu handeln" (GDSU 2013, S. 9).

Um die diversen Inhalten des Faches zu strukturieren und die Anschlussfähigkeit an die Fachkulturen der weiterführenden Schulformen zu gewährleisten, werden die Kompetenzerwartungen und Themenbereiche in fünf verschiedene Perspektiven gefasst:

1. die sozialwissenschaftliche Perspektive (Politik, Wirtschaft, Soziales),
2. die naturwissenschaftliche Perspektive (belebte und unbelebte Natur),
3. die geografische Perspektive (Räume, Naturgrundlagen, Lebenssituationen),
4. die historische Perspektive (Zeit, Wandel) und
5. die technische Perspektive (Technik, Arbeit).

Der Ansatz des integrativen Sachunterrichts zielt darauf ab, die jeweiligen Inhalte perspektivübergreifend zu bearbeiten. Dabei soll es nicht darum gehen, an allen Gegenständen alle Dimensionen ‚abzuarbeiten', sondern darüber nachzudenken, welche Aspekte mit welchen Themen verknüpft sind. Für das Themenfeld ‚Europa' bietet sich beispielsweise eine Verknüpfung der geografischen, sozialwissenschaftlichen und historischen Perspektive an. Es sei jedoch schon an dieser Stelle darauf verwiesen, dass trotz des perspektivübergreifenden Anspruchs des Faches, ‚Europa' im ‚Perspektivrahmen Sachunterricht', dem maßgeblich geltenden Dokument für die Konzeption des Sachunterrichts in Deutschland, lediglich als geografischer Raum behandelt wird (s. GDSU 2013, S. 34, 73 f.). Es gibt keinen Hinweis darauf, dass die EU als politische und gesellschaftliche Konstruktion ebenso einen Teil der kindlichen Lebenswelt darstellt und es deswegen wichtig ist, diesen Aspekt im Unterricht zu behandeln[107]. Dieser blinde Fleck des Perspektivrahmens ist auffällig und steht doch symptomatisch für einen Trend, nach dem gerade gesellschaftswissenschaftliche Themen als vermeintlich zu komplex und damit als nicht ‚kindgemäß' ausgeblendet werden. Lehrer*innen verpassen dabei oft wichtige Lerngelegenheiten, indem aktuelle politische Ereignisse nicht bearbeitet, mediale Einflüsse oder die politischen Kompetenzen der Lernenden unterschätzt werden.

Ob die EU als politisches und soziales Konstrukt die kognitiven Fähigkeiten von Sechs- bis Zehnjährigen tatsächlich überfordert und welche empirischen Ergebnisse und didakti-

[106] Je nach Bundesland auch: *Fächerverbund Mensch, Natur und Kultur - MeNuK* (Baden-Württemberg), *Heimat- und Sachunterricht* (Bayern), *Heimat-, Welt- und Sachunterricht* (Schleswig-Holstein) oder *Heimat- und Sachkunde* (Thüringen)

[107] Weitere Anmerkungen dazu folgen in Abschnitt drei und vier.

schen Forderungen dazu existieren, soll im folgenden Abschnitt vorgestellt und diskutiert werden.

2 Zu den Lernvoraussetzungen von Primarschüler*innen

Politische Bildung im Vorschul- und Grundschulalter besitzt in Deutschland keine entwickelte Tradition. Deswegen konnte sich politische Bildung im Sachunterricht nicht im gleichen Maße etablieren, wie beispielsweise die naturwissenschaftliche oder technische Elementarbildung. Wie im ersten Abschnitt bereits angedeutet, wurde die gesellschaftswissenschaftliche Dimension des sachbezogenen Lernens lange Zeit mit der unausgesprochenen These marginalisiert, dass Kinder noch keinen Zugang zum Politischen hätten und entwicklungsbedingt noch nicht reif genug wären, um diese Prozesse zu verstehen. Die These korreliert mit den Vorstellungen der frühen Kindheitsforschung, in der Kinder als „unfertige, defizitäre Gesellschaftsmitglieder" betrachtet wurden, die erst noch zu vollwertigen Gesellschaftsmitgliedern „gemacht" werden müssen (Andresen, Hurrelmann 2010, S. 14). Im Zuge von Demokratisierungsbewegungen und der aufkommenden politischen Sozialisationsforschung der 1970er Jahre (vgl. Beck 1972, Beck/Grauel 1975, Köbberling/Müller-Guntrum 1975), traten Forderungen nach politischer Bildung, die bereits im frühen Kindesalter ansetzt, auf den Bildungs- und Reformplan. Seit den 2000er Jahren lässt sich dieser Paradigmenwechsel in der Sicht auf Kinder und Politik erneut feststellen und verfolgen, sodass die Forderung „Politische Bildung von Anfang an" (s. Richter 2007) mittlerweile von einem überwiegenden Großteil der im pädagogischen Feld Arbeitenden und Forschenden getragen wird.

Spätestens seit den 1970er Jahren liegen also Erkenntnisse vor, dass die politische Sozialisation bereits sehr früh im Leben eines Menschen beginnt. Schon Grundschulkinder besitzen demnach erste Theorien über Politik und Gesellschaft. Damit sind sie weit davon entfernt in einer politikfreien oder gesellschaftsfremden Welt zu leben. Eine Reihe von US-amerikanischen Studien belegt dies (s. Greenstein 1965, Easton/Dennis/Easton 1969, Connell 1971, Berti/Andriolo 2001, Berti 2002). Nach Gramelt (2010, S. 102 f.) nehmen Kinder bereits im Alter von zwei Jahren Differenzierungen zwischen verschiedenen Menschen vor, um sie anhand von bestimmten Eigenschaften, wie bspw. Geschlecht, Hautfarbe oder sozialer Klasse, verschiedenen sozialen Gruppen zuzuordnen. Raabe und Beelmann (2011) bestätigen diese Aussage in einer Metaanalyse, in der 113 internationale Studien der letzten 90 Jahre ausgewertet wurden, die sich mit der Entwicklung von Vorurteilen bei Kindern auseinandersetzten. Vorurteile werden dabei als stabile, meist negative Einstellungen gegenüber Personengruppen definiert, die oftmals nicht auf eigenen Erfahrungen beruhen, sondern unreflektiert aus der Umwelt übernommen und genutzt werden. Die Ergebnisse zeigten, dass die Ausbildung von Vorurteilen stark von der Lebenswelt der Kinder abhängig ist. Sie zeigten aber auch einen verallgemeinerbaren Trend. Demnach lassen sich bereits im Alter von zwei bis vier Jahren Vorurteile feststellen. Daraufhin steigt deren Nutzung an und ist im Alter von fünf bis sieben Jahren am stärksten ausgeprägt, bzw. messbar. Danach nehmen Vorurteile zur Erklärung der Welt wieder ab, was aus Sicht von Raabe und Beelmann davon abhängt, inwieweit Kinder Umgang zu anderen sozialen Gruppierungen als der eigenen haben. Bei Kindern, die viel Kontakt zu unterschiedlichen Gruppen pflegen, nimmt die Nutzung von Vorurteilen deutlich schneller ab als bei Kindern, mit wenigen oder keinen Kontakten zu anderen sozialen Gruppierungen (vgl. ebd. S. 172 ff.).

Während diese Ergebnisse wichtige Erkenntnisse für die politische Bildung darstellen und darauf verweisen, dass Kinder bereits in jungen Jahren politische und soziale Kategorien nutzen, betont Markefka (1990), dass sich die Nutzung von Vorurteilen zwar messen lässt, Kinder in diesem Alter aber noch nicht bewusst damit arbeiten können. Die kategorialen Differenzierungen werden einfach aus der Umwelt übernommen – ihre Bedeutung wird jedoch nicht erkannt. Markefka wies nach, dass Kinder zwischen drei und sieben Jahren weder sich selbst noch andere korrekt in die verschiedenen, teilweise selbst konstruierten Kategorien einordnen konnten (vgl. Markefka 1990, S. 58). Ob Kinder mit Differenzierungen anhand von Vorurteilen unbewusst oder bewusst arbeiten, sei erst einmal dahingestellt. Für die politische Bildung in der Grundschule ist die Feststellung wichtig, dass sich junge Menschen, ebenso wie Erwachsene, mit Hilfe von kategorialem Denken die Vielfalt der Welt erklären und komplexe Realitäten auf ein verarbeitbares Maß reduzieren. Entgegen landläufigen Meinungen sind Kinder also nicht frei von diesen Denkmustern und daraus resultierenden, teilweise problematischen, Phänomenen, wie bspw. Rassismus.

Neben diesen allgemeinen Erkenntnissen zur politischen Bildung und Sozialisation im Grundschulalter sollen auch die empirischen Ergebnisse für den Lernbereich ‚Europa' erwähnt und diskutiert werden. Da es konkret in der politischen Europabildung nur wenige Studien gibt, seien an dieser Stelle die internationalen Forschungsergebnisse zum Wissen über Staaten und Ländergruppe von Grundschüler*innen referiert, die Richter (2015, S. 115 ff.) ausführlich darlegt und einordnet. Bereits 1951 haben Piaget und Weil getestet, ab welchem Alter Kinder die Konzepte ‚Nation' und ‚Ausländer/Inländer' aus Erwachsenensicht richtig anwenden können. Sie kamen zu dem Schluss, dass dies im Alter von sieben Jahren erstmals kognitiv möglich ist (ebd. S. 561 ff.). Es folgten weitere Studien zum kindlichen Verständnis über Staaten in den 1960er (z. B. Jahoda 1963, Lambert/Klineberg 1967) und 1990er Jahren (Kasper/Kullen 1992, Büker 1998), die 2005 und 2007 von Barrett zusammengefasst wurden. Demnach haben Kinder ab einem Alter von fünf bis sechs Jahren Kenntnisse über nationale Symbole ihres Heimatstaates, wie bspw. Nationalflagge oder Nationalhymne (Barrett 2005, S. 128). Etwa ab neun Jahren verstehen Kinder, dass sich Staaten durch ein Hoheitsgebiet, Landesgrenzen und einer eigenen Regierung von anderen Staaten unterscheiden (Barrett 2007, S. 95). Das Konzept ‚Staat' kann daraufhin erst ab einem Alter von zehn Jahren ‚korrekt' erklärt werden. Auch die Bedeutung von Hauptstädten wird erst in diesem Alter verstanden (Berti 2002, S. 91). Bis zu einem Alter von 13 Jahren werden Regierungen hauptsächlich über die Personen definiert, die ihnen angehören (Barrett 2005, S. 264). Insgesamt vermitteln diese Ergebnisse nicht den Eindruck, dass Unterricht zur EU schon in der Grundschule stattfinden sollte. Sie werden daher oft genutzt, um in diesem Themenfeld komplexe politische Unterrichtsthemen von vornherein als kognitive Überforderung auszuklammern. Es sei jedoch darauf hingewiesen, dass die Studien in der großen Mehrheit der Fälle vorhandenes Wissen und Einstellungen erheben. Sie ermitteln damit den messbaren Ist-Zustand von politischem Faktenwissen zu den Themen ‚Staaten und Nationen', das vorrangig einem sehr institutionen-kundlichen Politikverständnis folgt. Des Weiteren ist es fraglich, ob der Nachweis von fehlendem Wissen ein Argument dafür sein kann, Bildungsbemühungen in diesem Alter von vornherein als überfordernd auszuschließen. Es fehlen in diesem Feld Studien, die sich mit relevanten didaktischen Fragestellungen beschäftigen. Relevant könnte in diesem Zusammenhang z. B. die Frage nach dem ‚kognitiv Leistbaren' im Grundschulalter sein. Ein solches Forschungsvorhaben würde weniger vorhandenes Wissen messen, als vielmehr versuchen, anspruchsvolle Lernprozesse zu initiieren und zu verstehen. Wie muss die pädagogische Praxis aussehen, um die Auseinandersetzung mit kognitiv fordernden Inhalten anzuregen? Abgesehen vom Aspekt der Ausbildung von Fachwissen müssen sich empirische Studien auch mit dem kognitiv Möglichen im Bereich der Förderung politischer Kompetenzen (bspw. Analyse-, Urteils- oder Handlungskompetenz) auseinandersetzen. Hier gibt es große Forschungsleerstellen, die hoffentlich im Zuge der Erkenntnis, dass politische Bildung bereits ab dem Vorschulalter möglich und wichtig ist, angegangen werden.

Wichtige Ergebnisse zu erfolgreichen Lerngelegenheiten in politischen Bildungsarrangements liefern die Arbeiten von Berti (1994, 2001, 2002) und Allen/Kirasic/ Spillich (1997).

Demnach bringen bereits kurze zeitliche Lehrinterventionen messbare Veränderungen in den Konzeptualisierungen von Kindern, wenn diese interaktiv und kindgerecht gestaltet werden. Wichtiger als das Alter der Lernenden war hierbei die Möglichkeit, selbstbestimmt und gemeinsam mit anderen zu lernen (Berti, 2002 und 2001, Allen et al. 1997). Auf diese Weise konnten politische Lerninhalte bereits von Neunjährigen verstanden werden, die in der Referenzgruppe erst im Alter von 13 bis 14 Jahren nachvollzogen werden konnten (Berti, 2002, 103). Ein weiteres bemerkenswertes Ergebnis ist die Tatsache, dass aktuelle und medial stark präsente politische Ereignisse großen Einfluss auf politisches Wissen und Vorkonzepte haben. So ließen sich bestimmte Konzeptualisierungen über Staaten und Staatenbünde bei der gesamten Alterskohorte derjenigen nachweisen, die zum ‚Mauerfall' im Grundschulalter waren (Berti, 1994). Auch dabei konnte beobachtet werden, dass bereits erworbenes domänenspezifisches Wissen auschlaggebend ist für weitere Lernerfolge im entsprechenden Bereich, bzw. der Domäne (Allen et al. 1997, 173).

Diese Ergebnisse können wichtige Ausgangspunkte für eine pädagogische Praxis politischer Europabildung in der Grundschule darstellen. Sie zeigen, dass es möglich ist, auch komplexe Thematiken der Lebenswelt von Kindern in den Blick zu nehmen und zu bearbeiten. Inwieweit sich diese Erkenntnisse in den Bildungs- und Lehrplänen der Länder Beachtung finden, wird im nächsten Abschnitt dargelegt.

3 KMK-Empfehlungen zur Europabildung und die curriculare Anbindung in der Grundschule

Die ständige Konferenz der Kultusminister*innen der Länder in der Bundesrepublik Deutschland (im Folgenden: KMK) gibt seit 1978 Empfehlungen zur Europabildung in der Schule heraus und hat diese zuletzt 2008 aktualisiert. Das Dokument besteht aus einer europapolitischen Verortung als Einleitung und daraus abgeleiteten Zielen und Umsetzungsempfehlungen. Die wichtigsten Auszüge für die Europabildung in der Grundschule werden hier kurz zitiert:

> „Die Schule hat die Aufgabe, die Annäherung der europäischen Völker und Staaten und die Neuordnung ihrer Beziehungen bewusst zu machen. Sie soll dazu beitragen, dass in der heranwachsenden Generation ein Bewusstsein europäischer Zusammengehörigkeit entsteht. [...] Die Schule hat zudem die Aufgabe, Respekt vor und Interesse an der Vielfalt der Sprachen und Kulturen zu wecken und auszubauen. [...] Um diese Dimension in Bildung und Erziehung zu verwirklichen, muss die Schule Kompetenzen vermitteln, die zu einem gelingenden Leben in Europa befähigen." (S. 5)

> „In der Grundschule wird die Thematik dort aufgegriffen, wo der Erlebnis- und Erfahrungshorizont der Schülerinnen und Schüler dies erlaubt oder neue Erfahrungsfelder im Rahmen besonderer Maßnahmen eröffnet werden können." (S. 8)

> „Die Auseinandersetzung mit Fragen Europas und seiner Entwicklung ist in allen Bildungsgängen verpflichtender Bestandteil der Fächer Geschichte und Politische Bildung sowie der Fächer mit geographischen, wirtschafts- und rechtskundlichen Inhalten." (S.8)

> „Dabei geht es in der Fächergruppe der Politischen Bildung um die bestehenden und sich verändernden politischen, gesellschaftlichen und wirtschaftlichen Abläufe und Ordnungssysteme, ihre Werte, Normen und Realitäten." (S. 9)

Während das KMK-Dokument, vor allem aufgrund seiner affirmativen und wenig differenzierten europapolitischen Verortung stark kritisiert werden kann, soll hier auf das Potential der Empfehlung verwiesen werden. Denn obwohl der prüfende Blick auf Europa nicht konkret gefordert wird, ist er dennoch möglich und sollte im Sinne einer emanzipatorischen politischen Bildung genutzt werden. Damit Kinder und junge Menschen selbstbestimmt und eigenverantwortlich in Europa und der Europäischen Union leben können, ist es wichtig, dass politische Europabildung ein selbstverständlicher Teil schulischer Bildung wird. Um diesem Ziel näher zu kommen, ist die KMK-Empfehlung ein grundlegender, wenn auch kritikbedürftiger Wegbereiter.

Untersucht man die geltenden Grundschulcurricula auf ihre Europabezüge hin, so wird schnell deutlich, dass die Anregungen der KMK noch längst nicht überall implementiert sind. Sieben von 16 Bundesländern klammern Europa und die EU als Themen im Sachunterricht der Grundschule komplett aus. In ihnen lässt sich weder ein geografischer noch ein politischer oder kultureller Bezug zu dem Staatenverbund finden, im dem die Schüler*innen gegenwärtig aufwachsen.

Lehrpläne mit EU-Bezug:	**Lehrpläne ohne EU-Bezug:**
Hamburg, Rheinland-Pfalz, Baden-Württemberg, Bayern, Niedersachsen, Nordrhein-Westfalen, Saarland, Thüringen, Bremen	Berlin, Brandenburg, Mecklenburg-Vorpommern, Sachsen, Sachsen Anhalt, Schleswig-Holstein, Hessen

Neun von 16 Bundesländern haben einen EU-, bzw. Europabezug in ihrem Lehrplan. Hierbei existieren auffallend große Unterschiede in der Ausführlichkeit und der Wichtigkeit, die dem Thema beigemessen werden. In den meisten Dokumenten wird Europa lediglich am Rande der geografischen Bildung erwähnt, wie bspw. im ‚Kernlehrplan Sachunterricht für die Grundschule' im Saarland. Hier findet sich einzig und allein in den Umsetzungshinweisen des Themenkomplexes ‚Raum und Zeit' im Sachunterricht der dritten und vierten Klasse folgende Aufzählung: ‚Nachbarländer Deutschlands: Hauptstädte, Lage in Europa, stumme Karten, Autokennzeichen, Flaggen' (Saarland, Ministerium für Bildung, 2010, S. 34). Damit wird Europa zur geografischen Umgebung degradiert. Topografisches Wissen steht im Vordergrund, während kulturelle, historische oder gar politische Fragestellungen außen vor bleiben. Ähnliche ‚Minimal-EU-Bezüge' lassen sich auch in den Sachunterrichtscurricula von Niedersachsen, Nordrhein-Westfalen, Thüringen, Rheinland-Pfalz, Baden-Württemberg oder Hamburg finden. Eine Besonderheit stellt der bayerische Grundschullehrplan dar, der neben einem politisch bildnerischen Anspruch den Schüler*innen auch gleich einen politischen Auftrag mit auf den Weg gibt:

> „Auf der Grundlage einer altersgemäßen Fähigkeit und Bereitschaft zur Teilhabe am politischen Prozess tragen sie zu einer positiven wirtschaftlichen und sozialen Entwicklung der Gesellschaft und zum Erhalt des Friedens bei. Sie nehmen aktuelle Herausforderungen an, etwa im Zusammenhang mit der Entwicklung eines europäischen Zusammengehörigkeitsgefühls […]" (Staatsministerium für Bildung und Kultus, Wissenschaft und Kunst Bayern, 2014).

Hier wird die kinderrechtliche Forderung nach Partizipation und Teilhabe ad absurdum geführt, indem sie den oben genannten Zwecken dienen soll. Nur am Rande sei gesagt, dass politische Partizipation ein legitimes Recht jedes Menschen ist, das vorrausetzungsfrei und ergebnisoffen gewährt werden sollte. Sie ist kein Mittel, um die Nützlichkeit von Individuen für Gesellschaft und Staat zu steigern. Des Weiteren stellt sich die Frage, ob die Begrifflichkeit ‚Herausforderungen annehmen' darauf abzielt, aktuelle Entwicklungen passiv gutzuheißen oder sie zu hinterfragen, und aktiv an ihnen mitzuwirken.

Auf den Bildungsplan für die Primarstufe im Fach Sachunterricht des Landes Bremen sei an dieser Stelle als Positivbeispiel hinsichtlich politischer Europabildung verwiesen. Von insgesamt acht verbindlichen Lernfeldern beschäftigt sich ein gesamtes Feld mit Europa und der Welt. Neben geografischen und kulturellen Anknüpfungspunkten werden hier auch dezidiert politische Sachverhalte als Lerngelegenheit genutzt. So sollen die Schüler*innen „Gemeinsamkeiten und Vielfalt von Menschen verschiedener kultureller Herkunft an einem Beispiel erklären“, „Konflikte [...] nach ihren Ursachen befragen“ oder „stereotype Vorstellungen über Menschen aus anderen Kulturen hinterfragen“ können (Der Senator für Bildung und Wissenschaft. Freie Hansestadt Bremen 2007, S. 9, 13). Hier wird Europa von der Landkarte in den lebendigen Alltag geholt. Es geht um Vielfalt, Konflikte und Stereotypen. All diese Themen finden in der Lebenswelt von Kindern und Jugendlichen statt und ermöglichen dadurch eine adressat*innenenorientierte politische Bildung, die interaktiv und an den Interessen der Lernenden ausgerichtet werden kann. Solche Lehrplanvorgaben können Lehrkräften helfen, politische Europabildung weiterzudenken und damit über die gängigen institutionen-kundlichen Ansätze hinauszuwachsen. Leider ist der Bremer Bildungsplan bisher der einzige, der politische Europabildung auf diese Weise konkretisiert und trotzdem genügend pädagogischen Freiraum bietet.

Insgesamt zeigen die deutschen Sachunterrichtslehrpläne, dass Europa nach wie vor ein randständiges Thema ist, dass vorrangig geografisch und nur in sehr seltenen Fällen politisch betrachtet wird. Inwieweit Lehrkräfte von sich aus in der schulischen Praxis europäische Themen auch aus gesellschaftswissenschaftlicher Perspektive bearbeiten, könnte Teil weiterer Untersuchungen sein. Die curriculare Ausgangslage ist entgegen der KMK-Empfehlung jedoch unrühmlich mager.

Bundesländer, mit Europabezug im Lehrplan:	Europa als Thema der :			
	geografischen Bildung	politischen Bildung	kulturellen Bildung	
Baden-Württemberg			x	Bildungsstandard für den Fächerverbund MeNuK, 2004
Bayern	x	x		Lehrplan für die bayerische Grundschule, 2014
Bremen	x	x	x	Sachunterricht Bildungsplan für die Primarstufe, 2007
Hamburg	x	x		Bildungsplan Grundschule Sachunterricht, 2011
Niedersachsen	x			Kerncurriculum für die Grundschule Sachunterricht, 2006
Nordrhein-Westfalen	x			Richtlinien und Lehrpläne für die Grundschule in NRW, 2012
Rheinland-Pfalz	x			Rahmenplan Grundschule, Teilrahmenplan Sachunterricht, 2006
Saarland	x			Kernlehrplan Sachunterricht Grundschule, 2010
Thüringen	x			Lehrplan Heimat- und Sachkunde Grundschule, 2015

4 Fazit: Weit entfernt von kritischer politischer Europabildung?

Wie bisher gezeigt wurde, spielen politische und gesellschaftliche Europathemen kaum eine Rolle in den Lehrplänen des deutschen Sachunterrichtes. Was einerseits an der rudimentär entwickelten sozialwissenschaftlichen Fachkultur liegt, könnte andererseits auch ein nachvollziehbarer Schutzreflex vor einer drohenden Lehrplanüberfüllung sein. Denn wenn mit Hilfe didaktischer Reduktion oder Rekonstruktion jedes Thema im Sachunterricht behandelbar wird, besteht die Gefahr, ihn erstens zu überfrachten und zweitens an den Interessen des Kindes vorbei in thematischer Beliebigkeit zu versinken. Ist es daher legitim den politischen Blick auf die europäische Realität auszuklammern? Reicht es aus, Europa lediglich in seiner Topografie, seinen Flaggen und Autokennzeichen kennenzulernen? Nein, es ist nicht legitim die politisch-gesellschaftliche Disposition von Europa durch geografisches Faktenwissen zu substituieren. Die Lernenden wachsen in diesem Staatenbund auf, sie kennen viele Mitgliedstaaten aus den Medien, von Reisen oder persönlichen Migrationserfahrungen. Durch soziale Netzwerke und digitale Berichterstattung leben sie in einer empfundenen Weltgesellschaft, die nicht an der deutschen Landesgrenze endet. Daher ist es anmaßend, Kinder vor einer selbstkonstruierten Überforderung schützen zu wollen. Es geht bei kindgerechter kritischer Europabildung nicht um Stoffkataloge, die einem institutionen-kundlichen, veralteten Bild von politischer Bildung folgen. Sondern im Zentrum steht das Lernen an realen Themen, in der realen Welt, an realen Fragen. Warum ertrinken Menschen im Mittelmeer? Wieso entscheidet sich jemand dazu, Terroranschläge auszuüben und damit viele Unschuldige zu töten? Kann es wieder Krieg in Europa geben? Warum gehört die Türkei (noch) nicht zur Europäischen Union? Die Liste der Fragen ist lang. Für viele Bildungsexpert*innen und Lehrer*innen gehören diese Themen dennoch nicht in den Sachunterricht.

Dagmar Richter lobt in ihrem Artikel (2015, 117 f.) das Potential, das politische Europabildung, bspw. für interkulturelles Lernen, haben kann (auch wenn Europa als Gegenstand nicht zwangsläufig notwendig sei). Sie erklärt, dass Studien zum Kompetenzaufbau in diesem Bereich der politischen Bildung bei dieser Altersgruppe fehlen. Deswegen könne man nur auf theoretische Kompetenzmodelle, wie bspw. dem von Weißeno et al. (2010), zurückgreifen, um politische Lernprozesse zu verstehen und zu initiieren. Diesen Gedankenschluss ziehen viele im Sachunterricht Publizierende (siehe Götzmann/Weißeno 2015, Goll 2015, Richter 2015). Ein Kompetenzmodell, das von einem großen Teil der Fachöffentlichkeit kritisiert wird[108], soll demnach die Grundlage bilden, um Lernsituationen am Gegenstand Europa zu entwickeln. Ausgehend von eben jenem Kompetenzmodell schlagen Götzmann und Weißeno (2015) im Begleitband 1 zum Perspektivrahmen Sachunterricht die Arbeit mit sogenannten „Lernwörtern" vor (s. ebd. S. 13). Dabei soll konzeptuelles Wissen anknüpfend an die Lebenswelt der Kinder mithilfe von Fachbegriffen aufgebaut werden. Für das ‚Fachkonzept Demokratie' werden bspw. die Begriffe „Mehrheitsprinzip, Abstimmung und Diskussion" vorgeschlagen (s. ebd. S 16). Im Jean-Monnet-Projekt zum Thema ‚Europäische Union im Sachunterricht der Grundschule' empfehlen Weißeno und Götzmann folgendes Fachvokabular zur Erarbeitung der europäischen Institutionen: Europäische Kommission, Kommissar, Präsident, Ministerrat, Europäisches Parlament, Abgeordnete, Gesetz, Kommissionspräsident, Mitgliedstaat, Abstimmung/abstimmen, Wahl/wählen, Parteien, Fraktion, Interessen (s. Götzmann/Weißeno 2014, S. 7 f.). Bei der entwickelten und empfohlenen Unterrichtsreihe für den Sachunterricht in der vierten Klasse wird ein Gesetzgebungsverfahren über die EU-Richtlinie zur Vereinheitlichung von Handyladegeräten mit Hilfe von Originalquellen von Götzmann und Weißeno nachgezeichnet. Ziel ist es, das Ineinandergreifen der einzelnen

[108] Für ausführliche Kritik siehe: Autorengruppe Fachdidaktik 2011; Sander 2011; Eis 2011

EU-Institutionen zu veranschaulichen und das politische Fachwissen mittels der Nutzung von Fachvokabular zu erhöhen (komplettes Projekt downloadbar unter: http://politik.ph-karlsruhe.de/jmp2/home/).

So ambitioniert und nachvollziehbar die Unterrichtsstudie von Götzmann und Weißeno auch sein mag, sie ist auf mehreren Ebenen zu kritisieren. In ihrer Konzeption beruht sie auf einem Kompetenzmodell, das sich vorrangig mit dem Aufbau von Fachwissen beschäftigt. Diese Eindimensionalität wird dem politischen Lernprozess an sich, und gerade den vielfältigen Möglichkeiten durch die Aufgeschlossenheit der Lernenden in der Grundschule, nicht gerecht. Die Emotionen und subjektiven Theorien der Grundschüler*innen spielen keine Rolle. Es wirkt fast so, als würde der althergebrachte institutionen-kundliche Politikunterricht der Sekundarstufe in die Grundschule transferiert werden – textbasiert, verkopft, unkreativ. Wie viele der Fachbegriffe wirklich verstanden wurden und auch langfristig in anderen Kontexten benutzt werden konnten, haben Götzmann und Weißeno nicht erhoben.

Letztendlich lernen Grundschüler*innen in diesem Setting vorrangig Begriffe von politischen Institutionen kennen und erfahren altersgerechte Fakten zu deren Aufgaben und Verbindungen am Beispiel eines spezifischen Gesetzgebungsverfahrens. Auf diese Weise sollen die Lernenden ein Konzept von ‚Europa' entwickeln, das, ähnlich einem Begriffsnetz, die elementaren Grundbausteine und die Relationen zwischen ihnen aufzeigt. Neben der Zentrierung auf den Kompetenzbereich ‚Fachwissen' ist auch die trügerische Annahme des Kompetenzmodells von Weißeno et al. (2010), davon auszugehen, die ‚richtigen' Fachkonzepte identifiziert und mit den ‚richtigen' Fachbegriffen kombiniert zu haben, problematisch. Gerade im Themenbereich ‚Europa' sieht ein konstitutives Fachkonzept je nach Bezugswissenschaft und theoretischem Background grundlegend anders aus. Noch dazu ist das Konstrukt ‚Europa' gesellschaftlichem Wandel unterlegen und keineswegs in ‚Stein gemeißelt'.

Durch die häufige Nutzung/Zitation dieses Kompetenzmodells entsteht ein Bild von politischer Europabildung in der Grundschule, das zu Recht überfordernd und nicht kindgerecht wirkt. Viele Autor*innen kommen damit verständlicherweise zu dem Schluss, dass Europa in seiner politischen Facette frühestens in der Sekundarstufe behandelt werden sollte.

Im Sinne einer kritisch-emanzipatorischen politischen Bildung wird Kompetenzorientierung jedoch substanzlos, wenn politisches Wissen und politische Fähigkeiten nicht auf aktuelle Problemlagen, emotionale Betroffenheit und damit auf die Gestaltung von Zukunftsfragen angewendet werden (siehe dazu auch: Eis/Lösch/Schröder/Steffens, 2015). Konzepte können nur entstehen, wenn Kinder ihre eigenen Fragen, Gedanken und Ängste zum Gegenstand politischen Lernens machen können. Politische Urteilsfähigkeit entwickelt sich hierbei nicht linear, kontrolliert oder steuerbar. Zu Beginn dieses Artikels wurde bereits auf die Empirieergebnisse verwiesen, nach denen Grundschüler*innen am besten politische Konzepte aufbauen können, wenn die Lernumgebung kindgerecht, interaktiv, selbstbestimmt und kooperativ gestaltet ist. Anstatt sich also an einem vorgegebenen Stoffkatalog von politischen Fachbegriffen zu orientieren, sollte politische Bildung gesellschaftliche Handlungsfelder eröffnen, in denen Politik nicht als etwas Fremdes und Entferntes, sondern als selbstverständlicher Modus des gesellschaftlichen Miteinanders gelebt wird.

Ohne Frage sind europäische und internationale Themen anspruchsvoll und können schnell den Horizont junger Lernender überschreiten. Aber wie bereits in Abschnitt zwei beschrieben, arbeiten schon die Jüngsten mit Etikettierungen, Klischees und Vorurteilen, um andere Menschen einzuordnen. Diese Denkmuster können nur realisiert, hinterfragt und geändert werden, wenn sie selbstgesteuert und ergebnisoffen Teil einer lebendigen Sachunterrichtskultur werden können. Dabei können auch die vermeintlich unpolitischen, kulturellen, europäischen Themen einen guten Einstieg bilden und schnell in politische Fragestellungen münden. Wie leben bspw. Kinder in anderen Mitgliedstaaten? Warum gibt es reiche und arme Länder in Europa?

Wichtig ist, Europa nicht zu romantisieren und keine Zwangsbegeisterung herbeiführen zu wollen. Die vielfältigen Problemlagen in der europäischen Integration und im politischen Alltagsgeschäft werden auch von Grundschüler*innen wahrgenommen. Diese Wahrnehmung sollte ernstgenommen und Ausgangspunkt für weitere Lerngelegenheiten werden, denn vor allem fallorientiert an aktuellen Problemen und Konflikten zu arbeiten, eignet sich, um politische Fachkonzepte zu verstehen. Dafür braucht es kein umstrittenes Kompetenzmodell, das weder in moderne politische Bildungssettings noch in die Grundschule passt.

Literatur

Allen, G./Kirasic, K./Spillich, G. (1997): Children´s political knowledge and memory for political news stories. In: (1997): Child Study Journal, 27(3), 163-176.

Andresen, S./Hurrelmann, K. (Hrsg.) (2010): Bachelor | Master: Kindheit. Weinheim.

Autorengruppe Fachdidaktik (2011): Konzepte der politischen Bildung. Eine Streitschrift. Schwalbach/Ts.

Barrett, M. (2005): Children´s understanding of, and feelings about, countries and national groups. In: Barrett, M./Buchanan-Barrow, E. (Hrsg.) (2005): Children´s understanding of society. Psychology Press, Hove, 251-285.

Barrett, M. (2007): Children´s knowledge, beliefs and feelings about nations and national groups. Psychology Press, Hove.

Beck, G.: (1972): Politische Sozialisation und politische Bildung in der Grundschule, mit Begründungen, Zielvorstellungen und Vorschlägen zum Arbeitsbuch zur politischen Bildung in der Grundschule. Frankfurt a. M.

Beck, G./Grauel, G. (1975): Warum denn nicht?! Arbeitsblätter zum sozialen Lernen für Vorklassen und Eingangsklassen der Grundschule. Frankfurt a. M.

Beck, G./Grauel, G. (1975): Soziales Lernen in Vorklassen und Eingangsklassen der Grundschule, mit Begründungen, Zielvorstellungen und Vorschlägen zu den Arbeitsblättern „Warum denn nicht?!“. Frankfurt a. M.

Berti, A. E./Andriolo, A. (2001): Third Graders’ Understanding of Core Political Concepts (Law, Nation-State, Government) Before and After Teaching. In: Genetic, Social, and General Psychology Monographs, (127), No. 4, 346– 377.

Berti, A. E. (1994): Children´s understanding of the concept of the state. In: Carretero, M./Voss, J. (Hrsg.) (1994): Cognitive and Instructional Processes in History and the Social Sciences. London, 49-76.

Berti, A. E. (2002): Children’s understanding of society: psychological studies and their educational implications. In: Näsmann, E./Ross, A. (Hrsg.) (2002): Children's Understanding in the New Europe. European Issues in Children's Identity & Citizenship Series. London, 89-107.

Büker, P. (1998): Erziehung zu europäischer Verständigung in der Grundschule. Bedingungen – didaktische Konkretisierung – Realisationsmöglichkeiten. Lang, Frankfurt a. M.

Connell, R. W. (1971): The Child's Construction of Politics. Melbourne.

Der Senator für Bildung und Wissenschaft. Freie Hansestadt Bremen (Hrsg.) (2007): Sachunterricht Bildungsplan für die Primarstufe. Online abrufbar unter: http://www.lis._bremen.de/schulqualitaet/curriculumentwicklung/bildungsplaene/primarstufe-15222 (letzter Zugriff: 31.08.2017).

Deutsches Institut für Internationale Pädagogische Forschung (2017): Bildungspläne/Lehrpläne der Bundesländer für allgemeinbildende Schulen. Online abrufbar unter: http://www.bildungsserver.de/Bildungsplaene-Lehrplaene-der-Bundeslaender-fuer-allgemeinbildende-Schulen-400.html (letzter Zugriff: 18.02.2017).

Easton, D./Dennis, J./Easton, S. (1969): Children in the Political System: Origins of Political Legitimacy. McGraw-Hill.

Eis, A. (2011): Transformation von Staatlichkeit in Europa. Fachkonzepte und Deutungswissen in der qualitativen Lern- und Unterrichtsforschung. In: Goll, T. (Hrsg.) (2011): Politikdidaktische Basis- und Fachkonzepte. Schwalbach/Ts.

Eis, A./Lösch, B./Schröder, A./Steffens, G. (2015): Frankfurter Erklärung für eine kritisch-emanzipatorische Politische Bildung. Online abrufbar unter: https://sozarb.h-da.de/politische-jugendbildung/frankfurter-erklaerung/ (letzter Zugriff: 10.09.2017).

Gesellschaft für Didaktik des Sachunterrichts (Hrsg.) (2013): Perspektivrahmen Sachunterricht. Vollständig überarbeitete und erweiterte Ausgabe. Bad Heilbrunn.

Goll, T. (2015): Das Thema Rechtsstaat im Sachunterricht. In: Gläser, E./Richter, D. (Hrsg.) (2015): Die sozialwissenschaftliche Perspektive konkret. Begleitband 1 zum Perspektivrahmen Sachunterricht. Bad Heilbrunn, S. 27-42.

Götzmann, A./Weißeno, G. (2014): Handreichungen für die Lehrer/-innen im Jean-Monnet-Projekt. Online abrufbar unter: http://politik.ph-karlsruhe.de/jmp2/lehrerfortbildungen/handbuch/ (letzter Zugriff: 03.01.2018.

Götzmann, A./Weißeno, G. (2015): Politisches Lernen im Sachunterricht zu Demokratie und Bürgerentscheid. In: Gläser, E./Richter, D. (Hrsg.) (2015): Die sozialwissenschaftliche Perspektive konkret. Begleitband 1 zum Perspektivrahmen Sachunterricht. Bad Heilbrunn, S. 13-26.

Gramelt, K. (2010): Der Anti-Bias-Ansatz. Zu Konzept und Praxis einer Pädagogik für den Umgang mit (kultureller) Vielfalt. Wiesbaden.

Greenstein, F. (1965): Children and Politics. New Haven.

Jahoda, G. (1963): The development of children´s ideas about country an nationality. In: British Journal of Educational Psychology, Volume 33, Issue 1, February 1963, 47–60.

Jonen, A./Möller, K./Hardy, I. (2003): Lernen als Veränderung von Konzepten – am Beispiel einer Untersuchung zum naturwissenschaftlichen Lernen in der Grundschule. In D. Cech/H.-J. Schwier (Hrsg.): Lernwege und Aneignungsformen im Sachunterricht., Bad Heilbrunn, S. 93-108.

Kasper, H./Kullen, S. (1992): Europa für Kinder: europäisches Lernen in der Grundschule. Frankfurt a. M.

Köbberling, A./Müller-Guntrum, H. (1975): Politisch soziales Lernen. In: Deutscher Bildungsrat (Hrsg.) (1975): Die Eingangsstufe des Primarbereichs. Band 2/2. Soziales Lernen und Sprache. Stuttgart.

Kultusministerkonferenz (2008): Europabildung in der Schule. Empfehlungen der Ständigen Konferenz der Kultusminister der Länder in der Bundesrepublik Deutschland. Beschluss vom 08.06.1978 i. d. F. vom 05.05.2008. Online abrufbar unter: http://www.kmk.org/fileadmin/Dateien/veroeffentlichungen_beschluesse/1978/1978_06_08_Europabildung.pdf (letzter Zugriff: 06.02.2017).

Lambert, W./Klineberg, O. (1967): Children's Views of Foreign People: A Cross-National Study. New York.

Markefka, M. (1990): Vorurteile – Minderheiten – Diskriminierung. Ein Beitrag zum Verständnis sozialer Gegensätze. München, 6. Auflage.

Piaget, J./Weil, A. (1951): The development in children of the idea of the homeland and of relations with other countries. In: International Social Science Bulletin, 1951, Volume 3, S. 561-578.

Raabe, T./Beelmann, A. (2011): Development of Ethnic, Racial, and National Prejudice in Childhood and Adolescence: A Multinational Meta-Analysis of Age Differences. In: Child Development. Volume 82, Issue 6, November/December 2011, S. 1715–1737.

Richter, D. (Hrsg.) (2007): Politische Bildung von Anfang an. Demokratie-Lernen in der Grundschule. Schwalbach/Ts.

Richter, D. (2015): Politische EU-Bildung in der Grundschule? In: Oberle, M. (Hrsg.) (2015): Die Europäische Union erfolgreich vermitteln. Perspektiven der politischen EU-Bildung heute. Wiesbaden.

Richter, D. (2015): Öffentlichkeit und Privatsphäre – ein strittiges, aber unzertrennliches Paar. In: Gläser, E./Richter, D. (Hrsg.) (2015): Die sozialwissenschaftliche Perspektive konkret. Begleitband 1 zum Perspektivrahmen Sachunterricht. Bad Heilbrunn, S. 51-62.

Saarland Ministerium für Bildung (Hrsg.) (2010): Kernlehrplan Sachunterricht Grundschule. Online abrufbar unter: http://www.saarland.de/dokumente/thema_bildung/KLPSUGS.pdf (letzter Zugriff: 07.02.2016).

Sander, W. (2011): Kompetenzorientierung in Schule und politischer Bildung – eine kritische Zwischenbilanz. In: Autorengruppe Fachdidaktik (2011): Konzepte der politischen Bildung. Eine Streit-schrift. Schwalbach/Ts.

Staatsministerium für Bildung und Kultus, Wissenschaft und Kunst Bayern (Hrsg.) (2014): LehrplanPLUS Grundschule. Lehrplan für die bayerische Grundschule. Online abrufbar unter: http://www.lehrplanplus.bayern.de/uebergreifende-ziele/grundschule/hsu (letzter Zugriff: 30.08.2017).

Weißeno, G./Detjen, J./Juchler, I./Massing, P./Richter, D. (2010): Konzepte der Politik. Ein Kompetenzmodell. Schwalbach/Ts.

Angaben zur Person:

Gesine Bade

ist wissenschaftliche Mitarbeiterin im Fachgebiet ‚Didaktik der politischen Bildung' der Universität Kassel bei Prof. Dr. Bernd Overwien und Prof. Dr. Andreas Eis.

Derzeit provomiert sie zum Thema ‚Politische Bildung im Sachunterricht'.

Sie engagiert sich zudem in der außerschulischen politischen Bildungsarbeit beim „Die Kopiloten e.V." und ist ausgebildete Gymnasiallehrerin für die Fächer Politik und Wirtschaft und Biologie.

Achim Albrecht

‚Europa' im Unterricht durch exemplarisches Lernen erschließen

Zusammenfassung: In der Schule kann ein Lerngegenstand „Europa" nicht als systematisch geplante, einmal im Laufe der Sekundarstufe I abzuhandelnde Unterrichtseinheit behandelt werden. Nachhaltiges, an Verstehen orientiertes Lernen, das Jugendliche zu selbstständigen Urteilen befähigen soll, bedarf des Prinzip des exemplarischen Lernens, das mithilfe immer wieder neuer, aktueller, die Aufmerksamkeit der Jugendlichen weckender politischer Fälle Zugänge zu den Problemen der europäischen Entwicklung schafft. Anhand zweier Beispiele aus Polen und Spanien wird dies dargestellt.

Schlüsselbegriffe: Politische Bildung durch exemplarisches Lernen, Lernen an politischen Konflikten, politisches Lernen durch Problemlösen, motivieren durch Aktualität

Extrapolating 'Europe' in class from generic learning

Abstract: A complex subject such as "Europe" cannot be planned systematically and taught only once during secondary school. Teaching and learning in order to gain a deeper understanding – to develop competent and independent judgement – needs the methods of generic learning. Young people can gain access to the problems of European development through cases, conflicts, and/or problems that aim to stimulate curiosity and attention. This is demonstrated by examples from Poland and Spain.

Keywords: civic education by generic learning, learning by political conflicts, political learning by problem solving, topicality supports motivation for civic education

In der politischen Bildung in der Schule sind ‚Stoffverteilungs-' Pläne und Bemühungen um systematische, wohl geordnete Politikvermittlung problematische, teilweise gar untaugliche Planungsinstrumente für einen motivierenden Unterricht. Das komplexe Thema ‚Europa' ist dafür beispielhaft.

In den Landesparlamenten und den Bildungsbürokratien der Bundesländer wird auch zu ‚Europa' für den Unterricht vorgedacht. Für kritisches Hinterfragen und kontroverse Auseinandersetzungen mit aktuellen Prozessen und Konflikten taugen diese Vorgaben wenig. Alle 16 Schulgesetze der Bundesrepublik Deutschland beginnen mit einem Katalog von Aufgaben und Zielen für die Schulen, der mal kürzer, mal länger gefasst ist, aber immer die Erziehung zu Mündigkeit, Eintreten für ein friedliches Miteinander und die Achtung der Grundrechte und unserer Verfassung als Kernaussagen enthält. Eine Vielzahl anderer Ziele und Aufgaben schließen sich hieran an. Interessant ist allerdings, dass viele Ziel- und Aufgabenbestimmungen in den Schulgesetzen ‚Europa' nicht explizit erwähnen – nur Bayern, Brandenburg, Hessen, Niedersachsen, Nordrhein-Westfalen, Sachsen-Anhalt und Thüringen machen auch hierzu Vorgaben.

Zwei Beispiele: Das niedersächsische Schulgesetz formuliert neben anderen Items als § 2 im „Bildungsauftrag der Schule":

> „Die Schülerinnen und Schüler sollen fähig werden, […] den Gedanken der Völkerverständigung, insbesondere die Idee einer gemeinsamen Zukunft der europäischen Völker, zu erfassen und zu unterstützen und mit Menschen anderer Nationen und Kulturkreise zusammenzuleben."

Hier wird eine Auseinandersetzung mit Europa auf das Erfassen und Unterstützen einer Idee reduziert. Sachsen-Anhalt macht es in seinem Schulgesetz den Lehrer*innen noch ein bisschen schwerer: Nach § 1 sei

> „die Schule insbesondere gehalten, [...] die Schülerinnen und Schüler zu Toleranz gegenüber kultureller Vielfalt und zur Völkerverständigung zu erziehen sowie zu befähigen, die Bedeutung der Heimat in einem geeinten Deutschland und einem gemeinsamen Europa zu erkennen."

Europa wird zwar erwähnt, aber eigentlich nur als Ergänzung oder Abgrenzung zur „Heimat". Worin diese „Bedeutung", die im Unterricht nahegebracht werden soll, liegt, bleibt offen. Dies schafft, wie oft bei förmlichen Vorgaben, Chance und Problem für Politische Bildung im Unterricht.

In den Bildungsplänen der Länder dominiert affirmative Systeminformation statt der Aufforderung zur Bearbeitung der schon immer vorhandenen Kontroversen als Weg zu einer selbstständigen Urteilsbildung. Hier zeigen sich zwei zentrale Probleme, die solche Art vermeintlich verbindlicher Vorgaben haben: Sie bleiben so abstrakt und inhaltlich „neutral", dass sie den Betroffenen – und das sind ja nicht nur die Lehrer*innen – nur fragwürdige Allgemeinplätze bieten (vgl. z. B. das hessische Kerncurriculum 2011). Auf das Problem, dass, wie viele andere Inhalte auch, ‚Europa' auch in den fein säuberlich von ‚Sozialkunde', ‚PoWi' (oder wie das Fach in einem Bundesland auch heißt) getrennten Plänen von Erdkunde und Geschichte vorkommt, und zwar sehr wohl auch mit Fragestellungen politischer Natur, kann hier nur hingewiesen werden (vgl. z. B. den NRW-Lehrplan Realschulen, Klasse 7-10 für Erdkunde).

Diese knappen Hinweise zu gesetzlichen Vorgaben und Bildungsplänen wurden hier aufgenommen, um zu zeigen, wie weit Landtage und Kultusverwaltungen von den wirklichen Problemen politischer Bildung in der Schule entfernt sind. Diese Feststellung ist umso wichtiger, als ein Unterricht, der in der Bearbeitung exemplarischer Fälle als dominante Unterrichtsform Politische Bildung nachhaltig machen soll, dringend der Unterstützung derer bedarf, die den Rahmen dafür bestimmen. Die Abschottung der Fächer untereinander, der hohe Anteil von Lehrkräften, die Politische Bildung in der Schule unterrichten, ohne dafür ausgebildet zu sein, die geringe Stundenzahl in den Stundentafeln der Länder und die unzureichende Fort- und Weiterbildung der Lehrkräfte erschweren politische Bildung (vgl. Massing: „Jeder macht seins" 2013).

Die Auseinandersetzung mit „exemplarischen Fällen" soll so angelegt sein, dass unsere Arbeit nicht dabei stehen bleibt, einen „interessanten Fall" zu besprechen, und das war's dann, sondern den einzelnen „Fall" zuvor so umfassend wie möglich darauf zu überprüfen, ob er, in welcher Weise und wofür, „exemplarisch" sein kann. Was unter dem Prinzip des „Exemplarischen" in der Politischen Bildung zu verstehen ist, liegt dieser Darstellung als Voraussetzung zugrunde (Klafki 1996) und wird hier im ersten Teil kurz zusammengefasst. Das Gleiche gilt für das Konzept der „didaktischen Rekonstruktion" (Kattmann 2017). Diesem liegt ein Verständnis von Didaktik als eigenständiger Wissenschaft zugrunde, die professionelle Unterrichtsplanung, Durchführung und -evaluation erst ermöglicht. Es geht um das Spannungsverhältnis a) der sich im „exemplarischen Fall" anzunähernden oder zu erschließenden Wirklichkeit, wozu fachwissenschaftliche Kompetenzen der Lehrkräfte unerlässlich sind, b) der Lerngruppe und der einzelnen Lernenden, deren Lernvoraussetzungen die planende Lehrkraft möglichst gut kennen sollte und c) der Lehrerin oder des Lehrers (oder eines Teams), die die Auswahl dieses Falles im Hinblick auf ihre Zielsetzungen und ihre Einschätzung der Gruppe und der einzelnen Lernenden verantwortlich plant, die Bearbeitung begleitet und gegebenenfalls steuert und für die Evaluation Sorge trägt.

Mehr als frühere Vorstellungen von „didaktischer Reduktion", der „Elementarisierung" oder von dem Bild eines „didaktischen Dreiecks" (Kattmann u. a. 1997) wird mit der

„didaktischen Rekonstruktion“ schon begrifflich die komplexe Aufgabe erfasst, um die es geht. Im zweiten Teil dieses Beitrages werden zwei Beispiele für einen exemplarischen und an der Lebenswelt der Jugendlichen orientierten Zugang zur Europapolitik vorgestellt. Neben einem demokratischen Grundprinzip – hier der Gewaltenteilung – und der oft schwierigen Beziehung zwischen EU-Ebene und nationaler Ebene werden Wünsche, Rechte und Betroffenheit junger Menschen angesprochen.

1 Was verstehen wir in der Politischen Bildung unter ‚exemplarisch'?

Martin Wagenschein, ein Physiklehrer und -didaktiker, hat früh gegen Stoffhuberei und bloßes Lernen von etwas, weil es „dran ist“, die Inszenierung von naturwissenschaftlichen Phänomenen als Chance des Staunens, der Neugier und des Interesses daran zu verstehen, was da zu beobachten ist, beschrieben (Wagenschein 1968, 15). Wolfgang Klafki, als der wohl wichtigste theoretische Begründer „kategorialer Bildung“, will das „am Besonderen“ Erarbeitete für eine „Allgemeine Einsicht in einen Zusammenhang, einen Aspekt, eine Dimension seiner naturhaften und/oder kulturell-gesellschaftlich-politischen Wirklichkeit“ nutzbar machen und so die Lernenden eine „bisher nicht verfügbare neue Strukturierungsmöglichkeit, eine Zugangsweise, eine Lösungsstrategie, eine Handlungsperspektive“ finden lassen (Klafki 1996, 144).

Tilmann Grammes leitet seine aktuelle Darstellung des Stands der Diskussion um ‚exemplarisches Lernen' so ein: „Exemplarisches Lernen ist eine Theorie der begründeten Auswahl und Anordnung von ergiebigen Lerninhalten und favorisiert das Lernen am und durch Beispiele“ (Grammes 2014, 249). Wie „Auswahl“ zu begründen und was an „Lerninhalten“ „ergiebig“ sei, dies zu beantworten, ist die Aufgabe der Lehrerinnen und Lehrer, wenn sie verantwortlich für die ihnen anvertrauten Kinder und Jugendlichen Unterricht zur Politischen Bildung planen. Dies gilt für ein komplexes Thema wie ‚Europa' ganz besonders. Europa als Lerninhalt kann nicht – auch nicht durch Interesse weckende Sammlung exemplarischer Fälle – als Unterrichtsblock von vier, sechs oder auch acht Wochen in irgendeinem Schuljahr ‚abgehandelt' werden. Europa entzieht sich einer begründbaren Strukturierung einer Unterrichtseinheit. Durch die gesamte Sekundarstufe I hindurch wird es auch in Zukunft immer wieder wichtige, aufregende und „exemplarische“ Vorgänge, Konflikte, Ereignisse geben, die den vertiefenden Zugang zu einem größeren Ausschnitt des Themas ‚Europa' erschließen. Es wird im Übrigen so sein, dass der „Fall“ oft zeitintensive Recherche seines Ursprungs, der Akteure als Machtausübende im politischen System EU oder der Demokratiedefizite in den verfassten Strukturen der EU auslöst. Dies legt fächerverbindende Absprachen innerhalb der die Klasse oder den Jahrgang unterrichtenden Lehrkräfte nahe. Es setzt die Souveränität voraus, auf sich verbindende Lernprozesse zu bauen, auf Verknüpfungen, die Schülerinnen und Schüler und ihre Lehrkräfte im Laufe von sechs Jahren der Sekundarstufe I herstellen, statt auf die Illusion einer „Stoffanordnung“ in einer „Unterrichtseinheit“ zu hoffen, die, das zeigt alle Erfahrung, bald nicht mehr in Form von Wissen, Kompetenz und Orientierung abrufbar ist (vgl. Henkenborg 2011, 114).

Wer wollte bestreiten, dass auch beim Thema ‚Europa' immer mal wieder Aspekte der „MINT“-Fächer oder Kunst und Musik zum erweiterten und tieferen Verstehen eines Problems, eines Zustands, eines Prozesses, eines Konflikts, die uns in Form eines „exemplarischen Falles“ begegnen, herangezogen werden können oder müssen? (Nonenmacher 1996, 186). Der Euro, Atomenergie, Umweltfragen, Klima, Verfassungs- und Völkerrechtsfragen oder ganz simpel das u. a. durch Arbeit im Atlas zu gewinnende Verstehen, warum es innerhalb Europas unerträglich ist, dass die Staaten, vor allem Italien und Griechenland, in die sich Flüchtende aus Afrika zuerst retten, alle damit verbundenen Belastungen tragen und

Asylverfahren durchführen sollen, während z. B. Deutschland so gut wie nie das erste Land ist, das Flüchtende betreten.

Didaktik der politischen Bildung für die Schule bedeutet eben nicht, fachliche Konzepte der Politikwissenschaft (die es als monolithische Einheit gar nicht gibt), in geplante Unterrichtsstunden zu übersetzen (vgl. Weißeno 2010). Politische Bildung hat es sowohl mit komplexen Sachverhalten als auch mit Kindern und Jugendlichen zu tun, die ihre individuellen Biografien, ihre bis dahin erworbene Wahrnehmungsweise der Welt (Mosch 2014, 415), Stärken, Schwächen und Interessen in die Schule mitbringen. Das Gelingen Politischer Bildung hängt außerdem ganz wesentlich von den Lehrerinnen und Lehrern an einer Schule und von der konkreten Lehrperson ab, die mit Kindern und Jugendlichen in einem Raum in begrenzter Zeit arbeiten. Angesichts der Schwierigkeit, als Lehrerin oder Lehrer selbst zu verstehen, was eine konkrete aktuelle Nachricht eigentlich bedeutet, welche Informationen sie enthält (und welche nicht), welchen Hintergrund sie hat, wofür sie „exemplarisch ist", spielen die Qualität und die Intensität der Kooperation von Lehrerinnen und Lehrern untereinander zur Vorbereitung und Auswertung von Unterricht eine wichtige Rolle. Ohne ständige individuelle und unter vernünftigen Bedingungen wahrnehmbare Fort- und Weiterbildung bleibt ein Unterricht in der politischen Bildung, der Neugier, Interesse und Lernbereitschaft von Kindern und Jugendlichen anspricht und „didaktische Rekonstruktion" auf hohem Niveau betreibt, unter den Mühen des Alltags auf der Strecke.

Kooperation wird in der Schulpraxis jedoch nur selten institutionell ermöglicht und gefördert. Dennoch gibt es immer wieder ermutigende Ansätze in vielen Schulen. In unserem Zusammenhang geht es um Versuche, das Einordnen von „exemplarischen Fällen" in schaubildhafte Darstellungen einer „Kategorien-Übersicht" (Klafki), bzw. „Basiskonzepte als Leitideen" (Besand u. a. 2011) oder Lern- bzw. Inhaltsfelder (wie sie die meisten Lehrpläne vorsehen), zu ermöglichen. Solche Übersichten helfen uns, für die eigene Planung von Unterricht, gerade wenn wir so oft wie möglich „exemplarische Fälle" bearbeiten, zu reflektieren: In welchem Terrain der Erschließung politischer und gesellschaftlicher Wirklichkeit, in unserem Fall Europas, bewegen wir uns denn mit diesem konkreten Fall? Welche Schwerpunkte der Herausbildung von „Orientierungswissen" (Henkenborg 2011) lassen sich planen, um welche Werte kann es gehen? (Besand u. a. 2011, 163).

Kurt Gerhard Fischer, der als erster das Prinzip des ‚exemplarischen Lernens' radikal als die angemessene Arbeitsweise der Politischen Bildung beschrieben hat, weist, statt bestimmte Inhalte einem bestimmten Alter zuzuordnen, schon 1965 darauf hin: „Es gilt, den rechten Übergang zu neuen Problemen zu finden, für welche die Fragehaltung der Schüler aufnahmebereites Interesse erkennen lässt und die ihren Fragewillen wachhalten" (Fischer 1965, 18). Dieser Hinweis ist hier wichtig, um auf drei Herausforderungen aufmerksam zu machen:

- Nicht wir als Lehrkräfte tragen Politik, in diesem Fall das Thema ‚Europa', an Schülerinnen und Schüler heran, sondern sie bekommen mehr mit, als wir denken und bringen Alltagsvorstellungen (Präkonzepte) über Politik in die Schule mit. Dies gilt auch schon für die Grundschule, erst recht ab der 5. Klasse. Die Spannung, ob in Frankreich Marine Le Pen als Staatspräsidentin verhindert werden kann, ermöglichte es jederzeit, „Fragehaltungen" und „aufnahmebereites Interesse" (Fischer 1965, 17) zu wecken. Die Frage, was aus Jungen aus Afghanistan wird, die seit sechs Monaten in der Schule sind, löst unmittelbare Betroffenheit aus – usw.
- Exemplarisches Lernen sollte sich am Prinzip der „Mindeststandards" orientieren (Klieme 2007). Mit anderen Worten: Für die Schritte zur Analyse und Beurteilung eines „Falles" sowie der sich daraus möglicherweise ergebenden Dimension des „Handelns" müssen Hilfestellungen, Erläuterungen, ggf. eigene Zugangsformate bereit stehen, wenn wir dem demokratischen Anspruch gerecht werden wollen, kein Kind zurückzulassen.

Dazu gehört auch, schrittweise, von Jahrgang zu Jahrgang besser, eine Praxis zu entwickeln, nach der die Schnelleren den Langsameren helfen.

- Wertschätzende Formen der Präsentation und Auseinandersetzung mit Präsentationen, die nach Analyse und Beurteilung eines exemplarischen Falles vorgestellt werden, sind ein unverzichtbarer Teil der Lernprozesse, die sich mit der Dominanz von exemplarischem Unterricht in der politischen Bildung in der Schule entwickeln können (und sich nicht durch Konzentration auf medientechnische Umsetzung in einer „Entsorgung der Inhalte durch Präsentation" erschöpfen, vgl. Gruschka 2010, 84). Sowohl die Anerkennung der Leistung, die sich in nachvollziehbarer Strukturierung und der das Verstehen erleichternden Visualisierung in der Präsentation zeigt sowie in begründeten Beurteilungen und Vorschlägen des weiteren Umgangs mit einem „Fall", als auch konstruktive Kritik an einem Ergebnis sind Teil eines sich immer wieder leicht verändernden, aber in seinen Grundmustern für die Schülerinnen und Schüler wieder erkennbaren Umgehens mit „exemplarischen Fällen". So kann sich ein kritisches und zugleich interessiertes, vielleicht gar engagiertes, Verhältnis zu Politik möglicherweise bis hin zu praktischem Handeln mit nachhaltiger Wirkung bis hinein in die Zeit nach der Schulzeit entwickeln.

Wenn wir uns darauf einlassen, „Basiskonzepte" als Orientierungshilfe für ein schulinternes Curriculum zu begreifen, kann das Schema der ‚Autorengruppe Fachdidaktik' hilfreich sein, um bei der eigenen Reflexion über die Einordnung politischer Fälle als „exemplarische Fälle" Orientierung zu wahren. (Besand 2011, 170) Hier soll das von der Autorengruppe entwickelte Schema als eine Planungshilfe nutzbar gemacht werden, die das Risiko vermindert, sich in zufällige Einzelthemen und Probleme eines großen Themenkomplexes, wie zum Beispiel ‚Europa', zu verlieren.

Abb.1: Sozialwissenschaftliche Basiskonzepte (Besand u. a. 2011, 170)

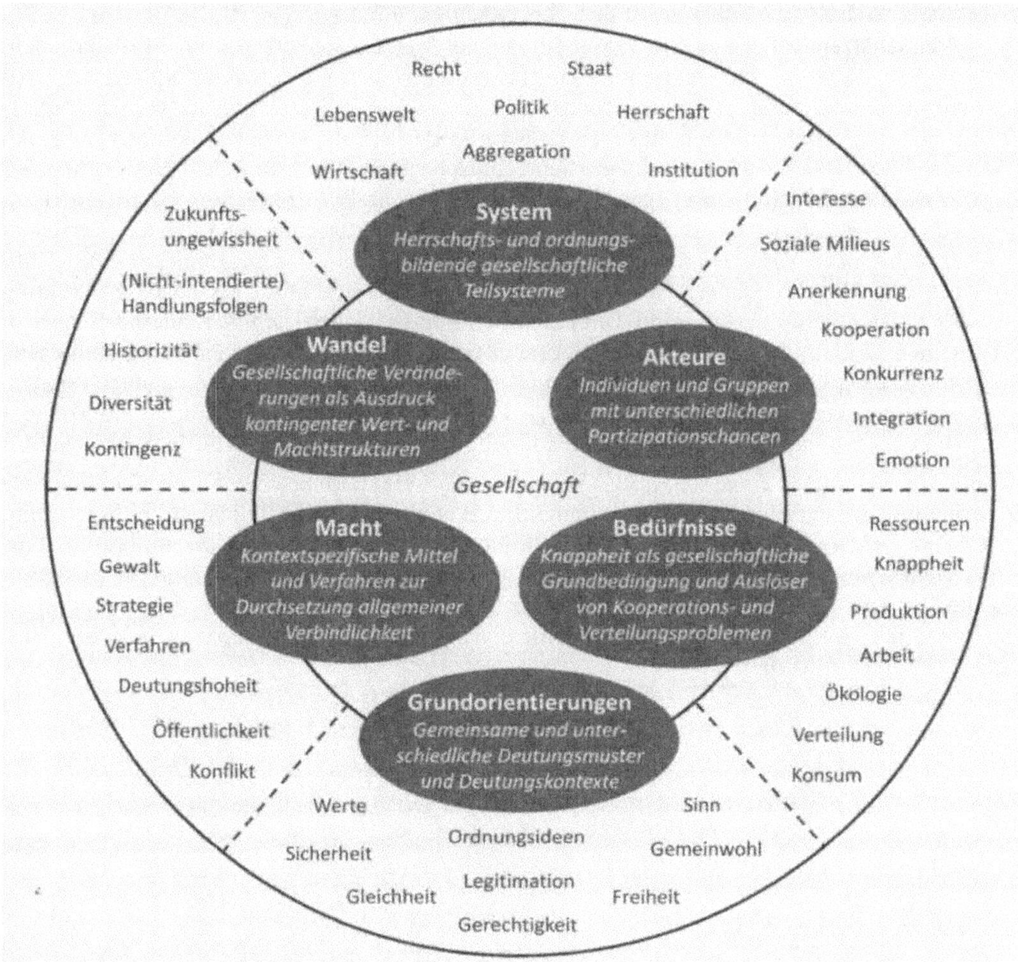

Wir haben es beim Beispiel ‚Polen' mit dem Idealfall „exemplarischer Fälle" zu tun, nämlich mit Aussagen junger Polinnen und Polen zur Abschaffung der Gewaltenteilung (Spiegel Online vom 27.7.2017). Aufgrund der altersmäßigen Nähe der Zitierten kann hier „aufnahmebereites Interesse" unmittelbar entstehen. Zum anderen führt ein Artikel aus der Tageszeitung (taz) vom 18.7.2017 zur Verwendung von EU-Milliarden gegen Jugendarbeitslosigkeit in Spanien direkt zu den Basiskonzepten: Akteure (Interesse, soziale Milieus), Bedürfnisse (Arbeit, Verteilung), Macht (Verfahren, Konflikt, Öffentlichkeit).

Entscheidend an beiden Beispielen ist: Der „exemplarische Fall" ist nicht „Einstieg" oder trickreiches Motivierungsmaterial, sondern führt beim polnischen Beispiel direkt in einen zentralen Ausschnitt von Demokratie und Rechtsstaatlichkeit, hier die Gewaltenteilung, aber auch zu Antworten auf die Frage: „Was haben wir damit zu tun?". Dies gilt ähnlich wie bei anderen Fragestellungen, z. B. der Präsidentenwahl in Frankreich oder bei der Aushebelung öffentlicher Gerichtsbarkeit und Unterwerfung autonomer Staaten unter Konzerninteressen bei TTIP durch die Bildung von geheim tagenden Streitschlichtungsinstanzen, die von global tätigen Anwaltskanzleien besetzt werden sollten.

Ähnlich kann Interesse bei dem taz-Artikel entstehen, weil es wiederum um Jugendliche geht. Der Fall ‚Jugendarbeitslosigkeit in Spanien' liefert nachvollziehbare Informationen für eine Diskussion darüber, was geschieht, wenn unter den Vorgaben neoliberaler Privatisierung öffentliche Aufgaben – hier Bildungsangebote und Berufseinstiegsprojekte für arbeitslose Jugendliche in Spanien – Steuergelder aus dem EU-Budget in Milliardenhöhe an kommerzielle Unternehmen in Spanien vergeben werden, die in erster Linie an den Gewinn ihrer Eigner denken – und das auch noch ohne hinreichende Verwendungskontrollen.

Beide Beispiele verweisen auf ein grundlegendes Problem: das des Ethos pädagogischer Professionalität im Zusammenhang mit Politischer Bildung. Gemeint ist damit beispielsweise:

1. Sehe ich meinen Auftrag als Lehrerin und Lehrer für Politische Bildung in aufklärerischer, auf Mündigkeit, Emanzipation und Partizipation gerichteter Perspektive oder begnüge ich mich mit affirmativem Unterricht darüber, ‚was ist'?
2. Ist mir (und den anderen Kolleg*innen meiner Schule) ‚Europa' als ein Projekt wichtig, das noch immer die Chance hat, die neoliberale Inbesitznahme tendenziell aller Lebens-, Sozial- und Wirtschaftsverhältnisse in der EU aufzuhalten, und die in den europäischen Verträgen hehr formulierten Menschenrechte in den Mittelpunkt politischer Kontroversen zu stellen? (vgl. Attac 2015) Begründe ich für mich (und mit meinen Kolleg*innen) die EU als Mittel der Friedenssicherung oder als Instrument der Standortsicherung im globalen Wettbewerb?

- Liegt mir daran, dass sich die Jugendlichen damit kritisch auseinandersetzen, ob und in welcher Weise die Annäherung von Lebensverhältnissen (wie sie für Deutschland das Grundgesetz im Art. 72 vorschreibt) in ganz Europa die Aufgabe der nächsten Jahrzehnte ist?
- Beziehe ich die historische europäische Erfahrung von Unterdrückung, Gewalt und Krieg in die Bearbeitung aktueller exemplarischer Fälle ein?
- Kümmere ich mich selbst darum, über die Entwicklungen in den „Peripherien" der EU, die in den Medien vernachlässigt werden oder erst zu Nachrichten werden, wenn Katastrophen schon im Gange sind, halbwegs informiert zu sein (z. B. Südosteuropa, Polen, Ungarn, die Mittelmeeranrainer-Länder)?

Zusammengefasst: Reflektiere ich mit Mitteln meiner fachwissenschaftlichen und didaktischen Professionalität mein eigenes Verhältnis zu dem komplexen politischen Thema ‚Europa', wie ich es zu jedem relevanten Thema tun müsste, um in der Lage zu sein, meine eigene Position plausibel offenzulegen? Lehrerinnen und Lehrer sind nicht neutral. Sie sind dem Grundgesetz verpflichtet und sie haben eigene politische Meinungen. Je mehr diese bewusst statt als ‚heimlicher Lehrplan', möglichst im Diskurs bei der Planung von Unterrichtsprozessen mit Kolleginnen und Kollegen gemeinsam, formuliert und offengelegt werden, desto größer ist die Chance, dass sich Schülerinnen und Schüler mehr und mehr als autonome Persönlichkeiten damit auseinandersetzen, sich daran orientieren oder sich daran reiben können. Dies hilft auf dem Weg zu mündigen Bürgerinnen und zu mündigen Bürgern.

2 Zwei Beispiele für exemplarische Zugänge zur europapolitischen Bildung

2.1 Polen und die EU

SpiegelOnline lässt am 27.7.2017 mehrere junge Pol*innen zu Wort kommen, die die Beschaffung einer unabhängigen Justiz in Polen sowie andere demokratiefeindliche Maßnahmen der derzeitigen Regierung Polens kritisieren. Wir haben es hier mit einem idealen exemplarischen Material zu tun:

- Der Fall ist relevant: die Frage, warum Gewaltenteilung wichtig ist, führt sofort zu der Frage: Was ist das Interesse der Regierung daran, durch eine*n der ihren jede*n vorsitzende*n Richter*in jedes Gerichts in Polen absetzen und eine*n andere*n einsetzen zu können? Begriffe wie Macht, Herrschaft und Rechtsstaat werden hier erschließbar.
- Der Fall erschließt ein EU-Thema: In Polen greift die EU auf der Grundlage der europäischen Verträge ein. Im System der EU selbst herrschen jedoch, z. B. was die Rechte des Parlaments im Vergleich zur Exekutive (Kommission und Rat) angeht, Demokratiedefizite.
- Im Hinblick auf die Lerngruppe ergeben sich Chancen, großes Interesse für weiter recherchierende selbstständige Arbeit der Schülerinnen und Schüler zu wecken, weil die zitierten Jugendlichen nahe an den Schülerinnen und Schülern sind.

„Die EU zu verlassen, wäre das Schlimmste, was Polen passieren könnte"
(SpiegelOnline, 27.07.2017)
http://www.bento.de/politik/polen-was-junge-menschen-ueber-ihre-regierung-und-die-reform-denken-1529214/)

[…] Wir haben mit Studenten in Warschau gesprochen. [...]

Marcin Borys, 24 Jahre, Jurastudent in Warschau

Die politische Lage in Polen ist gerade echt beschissen. Man kann Polen kein demokratisches Land mehr nennen – die Mehrheit des Sejm, des Parlaments, hat sich selbst das Recht erteilt, über alles zu bestimmen. Auch wenn es nur von einer knappen Mehrheit gewählt wurde.

Die öffentlichen Medien werden komplett von der Regierungspartei kontrolliert – und die Journalisten von jungen Obrigkeitshörigen ersetzt. Sie propagieren einen Hass gegen die EU, die Opposition und gegen Flüchtlinge. Aber auch die Opposition ist problematisch. Denn sie scheint total machtlos und ist nicht überzeugend – es fehlt definitiv an guten Führungspersonen.

Ich habe Angst, dass unsere Regierung Polen aus der EU führt. Sie hat bereits eine Kampagne gestartet, die genau das zum Ziel hat. Sie versucht, die Bevölkerung zu überzeugen, dass die EU nicht demokratisch ist und dass sie Polen ausnutzt. In ihrer Hasspropaganda behaupten sie, dass Polen vor Immigranten geschützt wäre, wenn es die EU verlassen würde.

Ich habe Angst um meine Generation. Fremdenfeindlichkeit und Nationalismus nehmen zu. Viele junge Leute schließen sich rechtsextremen Parteien oder NGOs an. Diese sind tief verbunden mit der Regierungspartei und sehr präsent in der Universität […].

Was die EU tun könnte, um die Entwicklungen zu stoppen? Der einfachste Weg scheinen Sanktionen zu sein. Aber wenn das durchgesetzt wird, würde die Regierung alles tun, um die EU zu verlassen. Das wäre das Schlimmste, was Polen passieren könnte […].

Kasia Nalewajko, 28, kommt aus Warschau und studiert gerade in Berlin

Diese sogenannte Reform der Justiz ist eine Schande für die demokratischen Bestrebungen aller Polen. Es ist unverständlich, dass wir immer noch für Gewaltenteilung streiten müssen – dabei müsste das längst selbstverständlich sein. Und so fehlen dann Zeit und Ressourcen, um über akute Probleme wie Klimawandel, Migrantenrechte und Frauenrechte zu sprechen.

Die zwei Vetos des Präsidenten Duda heilen diese Krise nicht – er hätte alle Gesetze blockieren müssen. Das einzige Gute an seinen Vetos ist, dass sie eine Spaltung innerhalb der PIS-Partei aufdecken.

Worum es in der Justizreform geht: Ich bin von den Gesetzgebungen beunruhigt, aber gleichzeitig tief berührt, wie viele Polen gemeinsam Stellung dagegen beziehen. Letzte Woche waren wir nur in Warschau allein 80.000 in den Straßen. In ganz Polen demonstrierten 130 Städte. Diese Menschen geben mir Hoffnung für unser Land.

Ich möchte in Zukunft meine Fähigkeiten für Polen nutzen. Ich überlege, Analysen und Presseartikel auf Polnisch fürs polnische Publikum zu schreiben, da es immer mehr Propaganda im polnischen Fernsehen und Internetseiten gibt.

Ewa Filipiak, 37, aus Krakau

Unsere Regierung kümmert sich um unsere Zukunft – die Zukunft unseres Heimatlandes Polen. Seit PiS an der Macht ist, ist die Arbeitslosigkeit so niedrig wie nie. Polens Wirtschaft wuchs, Familien bekommen finanzielle Hilfen vom Staat. Eine Reform der Justiz war schon lange nötig – nur hat sich vorher keine Regierung getraut sie durchzuführen. [...]

Die EU sollte sich aus Polens Innenpolitik raushalten. Ich möchte das Gefühl haben, als Partner mit einer eigenen nationalen Identität Teil der EU sein zu dürfen. Unsere Regierung ist komplett frei und demokratisch gewählt worden. Die Unterstützung der Opposition durch die EU negiert Polens Freiheit und bedroht deshalb unsere Souveränität. Allein Polens Staatsbürger sollten bei der nächsten Parlamentswahl über die jetzige Regierung Bilanz ziehen dürfen.

Nach acht Jahren PO-PSL-Regierung und nach allem, was in Westeuropa passiert ist, wollen wir wieder in einem sicheren Land leben – in einem Land, das sich um jeden Bürger kümmert. Wir wollen, dass unsere Kinder stolz sind, Polen zu sein. So eine Chance haben wir nur, wenn das Programm der PiS durchgesetzt wird [...].

Jan Jakub Chromiec, 31, promoviert in Berlin und lebt in Warschau

Seit 2015 wird Polen Schritt für Schritt zu einem Land, das vom Wohlwollen eines einzigen Mannes abhängt: Jarosław Kaczyński. Er kontrolliert das Parlament, die Regierung, Teile der Justiz und das Verfassungsgericht. Somit hat er einen fast kompletten Werkzeugkasten, um gegen Andersdenkende vorzugehen und seine Macht nicht mehr abgeben zu müssen.

Ich finde es gut, dass der Präsident angesichts der Proteste sein Veto gegen zwei der drei Gesetze eingelegt hat. Ich befürchte jedoch, dass die übrigen Gesetze in den kommenden Monaten leicht verändert doch noch verabschiedet werden. Ob das gelingt, hängt auch davon ab, ob sich die Proteste aufrechterhalten lassen [...].

2.2 Spanien und Jugendarbeitslosigkeit

Die TAZ stellt durch ihren Artikel vom 18.7.2017, S. 11: „Die Gelder werden schlecht genutzt“ einen sehr komplexen exemplarischen Fall vor: Im Rahmen eines EU-Programms ‚Jugendgarantie' von 2013 geht ein Drittel von 8,4 Milliarden Euro nach Spanien. Dort waren über 50 % der Jugendlichen arbeitslos. Die Verwendung der Gelder wird unter verschiedenen Gesichtspunkten kritisiert, u. a.:

- Der Effekt in Hinblick auf feste Beschäftigungsverhältnisse ist verschwindend gering.
- Kommerzielle „Akademien“ statt staatlicher Bildungseinrichtungen werden mit Maßnahmen beauftragt.
- Die spanische Regierung plant, künftig eintreffende 900 Millionen Euro dazu zu verwenden, den Unternehmen Lohnkosten für junge Arbeitnehmer*innen zu erstatten.

„Die Gelder werden schlecht genutzt“ (Reiner Wandler, in: taz, 18.7.2017)

Spanien. Eines der drängendsten Probleme im Lande ist die hohe Jugendarbeitslosigkeit. Die Europäische Union gibt Milliarden aus, um Jobs für junge Leute zu schaffen. Wie das funktioniert und wer profitiert.

„Ein Flop" sagt Victor Reloba, wenn er auf das europäische Programm „Jugendgarantie“ angesprochen wird. Der Plan sieht vor, dass jeder Jugendliche ohne Job spätestens nach vier Monaten, „ ein qualitativ hochwertiges Beschäftigungsangebot, eine Fortbildung, einen Ausbildungsplatz oder ein Praktikum“ erhält. Brüssel lässt sich dies bisher 8,4 Milliarden Euro kosten. Ein Drittel davon geht nach Spanien. Als die Jugendgarantie 2013 ins Leben gerufen wurde, füllten alarmierende Schlagzeilen über die hohe Jugendarbeitslosigkeit in den südeuropäischen Krisenländern die Zeitungen. In Spanien waren über 50 Prozent ohne Job. Das Projekt richtete sich zuerst an 16- bis 25-Jährige und wurde dann auf die bis 30-Jährigen ausgeweitet.

Heute, vier Jahre und einige Milliarden Euro später, sind noch immer 43 Prozent der Spanier unter 25 ohne Arbeit. Bis Ende 2016 haben sich gerade einmal 423.000 – und damit weniger als ein Drittel der Zielgruppe – eingeschrieben“, erklärt Reloba, der 25-jährige Sprecher und Vizepräsident des spanischen Jugendrates (CJE), in dem alle politischen und gewerkschaftlichen Jugendorganisationen vertreten sind. Das ist weit unter dem EU-Schnitt von 42 Prozent, die sich eingeschrieben haben. 2016 bekamen durch die Jugendgarantie gerade einmal 2.249 junge Spanier einen festen Arbeitsplatz. 47,5 Prozent derer, die am Programm teilnehmen, warten vier Monate später noch immer vergebens auf ein Jobangebot.

„Bis heute kennen viele Jugendliche das Programm nicht, und die Gelder werden schlecht genutzt“, sagt Rebola. 40 Prozent der EU- Gelder dienen dazu, Unternehmern, die jemanden aus der Jugendgarantie einstellen, sechs Monate lang die Sozialversicherung zu finanzieren. Außerdem werden mit einem Großteil der Gelder bereits bestehende Programme finanziert. [...]

„Der ‚Plan für junge Unternehmer' zerstört die Arbeitsverhältnisse, wie wir sie bisher kannten“, sagt der 34-jährige Soziologe Jorge Moruno. Was die Konservativen „Unternehmer“ nennen, sei meist nichts anderes als ein Scheinselbstständiger, der zu wesentlich schlechteren Bedingungen Arbeiten übernimmt, die früher ein Festangestellter ausführte. 38 Prozent der EU-Gelder fließen in diesen Plan, den es bereits vor der Jugendgarantie gab.

Die Folge: „35 Prozent der arbeitenden Spanier verdienen weniger als 600 Euro im Monat“, zitiert Moruno offizielle Statistiken. Teilzeitverträge, die meist auch noch befristet sind, nehmen zu. Die Arbeitslosigkeit geht so zwar zurück. Doch immer weniger Menschen können von ihren Einkünften leben.

Esther Herrera, 27, ist eine derer, die sich in die Jugendgarantie eingeschrieben hat „Das war 2015. Ich war seit fast zwei Jahren arbeitslos“, erinnert sie sich. Nach Monaten kam die Antwort, sie erfülle die Kriterien nicht. Warum? Das ist ihr bis heute nicht klar. Herrera gehört zum „Prekären Büro“, einer Gruppe von jungen Menschen, die sich mit der Situation auf dem Arbeitsmarkt beschäftigen. „Unsere Erfahrung mit der Jugendgarantie ist, dass wer aufgenommen wird, nie Angebote bekommt, die zu seinen Studien passen“, erklärt Herrera. [...]

Selbst diejenigen, die eigentlich mit den jungen Menschen aus der Jugendgarantie arbeiten sollen, haben kaum Informationen. Eduardo Cabornero ist Lehrer und Mitglied der Direktion an einer Schule in einem der ärmeren Stadtteile Madrids, an der Erwachsene den Hauptschulabschluss nachholen können. „30 Prozent meiner Schüler gehören zur Zielgruppe der Jugendgarantie, aber nur 5 Prozent sind eingeschrieben“, weiß der 61-Jährige.

Anstatt die jungen Menschen dazu anzuhalten, den Schulabschluss nachzuholen, werden ihnen von der Jugendgarantie immer wieder Kurse angeboten, die sie schnell auf ein befristetes, meist schlecht bezahltes Arbeitsverhältnis vorbereiten sollen. „Diese Kurse werden von eigens gegründeten Akademien abgehalten“, sagt er und bestätigt damit etwas, was auch Gewerkschaften und Jugendrat immer wieder ansprechen. Die Jugendgarantie privatisiert einen Teil der Bildung und wird so zum Geschäft für diejenigen, die den Behörden und den Landesregierungen, die Bildungshoheit haben, nahestehen. „Außerdem werden mit dem Geld aus Brüssel Haushaltsposten beglichen, die bereits zuvor bestanden.

So wird ein Teil der Gehälter der Lehrer an der staatlichen Erwachsenenbildung aus diesem Topf bezahlt", sagt Cabornero. [...]

Spaniens Regierung hat bereits neue Pläne für die weiteren 900 Millionen Euro, die bald aus Brüssel fließen werden. Künftig sollen bis zu 400 Euro des Lohnes der jungen Arbeitnehmer aus der Jugendgarantie nicht vom Unternehmer, sondern mit EU-Geldern beglichen werden. Für die Kritiker wäre dies ein weiterer Schritt in Richtung Prekarisierung. Noch hat sich Brüssel nicht darüber geäußert, ob dies zulässig ist oder nicht.

Zum einen können hier EU-Systemfragen diskutiert werden:

- Die EU gibt Steuergelder aus allen Mitgliedsländern, die in ihren Haushalt einzahlen, zugunsten arbeitsloser Jugendlicher nach Spanien. Der spanische Staat kann offenbar weitgehend bestimmen, wie die Gelder eingesetzt werden. Was ist die Grundlage dafür?
- Wo können wir Argumente und Fakten zur Beurteilung der Frage finden, wie wirksam Lohnerstattung an Unternehmen im Vergleich zu anderen Maßnahmen zugunsten der dauerhaften Beschäftigung Jugendlicher ist?
- Die EU verzichtet offenbar auf Effektivitätskontrollen. Woran kann das liegen?

Zum anderen entsteht hier die Frage nach den Ursachen für Jugendarbeitslosigkeit gerade in den südeuropäischen Ländern, aber auch im ganzen EU-Raum. Vergleiche mit der Situation Jugendlicher im eigenen Umfeld liegen nahe. (Vgl. z. B. das Attac-Bildungsmaterial zu den ökonomischen Ungleichgewichten, den deutschen Exportüberschüssen und der Jugendarbeitslosigkeit u. a. in Spanien, Attac 2015, Modul IV+V).

Weiterführende Fragen nach den Grundsätzen einer Wirtschaftspolitik in Europa, die diese Arbeitslosigkeit und prekäre Lebensverhältnisse erzeugt, können sich anschließen.

Insoweit haben wir es auch hier mit einem ‚klassisch' exemplarischen Fall für den Unterricht in der Politischen Bildung zu tun. Allerdings sind hier erhebliche Vorleistungen der Lehrkräfte erforderlich: zusätzliche Quellen sollten bereitgestellt werden, damit die Jugendlichen nicht endlos suchen müssen. Vertragsbestimmungen aus den europäischen Verträgen oder die wichtigsten Informationen zum Programm ‚Jugendgarantie' sollten ausgewählt und bereitgestellt werden.[109]

Die beiden Beispiele sollen das Prinzip des exemplarischen Lernens erklären: „Das Europäische Parlament" ist nicht „dran", weil es in einem Jahresplan steht, sondern dann, wenn seine Wahl ansteht oder wenn ein Konflikt, z. B. zum EU-Budget oder zur Berufung eines Kommissionsmitglieds, durch die Medien geht und seine begrenzten Rechte auf Einflussnahme deutlich werden.

Der Euro ist nicht „dran", weil „Was ist Geld?" in einem festgelegten Jahresplan behandelt wird, sondern, wenn z. B. die EZB erneut die Zinsen nicht erhöht. Denn dann geht es um die Folgen für die Ökonomie und uns alle als Betroffene und um die Frage, wer die EZB wie legitimiert und kontrolliert. Und dann kann im Problemzusammenhang auf Interesse an der Frage gesetzt werden, was „Geld" wohl ist (Hermann 2015, 217).

Wenn hier ‚exemplarisches Lernen' als dominante Unterrichtsform vorgestellt wird, heißt das nicht, dass auf systematische Wissensvermittlung verzichtet werden soll oder kann. Selbst innerhalb der Recherchen zum Verstehen eines komplexen exemplarischen Falles wird es zu Begriffserklärungen, Daten- und Informationssammlungen in systematischer Form kommen, die schlicht ‚gelernt' werden müssen. Wenn im Unterricht über ‚Brüssel' geredet wird oder über ‚Polen', ‚Spanien', den ‚Brexit' usw., muss z. B. geografisches Wissen, wenn es nicht vorhanden ist, durch Nachschlagen im Atlas hergestellt und gesichert werden. Wenn über einen Budget-Konflikt in der EU diskutiert werden soll, muss der Charakter eines öf-

[109] Materialien zur weiterführenden Recherche: siehe gesonderter Abschnitt in den Literaturangaben

fentlichen Haushaltes klar sein oder dies nachgeholt werden. Wenn ‚Gewaltenteilung in Polen' zum Thema wird, ergibt dies nur Sinn, wenn sowohl das deutsche System staatlicher Gewaltenteilung bekannt und kritisch hinterfragt ist oder aus diesem Anlass ebenfalls zum Thema wird.

Im Prinzip der didaktischen Rekonstruktion eines im Unterricht zu behandelnden Problems sind Inhalt, Lehrperson und Lerngruppe gleichgewichtige Faktoren der Lernplanung.

Literatur

Attac Trägerverein e. V. (Hrsg.) (2015): Europa nach der Krise? Frankfurt a. M.

Besand, A. u. a. (Autorengruppe Fachdidaktik) (2011): Konzepte der Politischen Bildung. Bonn.

Fischer, K. G./Hermann, K./Mahrenholz, H.: Der politische Unterricht. 3. Aufl., Bad Homburg o. J.

Grammes, T. (2014): Exemplarisches Lernen. In: Sander, Wolfgang, Handbuch politische Bildung., Weinheim.

Gruschka, A. (2010): Verstehen lehren. Ein Plädoyer für guten Unterricht. Stuttgart

Henkenborg, P. (2011): Wissen in der politischen Bildung – Positionen der Politikdidaktik. In: Hessisches Kultusministerium Kerncurriculum Politik und Wirtschaft, Wiesebaden o. J. Online abrufbar unter: https://kultusministerium.hessen.de/schulsystem/bildungs- standards-kerncurricula-und-lehrplaene/kerncurricula/sekundarstufe-i/politik

Herrmann, U. (2015): Der Sieg des Kapitals. 2. Aufl. München/Berlin.

Kattman, U./Duit, R./Gropengießer, H./Komorek, M. (1997): Das Modell der Didaktischen Rekonstruktion - Ein Rahmen für naturwissenschaftsdidaktische Forschung und Entwicklung. Zeitschrift für Didaktik der Naturwissenschaften, 3 (3), 3-18.

Kattmann, U. (2017): Das Modell der Didaktischen Rekonstruktion – Ein Rahmen für fachdidaktische Forschung und Entwicklung. Online abrufbar unter: https://www.researchgate.net/profile/Ulrich_Kattmann/publication/317688085_Das_Model_der_Didaktischen_Rekonstruktion_Ein_Rahmen_fur_fachdidaktische_Forschung_und_Entwicklung/links/5949034f0f7e9b1d9b275e25/Das-Model-der-Didaktischen-Rekonstruktion-Ein-Rahmen-fuer-fachdidaktische-Forschung-und-Entwicklung.pdf

Klafki, Wolfgang: 4. Studie: Exemplarisches Lehren und Lernen. In: Wolfgang Klafki: Neue Studien zur Bildungstheorie und Didaktik, 5. Aufl., Weinheim und Basel 1996, S. 141-161.

Klieme, E. et al (2007): Zur Entwicklung nationaler Bildungsstandards – Expertise. Bundesministerium für Bildung und Forschung (BMBF) (Hrsg). Berlin.

Leopold, C. u. a. (2006): Selbstreguliertes Lernen aus Sachtexten. In: Prenzel, M./Allollio-Näcke, L. (Hrsg.): Untersuchungen zur Bildungsqualität von Schule. Abschlussbericht des DFG-Schwerpunktprogramms. Münster, 268-290.

Massing, P. (2013): „Jeder macht seins?" – Folgen der Bildungspolitik für die universitäre Lehrerbildung und das Lehramtsstudium von Politiklehrer/-innen. In: Hufer, K.-P./Richter, D. (Hrsg.): Politische Bildung als Profession. Bonn, 265-278.

Mosch, M. (2014): Methoden der Diagnostik: Vorstellungen und Vorwissen erfassen. In: Sander, W. (Hrsg.): Handbuch politische Bildung. Weinheim 2014, 415-423.

NRW-Lehrplan Realschulen, Klasse 7-10 für Erdkunde. Online abrufbar unter: https://www.schulentwicklung.nrw.de/lehrplaene/upload/klp_SI/RS/EK/RS_Erdkunde_Endfassung.pdf

Nonnenmacher, F. (1996): Sozialkunde – Vom Schulfach zum Lernbereich. In: ders.: Das Ganze sehen. Schule als Ort politischen und sozialen Lernens. Schwalbach, 182-197.

Renkl, A. et al (2006): Sich selbst Beispiele zu erklären ist ein probates Mittel, Verständnis zu fördern – bei Schülern und bei Lehrern. In: Prenzel, M./Allollio-Näcke, L. (Hrsg.): Untersuchungen zur Bildungsqualität von Schule. Abschlussbericht des DFG-Schwerpunktprogramms. Münster.

Sandschneider, E. (2011): Der erfolgreiche Abstieg Europas. BpB-Lizensausgabe. Bonn.

Spiegel Online (SPON) „Die EU zu verlassen, wäre das Schlimmste, das Polen passieren könnte". Online abrufbar unter: http://www.bento.de/politik/polen-was-junge-menschen-ueber-ihre-regierung-und-die-reform-denken-1529214/ (letzter Zugriff 27.7.2017)

Wagenschein, M. (2013): Verstehen lehren. Neuauflage. Weinheim.

Weißeno u. a.: Konzepte der Politik. Bonn 2010

Material für die Recherche zur Situation Jugendlicher in der EU:
(alle Webseiten entnommen am 12. Dezember 2017)

Bundeszentrale für Politische Bildung (Auswahl): Online abrufbar unter: http://www.bpb.de/nachschlagen/zahlen-und-fakten/europa/

http://www.bpb.de/internationales/europa/europa-kontrovers/

http://www.bpb.de/lernen/themen-im-unterricht/europaeische-union/

http://www.bpb.de/suche/?suchwort=EU&suchen=Suchen

Europäische Kommission Sinn und Zweck der Jugendgarantie:

http://ec.europa.eu/social/main.jsp?catId=1079&langId=de

Europäischer Rechnungshof 2015 https://www.eca.europa.eu/Lists/ECADocuments/SR15_03/SR15_03_DE.pdf

Österreichische Bundesarbeitskammer zur Jugendgarantie 2017 http://www.akeuropa.eu/de/wie-und-warum-die-jugendgarantie-in-der-eu-bisher-noch-nicht-ausreichend-funktioniert.html?cmp_id=7&news_id=3153

Statista: Europäische Union Jugendarbeitslosigkeitsquoten 2017 https://de.statista.com/statistik/daten/studie/74795/umfrage/jugendarbeitslosigkeit-in-europa/

Angaben zur Person:

Achim Abrecht

ist Lehrer, Pädagogischer Leiter a. D. an der IGS Offene Schule Waldau in Kassel, Lehrbeauftragter für Didaktik der Politischen Bildung an der Universität Kassel und Schulentwicklungsberater.

Klaus Moegling

Kritische politisch-ökonomische Bildung über reflektiertes Handeln in Planspielen – Am Beispiel eines EZB-Planspiels zur Griechenlandkrise (Sek. II)

Zusammenfassung: Zunächst wird das eigene Verständnis von Kritik und kritischer politisch-ökonomischer Europa-Bildung in einem erfahrungsorientierten politikdidaktischen Kontext offen gelegt. In einem zweiten Schritt wird die Makromethode des Planspiels vorgestellt. Hierauf folgend werden verschiedene Phasen des EZB-Planspiels in der Sekundarstufe II rekonstruiert und dokumentiert. Abschließend wird das EZB-Planspiel zur Griechenlandkrise kritisch reflektiert.

Schlüsselbegriffe: Erfahrungsorientierte politisch-ökonomische Bildung, Planspiel als Makromethode, Europäische Zentralbank, Griechenlandkrise

An ECB experimental game on the crisis in Greece as an example of critical political-economy Education about Europe (sixth form)

Abstract: At first the author outlines his own understanding of criticism and critical political-economicy education about Europe in the context of an experience-based way of teaching. In a second step the macro-method of the experimental game is presented.

Following this, different phases of the ECB experimental game are reconstructed and documented. Finally, the ECB experimental game about the crisis in Greece is critically reflected on.

Keywords: experience-based political-economical education, experimental game as a macro-method, European Central Bank, crisis in Greece

1 Zum Verständnis von Kritik und kritischer politisch-ökonomischer Bildung

Der Begriff der Kritik soll sich hier auf die Möglichkeit und Notwendigkeit beziehen, die Welt mit ihren aus der Sicht des Menschen geformten Bezügen sowohl als etwas der Beobachtung entzogenen objektiv Seiendes als auch etwas aus unterschiedlichen Perspektiven und Interessen heraus Wahrnehmbares aufzufassen. Die soziale Konstruktion der Wirklichkeit (Berger/Luckmann 1969) verweist auf die Relativität alles Wahrgenommenen und auf die Differenz zum Sosein genauso wie auf die Plastizität der Weltwahrnehmung – je nach dem subjektiven Blickwinkel, den impliziten Beobachtungsnormen und dahinter bewusst oder unbewusst stehenden Interessenslagen.

Ein kritischer Zugang zur Welt weiß um diese Zusammenhänge und ist bemüht der Versuchung zu widerstehen, seine eigene Weltsicht als die einzig zulässige auszugeben. Kritikfähig ist derjenige, der in der Lage ist, die gesellschaftliche Realität aus mehreren Perspektiven zu betrachten, Interessen hinter Perspektiven zu erkennen, zu analysieren und zu beurteilen und auf eigene Handlungsperspektiven hin zu durchdenken. Er oder sie muss in der Lage sein, einen gesellschaftlichen Sachverhalt aus seiner eigenen psychosozialen und mentalen Verwobenheit heraus und zu sich in Distanz zu heben, ihn aus diesem Abstand heraus aus verschiedenen Blickwinkeln zu betrachten und, auf der Grundlage dieser Mehrperspektivität im Sinne einer abwägend begründeten Meinungsbildung, sein Urteil zu fassen.

Hierzu gehört ebenfalls, dieses Urteil wiederum kritisch zu analysieren und, es mit eigenen analysierenden Anfragen zu versehen. *Jemand, der nur kritisch gegenüber anderen ist, kann nur als halbkritisch bezeichnet werden. Kritikfähigkeit bedeutet genauso, sich selbst gegenüber kritisch zu sein, sich selbst immer wieder zum Gegenstand selbstkritischer Reflexion zu machen. Dies ist auch als wichtiger Anspruch an eine sich selbst als kritische Politikdidaktik verstehende politische Bildung heranzutragen* (vgl. Füchter/Moegling 2013).

In diesem Sinne sollen im Rahmen des vorliegenden Beitrags im Anschluss an die Projektdarstellung kritische Fragen an das EZB-Planspiel zur Griechenlandkrise gestellt werden. Den Leser_innen soll damit ermöglicht werden, ihr eigenes Verständnis, im Sinne der soeben angedeuteten kritischen Methode, überprüfen zu können.

Im Zentrum einer kritischen politischen Bildung stehen die Analyse und Beurteilung von Macht und Herrschaft in gesellschaftlichen Systemen in lokaler, regionaler, nationaler und internationaler Hinsicht sowie hinsichtlich ihrer Wechselwirkungen und gegenseitigen Durchdringung (Moegling 2012).

Hierbei kann ein vertieftes Lernen über den erfahrungsorientierten Zugang zur Thematik erfolgen. Sicherlich ist die Projektmethode John Deweys ein guter Weg, Tun und Reflexion miteinander zu verbinden; aber auch die Makromethode des Planspiels ist geeignet, einen reflektierten Erfahrungsweg zu eröffnen. Ein gut entwickeltes Planspiel stellt einen erfahrungsorientierten Weg dar, über anspruchsvolle Reflexionsprozesse in Entscheidungsketten ein (hier) politisches Problem so bearbeitbar zu machen, dass es für die Lernenden in Prozessen erforschenden Lernens greifbar und verstehbar wird. John Dewey (1916)[110] kritisiert in diesem Sinne eine Theorie ohne Erfahrungsgrundlage bzw. fordert einen theorie- und praxisintegrierenden Weg der Erkenntnis, indem er formuliert:

> "An ounce of experience is better than a ton of theory simply because it is only in experience that any theory has vital and verifiable significance. An experience, a very humble experience, is capable of generating and carrying any amount of the theory (or intellectual content), but a theory apart from an experience cannot be definitely grasped even as theory. It tends to become a mere verbal formula, a set of catchwords used to render thinking or genuine theorizing, unnecessary and impossible."

Dewey darf hierbei nicht missverstanden werden: Er wendet sich gegen erfahrungsentleerte Theorie und nicht gegen Theorie im Allgemeinen. Genauso befürwortet er nicht unreflektierte Erfahrung, sondern meint gerade die synergetische Verbindung von Erfahrung und theoriegeleiteter Reflexion (vgl. Scherb 2012).

Wenn sich also ein Planspiel auf die Aktivitäten der Europäischen Zentralbank (EZB) im Zusammenhang mit der ökonomischen, staatlichen und, damit verbunden, auch zivilgesellschaftlichen Krise in Griechenland bezieht, dann ist hierbei also auf der erfahrungsorientierten Grundlage des Planspiels zu analysieren und zu beurteilen, wie sich im Rahmen dieses krisenhaften Geschehens in Europa über die Aktivitäten der EZB Macht und Herrschaft konstituieren, ausdrücken und realisieren sowie unter diesen Bedingungen verschiedene Lösungsoptionen mit unterschiedlichen gesellschaftspolitischen Interessen in Bezug auf die Finanz- und Schuldenkrise am Beispiel Griechenlands durchzusetzen versucht werden.[111]

---

[110] Aus: John Dewey: Democracy and Education. 1916, Chapter 11, Online abrufbar unter: http://www.gutenberg.org/files/852/852-h/852-h.htm#link2HCH0011, 17.12.16

[111] Sicherlich sind auch andere Wege der europabezogenen politischen Bildung als ein Planspiel denkbar: vgl. z. B. Görtler (2016) zur selbstständig recherchierten und Fragen orientierten Textarbeit, Analyse- und Beurteilungskompetenz oder Füchter (2014) bei der Arbeit mit Lernlandschaften zur Globalisierung.

Dieser politikdidaktische Ansatz setzt also in seinem inhaltlichen Bezug an den vielfach vorhandenen gesellschaftlichen Krisen an, damit hier ein Verstehen an die Stelle einer unterkomplexen Wahrnehmung treten kann. Insbesondere Haltungen zu Europa unter der Perspektive von Renationalisierungsprozessen sind gefährdet, mit sehr schlichten Lösungen durchsetzt zu sein („zurück zur DM", „zurück zur Nationalstaatlichkeit", „die anderen Länder nutzen uns aus" ....). So fordert Steffens (2010, 32)[112] das theoriegeleitete, an (erfahrbaren) Herausforderungen orientierte Ansetzen an gesellschaftlichen Krisen bzw. krisenhaften Transformationen als eine Lerngelegenheit für Schüler_innen in Bezug auf die Globalisierung wahrzunehmen:

> „Das Potenzial historisch erworbener gesellschaftlicher Lernfähigkeit und gegenwärtiger (welt)gesellschaftlicher Theorieangebote wird eine politische Bildung nicht ausschlagen dürfen, die sich den Herausforderungen der tiefgreifenden Transformationskrise gegenübersieht, für deren vielfältige Erscheinungsformen der Begriff der Globalisierung sich eingebürgert hat."

Das Material und die Quellen für die Schüler_innen sollten kontrovers und mehrperspektivisch angelegt sein, was bereits durch den, ein breites politisches Spektrum berücksichtigenden und selbständigkeitsorientierten, Untersuchungsauftrag angelegt werden kann.[113] Zu welchen Beurteilungen der Vorgänge und der Planspielergebnisse die Lernenden letztendlich kommen, muss ihnen selbst überlassen bleiben. Politische Mündigkeit ist an die eigene Meinungsbildung gebunden; ein politisches Urteil kann den Lernenden nicht nahegelegt oder gar aufgezwungen werden, sondern ist allein ihre eigene Angelegenheit (vgl. Moegling 2007).[114]

2 Der unterrichtliche Kontext des Planspiels

Bevor die handlungsorientierte Methode eines Planspiels im Politikunterricht eingesetzt werden kann, ist ein längerer Weg in der Beschäftigung mit dem politikwissenschaftlichen Gegenstand – hier der europäischen Wirtschafts- und Finanzkrise am Beispiel der Schuldenkrise Griechenlands – zurückzulegen.

Hierbei sollte im Sinne von Reinhardt (2005, 86 ff.) ein problem- und konfliktorientierter Zugang zu der notwendigen Wissensgrundlage geschaffen werden, der am ehesten die erforderlichen Kompetenzen fördern würde, die für ein erfolgreiches Mitwirken am EU-Planspiel notwendig sind.[115] Die folgende Übersicht zeigt den ersten problem- und konfliktorientierten Zugriff der Lernenden auf die EU-Thematik:

---

[112]Vgl. auch Steffens (2014)

[113]Eine kritische Politikdidaktik ist zwangsläufig an selbstständigkeitsorientierten Unterrichtsverfahren des forschenden Lehrens und Lernens interessiert, kann doch Mündigkeit nur in einem Akt der Selbstkonstruktion entstehen und nicht lehrerdominiert verordnet werden (vgl. Moegling 2010).

[114]Allerdings kann von den Schüler_innen nach einer entsprechenden Einführung erwartet werden, dass ihre Analyseleistung sowie die Urteilsbildung an entsprechenden Kategorien orientiert sind, wie z. B. analytischen Kategorien wie Konflikt, Akteure, Interesse, Macht, Herrschaft sowie Urteilskategorien wie Effizienz, Legitimität, Gerechtigkeit und Nachhaltigkeit (vgl. Moegling 2016).

[115]Die Unterrichtsreihe wurde an einem hessischen Oberstufengymnasium für zwei Lerngruppen (in der Q2) gemeinsam vom Verfasser und Dieter Schäckel, Lehrer an der Jacob-Grimm-Schule Kassel und Fachleiter für das Fach Politik und Wirtschaft am Studienseminar für Gymnasien in Kassel, geplant und durchgeführt. Im Rahmen dieses Beitrages werden in der Regel die Arbeitsergebnisse des Q2-Grundkurses des Verfassers dokumentiert.

Wirtschaft und Wirtschaftspolitik in Deutschland und in der EU: Um welche Problemstellungen und Konflikte geht es hierbei? (Schülersammlung)	
• Finanzkrise in Europa	• Koordination der Interessen in der EU
• EU-Lobbyismus (und Korruption)	• EU-Binnenmarkt
• Instabilität der EU als Wirtschaftsraum	• Arbeitslosigkeit und Beschäftigung in der EU
• Rolle der EZB	• Staatsverschuldung in der EU/Haftung
• Spannungsfeld Ökonomie und Ökologie	• Staatsanleihen, Währung, Eurobonds
• Intransparenz der Finanzmärkte/ Spekulationen	

Nach der Sammlung konfliktorientierter Themen ging es in einem nächsten Schritt darum, dass sich die Schüler_innen zu Kleingruppen (3-4 SuS) zusammenfinden und sich für ein Thema zur weitgehend selbstständigen Bearbeitung entscheiden. Im Mittelpunkt der Thematik sollte eine Problematik stehen, die so gravierend ist, dass daraus ein ernstzunehmender Konflikt im Zusammenhang mit dem System der EU entstanden ist. Folgende Gruppen und Themen wurden zu einer Übersicht noch vor dem Beginn der Bearbeitung der volkswirtschaftlichen und politischen Grundlagen erstellt, damit die Kleingruppen genügend Zeit haben konnten, um ihr Gruppenthema weiterzuentwickeln und mit den Recherchen zu beginnen.

Tab. 1: Präsentationsübersicht: Konflikte in der EU

Gruppe	EU-Konflikt
1	Konflikte um die EU-Umweltpolitik
2	Die EU und der Krieg in der Ukraine
3	Konfliktthema TTIP
4	Jugendarbeitslosigkeit in der EU
5	„Grexit“? Griechenland und die EU
6	Konflikte um die EZB-Politik
7	Währungsspekulationen mit dem Euro

Das weitere Halbjahr sollte nun in vier Abschnitte eingeteilt werden:

1. Volkswirtschaftliche und politische Grundlagen im nationalstaatlichen Rahmen, EU-Binnenmarkt (bis März, Klausur)
2. Fortsetzung: Volkswirtschaftliche und politische Grundlagen der europäischen Wirtschaftspolitik (bis Mai)
3. Präsentationsphase: Politisch-ökonomische Konflikte in der EU (Mai bis Juni)
4. Planspiel: Die EZB – zwischen Eurostabilität und Stabilisierung einzelner nationaler Volkswirtschaften (Juni bis Juli 2015)

Da im Folgenden das EZB-Planspiel im Mittelpunkt stehen soll, kann hier weder auf die Erarbeitungsphase noch auf die Präsentationsphase näher eingegangen werden. Als Brücke zur EZB-Thematik wird hier lediglich eine von einer Schülergruppe erarbeitete Konfliktanalyse dokumentiert. Die Durchführung einer grafisch zu veranschaulichenden Konfliktanalyse – in Anregung durch Reinhardt (2005, 86 ff.) und eigener Modifizierung – war eine von mehreren Anforderungen an die präsentierenden Kleingruppen. Hierbei sollte, unter dem Einbezug analytischer Kategorien (Konflikt, Akteure, Interessen), eine schematische Darstellung eines spezifischen Konflikts (hier: die EZB-Politik hinsichtlich des Anleihenprogramms) vorgenommen, zu einer Fragestellung hingeführt und während der Präsentation den Mitschüler_innen erläutert werden.[116]

Abb. 1: Konfliktanalyse (Schülerpräsentationsfolie)

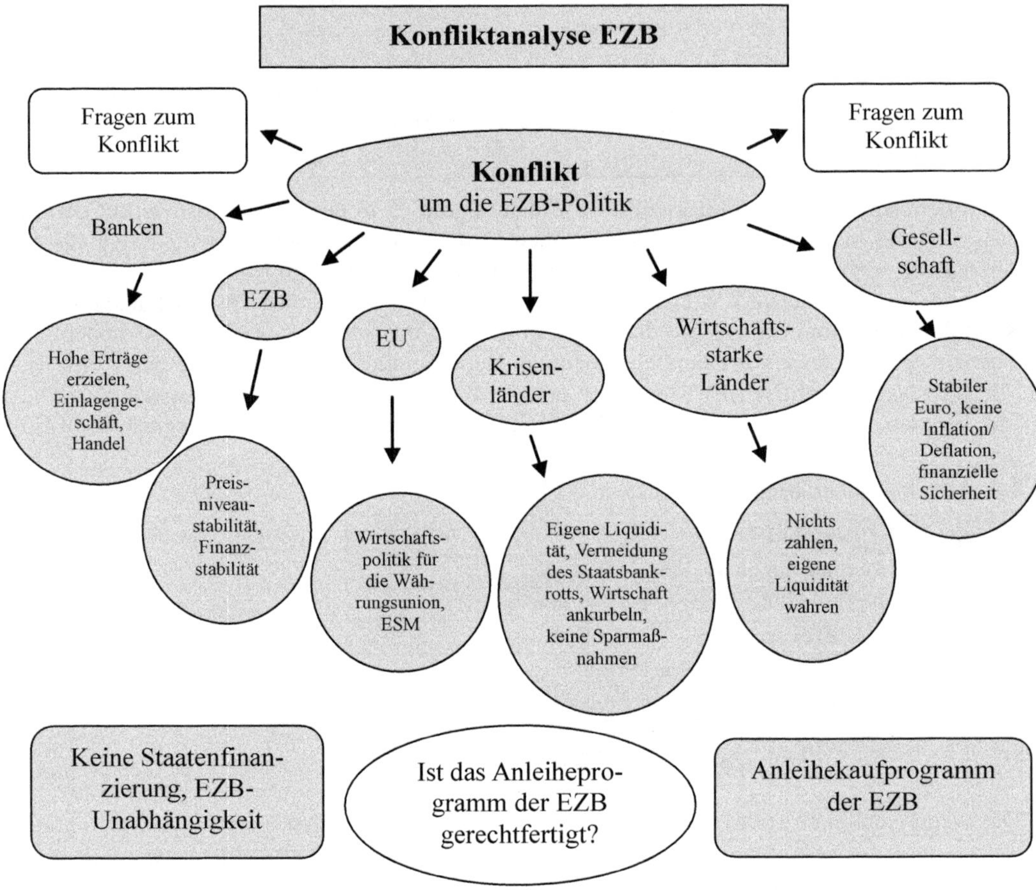

Die letzten drei Gruppenpräsentationen (Grexit, EZB-Politik und Währungsspekulationen mit dem Euro) stellten eine gute Grundlage im direkten Übergang zum Planspiel dar. Sie sind bereits Teil der Vorbereitungsphase des Planspiels und haben die Funktion, einen wissensbasierten und, über die Schülerpräsentation, selbstständigkeitsorientierten Zugang zur erfahrungsorientierten Makromethode des Planspiels zu schaffen.

Auch wurden die Lernenden in den Umgang mit Urteilskategorien eingeführt. So wurde u. a. in der letzten Doppelstunde vor dem Planspiel eine Tabelle – noch nicht auf Griechenland bezogen, sondern allgemein, in Bezug auf die EZB-Politik, gehalten – entwickelt, die zumindest die beiden Kategorien Legitimität und Effizienz zum Bezug nimmt und hierzu nach Pro- und Kontra-Argumenten unterteilt:

[116]Während der Phasen der Erarbeitung der volkswirtschaftlichen und politischen Grundlagen wurden immer wieder Zeiträume für die Kleingruppenarbeit in den Unterricht eingeflochten Alle Gruppenpräsentationen wurden in diesen Phasen dezentral vom Lehrenden beraten.

Tab. 2: Sollte die EU vor dem Konkurs stehende hochverschuldete EU-Länder, z. B. durch die Schuldenübernahme oder weitere Kreditvergabe, unterstützen?

	Pro	Kontra
Effizienz (Rechtfertigung mit auf Wirksamkeit, d.h. dem Verhältnis von Kosten-Nutzen, bezogenen Argumenten)	Stärkung der Investitionsfähigkeit des verschuldeten Staates, Stärkung des Euros, Schutz der verschuldeten Länder vor Insolvenz, das Fallenlassen eines Staates kann zu einer europäischen Bankenkrise führen, Ohne Unterstützung sind bei einem Staatsbankrott die bisherigen Kredite bzw. gekauften Staatsanleihen gefährdet bzw. verloren	Gefahr der Euroentwertung, Unterstützungen sind mit Sparprogrammen verbunden, die die Volkswirtschaft schwächen, auch mit Auflagen zur Privatisierung, die zu höheren Belastungen für die Bürger_innen führen, bei erneuten Krediten wächst die Staatsverschuldung, die EU-gesteuerte Rettung nationaler Banken ist teurer als die nationale Sanierung, Gefahr, dass Kredite nicht zurückgezahlt werden können
Legitimität (Rechtfertigung über auf Gerechtigkeit bezogene Normen u. Werte sowie Gesetze)	Länder, die im volkswirtschaftlichen Gesamtzusammenhang im Nachteil sind, wird hierdurch ausgleichend geholfen (Solidarität). Insbesondere ärmere Bevölkerungsschichten werden unterstützt, sind sie doch die vorrangigen Verlierer, wenn eine nationale Volkswirtschaft allein gelassen wird. Nur durch eine nachfrageorientierte Wirtschaftspolitik („deficit spending") und einem Schuldenschnitt ist soziale Gerechtigkeit in ärmeren EU-Ländern möglich, da hierdurch die Arbeitsplätze der Arbeitnehmer_innen gesichert würden.	Die wachsende Staatsverschuldung bei neuen EU-Krediten ist ungerecht, da sie zulasten der zukünftigen Generationen im kreditaufnehmenden Land führt. Über die Kreditvergabe und die europäischen Finanzierungsmechanismen wird ungerechter Weise schlechte Haushaltsführung sowie die fehlende Besteuerung reicher Schichten belohnt. Es wird gegen den Vertrag von Maastricht (Art. 125) verstoßen, der Staatenfinanzierung durch die EZB untersagt.

Hierbei wurde dann in der Diskussion dieses, in der Tabelle zusammengefassten vorläufigen, Ergebnisses deutlich, dass eine eindeutige Zuordnung der Argumente hinsichtlich dieser beiden Kategorien nicht möglich ist. So ist z.B. auch nicht-effiziente Mittelvergabe in der Verantwortung gegenüber den Steuerzahler_innen nicht legitim; genauso ist eine ungerechte Besteuerung in einem Mitgliedsland bzw. die unzureichende, also ungerechte, Besteuerung reicher Schichten nicht effizient im Sinne einer wirksamen Fiskalpolitik. Des Weiteren ist die Frage, ob die quer zu Effizienz und Legitimität liegende Kategorie der Nachhaltigkeit nicht aussagekräftiger für eine Beurteilung entsprechender Maßnahmen ist. Auch ist ja mit einer solchen Tabelle noch lange nicht geklärt, welche Argumente ‚stark' und welche ‚schwach' sind bzw. welche Argumente prioritäre oder nachrangige Geltung beanspruchen können.[117]

[117] Vgl. noch ausführlicher zur Frage des problemorientierten Umgangs mit Kategorien bei Moegling (2016).

3 Das Planspiel zur Griechenlandkrise

3.1 Planspiele als handlungsorientierte Makromethode der Politikdidaktik

Planspiele sind komplex gestaltete Rollenspiele mit deutlichen Interessengegensätzen und erheblichem Entscheidungsdruck, mit Hilfe derer auch eine Förderung der politischen Handlungskompetenz der Lernenden erwartet wird.

Planspiele im PoWi-Unterricht bilden eine gesellschaftspolitische Situation modellhaft und problemorientiert nach, so dass, im Rahmen dieses Simulationsverfahrens, Transparenz in Bezug auf eine komplexere gesellschaftliche Wirklichkeit eintreten kann, wenn hierbei anschließend auch die Differenz zwischen simulierter und tatsächlicher gesellschaftlicher Wirklichkeit analysiert wird.

Zentrale Bezugspunkte von Planspielen sind Entscheidungsprozesse (Entscheidungsketten), die von den Spielteilnehmer_innen simuliert werden und welche Problemlösungen in Bezug auf eine Problemskizze enthalten sollen.

Orientiert an Massing (2004) soll zwischen folgenden Spielphasen unterschieden werden:

Der organisatorische Ablauf eines Planspiels:

- Die Vorbereitungsphase:

  Spieleinführung, Informationsphase (Lesen des Problemaufrisses, Informationen über den Konflikt, Bildung von Spielgruppen);

  Ausarbeitungsphase (Vertraut machen mit gruppen- und rollenspezifischen Informationen)
- Die Spielphase:

  Meinungs- und Willensbildungsphase (Festsetzung der Ziele, Planung von Strategien, Festlegung von Grenzen und Kompromissen, schriftliche Fixierung);

  Interaktionsphase (Aufnahme von Kommunikation mit anderen Spielgruppen, Verhandlungen, rückgekoppelte Kommunikation, Festlegung der Strategie für die nachfolgende Anwendungsphase);

  Anwendungsphase (Vortragen der Positionen und Forderungen z.B. im Rahmen einer Konferenz, Suche nach Kompromissen und Entscheidungsfindung, Abstimmungen); hiermit in Verbindung und abschließend:
- Reflexionsphase:

  Distanzierungsphase (Ablauf realistisch? Alternativen im Ablauf? Lernergebnis metakommunikativ besprechen: was konnte gelernt werden, was nicht? Was muss noch gelernt werden?)

3.2 Die Durchführung des Planspiels

3.2.1 Die Vorbereitungsphase

Die Vorbereitungsphase begann bereits während des gesamten Halbjahres, im Rahmen dessen analytische Kompetenzen und erste Beurteilungskompetenzen hinsichtlich der EU, der Euro-Zone sowie der EZB-Politik aufgebaut wurden und eine erste Einführung in die Griechenlandkrise vorgenommen wurde.

Die Problembeschreibung wurde aus einem wirtschaftspolitischen Artikel der Neuen Züricher Zeitung entnommen. Sie fokussiert sehr präzise die, in der EZB (EZB-Rat) zu beratende, Problematik:

Problembeschreibung EZB-Griechenland:

Am Mittag entscheidet die EZB über die Notkredite für griechische Banken. Werden sie gestoppt, ist das griechische Bankensystem illiquide.

Support im Rat schwindet

Diese Sitzung, an welcher der Rat über einen abermaligen Ausbau der Notkredite der griechischen Notenbank befinden wird, ist aus mehreren Gründen brisant: erstens schwindet dem Vernehmen nach die Unterstützung im Rat für diese Nothilfe [...] Mit einer Zweidrittelmehrheit kann der Rat die Hilfen ganz stoppen oder zumindest deren weiteren Ausbau verhindern.

Zweitens sollen laut gut unterrichteten Kreisen heute deutlich mehr Notkredite nötig sein als bisher. Derzeit hat die griechische Zentralbank bereits von rund 85 Mrd. € gesprochen. Die Depositenabflüsse bei griechischen Banken waren aber in den vergangenen Tagen wohl derart massiv, dass dem griechischen Bankensystem die Illiquidität droht, was mittelbar auch eine Bedrohung für dessen Solvenz darstellt. Will die EZB das griechische Bankensystem weiter liquide halten, muss sie die Notkredite erheblich ausweiten, ist aus Notenbankkreisen zu hören. [...]

http://www.nzz.ch/wirtschaft/wirtschaftspolitik/ezb-krisensitzung-zu-griechenland-1.18565577, 19.6.15

Der institutionelle Ort, an dem das Planspiel stattfinden sollte, war der EZB-Rat, der durch das EZB-Direktorium sowie die EZB-Ratsmitglieder (nationale Zentralbankchefs) der einzelnen EU-Nationen der Eurozone besetzt wird. Zusätzlich sind zu den EZB-Ratssitzungen im vorliegenden Planspiel der beiden Lerngruppen noch Gäste eingeladen worden:[118]

Mitglieder des EZB-Rates (Stand: 23. Januar 2015):

Mario Draghi, EZB-Präsident, Vítor Constâncio, EZB-Vizepräsident, Benoît Cœuré, Direktoriumsmitglied, Sabine Lautenschläger, Direktoriumsmitglied, Yves Mersch, Direktoriumsmitglied, Peter Praet, Direktoriumsmitglied (Chefvolkswirt), Luc Coene (Belgien), Jens Weidmann (Deutschland), Ardo Hansson (Estland), Patrick Honohan (Irland), Yannis Stournaras (Griechenland), Luis Maria Linde (Spanien), Christian Noyer (Frankreich), Ignazio Visco (Italien), Chrystalla Georghadji (Zypern), Vitas Vasiliauskas (Litauen), Ilmārs Rimšēvičs (Lettland), Gaston Reinesch (Luxemburg), Josef Bonnici (Malta), Klaas Knot (Niederlande), Ewald Nowotny (Österreich), Carlos Costa (Portugal), Boštjan Jazbec (Slowenien), Jozef Makúch (Slowakei), Erkki Liikanen (Finnland)

Gäste: Angela Merkel, Alexis Tsipras, Christine Lagarde, Presse TAZ/FAZ

[118] Da durch das EZB-Direktorium und die nationalen Zentralbankchefs (19 plus 6) nur 25 Rollen vergeben werden konnten, wurden aufgrund der Anzahl der Schüler_innen in den beiden Grundkursen (ca. 40 SuS) einige Rollen doppelt besetzt sowie noch Rollen für eingeladene Gäste und die Pressegruppen verteilt, die ja dann auch eine Funktion im Planspiel haben sollten.

Zur weiteren Vorbereitung bekamen die Lernenden den Auftrag, die Homepage der EZB[119] zu durchsuchen und sich relevante Links und Stellen zu markieren bzw. zu sichern.

Ausarbeitungsphase. Der Vorteil dieser Planspielkonstellation war, dass die zugrunde liegenden Fragestellungen und Problemstellungen tatsächlich aktuell in dieser Zeit beraten wurden. Die Schüler_innen begriffen sehr schnell, dass sie mit einem brisanten Ernstfall beschäftigt waren und die von ihnen übernommenen Rollen über die Spuren der EZB-Ratsmitglieder etc. in der Tagespresse gut nachvollziehbar waren. So wurden sowohl im Internetraum der Schule über Netzrecherchen die aktuellen Positionen der jeweils beteiligten Akteure als auch die Rollen in Form einer Aufgabenstellung für zu Hause erarbeitet.

Der Zeitplan für das Planspiel wurde gemeinsam erarbeitet und mit leichten prozessbedingten Verschiebungen später so umgesetzt. Es wurde von den beiden Kurslehrern deutlich gemacht, dass das Planspiel nicht komplett lehrerstrukturiert verlaufen werde. Im Prozess des Planspiels sollten die Schüler_innen immer wieder selbst entscheiden, wie das Planspiel weiter verläuft. Hierbei sollten natürlich die verschiedenen Phasen eines Planspiels beachtet werden.

3.2.2 Die Spielphase

Zum Beginn der Spielphase einigten wir uns darauf, dass erst einmal alle Ländervertreter_innen der Eurozone im EZB-Rat ihre Ausgangsposition im Plenum offenlegen sollten. Die nächste Stunde begann mit einer Pressekonferenz des Politikers Tsipras und der Politikerin Merkel und der IWF-Chefin Lagarde, die nach ihren z. T. gegeneinander gerichteten Anfangsstatements kritisch von den anwesenden Presseverteter_innen von TAZ und FAZ befragt wurden (vgl. den ersten TAZ-Beitrag).

Presseartikel (1) der TAZ (Schülertext)
Brüssel, 01. Juli 2015
Am 01. Juli 2015 um 12:45 Uhr begann die Pressekonferenz in Brüssel, auf der unter anderem Angela Merkel (deutsche Bundeskanzlerin), Alexis Tsipras, (griechischer Ministerpräsident), Mario Draghi (Vorsitzender der EZB) und Christine Lagarde (Direktorin des IWF) vertreten waren.

Sie äußerten sich zu diversen Fragestellungen der FAZ sowie zu unseren. Merkel betonte ihre Enttäuschung über die Kompromisslosigkeit Griechenlands. Besonders wichtig sei ihr noch immer der Zusammenhalt innerhalb Europas. Um die Griechen weiterhin in der Eurozone zu behalten, seien die Maßnahmen der EZB und des IWFs die richtigen Entscheidungen. Tsipras empörte sich über die Anschuldigungen Merkels und machte deutlich, dass er mehr Solidarität und Kompromissbereitschaft von den weiteren Mitgliedern der Eurozone erwarte. Lagarde rechtfertigte das Eingreifen des IWFs, der normalerweise in Schwellen- und Entwicklungsländern eingreift und finanzielle Unterstützung leistet, mit der Wichtigkeit, den Euro weltweit stabil zu halten, und betonte, dass zur Sicherung der Kredite und Regeleinhaltung auf griechischer Seite, bestimmte Ultimaten und Bedingungen notwendig seien.

In einem nächsten Schritt war es nun notwendig, noch einmal vertiefend die verschiedenen Ansichten zur Lösung der Griechenlandkrise sowohl auf den jeweiligen Homepages der nationalen Notenbankchefs, des EZB-Direktoriums als auch in den Protokollen der EZB-Ratssitzungen nachzulesen. EZB-Ratsmitglieder, die über genügend Informationen verfügten, gingen anschließend aufeinander zu und prüften, ob eine Kooperation und ein gemeinsames Vorgehen, eine abgesprochene Strategie im Rahmen der Ratssitzungen möglich sein könnten. Gemeinsame Argumentationen und Forderungen wurden hierbei von den Kleingruppen verschriftlicht.

---

[119] Empfohlene Links zu Informationen über die EZB: http://europa.eu/about-eu/institutions-bodies/ecb/index_de.htm und http://de.wikipedia.org/wiki/Europ%C3%A4ische_Zentralbank

Realisierter Ablauf des Planspiels:

- Internetrecherche zur EZB und Gespräch über die EZB-Strukturen (2 Std.)
- Problemstellung des Planspiels (1 Std.)

  Rollenübernahme: 19 + 6 Mitglieder des EZB-Rats sowie weitere Rollen (Tsipras, Merkel, Lagarde, Presse: TAZ, FAZ), Aufgabenstellung: Erkundung der tatsächlichen Positionen der nationalen Zentralbankvertreter_innen zur Griechenlandkrise
- Erste Positionierungen im EZB-Rat, Pressekonferenz von Tsipras, Merkel und Lagarde und Befragung durch die TAZ- und FAZ-Vertreter, weitere Recherche über eigene Rolle im Zusammenhang mit der Griechenland-EZB-Politik, Koalitionsbildung und Strategien entwickeln (2 Std.)
- Zweite EZB-Ratssitzung mit weiteren Stellungnahmen der zu Gruppen zusammengeschlossenen Zentralbank-Chefs/-innen u. Metareflexion (1 Std.)
- TAZ- u. FAZ-Artikel von Pressegruppen, Interaktionsphase mit internen Beratungen mit Merkel, Tsipras und Lagarde, Anwendungsphase mit zweiter EZB-Ratssitzung mit Entscheidungen (2 Std.)
- Auswertung des Planspiels (1 Std.)

  = insgesamt 9 Stunden für Vorbereitung, Durchführung und Auswertung des Planspiels

Anwendungsphase. Von den Gruppensprecher_innen wurden die dezentral erarbeiteten Positionen, die sich entweder für die Verlängerung bzw. Ausweitung der Kreditvergabe an Griechenland aussprachen, im Plenum des EZB-Rats vorgetragen. Die Sitzung wurde von dem Schüler geleitet, der die Funktion von Mario Draghi, dem EZB-Präsidenten, übernommen hatte. Im Anschluss an die Positionierung der nationalen Notenbankpräsident_innen entwickelte sich eine kontroverse Diskussion, bei der die Verteter_innen des europäischen Nordens sowie die osteuropäischen Staaten sich für eine restriktivere Politik gegenüber Griechenland aussprachen („Es werden falsche Anreize über eine weitere Kreditvergabe gesetzt – zumal der Maastricht-Vertrag eine Finanzierung verschuldeter Staaten durch die EZB nicht vorsieht.“). Die Vertreter_innen der südeuropäischen Staaten hingegen sprachen sich für eine Erhöhung der Kreditvergabe an Griechenland aus („Es ist eine Frage der Solidarität, dass die wirtschaftlich schwächer gestellten Länder von den reicheren Ländern unterstützt werden, die ja vom europäischen Binnenmarkt profitieren.“). Vertreter_innen Deutschlands und Frankreichs vertraten eine eher indifferente Position.

In der nächsten Doppelstunde wurde die Anwendungsphase, in der die eigentliche Entscheidung fallen sollte, durch das Verlesen zweier neuer Presseartikel der TAZ- und der FAZ-Pressegruppe eingeleitet (vgl. den zweiten TAZ-Artikel im Kasten).

Presseartikel (2) der TAZ (Schülertext) Brüssel, 07. Juli 2015

Am Abend des 07. Julis 2015 trafen sich die Staats- und Regierungschefs der Eurozone zu einem Sondertreffen in Brüssel, um mit Alexis Tsipras über eine Lösung der griechischen Schuldenkrise zu verhandeln und um zu klären, wie es nach dem Referendum am vergangenen Sonntag weitergehen soll. […]

Nach dem Rücktritt des ehemaligen Finanzministers Yanis Varoufakis am Montag hatte der neue Finanzminister Evklidis Tsakalotos jedoch keine neuen Vorschläge zur Lösung des Schuldenstreits beim Treffen der Euro-Finanzminister vorzeigen können. Dies bestätigte der Vorsitzende der Eurogruppe Dijsselbloem und betonte, dass die Staats- und Regierungschefs der Eurozone keine neuen Vorschläge machen, sondern nach dem griechischen „Nein“ am Sonntag auf Vorschläge aus Athen warten würden. Doch an dieser Stelle begeht der Rat denselben Fehler, den sie vorerst Griechenland vorwarfen: Unfaire und kompromisslose Verhandlungen. Wie kann man sich so kurz vor dem Super-GAU zurücklehnen, nichts tun und warten bis die andere Seite sich rührt? An diesem Punkt müssen beide Seiten verhandeln und es funktioniert überhaupt nicht, wenn man Athen nun allein lässt. [...] Eine weitere Bedingung des ESM-Vertrags seien strengere Maßnahmen auf Seiten Griechenlands, welche die Griechen allerdings am Sonntag im Referendum abgelehnt hatten.

So wie es aussieht, wird den griechischen Banken in den nächsten Tagen das Geld ausgehen und ohne weitere Kreditzahlungen aus dem Euro-Raum wäre ein Grexit nicht mehr zu verhindern. Doch das muss auf jeden Fall verhindert werden, denn ein Austritt Griechenlands aus dem Euro-Raum wäre ebenso teuer, wenn nicht sogar teurer, als wenn man ihnen jetzt mit finanziellen Mitteln zur Seite stünde. Es muss Griechenland solidarisch unter die Arme gegriffen werden und dadurch nicht nur dessen Staatspleite, sondern auch eine massive Schwächung des Euroraums verhindert werden. Dies würde einen Untergang der Demokratie ankündigen!

Im Anschluss wurde im Rahmen einer metareflexiven Phase beschlossen, eine weitere Interaktionsphase mit Beratungen, weiteren Verabredungen sowie mit Gesprächen mit Merkel, Tsipras und Lagarde einzurichten.

Das EZB-Präsidium hatte in allen Beratungssituationen der nationalen Notenbankvorsitzenden die Gelegenheit gehabt, einen eigenen Vorschlag zur Lösung der Griechenland-Krise zu erarbeiten, der auch noch über E-Mail-Kommunikation der Direktoriums-Mitglieder in der außerschulischen Zeit weiter verfeinert und beraten wurde:

Vorschlag des EZB-Direktoriums in der Frage des Stopps der Notkredite für die Verhandlungen am 08.07.2015 (Schülertext)

„Das Direktorium der Europäischen Zentralbank ist nach weitreichenden Diskussionen zu dem Entschluss gekommen, die Hilfe für Griechenland nicht zu stoppen und das Hilfsprogramm zu verlängern. Wir begründen das damit, dass die Europäische Zentralbank keine politische Institution ist. Eine Entscheidung gegen die Notkredite würde ohne Zweifel die Staatspleite Griechenlands bedeuten – eine Entscheidung, die ich als Präsident der Europäischen Zentralbank und die wir als Direktorium nicht treffen wollen. Denn dies hätte nicht nur Auswirkungen auf die Europäische Union, sondern gleichzeitig auf eine Abwertung des Euros, die wir so nicht hinnehmen können.

Die Forderungen, die wir gewähren möchten, sind einerseits die gewünschte Aufstockung der Emergency Liquidity Assistance-Notkredite (ELA) um 6 Milliarden Euro nach dem 20. Juli 2015. Wünschenswert wären für die Aufstockung jedoch Verhandlungsfortschritte der politischen Einheiten, die bei einer Entscheidung der Politik endgültig wegfallen könnten. Wir müssen jedoch auch deutlich machen, dass diese Entscheidung eigentlich nicht im Raum steht. Zudem möchten wir vor dem 1. August mit Hilfe der Outright Monetary Transactions (OMT) Hilfe gewähren, indem wir für die Rettung des Euros unbegrenzt Staatsanleihen von Griechenland kaufen.

Gewährt wird den genannten Hilfen jedoch nur, und dies muss Griechenland bewusst sein, dass wir von nun ab höhere Risikoabschläge für die Sicherheiten (griechische Staatsanleihen), die Griechenland bei der Europäischen Zentralbank hinterlegt hat, verlangen werden. Zudem fordern wir weiterhin die Kapitalverkehrskontrollen, trotz Alexis Tsipras Forderung, diese aufzuheben. Gleichzeitig wollen wir den Banken Griechenlands noch einmal das Verbot monetärer Staatsfinanzierung deutlich machen. Die ELA-Notkredite sind für die Liquidität der Banken notwendig, nicht jedoch für die Finanzierung des Staates, womit es ihnen verboten ist, Staatsanleihen zu kaufen. Zudem darf die griechische Zentralbank selbst keine Notkredite mehr an ihre Banken vergeben; diese Entscheidung liegt von nun an ausschließlich bei der Europäischen Zentralbank.“

Das Direktorium der Europäischen Zentralbank

Hier lag nun ein sehr differenzierter Vorschlag vor, der z. T. heftige Stellungnahmen der verschiedenen nationalen Zentralbankvorsitzenden hervorrief. Der griechische Nationalbank-Chef Stournaras verwahrte sich gegen den „Finanzkolonialismus“, so dass die griechische Nationalbank keine eigenständigen Kredite an ihre Banken mehr vergeben dürfte. Vertreter_innen der skandinavischen Länder forderten hingegen, dass Griechenland erst einmal die

Steuern für ihre reichen Bevölkerungsgruppen eintreiben sollten, bevor sie die Gelder anderer EU-Länder in Anspruch nehmen würden.

Doch das EZB-Direktorium setzte sich massiv für den von ihm eingebrachten Vorschlag mit dem Argument ein, dass die Stabilität des Euros in Gefahr sei, wenn das griechische Bankensystem kollabiere und außerdem die Solidarität der europäischen Länder auch den finanzschwachen Ländern zu gelten habe.

Nach einer Beratungspause für die verschiedenen Gruppierungen wurde abgestimmt und der Vorschlag des EZB-Präsidiums wurde knapp angenommen.

3.2.3 Die Evaluations- und Reflexionsphase

In dieser Phase wurde noch einmal die Tragweite des abgestimmten Vorschlags außerhalb der übernommenen Rollen (also nach Aufforderung zur Rollendistanzierung) diskutiert. Eine Schülerin wandte z. B. ein: „Das Einzige was hilft, ist ein radikaler Schuldenschnitt, damit z. B. die Spekulanten, die sich über griechische Wertpapiere bereichern wollten, bestraft werden und Griechenland wieder Luft zum Atmen bekommt. Die EZB-Politik dient doch nur dem Erhalt der Gelder der Griechenland-Gläubiger". Die EZB sei der verlängerte Arm der reichen EU-Länder und sorge dafür, dass die armen Länder zwar weiter als Konsumenten nutzbar bleiben, aber nicht zu den reicheren Ländern aufschließen könnten. Ein anderer Schüler: „Das Verbot monetärer Staatsfinanzierung durch die griechische Zentralbank bedeutet den Verzicht auf eine nachfrageorientierte Wirtschaftspolitik, zulasten der kleinen Leute in Griechenland." Allerdings wurde hier noch einmal entgegengesetzt, dass das nach Griechenland vergebene Geld ohnehin weg sei, d.h. die reichen Länder riskierten in einem hohen Maße, die schlechte Haushaltsführung Griechenlands zu unterstützen. In diesem Sinne wurde gefordert, dass Griechenland endlich seine Staatseinnahmen durch die konsequentere Besteuerung der reichen Griech_innen und eine Senkung der öffentlichen Ausgaben verbessern müsse.

Letztendlich blieb die Meinungsbildung in diesem Grundkurs offen und kontrovers, was ja auch angestrebt war.

Neben dem Auswertungsgespräch wurde auch ein Fragebogen für die Schüler_innen ausgeteilt, um einen weiteren Eindruck über das Planspiel aus der Schülerperspektive zu bekommen:

Fragebogen zum EZB-Planspiel

Bitte kreuzen Sie an: 1 = größte Zustimmung, 7 = größte Ablehnung

Zustimmung 1 2 3 4 5 6 7 Ablehnung

1 Ich hätte gern mehr Zeit für das Planspiel gehabt.

2 Ich habe im Planspiel Wichtiges gelernt.

3 Ich hätte mich noch gern mehr in das Planspiel eingebracht.

4 Unsere zum Schluss als EZB-Rat getroffene Entscheidung halte ich für realistisch.

5 Das Planspiel hat mich zusätzlich motiviert, mich mit der Griechenlandkrise zu befassen.

6 Anstelle des Planspiels hätten wir lieber noch den einen oder anderen Text zur Griechenlandkrise lesen sollen.

Bitte ergänzen Sie:

7 Ich fand am Planspiel gut, dass ...

8 Ich fand am Planspiel nicht gut, dass ...

9 Ich schlage für ein nächstes Planspiel vor, ...

O männlich O weiblich *Besten Dank!*

Hier liegt also ein Fragebogen im Sinne einer methodischen Triangulation vor, da sowohl geschlossene, auf statistische Auszählung ausgerichtete Items als auch offene, an qualitativen Daten orientierte Items vorgesehen sind, die in der Auswertung miteinander kombinierbar sind. An dieser Stelle soll sich auf einige zentrale Daten zunächst zur Selbsteinschätzung des Lernerfolgs (Item 2) beschränkt werden.

Tab. 3: Selbsteinschätzung des Lernerfolgs

Item 2: „Ich habe im Planspiel Wichtiges gelernt."
1 = größte Zustimmung, 7 = größte Ablehnung, n = 34

Skalenwerte Item 2	1	2	3	4	5	6	7	**M**	**s**
Skalenwerte weiblich	5	11	7	4	1				
Skalenwerte männlich	2		3		1				
Skalenwerte insgesamt	7	11	10	4	2			**2,5**	**1,14**

Natürlich darf die Selbsteinschätzung von Lernenden nicht mit dem tatsächlichen Lernerfolg gleichgesetzt werden, dennoch ist sie ein wichtiger Indikator für ein von den Schüler_innen als fördernd empfundenes Lernklima, das wiederum tatsächlich zu einem verbesserten Lernen beiträgt. So war die Gesamtgruppe, ohne erwähnenswerte Unterschiede zwischen Schülerinnen und Schülern, sich relativ einig (s=1,14), dass sie im Planspiel Wichtiges gelernt haben (M = 2,5).

Versucht man etwas genauer herauszufinden, nach welchen Gesichtspunkten hier bewertet wurde, kann man z.B. bei den Extremwerten in der Bewertung die Skalenbewertung für das Item 2 mit den Äußerungen der Satzergänzungsmethode sowie dem Vorschlags-Item 9 kombinieren.[120]

Item 2 „Ich habe im Planspiel Wichtiges gelernt." bei einer Bewertung mit dem Skalenwert **5** (leichte Ablehnung) gekoppelt mit der Itemreaktion auf „Ich fand am Planspiel nicht gut, dass ..."
„es etwas „schleppend" voranging, bezüglich des Inputs. Es war unklar, was „neu" ist."
und Itemreaktion beim Item 9 „Ich schlage für das nächste Planspiel vor, ..."
„Klare Oberthemen für die Stunden des Planspiels" (m.)

Die ablehnende Schüler-Positionierung wird hier hinsichtlich ihrer Begründung transparent. Es fragt sich natürlich, ob solch ein Planspiel tatsächlich so stringent von der Lehrperson durchstrukturiert werden sollte, was dann deutlich zulasten der Schülerpartizipation ginge.

Item 2 „Ich habe im Planspiel Wichtiges gelernt." mit einem Skalenwert durch Schülerin mit **1** (deutliche Zustimmung) bewertet gekoppelt mit der Itemreaktion „Ich fand am Planspiel gut, dass ..."
„es so spannend und realistisch war. Ich fand gut, dass ich mich damit mehr mit diesem aktuellen Thema befasst habe." (w.)

[120] Vgl. zu weiteren evaluativen Beispielen mit Hilfe dieser triangulativen Auswertungsmethode bei Moegling (2015)

Hier wird der Vorteil eines Planspiels als erfahrungsorientierte Methode im Erleben der Schülerin deutlich, die zu einer intensiveren Befassung mit einem aktuellen politischen Thema führte. Natürlich ist auch deutlich zu machen, so realistisch das Planspiel auf sie wirkte, es sich hier dennoch um eine vereinfachte Kommunikations- und Entscheidungssituation handelte.

Bei dem Item 6 „Anstelle des Planspiels hätten wir lieber noch den einen oder anderen Text zur Griechenlandkrise lesen sollen." gibt es eine deutliche Ablehnung dieser These: **M = 5,9, s = 1,3.** Diese Ablehnung gilt unabhängig vom Geschlecht.

Dies ist natürlich eine deutlich positive Bewertung durch die Schüler_innen, sollte aber kein Anlass für die Lehrperson sein, auf weiterführende Texte zu verzichten. Es macht einfach die Akzeptanz der Methode ‚Planspiel' als politikunterrichtliche Methode deutlich, im Rahmen derer ja insbesondere im Zuge der Vorbereitung auf die eigentlichen Planspielhandlungen-sehr viele Texte von den Lernenden selbstständig gelesen wurden.

4 Fazit und kritische Anfragen an das EZB-Planspiel

Wenn Eis (2013) einfordert, dass Mündigkeit an die kritische Analyse von Herrschafts- und Machtstrukturen gebunden ist und über ein sich als Instrumentalisierung der Subjekte verstehendes Aufklärungsverständnis der industriellen Moderne hinausgehen müsse,[121] dann muss sich selbstkritisch gefragt werden, inwieweit dies im Rahmen des Planspiels zur Griechenlandkrise auf eine handlungsorientierte Art und Weise gelungen ist – so Eis (2013):

> „Das neue Paradigma der ‚Output-Steuerung' hat sich weitgehend entfernt von einer Problematisierung der Verhältnisse von Unmündigkeit, Fremdbestimmung und Unterwerfung des Subjekts in vielfachen gesellschaftlichen Machtbeziehungen." (69) und „Politische Mündigkeit kann sich in entgrenzten und ausgrenzenden Gesellschaften nicht auf Partizipationsfähigkeit im Sinne der bloßen Mitverantwortung oder gar auf Techniken der Selbstregulierung durch soziale Engagementprojekte beschränken" (76).

Andernfalls könnte solch ein Planspiel durchaus dazu benutzt werden, um die Lernenden einprägsam – weil erfahrungsorientiert – in eine Form europäischen Denkens funktionalistisch einzupassen, das beispielsweise an neoliberalen Haltungen orientiert ist, ohne entsprechende Gegenentwürfe kennen zu lernen bzw. in der Simulation zu praktizieren. Letztendlich darf politische Bildung nicht an einem Verständnis des Menschen als Humankapital orientiert sein, das Mündigkeit als Selbstregulierungsfähigkeit in einem systemimmanenten Sinne begreift (vgl. ebd., 70 ff.).

Der Versuch, jungen Menschen Partizipation als systemimmanente Selbstregulierung näher zu bringen, wird im Planspiel durch die dort angelegte und vorhandene Kontroversität unterlaufen. Das politische Spektrum der EZB-Ratsmitglieder von linken, grünen, über christdemokratisch-konservativen, sozialdemokratischen bis hin zu rechtspopulistischen Positionen zur Schuldenkrise Griechenlands und entsprechend kontroversen Lösungsvorschlägen – vom Ausschluss Griechenlands bis zum radikalen Schuldenschnitt und Neustart – sorgte im tatsächlichen Verlauf des Planspiels dafür, dass der Streit, der Widerspruch und das Zweifeln gestärkt, anstatt durch eine stromlinienförmige Haltung unterdrückt, wurde.

Es konnten durchaus Herrschafts- und Machkritik über die Vorbereitungsphase, die Aushandlungsprozesse und Auswertungsgespräche geübt werden. So versuchten Schüler_innen sowohl während des Planspiels als auch bei der Auswertungsphase das System, in dem die

[121] Vgl. auch Moegling (2007), insbesondere die dort rekonstruierte Kritik von Horkheimer und Adorno an einer fehlgeleiteten Aufklärung.

EZB agiert, als Selbstbedienungsladen der Griechenland-Gläubiger oder als System zur Bedienung der ökonomischen Interessen des reichen Nordens zu bezeichnen. Auf der anderen Seite wurde die Kreditvergabe an Griechenland als unzulässiges Transfersystem bezeichnet, im Rahmen dessen es zu einer der Intention des Maastrichter Vertrags entgegengesetzten Reichtumsumverteilung von Nord nach Süd käme, ohne dass die südlichen Länder notwendige Strukturreformen vornähmen.
Und dennoch: Hätte nicht noch kritischer mit den einzelnen Positionen in den Auswertungsgesprächen umgegangen werden müssen? Hätten nicht noch präziser hinter den einzelnen Positionen steckende Macht- und Herrschaftsstrukturen deutlich gemacht werden müssen? So wäre dies sicherlich über weitere Texte, die über die bisher gelesenen Quellen hinausgehen, noch intensiver geleistet werden können. Vielleicht zeigt sich hier auch der Unterschied zwischen einem, mit einem umfangreicheren Zeitbudget ausgestatteten, Leistungskurs und einem Grundkurs, wo sich leider zwangsläufig eine begrenztere Bearbeitung der Themen durch nur drei wöchentliche Politikstunden ergibt.

Auch muss sich kritisch gefragt werden, ob nicht die während und nach dem Planspiel vorgetragenen Argumente den bereits kategorienorientiert gesammelten ähneln würden, also eher eine Reproduktion des bereits erarbeiteten Lernstands wären. Hierzu ist zu sagen, dass sich der Lernstand der Gruppe – wenn auch im unterschiedlichem Maße – durch die EZB-spezifischen Recherchen erhöht hat. Ausdruck hiervon können die in der empirischen Evaluation gezeigten Selbsteinschätzungen sein, ohne hiermit selbsteingeschätzte und tatsächliche Lernentwicklung gleichsetzen zu wollen. *Insbesondere aber ist es ein Unterschied, ob Argumente in einem lehrerstrukturierten Unterrichtsgespräch schematisch erarbeitet und in eine Tabelle eingetragen werden oder ob sie in einer durch Kontroversität und produktiven Streit gekennzeichneten Interaktion mit Überzeugungskraft diskutierend entfaltet werden.* Diese kommunikative Anwendungssituation wurde durch das Planspiel ermöglicht. Auch enthält der Vorschlag des EZB-Direktoriums natürlich eine Reihe von Fakten und EZB-Instrumentarien, über die sich die Lernenden bis dahin noch nicht auseinandergesetzt hatten (ELA, OMT).

Als gelungen vor dem Hintergrund einer sich als kritisch verstehenden Politikdidaktik kann die permanent vorhandene und auch oftmals wahrgenommene Möglichkeit bezeichnet werden, Zweifel zu äußern, zu widersprechen, mitzubestimmen oder zu protestieren. Besonders in der Durchführung und Auswertung des EZB-Planspiels gab es vielfältige Möglichkeiten für abweichende und kritische Meinungsäußerungen. In gewisser Weise wurde die Kontroversität in der Meinungsbildung durch die Anlage des Planspiels erst so richtig entfacht. *Hierdurch erhöht sich die Wahrscheinlichkeit, dass sich Schüler_innen in ihrer argumentatorischen Wirkkraft und somit auch als Persönlichkeit ernst genommen fühlen.*

Die Lernenden kritisierten im Rahmen der Planspielevaluation die Problematik der letztendlich zu großen Gruppe, die dazu geführt hätte, dass für manche Teilnehmer_innen zu geringe Sprechchancen vorhanden waren. Auch die beiden betreuenden Lehrer konnten beobachten, dass zumindest in den Plenumsphasen (nicht in den dezentralen Besprechungen und Verhandlungen) die eher leistungsschwächeren SuS etwas untergegangen sind bzw. sich z.T. entzogen haben. Dies hing natürlich u.a. auch mit der Zusammenlegung beider Gruppen zusammen, die Vor- und Nachteile aufwies. Der Vorteil lag im Team-Teaching der beiden Lehrenden, die eine gemeinsame Vorplanung und auch Auswertung sowie zwischenzeitliche kollegiale Verständigungsprozesse im Sinne gegenseitiger Unterstützung ermöglichte. Auch war natürlich darin ein anregendes Potenzial für die Schüler_innen zu sehen, die kursübergreifend miteinander in Kontakt kamen und auch den jeweils anderen Politiklehrer agieren sehen konnten. Allerdings muss überlegt werden, wie zurückhaltende Schüler_innen – eventuell über noch verbindlichere Rollenübernahmen und Aktivitätszeiten – in solch ein Planspiel, vor allem in den Plenumssituationen, aktiver eingebunden werden können.

Und dennoch: Das Planspiel war – auch aus der in der Evaluation gezeigten Sicht der Lernenden – ein erfahrungsorientierter Höhepunkt des Halbjahres, in dem bisher erarbeitete Kompetenzen zur kommunikativen Anwendung kamen. Die Lernenden machten sich mit großer Ernsthaftigkeit tendenziell ähnliche Gedanken wie die Finanzexpert_innen der EZB unter Berücksichtigung entsprechender Interessenlagen über eine Lösung im Umgang mit der griechischen Schuldenkrise. Über auswertende Reflexionsprozesse wurde zumindest in Ansätzen dann anschließend eine eigene vertiefte Meinungsbildung über eine durchaus komplizierte Frage europäischer Politik angeregt.

Literatur

Berger, P. L./Luckmann, T. (1969): Die gesellschaftliche Konstruktion der Wirklichkeit. Eine Theorie der Wissenssoziologie. Frankfurt a. M.

Dewey, J. (1916): Democracy and Education: an introduction to the philosophy of education. Chapter 11, New York. Online abrufbar unter: http://www.gutenberg.org/files/852/852-h/852-h.htm#link2HCH0011 (letzter Zugriff 17.12.16.).

Eis, A. (2013): Mythos Mündigkeit – oder Erziehung zum funktionalen Selbst? In: Widmaier, B./Overwien, B. (2013): a. a. O., 7-77.

Engartner, T./Korfkamp, J. (Hrsg.) (2014): Grenzgänge. Traditionslinien und Spannungsfelder in der politischen Bildung. Schwalbach/Ts.

Füchter, A./Moegling, K. (2013): Didaktische Überlegungen zur kritischen politischen Bildung. In: Widmaier, B./Overwien, B. (2013): a. a. O., 78-85.

Füchter, A. (2014): Lernlandschaft *Globalisierung*. Grundlegung einer geöffneten Unterrichtsform für den politisch-sozialwissenschaftlichen Unterricht der Sekundarstufe II. Reihe: Erfahrungsorientierter Politikunterricht, Band 2, Immenhausen bei Kassel.

Görtler, M. (2016): Zur Verflechtung von politischer und ökonomischer Bildung am Beispiel der Finanz- und Schuldenkrise. In: Politisches Lernen, H. 1-2 (2016), 29-31.

Lösch, B./Thimmel, A. (2010) (Hrsg.): Kritische politische Bildung. Ein Handbuch. Schwalbach/Ts.

Massing, P. (2004): Planspiele und Entscheidungsspiele. In: Frech, S. u. a. (Hrsg.): Methodentraining für den Politikunterricht. Schwalbach/Ts., 163-194.

Moegling, K. (2007): Erziehung zur Mündigkeit. In: Lange, D. (2007) (Hrsg.): Konzeptionen politischer Bildung. Handbuch für den sozialwissenschaftlichen Unterricht. Band 1. Baltmannsweiler, 72-82.

Moegling, K. (2010): Kritische Politikdidaktik und Unterrichtsmethoden. In: Lösch, B./Thimmel, A. (Hrsg) (2010): a. a. O., 367-375.

Moegling, K. (2012): Ökonomische Bildung im Politikunterricht. Didaktisches Konzept, Modelle und Praxis politisch-ökonomischer Bildung. Reihe: Erfahrungsorientierter Politikunterricht, Band 3, Immenhausen bei Kassel.

Moegling, K. (2015): Möglichkeiten der empirischen Evaluation von Politikunterricht. In: Petrik, A. (Hrsg.) (2015): Formate fachdidaktischer Forschung in der politischen Bildung. Schriftenreihe der GPJE. Schwalbach/Ts.

Moegling, K. (2016): Zur Relevanz und Ergänzungsbedürftigkeit der Urteilskategorien Effizienz und Legitimität. In: Politisches Lernen, H. 1-2 (2016), 25-28.

Reinhardt, S. (2005): Politikdidaktik. Praxishandbuch für die Sekundarstufe I und II. Berlin.

Scherb, A. (2012): Erfahrungsorientierter Politikunterricht in Theorie und Praxis. Der Pragmatismus als Grundlage politischen Lernens. Reihe: Erfahrungsorientierter Politikunterricht, Band 5, Immenhausen bei Kassel.

Steffens, G. (2010): Braucht kritisch-emanzipatorische politische Bildung heute eine Neubegründung? In: Lösch, B./Thimmel, A. (2010) (Hrsg.): a. a. O., Schwalbach/Ts., 25-36.

Steffens, G. (2014): Die Krise als Lerngelegenheit. Für eine an der Welt interessierte politische Bildung. In: a. a. O., 227-236.

Widmaier, B./Overwien, B. (2013): Was heißt heute Kritische Politische Bildung? Schwalbach/Ts.

Angaben zur Person:

Prof. Dr. Klaus Moegling

Ko-Herausgeber der Reihe ‚Erfahrungsorientierter Politikunterricht', u. a. Habilitation an der Universität Frankfurt (Politikdidaktik), apl. Professur im FB Gesellschaftswissenschaften der Universität Kassel, Studiendirektor i. R. als Fachleiter im Studienseminar für Gymnasien in Kassel für das Fach ‚Politik und Wirtschaft', durchgehende Arbeit als Politiklehrer.

Oliver Emde

Kooperationen zwischen Schule und NRO für eine kritische Europabildung – Fachdidaktische Überlegungen zu lobbykritischen Stadtrundgängen

Zusammenfassung: Konsumkritische Stadtrundgänge, antifaschistische Spaziergänge oder postkoloniale Stadtführungen – Angebote des Flanierens scheinen in der politischen Bildungsarbeit en vogue zu sein. Dem Lern- und Aktionsraum ‚Stadtrundgang' nähert sich dieser Beitrag an, indem von fachdidaktischen Überlegungen zur Kooperation von Schule und außerschulischen Partner*innen ausgehend die besonderen Potentiale von Rundgängen für eine kritische Europabildung skizziert werden. Die Überlegungen zu formeller und nonformaler politischer Bildung werden mit einem Beispiel aus der Praxis veranschaulicht und problematisiert: Der Verein LobbyControl bietet lobbykritische Stadtführungen durch das Berliner Regierungsviertel an, um sachlich aufzuklären und kritische Perspektiven auf die Praxis internationalen Lobbyismus' zu vermitteln.

Schlüsselbegriffe: Außerschulische Lernorte, kritische politische Bildung, non-formale Bildung, politische Bildung, Kooperation, politische Stadtrundgänge, Lobbyismus, LobbyControl

Cooperation between schools and NGOs for a critical Europe education – subject-didactic thoughts on guided tours with political subject

Abstract: 'Anti-consumerist guided city walks', 'Anti-fascist guided city walks' or 'postcolonial guided city walks'– Guided tours with political subjects seem to be a new form of political education. This article approaches this subject-didactic concept and outlines its potential for critical European Citizenship Education. The argument will be clarified and discussed with a practical example: The association 'Lobbycontrol' offers guided city walks critical of lobby groups which go through Berlin's government district. It's purpose is to factually inform about, and impart critical perspectives on, the international practice of lobbyism.

Keywords: out-of-school learning, critical-emancipatory Political Education, non-formal education, extracurricular learning environments, guided tours, political education, cooperation, lobbying, LobbyControl

1 Einleitung

Eine Gruppe junger Menschen folgt einer Stadtführerin durch die Mitte Berlins. So weit, so gewöhnlich. Nur interessiert sich die Gruppe nicht für das Brandenburger Tor, sondern bleibt immer wieder in modernen, aber eher gesichtslosen Hinterhöfen oder vor unscheinbaren Hauseingängen stehen. Zum Beispiel am Pariser Platz 6A, dem ‚Haus des Familienunternehmen'. Dieser Name verwundert zunächst, passt doch das landläufige Bild eines Familienunternehmens nicht so recht zur exklusiven Adresse. Die Stadtführerin spricht von Lobbyregistern: In Brüssel gäbe es eines, wenn auch kein gutes. Darin könne man aber immerhin etwas über die Stiftung Familienunternehmen nachlesen, obwohl diese ja hier am Pariser Platz und nicht in Brüssel residiert. In Berlin gäbe es kein Lobbyregister, sodass intransparent bleibt, was im Haus der Familienunternehmen vor sich geht.

Das Zentrum Berlins hat sich in den letzten 25 Jahren grundlegend verändert. Wo früher der Grenzstreifen und die Mauer die Gegend zum Niemandsland machten, finden sich heute nicht nur Bundesregierung, Parlament und Medien, sondern auch sehr viele, sehr unterschiedliche Organisationen, die mitreden wollen im großen Politikbetrieb. Auf den Spuren der Lobbyist*innen führt LobbyControl Schulklassen oder andere Gruppen durch das schicke neue Regierungsviertel und versucht, Licht ins Dunkel ungleicher Einflussmöglichkeiten zu bringen.[122]

Diese Rundgänge dienen uns im Folgenden als Beispiel politischer Stadtrundgänge, anhand derer wir die Potenziale außerschulischer Akteure und Lernorte für das politische Lernen herausstellen werden.

Unter politischen Stadtrundgängen werden hier Lern- und Aktionsräume verstanden, die von politischen (Bildungs-) Akteure für unterschiedliche Zielgruppen, vornehmlich auch Schulklassen, im öffentlichen Raum temporär gestaltet werden. Im Rahmen eines Spaziergangs werden zu einem vorher festgelegten Thema an mehreren Stationen den Teilnehmer*innen durch verschiedene didaktische Vermittlungsformen Lernangebote offeriert. Zwischen den besuchten Orten und den dort thematisierten Schwerpunkten wird von den Initiator*innen ein veranschaulichter Zusammenhang hergestellt (vgl. Emde 2015).

Lobbykritische Stadtrundgänge in Berlin[123]

Der gemeinnützige Verein *LobbyControl – Initiative für Transparenz und Demokratie e. V.* möchte allgemein über Machtstrukturen und Einflussstrategien in Deutschland und der EU aufklären[124]. Ein Mittel dieser Aufklärungsarbeit sind die lobbykritischen Stadtrundgänge durch das Berliner Regierungsviertel. Die Führungen finden etwa 170 Mal pro Jahr statt und werden mehrheitlich von Schulklassen besucht. Mit einem Team aus sechs bis acht ‚LobbyScouts' werden bis zu 30 Touren im Monat durchgeführt.

Deren Ziel ist es, aufzuzeigen, wie Lobbyismus in Berlin und Brüssel genau funktioniert, wie also mit legalen Mitteln vor allem ressourcenstarke Akteure erheblichen Einfluss auf politische Entscheidungen nehmen. Lobbyismus wird dabei aus der Perspektive von LobbyControl nicht per se als problematisch angesehen. Vielmehr betont die Initiative, dass Interessenvertretung ein wichtiger Bestandteil demokratischer Politikprozesse ist. Allerdings formuliert und begründet LobbyControl auf den Führungen politische Forderungen, die zuvorderst auf größere Transparenz und den Ausgleich von Machtungleichgewichten beim Lobbyismus zielen.

Weil dabei Lobbyismus in Berlin nur im europäischen Kontext adäquat beschrieben werden kann, stehen bei der Tour auch der Lobbyismus in Brüssel und die entsprechenden Regulierungen auf dem Programm.

[122] Lobbykritische Stadtrundgänge für Gruppen oder Einzelpersonen. Online abrufbar unter: https://www.lobbycontrol.de/schwerpunkt/lobbyplanet-berlin/ [Zugriff am 01.01.2018]

[123] Dieser Beitrag versucht den Schulterschluss zwischen didaktischen Überlegungen der (außer-) schulischen politischen Bildung und einer aktivistischen Praxis. Informationen zur Konzeption und zur praktischen Durchführung lobbykritischer Stadtrundgängen, die in Berlin durch verschiedene Scouts für die NGO Lobbycontrol durchgeführt werden, finden sich im Text insbesondere in grau unterlegten Kästen wieder und sind in weiten Teilen einem Interview mit Martin Jähnert entnommen. Für das erkenntnisreiche Gespräch und die freundschaftliche Zusammenarbeit herzlichen Dank!

[124] Näheres zu LobbyControl unter www.lobbycontrol.de [Zugriff am 01.01.2018].

2 Politisches Lernen mit außerschulischen Akteuren

Die Zusammenarbeit von Schule und außerschulischen Akteuren eröffnet für die politische Bildungsarbeit eine Vielzahl von Potentialen (vgl. Bludau 2016, 81), weil hier häufig „spezifische ‚Grammatiken', Rahmungen und Konturen, Eigenlogiken und Mechanismen" (Hafeneger 2009, 269) aufeinandertreffen. Bei politischen Stadtrundgängen handelt es sich nicht um Kooperationen im klassischen Sinn (Bludau 2016, 83); vielmehr wird ein Lehr-Lernarrangement durch einen außerschulischen Partner gestaltet und der Besuch moderiert und begleitet.

2.1 Zusammenarbeit von formeller Bildung und non-formaler Bildung

Die non-formale politische Bildung ist einerseits ein eigenes abgrenzbares Feld mit einem spezifischen, öffentlichen Bildungsauftrag. Andererseits ist sie gekennzeichnet durch ihre Pluralität: verschiedene staatliche Förderebenen, gesellschaftliche Trägerkonstellationen und werteorientierte Zieldimensionen. Traditionell beziehen sich die Träger der außerschulischen politischen Bildung aber auf die gemeinsamen Ziele „Aufklärung", „Emanzipation" und „Mündigkeit", denen auch die leitenden didaktischen Prinzipien der Teilnehmer*innen-Orientierung, der Subjektorientierung und der Handlungsorientierung entsprechen (vgl. Hufer/Richter 2013, 328). Mit dem Dreischritt Wissen vermitteln, Urteilsbildung ermöglichen und zur Mitwirkung anregen manifestiert sich zwar die inhaltliche Nähe zur schulischen politischen Bildung, zugleich verdeutlicht aber die markante These „Bildung ist mehr als Schule" (Arbeitsgemeinschaft Für Jugendhilfe (AGJ) et al. 2002) auch wichtige Abgrenzungen: Die außerschulische politische Bildung bezieht sich auf einen erweiterten Bildungsbegriff, der sich nicht einer employability-Orientierung oder Staatsverzweckung verschreibt und mehr als den Erwerb von Kompetenzen impliziert. Sich selbst politische, soziale und gesellschaftliche Lebenszusammenhänge und Welten zu erschließen, kann aus einem ganzheitlichen und subjektbezogenen Verständnis von Bildung nicht ohne soziale, emotionale sowie motorische Bildungs- und Lernprozesse stattfinden.

Abwechslungsreiche und an den Schüler*innen-Interessen orientierte europapolitische Bildungsarbeit ist bislang Mangelware – eine Zusammenarbeit mit außerschulischen Träger*innen würde sich daher generell anbieten. Hier existieren insbesondere Angebote, die Projekte zu europäischen Institutionen speziell für Schulklassen entwickeln. Neben der Begleitung von Exkursionen zu europäischen Institutionen sind insbesondere Planspiele en vogue. Auf deren Organisation haben sich unlängst eine Vielzahl privatwirtschaftlicher Kleinunternehmen spezialisiert[125]. Planspiele konzentrieren sich auf das handlungsorientierte Nachvollziehen von politischen Prozessen (politics), die im Rahmen klassisch schulischen Unterrichts vor allem theoretisch und kognitiv erarbeitet werden. Dabei treten Schüler*innen häufig „für die Dauer des Spiels aus der eher passiven Rolle einer EU-Bürgerin bzw. eines EU-Bürgers heraus und schlüpfen in die aktive Rolle eines Europapolitik mitgestaltenden Akteurs" (Hartmann/ Weber 2013, 137). Inwiefern sie danach wieder in ihre passive Rolle zurückkehren – auch aufgrund der relativ unwahrscheinlichen Aussicht, in naher Zukunft EU-Parlamentarier*in oder Kommissionsmitglied zu werden – und in einer Gruppe von Anteilslosen verharren, bleibt offen. Insofern ist streitbar, ob man in Planspielen von Förderung politischer Handlungsfähigkeit sprechen kann. Weiterhin besteht die Gefahr, dass kritische Perspektiven auf EU-Politik und demokratische Verfahren in Planspielen zugunsten von „zentralen Fertigkeiten wie Teamwork und Diskussionskultur" und dem Einüben von „Ver-

[125] Beispielhaft seien hier Eurosoc GmbH (Konstanz) oder planpolitik GbR (Berlin) genannt, aber auch non-profit-Organisationen wie das Centrum für Angewandte Politik an der Ludwig-Maximilians-Universität München konzipieren entsprechende Angebote.

handlungsgeschick und Kompromissfähigkeit" (ebd.) aufgegeben werden. Interessant in diesem Zusammenhang ist auch die Frage, die Andreas Eis an Ansätze europapolitischen Lernens stellt, nämlich inwiefern sich mit der Urteilsfähigkeit auch

> „die Fähigkeit zum Widerspruch [verbindet und] sich politisches Handeln auf die Partizipation am Bestehenden [reduziert] oder umfasst es gerade im europäischen Kontext nicht vielfach auch Protest und Widerständigkeit gegen Herrschaftsansprüche, Demokratieabbau und strukturelle Ungleichheit?" (Eis 2015, 136)

2.2 Zusammenarbeit von formeller Bildung und politischen Akteuren

Eine weitere, in der fachdidaktischen Diskussion weniger beachtete, Gruppe von schulischen Kooperationspartner*innen sind *politische* Akteure, insbesondere im Bereich der Nicht-Regierungsorganisationen (NRO)[126]. Auch wenn sich diese hinsichtlich ihrer Größe, ihrem Ausmaß und der Bandbreite ihrer Aktivitäten, ihrer Ideologie, ihrem kulturellen Hintergrund, ihrer Organisationskultur sowie ihrem rechtlichen Status unterscheiden, führen Frantz/Martens wichtige „idealtypische Merkmale" auf, die sie als konstituierend für NRO herausarbeiten. Danach haben NRO „primär immaterielle (...) Ziele", verfolgen *„keine* direkte bzw. unmittelbare Klientelpolitik", haben „keine staatlichen Mitglieder", unterliegen nicht *„der Kontrolle von Regierungen*", zielen nicht auf den Erwerb von *„staatliche[r] Macht*" und „verfügen über eine (zumindest minimale) *organisatorische Struktur*" (Frantz/Martens 2006, 24 ff.)

Das Engagement von NRO begründet sich primär politisch, nicht pädagogisch und steht damit scheinbar in einem ambivalenten Verhältnis zur Institution Schule. Denn auch, wenn sich die Themen, denen sich NRO widmen, in den Inhaltsfeldern der schulischen politischen Bildung wiederfinden, haben die beiden Akteure, wie Marie Bludau konstatiert,

> „zwei grundsätzlich verschiedene Arbeitsaufträge. Anwaltschaft vs. Kompetenzvermittlung; Lobbying vs. Didaktik; Kampagnen vs. curriculare Vorgaben – umso wichtiger erscheint die prozesshafte Auseinandersetzung und Einigung über das Thema Bildung im Rahmen einer Kooperation." (Bludau 2016, 120)

Annette Scheunpflug differenziert (hier für die Bildungsarbeit von NRO des Globalen Lernens) in einer idealtypischen Unterscheidung die Ansätze „Informationsarbeit", „Advocacy- und Lobbyarbeit" und „Entwicklungsbezogene Bildung/Globales Lernen" (Scheunpflug 2007, 15; Scheunpflug/McDonnell 2008, 10). Erstgenannter Ansatz ziele auf die Vermittlung von Information und auf die Beseitigung von Wissensdefiziten. Einen Schritt weiter gehe die „Advocacy- und Lobbyarbeit", deren Maßnahmen eine Veränderung von Politik anstrebe, bspw. durch die Förderung von „Engagement in Kampagnen und anderen Formen zivilgesellschaftlichen Handelns" (Scheunpflug 2007, 15). Mit einem dritten Idealtyp versucht Scheunpflug, den Ansatz des Globalen Lernens zu fassen: Das *Ziel* dieses Ansatzes sei die „Veränderung von Individuen" und eine „Antwort auf Lebensbedürfnisse". Mit der "Initiierung von Bildungsprozessen" seien diese Ziele zu erreichen, indem sie „Menschen befähigen, in einer interdependenten Weltgesellschaft zu leben und Konzepte weltweiter sozialer Gerechtigkeit zu verstehen."

[126]Bezieht man Neue Soziale Bewegungen (NSB) mit in die Analyse ein, so ergeben sich interessante Akteurskonstellationen für politische Stadtrundgänge: Unter anderem weil NSB i. d. R. nicht über die organisatorische Struktur einer NRO verfügen, wählen sie *Mittlerorganisationen*, um trotzdem Zugang zu Schulen zu bekommen und junge Menschen für ihre politischen Stadtrundgänge akquirieren zu können. Vgl. weiterführend Emde 2017 .

Tab. 1: Scheunpflug 2008, 10

Table 1. **Information/Communication, Advocacy and Development/Global Education: Where They Differ**

	Information/Communication	Advocacy	Development/Global Education
Rationale	Fill knowledge gaps	Policy change	Change individuals; answer learning needs in an interdependent world
Objective	• Transparency • Accountability • Gain support for reform • Corporate communication/public affairs: image, reputation, credibility • Contribute to behaviour change	• Advocacy and campaigning to change policies • Mobilise citizens to support change and social justice	• Enable people to live in an interdependent world society and to understand social justice
Key focus for the public	To inform	To engage in campaigning and action	To learn

Scheunpflug trennt damit politische Arbeit von politisch-bildender Arbeit, auch weil sie befürchtet, dass sonst generell „die zivilgesellschaftlich bedeutende Errungenschaft, dass Nichtregierungsorganisationen in der Schule tätig sein können, in Frage gestellt“ werden könne (ebd.). Diese Unterscheidung wird als wichtig angesehen, weil insbesondere NRO „eine Nähe zur Agitation politischer Willensbildung aufweisen. Ihnen wird eine starke Ausrichtung auf den Aktionismus nachgesagt, bei dem Reflexion, Ausgewogenheit und Neutralität auf der Strecke bleiben“ (Fritz et al. 2006, 176). Dass das Interesse von NRO an einer Zusammenarbeit mit Schulen strategisch begründet sein kann, unterstreicht auch Marie Bludau:

> „Während NRO [...] einerseits für die Implementierung von Politiken in internationalen Arenen arbeiten, spielt auch das ‚Wachrütteln des Publikums' eine zentrale Rolle (Heins 2002, 167). Spätestens damit ist man bei der Verbindung von Schule angelangt, die ein heranwachsendes Publikum beherbergt. Unabhängig davon, was die Erziehungswissenschaft von den NRO will, besteht also ein potenzielles Interesse der NRO an Schule.“ (Bludau 2016, 126)

Im *Wachrütteln* werden Kritiker*innen möglicherweise die Gefahr politischer Agitation lesen, die mit einer reflexiven Auseinandersetzung nichts zu tun habe. Der Vorwurf der Indoktrination und Überwältigung steht im Raum, verbunden mit der Forderung, hier eingebracht durch die Erziehungswissenschaftlerin Scheunpflug, „dass auch Nichtregierungsorganisationen, die in ihren Kampagnen interessensgeleitete politische Ziele verfolgen, dann den Beutelsbacher Konsens zu beachten hätten, wenn sie als Akteure der Bildungsarbeit [...] auftreten.” (Widmaier 2016, 102 mit Verweis auf Scheunpflug 2007, 15 f.).

Mit Bezugspunkt *Beutelsbacher Konsens* (BK) wird ein zentraler Bestandteil des Selbstverständnisses der politischen Bildung angesprochen, dessen kontroverse und zum Teil überstrapazierte Rezeptionsgeschichte an anderer Stelle nachverfolgt werden kann (vgl. Widmaier/Zorn 2016). Hier sei lediglich darauf verwiesen, dass die drei Aspekte (Überwältigungsverbot, Kontroversität, Schüler*innenorientierung) inzwischen in der schulischen und außerschulischen politischen Bildung anerkannt sind.

Wenn die Bedeutung des BK für NRO als Kooperationspartner*innen von Schule diskutiert wird, müssen, weil sonst die Gefahr besteht, dessen Inhalt misszuverstehen und auch Zuständigkeitsbereiche und Verantwortlichkeiten in diesen Kooperationszusammenhängen falsch zuzuordnen, folgende Aspekte mitgedacht werden:

Erstens ist es legitim, sogar notwendig, dass sich die in den politischen Unterricht eingebundenen Akteure, auch Lehrer*innen, begründet politisch positionieren. Der BK beinhaltet kein Neutralitätsgebot (vgl. Widmaier 2016, 99 f.; 104 f.). Geboten ist aber, die eigene politische Position für die Schüler*innen transparent offenzulegen und sie in allen Lehr-Lernsituationen mitzudenken, auch weil eine Trennung von Meinung, Interpretation und vermeintlich objektiver Darstellung gesellschaftlicher Wirklichkeit oder gar Wahrheiten problematisch ist. Ganz generell scheint die idealtypische Entgegensetzung von Bildungspraxis und politischer Praxis problematisch: Politische Bildungsarbeit muss die politische Funktion von Wissenschaft im Allgemeinen und der Wissenschaft der politischen Bildung im Besonderen berücksichtigen und dementsprechend reflexiv in Konzeptionen einfließen lassen (vgl. Salomon 2016, 291).

Zweitens ist es auch die Aufgabe der Lehrperson, eine Kooperation vor Beginn entsprechend vorzubereiten, Schüler*innen bei der Einordnung politischer Akteure zu unterstützen und eine kritische Herangehensweise zu fördern. Kontroversität herzustellen und für eine multiperspektivische Betrachtung des Themas aufzubereiten, ist in Kooperationen von Schule und außerschulischen Partner*innen Aufgabe der Lehrer*innen, nicht die der politischen Akteure.

Der vermeintlichen Gefahr einer politischen Überwältigung stehen eine Vielzahl von Argumenten entgegen, die für die Einbindung von NRO/NSB in den Unterricht sprechen:

- Das politische Engagement und den gesellschaftlichen Veränderungswillen von NRO/NSB den Schüler*innen näher zu bringen, beides als wichtige Bestandteile von lebendiger Demokratie und zivilgesellschaftlicher Auseinandersetzung, um kulturelle Hegemonie begreifbar zu machen, lässt sich wohl kaum wirkungsvoller in den schulischen Alltag integrieren.
- Politische oder auch *kritische* Stadtrundgänge können alternative Lesarten der gesellschaftlichen Wirklichkeit vorschlagen und im Kontext alternativer, marginalisierter Öffentlichkeiten auch Gegenöffentlichkeit sein.
- Die unkonventionelle Herangehensweise von NRO/NSB gehen einher mit neuen Ansätzen und Ideen, wie man junge Menschen mit den herrschenden Verhältnissen in Beziehung setzen kann. Schule kann hier von zivilgesellschaftlichen Akteuren lernen, durch neue Herangehensweisen auch Schüler*innen zu erreichen, zu denen bisher kein Zugang gefunden wurde (vgl. Fritz et al. 2006, 177). Marginalisierte, noch nicht erschlossene Themenbereiche können mit dem Expert*innenwissen von Aktivist*innen gehaltvoll in Unterrichtseinheiten implementiert werden.
- Die Wichtigkeit von *politischen Schlüsselpersonen* und „politischen Pädagoginnen und Pädagogen als eigenständige, wahrnehmbare politisch aktive Subjekte“ (Widmaier 2016, 104) für die politische Sozialisation junger Menschen wird im schulischen Bereich nicht ausreichend berücksichtigt.

  > „In der Suche nach eigenwilligen, couragierten und interessanten Erwachsenen, nach (vorübergehend) idealisierungsfähigen Personen sind Lehrer/Pädagogen ein ‚Angebot' für Jugendliche, die sie (ge)brauchen; von denen sie wissen wollen, wie sie denken, und warum sie so denken, wie sie die Welt sehen und was sie als zoon politikon ausmacht." (Hafeneger 2009, 269)

Auch weil (angehende) Lehrer*innen diese Rolle oftmals nicht ausfüllen (wollen)[127], wird die Einbindung außerschulischer Kooperationspartner*innen noch einmal bedeutsamer.

- Schließlich können gerade lokal verankerte NRO Interesse am Politischen und an eigenem politischem Engagement vor Ort anregen. Aufzuzeigen, dass sich Politik aus politischen Auseinandersetzungen in der Zivilgesellschaft heraus konstituiert, gesellschaftliche Verhältnisse kontingent, veränderbar und auch durch eigenes politisches Engagement gestaltbar sind, ist eine weitere Stärke der Einbindung zivilgesellschaftlicher Akteure.

Aufklärung und Informationsvermittlung zwischen politischen und politisch bildenden Zielen

Wie sind angesichts der bisherigen Ausführungen die lobbykritischen Stadtrundgänge zu bewerten? Handelt es sich bei dem Angebot um sachliche Aufklärungsarbeit oder um politische Agitation?

Im Sinne der Aufklärungsarbeit verfolgt LobbyControl mit dem Stadtrundgang das Ziel einer doppelten Differenzierung:

Zum einen soll Lobbyismus zwar kritisch beleuchtet und hinterfragt werden. Es gilt aber ebenso, die Teilnehmenden darauf aufmerksam zu machen, dass Lobbyismus ein wichtiger Bestandteil demokratischer Politik ist. Das Recht aller gesellschaftlichen Akteure auf Interessenvertretung soll nicht in Frage gestellt werden. Außerdem ist die Bereitstellung von Expertise vor allem für das Parlament eine wichtige Funktion des Lobbyismus.

Zum anderen soll mit dem Rundgang darüber aufgeklärt werden, wie genau politische Interessenvertretung funktioniert. In Abgrenzung zur Korruption sollen die Teilnehmenden erfahren, mittels welcher legalen Instrumente Lobby-Akteure Einfluss auf politische Entscheidungen zu nehmen versuchen.

Es handelt sich um eine *lobbykritische* Stadtrundführung, weil neben der oben benannten Relativierung kritische Aspekte des Lobbyismus in Deutschland und der EU fokussiert werden.

Die Kritik fokussiert LobbyControl bei der Stadtführung auf zwei grundsätzliche Problemfelder, die bei den einzelnen Stationen der Tour dann konkretisiert werden:

- Machtungleichgewichte: Lobby-Akteure mit großen (finanziellen) Ressourcen können ihre Interessen erfolgreicher vertreten als ressourcenschwache Akteure.
- Intransparenz: Demokratische Politik sollte kontrollierbar und daher möglichst transparent sein. Wenn Lobbyismus Teil des politischen Prozesses ist, sollte also auch er transparent sein.

Neben diesen grundsätzlichen Zielen möchte LobbyControl mit der Stadtführung über unterschiedliche Arten von Lobby-Akteuren, verschiedene Adressat*innen von Lobbyismus sowie die konkreten Instrumente und Mechanismen legaler Interessenvertretung aufklären. Außerdem ist es dem Verein ein Anliegen, die eigenen politischen Forderungen auf der Stadtführung zu benennen.

Die politischen Forderungen von LobbyControl, die auf der Stadtführung benannt und begründet, aber auch als *politisch*, d. h. als Teil einer kontroversen Debatte dargestellt werden, sind beispielsweise:

- Verschärfung von Transparenzregeln bezüglich Parteispenden und -sponsoring sowie Nebeneinkünften von Parlamentarier*innen,
- die Einrichtung einer Monitoringstelle für Unterrichtsmaterial,
- die gesetzliche Verankerung eines verpflichtenden und sanktionsbewährten Lobbyregisters sowohl in Brüssel als auch in Berlin.
- Auf europäischer Ebene kritisiert LobbyControl außerdem die in den Freihandelsabkommen TTIP und CETA vorgesehene Schiedsgerichtsbarkeit und lehnt die Institutionalisierung der sogenannten Regulatorischen Kooperation ab.

[127] Der Beutelsbacher Konsens unterliegt innerhalb der Lehrer*innenschaft häufig einer Fehlinterpretation. Das Überwältigungsverbot wird als *Neutralitätsgebot* missverstanden und von Lehrer*innen zur Rechtfertigung ihrer Meinungslosigkeit genutzt. Vgl. weiterführend Widmaier 2016, 104 f.

Neben diesen politisch-bildenden und explizit politischen Zielen möchte LobbyControl zu politischem Engagement anregen.

Dafür ist die Konstellation günstig: Die Gruppe wird durch eine Person geführt, die nicht dem üblichen Bild von Politiker*innen entspricht, selbst aber proklamiert, ‚Politik zu machen'. Allein dieses Arrangement bricht das Bild der von der Gesellschaft getrennten Politik und vermittelt performativ den Eindruck der Möglichkeit zivilgesellschaftlicher Wirkung auf Politik. Die jungen, couragierten Stadtführer*innen dienen Schüler*innen darüber hinaus potentiell als kurzfristig idealisierbare Identifikationsfiguren.

Die Eingangsfrage lautete, ob LobbyControl nun sachlich aufklärt oder politisch agitiert.
LobbyControl stellt auf der Stadtführung Akteure und Mechanismen der politischen Interessenvertretung vor. Lobbyismus wird als unabdingbarer Bestandteil demokratischer Politik beleuchtet, um dann kritische Aspekte hervorzuheben. Die eigene Rolle als (nicht Profit-orientierter) politischer Akteur innerhalb einer kontroversen Debatte wird benannt, das eigene Interesse (und die Finanzierung) wird transparent gemacht, um die unvermeidbare Interpretation der dargestellten Fakten offenzulegen. So beugt LobbyControl dem Missverständnis vor, eine vermeintlich sachlich-objektive Aufklärungsarbeit sei erreichbar, geschweige denn erstrebenswert.
Die wertende Unterscheidung zwischen Aufklärung und Agitation birgt die Gefahr, dass die Potentiale für die politische Bildung, speziell auch für politisches Empowerment, die der politische Akteur LobbyControl als Bildungsakteur (und gleichzeitig Lerngegenstand) mitbringt, ungenutzt bleiben. Zur politischen Bildung gehört es auch, Akteure und deren kontroverse Argumentation verstehen zu lernen. Wenn die Agitation als solche erkennbar ist, dient sie der Aufklärung.

3 Politisches Lernen an außerschulischen Lernorten

Während bisher der Fokus auf den *Akteuren* politischer Bildung lag, widmen sich die folgenden Ausführungen außerschulischen Orten und diskutiert diese als politische Lernorte.

3.1 Lernorte der Politik und politische Lernorte

Wer hat das nicht schon einmal selbst erlebt: Im Politikunterricht steht der Besuch eines Parlaments an: Sei es die kommunale Gemeindeversammlung, das Landesparlament, der Bundestag oder das Europäische Parlament in Straßburg. Als *Herzstück der parlamentarischen Demokratie* sind sie nicht unbegründet einer der klassischen außerschulischen Lernorte der politischen Bildung und manifestieren sich in einer so genannten *Parlamentsdidaktik* (vgl. u. a. Drygalla 2007)

Das für Besucher*innen vorbereitete Minimalprogramm, das die politischen Institutionen häufig im Rahmen ihrer eigenen Öffentlichkeitsarbeit anbieten, besteht in der Regel aus einer angeleiteten Expert*innenführung durch das Parlamentsgebäude, einer beobachtenden Teilnahme an einer Plenarsitzung und schließlich einer Begegnung mit einer*einem Parlamentarier*in.

Einmal und nie wieder – Sarcinelli konstatiert, dass es „[a]ngesichts der Singularität, die einem Parlamentsbesuch für die überwiegende Zahl von [...] Besuchergruppen zukommt, [...] der Parlamentsbesuch einer sorgfältigen Vor- und Nachbereitung“ bedarf (Sarcinelli 2000, 213), sonst sind diese zwar „gut gemeint, aber nicht gut gemacht [...]” (Drygalla 2007, 102). Es besteht die Gefahr, dass keine stabilen Lernergebnisse erreicht, im Gegenteil sogar Vorurteile und Irrtümer bestätigt werden und eine Verstärkung von Parlaments- und Politikerverdrossenheit zu einer Abwendung des Politischen führen kann.

Abgesehen davon, dass sich nur wenige Schulen eine Exkursion nach Straßburg leisten können, scheint auch die Zielsetzung einer solchen Lernortgestaltung – zumindest ohne eine Vor- und Nachbereitung – schwierig: Im fachdidaktischen Diskurs distanziert man sich weitestgehend von institutionenkundlichen Ansätzen, in denen es lediglich darum geht, „mehr zu den verschiedenen europäischen Institutionen – wer macht was? – sowie die Entstehungsgeschichte der Europäischen Union“ zu erfahren (Lukas-Eder 2006, 326). In der Beschreibung von Lukas-Eder, der persönlichen Referentin eines Europaparlamentariers, wird ein sehr erhabenes Bild des Europäischen Parlaments (oder besser: eines hoheitlichen Hofes) gezeichnet: Den Besuch beschreibt sie als ein ehrfürchtiges Bewegen „durch die ‚Heiligen Hallen' der Europaabgeordneten“, währenddessen „im Plenarsaal [...] die Besucher erstmals richtig europäische Luft“ (ebd.) schnuppern können. Es zeigt, dass es sich bei den Ansätzen um ein verkürztes, enges Verständnis des Politischen handelt. Hier wird allein das Parlament als Ort der Politik reproduziert, die Abgeordneten auf ein Adelspodest gehoben, deren Begegnung als eine hoheitliche Audienz inszeniert wird.

> „Nach der Besichtigung des Plenarsaals rückt der wahre Höhepunkt des Besuchs immer näher. In einem Vortragssaal warten die Besucher gespannt und auch etwas ungeduldig auf den Europaabgeordneten aus ihrem Wahlkreis. Einige haben schon einmal im Wahlkreis die Möglichkeit gehabt, ihn kennen zu lernen, oder einem seiner Vorträge zugehört. Für viele ist dies jedoch das erste Zusammentreffen, und die Erwartungen sind nicht klein.” (ebd., 327)

Schließlich besteht bei einer klassischen Öffentlichkeitsarbeit (und oft sind die Exkursionsangebote der Parlamente nichts anderes) die Gefahr, dass ein Wunschbild vermittelt wird, um ein bestimmtes Image zu erzeugen:

> „Jeder Besucher, jede Besucherin, der/die einmal in Brüssel oder Straßburg ‚hinter die Kulissen‘ des mächtigen ‚Europa-Gebildes‘ geschaut hat, fährt mit einer anderen – in der Regel ‚besseren‘ – Meinung über Europa wieder nach Hause.” (ebd., 328)

Manche*r mag überrascht sein, dass diese Angebote von Schulen unter dem Label der Politischen Bildung akzeptiert werden, dass aber diese Ziele der Öffentlichkeitsarbeit – hier: *Akzeptanz, Legitimation und Stabilisierung des politischen Systems* – nicht soweit von den Positionen einiger Fachvertreter*innen der schulischen Politikdidaktik entfernt sind, zeigt beispielhaft ein Auszug des Vorschlags zur Entwicklung eines theoretischen Modells, das auf die Kanonbildung des Fachwissens in der Politischen Bildung zielt:

> „Auf der Ebene der Ziele hat die Politikdidaktik die Aufgabe, Konzepte politischer Bildung zu entwickeln, die eine Orientierung auf das politische System vermitteln. Politische Bildung ist dann ein Mittel, Bürgerinnen und Bürger über die komplexen Zusammenhänge eines demokratischen politischen Systems zu informieren und auf diese Weise seine Legitimität zu erhöhen und einen Beitrag zu seiner Stabilisierung zu leisten.” (Weißeno et al. 2010, 37)[128]

Sollen jedoch über das Ziel einer affirmativen (europäischen) Staatsbürger*innenkunde hinaus Kenntnisse über das Parlament vermittelt werden, die eine Basis für Vertrauen in diese Institution bilden, müssen die Informationsveranstaltungen ein realitätsgerechtes Bild des Parlaments vermitteln, eine kritische Perspektive befördern und gleichzeitig aufzeigen, dass europäische Politik vielmehr ist, als die Arbeit der Parlamentarier*innen.

> „Prozesse der Europäisierung und Globalisierung sind durch Grenzverschiebungen und damit immer auch durch neue Mechanismen der Inklusion und Exklusion gekennzeichnet. Die Akteure, Strukturen und Formen politischer Machtausübung sind vielfältiger und undurchsichtiger, keineswegs auf staatliche Institutionen und Parteien beschränkt.” (Eis 2015, 139)

Mit dieser Fokusverschiebung rückt politischer Bildung ab von einem verengten Begriff institutionalisierter Politik und stellt das Politische in das Zentrum des Interesses. Lernorte der Politik werden erst so zu politischen Lernorten.

---

[128] Die Veröffentlichung des Modells hat innerhalb der deutschen Politikdidaktik eine Kontroverse hervorgerufen, u. a. weil der enge, staatszentrierte Politikbegriff nicht von allen Vertreter*innen geteilt wird. Vgl. weiterführend Besand et al. 2011.

Der politische Lernort und die Frage nach dem Politischen auf der lobbykritischen Stadtführung

Im Zentrum einer Stadtführung stehen vermeintlich die besuchten Orte. Da Politik aber nicht aus Beton, Grünanlagen oder Glasfassaden besteht, können Orte nicht der alleinige Inhalt einer politischen Stadtführung sein. Die Verknüpfung von eher abstrakten Inhalten mit physischen Orten bietet aber großes didaktisches Potential, weil Verknüpfungen unterschiedlicher Sinneseindrücke geschaffen werden können. Damit verbunden ist zum einen ein nachhaltigeres Lernerlebnis, zum anderen kann vermittelt werden, dass die Inhalte mit der Lebenswirklichkeit der Teilnehmenden in Verbindung stehen ebenso wie Orte *wirklich* erfahrbar werden. Der ‚Aha-Effekt' besteht in der plausiblen Darstellung des politischen Charakters von Orten, die nicht Parlament oder Ministerium und erst recht nicht ‚Heilige Hallen' heißen. So löst sich physisch vermittelt die Grenze zwischen den politischen Institutionen und der Gesellschaft zumindest teilweise auf.

Beispielsweise kann und muss auf einer lobbykritischen Stadtführung in Berlin deutlich werden, dass europäische Politik nicht nur in Brüssel oder Straßburg, sondern in ganz Europa stattfindet. Die deutsche Bundesregierung ist eine zentrale Adressatin europapolitischer Interessenvertretung, weil Europäischer Rat und Rat der Europäischen Union, wo die nationalen Regierungsmitglieder sitzen, sehr einflussreiche Institutionen sind. LobbyControl ist (auch) eine europapolitische Interessenvertretung, die bei Stadtführungen ‚auf der Straße' erfahrbar ist.

3.2 Didaktische Überlegungen zu außerschulischen Lernorten

Der Begriff des „außerschulischen Lernorts" wird in der Politikdidaktik und verschiedenen Nachbardisziplinen der politischen Bildung intensiv diskutiert (vgl. bspw. Goll 2007; Messmer et al. 2011). Das Verlassen der Schule im Politikunterricht und der Besuch außerschulischer Lernorte werden dabei oftmals mit politikdidaktischen Prinzipien verbunden und begründet: beispielsweise mit der Fallanalyse (Grammes 2014, 249), mit wissenschaftspropädeutischen Zugängen (Goll 2007, 206) oder der Konfliktanalyse (Emde 2017/i. E.). Auch methodischen Zugängen wird eine wichtige Bedeutung zugeschrieben, beispielsweise der Erkundung, dem Expert*innen-Gespräch vor Ort oder der Sozialstudie (Ciupke 2006, 96, Goll 2007, 206 f.).

Ingo Juchler zählt dafür vier fachdidaktische Momente für außerschulische politische Lernorte als besonders relevant auf: Fachlichkeit und Interdisziplinarität, Authentizität, Multiperspektivität und Selbsttätigkeit (Juchler 2013, 218 ff.).

Für die schulische Bildung sind auch klassische *Führungen* fester Bestandteil außerschulischer Aktivitäten und das „am meisten verbreitete Mittel der Ortserkundung" (Ciupke 2014, 505). Sie werden in der Fachdidaktik als methodische Form der „Besichtigung" rezipiert und gelten im Vergleich zur Erkundung als „wenig anspruchsvoll" (Goll 2007, 206). Mit einer Besichtigung würden „in der Regel nur oberflächliche und flüchtige Erkenntnisse" (Detjen 1995, 132) vermittelt.

Politische Stadtrundgänge – die sich oftmals bereits in ihren Eigenbezeichnungen vom Begriff der *Führung* distanzieren (vgl. Schleich 2010, zit. n. Emde 2015, 76) – verbinden in ihren Konzepten oftmals die unterschiedlichen Herangehensweisen und zeichnen sich durch eine methodisch-didaktische Vielfalt aus (vgl. ebd.). Diese wird durch das Prinzip verschiedener *Stationen* befördert – im Rahmen des Lernarrangements werden unterschiedliche Orte angesteuert, an denen verschiedene Zugänge vorbereitet werden. „Orte offenbaren sich [...] nur begrenzt selber. Der Ort als Gegenstand des Lernens muss pädagogisch geweckt und in ein Thema verwandelt werden" (Ciupke 2006, 102). Erst, wenn ein Ort didaktisch erschlossen und vorbereitet ist, wird er zum Lernort. „Es ist deshalb die Aufgabe des Lehrers bzw. der Lehrerin, das Erkundungsfeld so vorzustrukturieren, dass die geplanten Ziele auch erreicht werden" (Detjen 2007, 202). Bei politischen Stadtrundgängen wird diese szenographische Gestaltungsaufgabe durch externe Kooperationspartner*innen geleistet, die durch die Kanonisierung der gewählten Inhalte und Orte und auch die Auswahl der herangezogenen Erklärungsansätze Problemdefinition übernehmen. Indem bestimmte Aspekte in den Rundgängen einbezogen werden, werden andere – möglicherweise auch aufgrund der knappen Zeitressourcen – nicht besucht, bleiben *unsichtbar*, auch wenn sie thematisch in das Programm gepasst hätten. Detjen gibt diesbezüglich zu bedenken, dass Schüler*innen den

> „Ablauf der Besichtigung nicht aktiv nach ihren Bedürfnissen gestalten können, denn die Besichtigung wird in der Regel von der besichtigten Institution gesteuert. Es ist deshalb ziemlich wahrscheinlich, dass im Besichtigungsprogramm die Selbstdarstellung der Institution dominiert. Was die Institution für wichtig hält, kann didaktisch aber irrelevant sein.“ (ebd., 196)

Diese von Detjen als problematisch herausgestellte Eigenschaft von Führungen kann für die politische Bildung aber auch als ein wichtiges Potential gewendet werden: Die Handlungslogiken von Institutionen und Akteuren kritisch zu analysieren, zu hinterfragen und zu dekonstruieren, kann die Kritik- und Handlungsfähigkeit sowie die Selbstermächtigung fördern. Den reflektierten Umgang mit aufbereiteten Darstellungen im Sinne einer kritischen Medienrezeption zu fördern, ist gerade in *postfaktischen Zeiten* eine wichtige Aufgabe politischer Bildungsarbeit.

Die *Perspektivität* der szenographischen Gesamtgestaltung wird durch die Position der *autorisierten Sprecher*in* noch verstärkt, denn trotz aller methodischen Abwechslung *bleibt eine Führung eine Führung,* der in ihrer methodischen Form der Vermittlung ein hierarchisches Moment innewohnt: Es gibt in der Regel *führende* Personen, denen *Gefolge* geleistet und aufmerksam zugehört wird, die den Weg vorgeben und als Expert*innen

> „durch den zu besuchenden Ort (leiten), [der/die Expert*in] hat letztlich die pädagogische Hegemonie, er entscheidet in der Regel über Stationen, ihre Reihenfolge, die Auswahl, die Perspektive, er vermittelt sein ortsbezogenes Wissen und offeriert eine Interpretation.” (Ciupke 2006, 97)

Je nach der methodisch-didaktisch Gestaltung kann diese pädagogische Hegemonie hinterfragt, dekonstruiert und das Vermittlungsinteresse transparent gemacht werden.[129] Paul Ciupke empfiehlt, das verborgene Drehbuch „unter anderem durch die diskursive Thematisierung der Vermittlungs- und Rezeptionsästhetik“ (Ciupke 2014, 504) offenzulegen. Die reflexive Perspektive, dass politische Bildner*innen immer auch politische Akteure oder Betroffene sind, ist (auch im regulären Schulunterricht) notwendig. Prinzipiell möchten die Initiator*innen durch die vordidaktisierten Orte aber den Adressat*innen der Veranstaltung eine bestimmte, ihre, Interpretation der gesellschaftlichen Wirklichkeit nahebringen.

---

[129] Eindrucksvoll wird dies von Carmen Mörsch für die kritische Kunstvermittlung diskutiert, die mit dem Vorschlag eines „dekonstruktiven Vermittlungsdiskurses” den Prozess der Kanonisierung, die Position der Sprechenden und deren Einbindung in institutionelle Kontexte explizit zum Bestandteil von Vermittlungsangeboten werden lässt (vgl. Mörsch 2009, 10 f.).

Methodik und Didaktik des lobbykritischen Stadtrundgangs – Konzeption und Potential

Die Ziele und Inhalte der Stadtrundgänge von LobbyControl wurden bereits beschrieben. In einem nächsten Schritt folgt eine Darstellung der Methodik der konkreten Stadtführung in Berlin:
Das Grundprinzip sieht vor, dass möglichst bei jeder Station neben dem spezifischen Ort

- eine Akteursart,
- ein bestimmtes Lobby-Phänomen und die damit verbundenen politischen Forderungen des Vereins erläutert und anhand eines konkreten Beispiels illustriert werden.

Als Beispiele dienen dabei kleine Geschichten, besonders kritikwürdige Lobby-Tätigkeiten oder Politikergebnisse, die nur durch den entsprechenden Lobby-Einfluss erklärbar sind. Didaktisch erfüllen diese konkreten Beispiele zum einen die wichtige Funktion, die sonst eher abstrakten Inhalte zu emotionalisieren, Anschlussmöglichkeiten an bisherige Erfahrungs- und Wissensbestände zu schaffen sowie die Tour abwechslungsreicher zu gestalten. Nicht nur lerntheoretisch misst LobbyControl den angeführten Beispielen große Bedeutung zu. An konkreten Fällen wird deutlich, dass Politik nichts Abstraktes oder Lebensweltfernes ist, sondern in konkreten Situationen stattfindet. Es wird erarbeitet, wie Macht und Interesse politischer Akteure wirksam werden – in Konflikten, in Einzelentscheidungen oder bspw. in sozialen Kämpfen.
Diese so konstruierten Stationen werden von einer Einführungs- und einer Abschlussstation eingerahmt.

- Die Einführungsstation dient neben der inhaltlichen, eher abstrakten Einführung, der Vorstellung der Stadtführerin oder des Stadtführers (im Weiteren ‚LobbyScout' genannt) und des Vereins samt seiner Ziele, Tätigkeiten und seiner Finanzierung. Die Einführungsstation erlaubt den Teilnehmenden so, sich an den LobbyScout zu gewöhnen und einen Überblick über die Stadtführung zu bekommen. Den LobbyScouts hilft die Einführungsstation, die Gruppe kennenzulernen. Durch Abfragen bisherigen Wissens und vor allem bestehender Meinungen zum Thema wird es möglich, die (prinzipiell standardisierte) Stadtführung im Detail auf die Gruppe anzupassen. Mit einer Gruppe, die zu Beginn der Tour eine fundamental negative Sichtweise auf Lobbyismus erkennen lässt, kann im Folgenden etwas ausführlicher über notwendige Differenzierung gesprochen werden. Ist die Gruppe hingegen zu Beginn der Tour eher der Lobbykritik gegenüber skeptisch, können die (oben benannten) Probleme beim Lobbyismus stärker betont werden.
- Die Abschlussstation hat selbstredend den Zweck, die Tour abzurunden und eventuell eine Zusammenfassung zu geben. Außerdem ist es LobbyControl ein Anliegen, den Teilnehmenden über die Stadtführung hinaus Möglichkeiten der weiteren Information und vor allem des politischen Engagements aufzuzeigen.

Über die gesamte Dauer hinweg ist die Tour derart aufgebaut, dass die ersten Stationen eher noch der Einführung, bzw. der Behandlung weniger komplexer Sachverhalte dienen. Diese sind erfahrungsgemäß in der Mitte der Tour am besten aufgehoben, da gegen Ende der zweistündigen Tour die Konzentrationsfähigkeit der Teilnehmenden nachlässt.

Außerdem scheint es für die Aufmerksamkeit eher förderlich, wenn sich die Stationen in ihrer Struktur nicht allzu sehr ähneln, möglichst eine sehr einprägsame Besonderheit aufweisen und die Inhalte intensiv visualisiert werden.

4 Politische Rundgänge als Praxis einer kritischen Demokratie- und Europabildung

Mit den vorliegenden Ausführungen wurde der Versuch unternommen, politische Stadtrundgänge in den politikdidaktischen Diskurs der Zusammenarbeit von schulischen und außerschulischen Kooperationspartner*innen einzuführen, Anknüpfungspunkte zu einer kritischen Europabildung herzustellen und mit einem Beispiel aus der Bildungspraxis zu veranschaulichen. Der von LobbyControl angebotene Stadtrundgang in Berlin thematisiert die Rolle von Lobbyismus für eine (post-)parlamentarische, deliberative Demokratie und regt dazu an, sich differenziert und kritisch mit der politischen Entscheidungsfindung in Deutschland und Europa zu beschäftigen. Dabei stehen Machtungleichgewichte und Intransparenz im Mittelpunkt der Kritik. Darüber hinaus ist aber auch die Förderung von politischem Handeln ein wichtiges Anliegen. Mit der Förderung einer Analyse- und Kritikfähigkeit, verbunden mit dem Aufzeigen von Handlungsoptionen, sind diese Ziele anschlussfähig an die fachdidaktische Diskussion der politischen Bildung.

In einem letzten Abschnitt werden weitere mögliche Potenziale einer politischen Rundgangsdidaktik aufgezeigt, die über das herangezogene Beispiel hinausgehen und sich an möglichen Zielen einer sogenannten *kritisch-emanzipatorischen Politischen Bildung* (hier verstanden im Sinne der Frankfurter Erklärung, vgl. Eis et al. 2015 und den Überlegungen von Lösch/Rodrian-Pfennig 2014), orientieren. Dabei geht es um eine „gesellschaftsanalytische und herrschaftskritische Perspektive, die Ursachen von Unmündigkeit, Fremdbestimmung, Ungleichheit, von sozialer Inklusion und Exklusion als Ausgangspunkte für politische Lernprozesse sieht“ (Eis 2016, 134). Politische Stadtrundgänge eignen sich in verschiedener Hinsicht dazu, durch sozial- und politikwissenschaftliche Analysen vor Ort emanzipatorische (Lern-)Prozesse anzustoßen.

In Anlehnung an radikale Demokratietheorien geht eine kritische Demokratiebildung davon aus, dass die Ordnung des Sozialen, seine Hierarchien, Dominanzen, Regeln und Deutungsweisen politisch erzeugt sind.

Eine Stärke des Lernarrangements *politischer Stadtrundgang* besteht darin, die Aufmerksamkeit auf das Politische im nicht-institutionellen Bereich der Politik zu lenken.

Diesem Verständnis nach ist das Politische ein Ausdruck von Machtverhältnissen, die sich in der Auseinandersetzung um kulturelle Hegemonie in der Zivilgesellschaft konstituieren und das Soziale politisch bestimmen. Eine Stärke des Lernarrangements *politischer Stadtrundgang* besteht darin, die Aufmerksamkeit auf das Politische im nicht-institutionellen Bereich der Politik zu lenken. An Orten des alltäglichen Lebens – in den Bereichen von Arbeit, Bildung und Kultur – kann erarbeitet werden, dass Gesellschaft von Interessensgegensätzen und Herrschaftsverhältnissen durchzogen ist. Hier können – in Anlehnung an die Frankfurter Erklärung – Konflikte und Dissens sichtbar gemacht und um Alternativen gestritten werden (vgl. Eis et al. 2015).

Dieser Zugang „bedeutet jedoch nicht, alles sei politisch, sondern nur, alles könne politisch werden” (Gürses 2015, 30). Gürses folgert, es sei Aufgabe politischer Bildner*innen, das Politische auch im Entstehen einzufangen, auch um die Unabgeschlossenheit gesellschaftlicher Prozesse zu betonen (vgl. Gürses 2015, 28). Dazu eignet sich die Stadt als Ort sozialer Widersprüche und ihrer urbanen Differenzen sehr gut, nutzt man konfliktdidaktische Zugänge zu Orten, in denen Kämpfe um Deutungshoheit und kulturelle Hegemonie immer wieder aufs Neue ausgefochten werden. „Öffentliche Räume sind stets gekerbt und hegemonial strukturiert” (Mouffe 2014, 141). Daher muss es Aufgabe einer kritischen politischen Bildung vor Ort sein, die konfligierenden Sichtweisen, die im öffentlichen Raum aufeinandertreffen, sichtbar zu machen. Durch Verknüpfung europäischer Transformationsprozesse und deren Auswirkungen vor Ort kann dieser Zugang auch für eine kritische politische Europabildung spannend sein.

Durch den Besuch realer Orte kann besonders gut eingefangen werden, dass auch die geschaffene Materialität von Orten Ergebnis von (historischen) politischen Auseinandersetzungen ist, die wiederum durch Macht und Interessen bestimmt sind (vgl. Messmer/Rempfler/Wilhelm 2011, 139.). Damit wird das „Wesen des Politischen" berührt – und bietet die Chance zu vermitteln, dass das Politische „nicht von vorneherein bestimmbar [ist]; Gesellschaft, politisches System und Ordnung sind *kontingent* (möglich, aber nicht notwendig); *die* Gesellschaft gibt es nicht" (Gürses 2015, 28). Politische Bildung sollte es sich zur Aufgabe machen, das Gewordene aus der Perspektive des Möglichen zu verstehen und im öffentlichen Raum erarbeiten, was der vorherrschende Konsens verschleiert. Das Aufzeigen von „Alternativen zur gegenwärtigen postpolitischen Ordnung" (Mouffe 2014, 143) kann zu einer Auseinandersetzung führen, in der auch selbstkritisch die eigene Rolle zur Debatte gestellt wird (vgl. Gürses 2015, 30).

An den letzten Aspekt anschließend halten Lösch/Rodrian-Pfennig fest:

> „Kritische Gesellschafts- und radikale Demokratietheorien sind mit dem Einspruch gegen gesellschaftliche Macht- und Herrschaftsverhältnisse verbunden. Sie begreifen gesellschaftliche Verhältnisse als von Menschen gemacht und somit als veränderbar." (Lösch/Rodrian-Pfennig 2014, 53)

Politische Stadtrundgänge können den Teilnehmer*innen Möglichkeiten aufzeigen, wie sie – nach einer kritischen Analyse und einem reflexiven Urteil – „die soziale Welt, die sie sich bildend erschließen, eingreifend verändern können." (ebd.) Dabei geht es letztendlich immer auch um die Selbstbefähigung jener, die als Anteilslose von der Politik ausgeschlossen sind:

> „Mit dem Leitziel politischer Mündigkeit verbindet sich nicht nur der Anspruch auf Selbstreflexion und Kritikfähigkeit, sondern auch auf Selbstbefähigung (Empowerment) zur Teilhabe an demokratischen Aushandlungsprozessen über die Diskursbedingungen in transnationalen Gesellschaften [...]. Dabei sind insbesondere die Chancen und Grenzen wirkungsvoller Verfahren der Interessenartikulation und politischen Teilhabe bislang unter- oder nicht-repräsentierter Gruppen in den Blick zu nehmen." (Eis 2015, 139)

Die Erläuterungen zu politische Stadtrundgänge zeigen, dass durch die Zusammenarbeit von formeller Bildung und politischen Akteuren wichtige Lernprozesse angeregt und Möglichkeiten politischen Engagements aufgezeigt werden können. Zu berücksichtigen ist dabei, dass die Berührungspunkte politischer Akteure zu Diskussionen der Profession und der fachdidaktischen Diskussion der politischen Bildung häufig marginal sind – die Trennung zwischen den sozialen Systemen Wissenschaft und Politik wird hier konkret: andere Sprache und verschiedene Handlungslogiken erschweren den produktiven Austausch. Es stellt eine wichtige zukünftige Herausforderung dar, dass beide beteiligten Akteure von- und miteinander lernen – beispielsweise durch die gemeinsame Projektentwicklung und -durchführung im Rahmen universitärer Lehrer*innen-Ausbildung.[130]

---

[130] Ein vielversprechendes Beispiel ist das geplante Projektwerk_PB der Universität Kassel, das sich als Inkubator für politische Bildungs- und Partizipationsprojekte versteht und sich zwischen Universität, Schule und NGO positioniert. Weitere Informationen über das Projektwerk_PB finden sich unter www.uni-kassel.de/go/projektwerk_pb [Zugriff am 01.01.2018]

Literatur

Arbeitsgemeinschaft für Jugendhilfe (AGJ)/Bundesjugendkuratorium (BJK)/Sachverständigenkommission für den elften Kinder- und Jugendbericht (Hrsg.) (2002): Bildung ist mehr als Schule. Leipziger Thesen zur aktuellen bildungspolitischen Debatte. Bonn/Berlin/Leipzig, 1–3.

Besand, A./Grammes, T./Hedtke, R./Lange, D./Petrik, A./Reinhardt, S. (2011): Konzepte der politischen Bildung: Eine Streitschrift.

Bludau, M. (2016): Globale Entwicklung als Lernbereich an Schulen? Kooperationen zwischen Lehrkräften und Nichtregierungsorganisationen. Opladen.

Ciupke, P. (2006): Lernen an anderen Orten: Exkursionen, Erkundungen, Reisen. In: Praxis Politische Bildung, H. 2 (2006), 94–103.

Ciupke, P. (2014): Reisend lernen: Studienreise und Exkursion. In: Sander, W. (Hrsg.): Handbuch politische Bildung. 4., völlig überarb. Bonn, 501–509.

Detjen, J. (2007): Erkundungen und Sozialstudien. In: Frech, S./Kuhn, H.-W./Massing, P. (Hrsg.): Methodentraining für den Politikunterricht I. 3. Aufl. Aufl. Bonn, 195–226.

Drygalla, H. (2007): Ein Besuch im Landtag – gut gemeint, aber nicht gut gemacht. In: politische bildung, H. 4 (2007), 102-116.

Eis, A. (2015): Europapolitische Kompetenzentwicklung zwischen Standardisierung und emanzipatorischer Demokratiebildung. In: Oberle, M. (Hrsg.): Die Europäische Union erfolgreich vermitteln. Wiesbaden, 133–145.

Eis, A. (2016): Vom Beutelsbacher Konsens zur „Frankfurter Erklärung: Für eine kritisch-emanzipatorische Politische Bildung“. In: Widmaier, B./Zorn, P. (Hrsg.): Brauchen wir den Beutelsbacher Konsens noch? Eine Debatte der politischen Bildung, Bd. 1793. Bonn, 131–139.

Eis, A. et al. (2015): Frankfurter Erklärung. Für eine kritisch-emanzipatorische Politische Bildung. Text abrufbar unter: https://sozarb.h-da.de/index.php?id=586 (Zugriff am 01.01.2017).

Emde, O. (2015): Politische Stadtrundgänge als außerschulische Lernorte. In: Karpa, D./Overwien, B./Plessow, O. (Hrsg.): Außerschulische Lernorte in der politischen und historischen Bildung. Immenhausen bei Kassel, 59–86.

Emde, O. (2017): Politisches Lernen und politische Aktion – Rundgangsdidaktik und globales Lernen. In: Emde, O./Jacubczyk, U./Kappes, B./Overwien, B. (Hrsg.): „Mit Bildung die Welt verändern?“ Neue Perspektiven des Globalen Lernens. Opladen, 244-264.

Frantz, C./Martens, K. (2006): Nichtregierungsorganisationen (NGOs). Wiesbaden.

Fritz, K./Maier, K./Böhnisch, L. (2006): Politische Erwachsenenbildung: Trendbericht zur empirischen Wirklichkeit der politischen Bildungsarbeit in Deutschland. Weinheim/München.

Goll, T. (2007): Außerschulisches Lernen. In: Reinhardt, V. (Hrsg.): Forschung und Bildungsbedingungen, Bd. 4. Hohengehren, 205–214.

Gürses, H. (2015): Demokratie, Politik und das Politische in der politischen Bildung. In: Baumgartner, R./Gürses, H. (Hrsg.): Im Blickwinkel: politische Erwachsenenbildung in Österreich. Schwalbach/Ts., 19–36.

Hafeneger, B. (2009): Der Blick auf die Schule greift zu kurz. In: eWeek, H. 2 (2009), 268–270.

Hartmann, J./Weber, I. (2013): Planspiel EU-Emissionshandel – zur Praxis außerschulischer politischer Bildungsprojekte an Schulen. In: Juchler, I. (Hrsg.): Projekte in der politischen Bildung. Bonn, 136–151.

Juchler, I. (2013): Außerschulische politische Lernorte in interdisziplinären Projekten am Beispiel des Bundesfinanzministeriums. In: Juchler, I. (Hrsg.): Projekte in der politischen Bildung. Bonn, 217–231.
Lösch, B./Rodrian-Pfennig, M. (2014): Kritische Demokratiebildung unter Bedingungen globaler Transformationsprozesse. In: Eis, A./Salomon, D. (Hrsg.): Gesellschaftliche Umbrüche gestalten. Transformationen in der politischen Bildung. Schwalbach/Ts., 28–57.
Lukas-Eder, K. (2006): Europa hautnah erleben. Ein Besuch beim Europäischen Parlament. In: Außerschulische Bildung, H. 37 (2006), 325–328.
Messmer, K./Rempfler, A./Wilhelm, M. (2011): Lehren und Lernen an Ausserschulischen Lernorten – 10 Thesen. In: Messmer, K. et al. (Hrsg.): Ausserschulische Lernorte – Positionen aus Geographie, Geschichte und Naturwissenschaften, Bd. 1. Münster u. a., 135–152.
Mörsch, C. (2009): Am Kreuzungspunkt von vier Diskursen: Die documenta 12 Vermittlung zwischen Affirmation, Reproduktion, Dekonstruktion und Transformation. In: Mörsch, C. (Hrsg.): Kunstvermittlung 2. Zwischen kritischer Praxis und Dienstleistung auf der documenta 12. Ergebnisse eines Forschungsprojekts. Zürich/Berlin, 9–33.
Mouffe, C. (2014): Agonistik. Die Welt politisch denken. Berlin.
Salomon, D. (2016): Konsens und Dissens. Von Beutelsbach nach Heppenheim? In: Widmaier, B./Zorn, P. (Hrsg.): Brauchen wir den Beutelsbacher Konsens noch? Eine Debatte der politischen Bildung, Bd. 1793. Bonn, 285–293.
Sarcinelli, U. (2000): Parlamentsbesuch. In: Weißeno, G. (Hrsg.): Lexikon der politischen Bildung. Band 3. Schwalbach/Ts., 123–124.
Scheunpflug, A. (2007): Die konzeptionelle Weiterentwicklung des Globalen Lernens. Die Debatte der letzten zehn Jahre. In: Verband Entwicklungspolitik Deutscher (Hrsg.): Jahrbuch Globales Lernen 2007/2008. Bonn, 11–21.
Scheunpflug, A./McDonnell, I. (2008): Building Public Awareness of Development: Communicators, Educators and Evaluation. Policy Brief No. 35. Online abrufbar unter: http://files.eric.ed.gov/fulltext/ED503781.pdf (letzter Zugriff 01.01.2017).
Weißeno, G./Detjen, J./Juchler, I./Massing, P./Richter, D. (2010): Konzepte der Politik - ein Kompetenzmodell. Bonn.
Widmaier, B. (2016): Eine Marke für alle? Der Beutelsbacher Konsens in der non-formalen politischen Bildung. In: Widmaier, B./Zorn, P. (Hrsg.): Brauchen wir den Beutelsbacher Konsens noch? Eine Debatte der politischen Bildung, Bd. 1793. Bonn, 96–111.
Widmaier, B./Zorn, P. (Hrsg.) (2016): Brauchen wir den Beutelsbacher Konsens noch? Eine Debatte der politischen Bildung, Bd. 1793. Bonn.

Angaben zur Person:

Oliver Emde

ist Jugendbildungsreferent beim Kasseler Jugendring e. V., Lehrbeauftragter am Fachgebiet Didaktik der politischen Bildung und Doktorand im Fachbereich Gesellschaftswissenschaften an der Universität Kassel.
Seine Lehr- und Forschungsschwerpunktesind außerschulische politische Bildung, Projekte und Kooperationen mit Schule, Partizipation junger Menschen sowie die Entwicklung einer politischen Rundgangsdidaktik.

Anne Engelhardt, Carolin Müller und Norma Tiedemann

Welt aus den Fugen? Lehrangebot im Rahmen des Lernbereichs ‚Globale Entwicklung'

Zusammenfassung: Anlässlich aktueller Konflikte, globaler wirtschaftlicher, sozialer und politischer Spannungen werden unterschiedliche Diskussionsansätze, Theorien und Fragen aufgeworfen. Dabei scheint ein Durcheinander an Akteur*innen, Konstellationen und Gründen zu entstehen, das sowohl Studierenden als auch Schüler*innen schwer zu vermitteln ist. Dabei sind gerade sie es, die mit dem Aufkommen der Smartphones und sozialen Netzwerke tagtäglich mit Nachrichten und Anschauungen konfrontiert sind. Im Zusammenhang mit der öffentlichen Ringvorlesung ‚Welt aus den Fugen' im Wintersemester 2016/2017 an der Universität Kassel entwickelten Studierende aus politikwirtschaftlichen Fächern drei Lernmodule, die sich mit den Themen ‚Welt aus den Fugen', ‚Internationale Wirtschaftspolitik als Fluchtursache' und ‚Deutsche Waffenexporte' beschäftigen. Zusätzlich entstand das Pionierprojekt ‚BloG-Seminar', das mithilfe eines Blogs den Bachelor-Studierenden die Möglichkeit eröffnete, eigenständige Beiträge begleitend zu den in der Vorlesung behandelten Themen zu verfassen. Beide Bereiche werden in diesem Beitrag vorgestellt und sollen helfen, in einer scheinbaren ‚Welt aus den Fugen' selbstbestimmte politische Handlungsspielräume für Studierende und Schüler*innen gleichermaßen aufzuzeigen.

Schlüsselwörter: Lernmodule, Friedens- und Konfliktforschung, politische Bildung, onlinebasiertes Schreiben, Blogs

A world out of joint? Teaching proposals within the learning realm of 'Global Development'

Abstract: Multiple discussions, theories and questions have been raised over current conflicts, and global economic, social, and political tensions. These seem to refer to a myriad of actors and reasons, which are difficult for students to unpack. However, it is this generation who are relentlessly confronted with current news and discussions, using smartphones and social networks. In connection with the public lecture 'World out of joint' in the winter term 2016/2017 at the University of Kassel political economy students developed three teaching modules dealing with the topics 'world out of joint', 'international economic policy as a cause of refuge' and 'German arms exports'. In addition, the pioneer project of a blog seminar was created, which sought to enable bachelor students to share their own contributions about the topics covered in the lecture. Both parts are presented in this article, intended for helping students to understand and find emancipatory political opportunities for action in a seemingly 'world out of joint'.

Keywords: learning modules, peace and conflict studies, political education, online-based writing, blogs

70 Jahre nach Beendigung des Zweiten Weltkriegs scheint es, als ob die Welt aktuell wieder aus den Fugen gerät. Derzeitige Krisenregionen wirken wie ein riesiges Durcheinander an unterschiedlichen Konfliktparteien, Interessen, Forderungen und Perspektiven. Neue Kriege entstehen in Libyen, der Ukraine, Syrien und der Türkei. Terroranschläge treffen auch Zentren des globalen Nordens. Die Migrationsbewegungen aus den Ländern älterer Krisenherde

konnten 2015 zum Teil bis in die Kernregionen Europas gelangen. Sie werfen Fragen über Grenzen und Grenzenlosigkeit, Asylrecht, Rassismus und ‚Wilkommens_Kultur' auf.[131]

Dieser Beitrag basiert auf einem an der Universität Kassel im Wintersemester 2016/2017 mit über 120 Studierenden durchgeführten Projekt: Dieses verband eine friedenspolitische Ringvorlesung mit dem Schreiben eines Blogs als Studien- und Prüfungsleistung durch die Studierenden. Wir verfolgten mit der Ringvorlesung ‚Welt aus den Fugen' das Ziel, an der Universität Kassel gemeinsam mit Prof.'in Sonja Buckel, Prof. Andreas Eis und Prof. em. Werner Ruf die 2014 eingestellte Friedensvorlesung an der Uni Kassel wiederzubeleben. Zudem sollten die Auswirkungen aktueller Konflikte und Kriege, aber auch Lösungsansätze in einer öffentlichen Ringvorlesung diskutiert werden. Dafür wurden aktuelle Themen ausgewählt sowie Referent*innen und Texte für einen universitären Reader zusammengestellt. Darüber hinaus entwickelten wir einen Leitfaden, um in zwei einführenden Sitzungen den Studierenden Grundlagen für die onlinebasierte Texterstellung zu vermitteln. Die Ergebnisse der über ein Jahr geführten Recherchen, Videoaufzeichnungen der Vorlesung und die Auswertung der Arbeiten der über 120 Studierenden sind auf dem Blog weltausdenfugen.wordpress.com öffentlich einsehbar.

Aufgrund des hohen Zuspruchs zu den Inhalten und Methoden von Vorlesung und Seminar, insbesondere auch unter Lehramtsstudierenden, und angeregt durch Eva-Maria Kohlmann und ‚Engagement Global' entstand die Idee, die Themen der Veranstaltung für einen schulischen Rahmen in Form von Hintergrundmaterial und Unterrichtsentwürfen altersgerecht aufzuarbeiten.

Das Ergebnis ist eine Broschüre, welche als Handreichung für die Durchführung eines Blog-Projektes an Schulen sowie verschiedener Projekttage dienen soll[132]. Die dafür entwickelten Lernmodule sollen Impulse für fächerübergreifende Unterrichtsplanung sowie Aktivitäten geben, die den üblichen Rahmen des Schulunterrichts ergänzen, herausfordern und überschreiten. Sie basieren auf dem Orientierungsrahmen für den Lernbereich Globale Entwicklung (Engagement Global 2016)[133].

Inhaltlich zielt der Orientierungsrahmen darauf ab, Kinder und Jugendliche dabei zu unterstützen, globale Entwicklungen zu erkennen und zu verstehen. Sie sollen in der Lage sein, eine Haltung zu diesen Entwicklungen einzunehmen und die notwendigen Kompetenzen zu entwickeln, um mit Vielfalt, Widersprüchen und der eigenen Verwicklung in globale Zusammenhänge umzugehen. Das Ideal selbstbestimmten Handelns wird damit eingebettet in gesamtgesellschaftliche Strukturen und Realitäten. Im Mittelpunkt der drei Module stehen politökonomische Prozesse im Kontext von Kriegen, Konflikten, gewaltvollen Auseinandersetzungen und ihren sozialen Folgen. Sie verstehen sich als Beitrag zur schulischen und außerschulischen kritischen politischen Bildung. Elemente aus den drei übergreifenden Kompetenzbereichen des Erkennens, Bewertens und Handelns werden in den einzelnen Modulen, in unterschiedlicher Gewichtung und unter Rückgriff auf eine Vielfalt an Methoden, aufgegriffen. In diesem Beitrag werden daher zunächst die drei Module und der theoretische Hintergrund dazu vorgestellt, zudem wird jeweils am Ende ein tabellarischer Überblick über den Modulaufbau gegeben.

Des Weiteren haben wir, neben der Frage der Reflektion der Informationsdarstellung, mit den Studierenden auch das online-basierte Publizieren mittels eines Online-Blogs ausprobiert.

---

[131]Einleitung der öffentlichen Ringvorlesung 'Welt aus den Fugen' im Wintersemester 2016/17 an der Universität Kassel.

[132]Die Broschüre ist auch online unter www.globaleslernen.de abrufbar.

[133]Der Orientierungsrahmen ging aus einer Kooperation zwischen der Kultusminister*innenkonferenz (KMK) und des Bundesministeriums für wirtschaftliche Zusammenarbeit und Entwicklung (BMZ) hervor und formuliert das Anliegen, projektorientierte Unterrichtsformen anzuregen.

Da viele unter den Studierenden angehende Lehrer*innen und Pädagog*innen sind und selbst alltägliche Erfahrungen mit Online-Medien sammeln, hielten wir die Diskussion über den Umgang mit dem Medium Internet, aber auch die Erfahrung des eigenen onlinebasierten Schreibens und Recherchierens für relevant. Insbesondere angesichts emotional bewegender Themen wie Terrorismus, Migration und Flucht, Rassismus oder kriegerische Auseinandersetzungen beobachten wir die rasant steigende Anzahl von Artikeln, Kommentaren unter Zeitungsartikeln, Kurzfilmen, Blogeinträgen und die Verbreitung unterschiedlicher, sich teils widersprechender, Zahlen und Statistiken. Wie geht man mit den Informationen um? Wie sorgt man selbst für eine möglichst seriöse Publikation, selbst wenn diese nur drei Sätze in einem Kommentar umfasst? Unsere Überlegungen zum Umgang mit diesen Fragen werden wir im zweiten Teil dieses Artikels darlegen. Die Erfahrungen mit dem online-basierten Schreiben wurden von den Studierenden in kurzen Lerntagebüchern festgehalten und werden am Ende des Beitrages zusammenfassend reflektiert.

1 Lehreinheiten über und für eine aus den Fugen geratene Welt

Die Lehrmodule sollen Schüler*innen dabei unterstützen, unterschiedliche Dimensionen der ‚Welt aus den Fugen‘ benennen und einordnen zu können. Alle drei Module – ‚Welt aus den Fugen’, ‚Internationale Wirtschaftspolitik als Fluchtursache’ und ‚Deutsche Waffenexporte’, zeichnen sich durch eine hohe aktuelle Relevanz aus. Dies erleichtert es, mit Schüler*innen ins Gespräch über die komplexen Sachverhalte zu kommen, da sie tagtäglich mit Nachrichten über Migration, Kriege und die Waffenindustrie konfrontiert werden. Gleichzeitig fehlt meist ein Rahmen, um die Eindrücke, Gedanken und Informationen gemeinsam zu bearbeiten.

Sowohl für den regulären Schulunterricht als auch in zeitlich freieren Strukturen wie Projekttagen sollen die Lernmodule als Anregung zur systematischen Aufarbeitung der verschiedenen Themen dienen. Sie können und sollen natürlich je nach Kontext, Altersgruppe oder Vorwissen angepasst werden.

1.1 Ist die Welt aus den Fugen geraten?

Beim Blick in aktuelle Medienberichterstattung scheint es, als sei die Welt aus den Fugen geraten. Im Jahr 2007 brach eine weltweite Finanzkrise aus. 2011 gab es weltweit Massenproteste gegen sich verschlechternde Lebensbedingungen und gegen fehlende demokratische Teilhabe an gesellschaftlichen Entscheidungen. Heute scheinen die Hoffnungen des Arabischen Frühlings in vielen Ländern zerschlagen. Neue Konfliktherde sind entstanden, auch im Globalen Norden. Zugleich erinnern jedoch Migrationsbewegungen Richtung Europa auch an bereits länger bestehende Krisenregionen und entfachen neue Auseinandersetzungen um das Recht auf globale Bewegungsfreiheit.

Die Komplexität globaler gesellschaftlicher Verhältnisse spiegelt sich in der medialen Berichterstattung wider. Insbesondere durch neue Medien, aber auch journalistisch aufbereitete Formate, entsteht oft das Gefühl, dass es hoffnungslos sei, einen Sinn aus den verworrenen Fragmenten herzustellen. Dieser Umgang mit der komplexen Weltlage bildet den Hintergrund alltäglicher Wahrnehmungen, aber auch politischer Willens- und Meinungsbildung. Der Schulunterricht kann aufgrund der Dichte der Lehrpläne keine systematische Aufbereitung aktueller Themen leisten.

Deshalb setzt diese Lehreinheit bei der Medienkompetenz von Schüler*innen der Jahrgangsstufen 9 bis 10 an. Im Rahmen von sechs Schulstunden, aufgeteilt in drei Blöcke à ca. 90 Minuten, werden Inhalte zu den Themenbereichen ‚Frieden und Konflikt’ sowie ‚Politische Herrschaft, Demokratie und Menschenrechte' des Orientierungsrahmens für Globale Entwicklung vermittelt (Engagement Global 2016).

Anhand der Wahrnehmung, die Welt sei aus den Fugen geraten, werden die Schüler*innen zunächst mit der Überforderung konfrontiert, die mediale Darstellungen häufig auslösen, um dann diese Eindrücke zu sortieren, eigenes Hintergrundwissen bewusst zu reflektieren und in einen Zusammenhang zu bringen. Dabei soll die Darstellung von Konflikten in Medien problematisiert werden: Welchen Zusammenhang gibt es zwischen der eigenen subjektiven Wahrnehmung und medialen Darstellungen? Welche Wirkung können bestimmte Darstellungen einer aus den Fugen geratenen Welt konkret haben? Ziel ist hierbei auch, die Komplexität globaler Probleme ein Stück weit zu ertragen, anstatt nach einfachen Lösungen zu suchen. Gleichzeitig sollen Strategien entwickelt werden, wie mit der Menge übermittelter Informationen im Alltag umgegangen werden kann.

Im zweiten Block sollen diese Kompetenzen dann an konkreten politischen Beispielen und Texten angewendet werden. Rechtspopulismus, Militarisierung der Europäischen Union, Terrorismus und Waffenexporte stellen aktuelle Entwicklungen dar, welche das Leben von Jugendlichen betreffen. Konkret werden Methoden erarbeitet, mit deren Hilfe es möglich ist, sich einen komplexen Text gemeinsam zu erschließen und Lösungsansätze zu erarbeiten. Außerdem werden die Inhalte gegenseitig präsentiert, wobei darauf geachtet werden soll, die zuvor problematisierten medialen Darstellungsweisen nicht selber zu wiederholen, sondern reflektierte Formen der Aufbereitung zu finden.

Im abschließenden dritten Block wird das inhaltliche Augenmerk auf einen Aspekt gelegt, welcher in der Öffentlichkeit oft nur am Rande vorkommt: Widerstand und soziale Bewegungen. Durch ein Quiz sollen vielfältige Möglichkeiten politischer Partizipation kennengelernt und deren Bedeutung eingeschätzt werden. Im Sinne kritischer politischer Bildung sollen nicht nur die Bewertung von Informationen erlernt, sondern auch Perspektiven zu eigenen Handlungsmöglichkeiten eröffnet werden.

Tab. 1: Unterrichtsentwurf „Ist die Welt aus den Fugen geraten?"

BLOCK 1 – 90 Minuten Welt aus den Fugen: Auseinandersetzungen mit einem medial erzeugten Gefühl		
Was?	*Zeit*	*Benötigte Materialien*
Kennenlernen, Warmwerden	20 Minuten	Flipchart oder Power Point um den Ablauf vorzustellen
Kurze Einführung, dann gemeinsames Anschauen des Videos	10 Minuten	Video-Zusammenschnitt "Welt aus den Fugen?" in der Darstellung von Fernsehformaten: https://www.youtube.com/watch?v=0WLx_jxH15E&feature=youtu.be
Murmelrunde Stichworte und Gedanken auf Moderationskarten festhalten	30 Minuten	Moderationskarten, Stifte, eventuell Kreppband
Gemeinsames Clustern der Karten an der Wand oder auf dem Boden	20 Minuten	
Blitzlichtrunde	15 Minuten	1 Blatt Papier pro Person, Stifte
Pause	15-20 Minuten	

BLOCK 2 – 90 Minuten Rechtspopulismus, (Rechts)Terrorismus, Waffenexporte		
Was?	*Zeit*	*Benötigte Materialien*
Kurze Zusammenfassung des ersten Blocks - Überleitung zu Block 2	5 Minuten	
Begriffslotterie	15 Minuten	Zettel mit zentralen Begriffen der Debatte – jeweils doppelt: Terroranschlag, Populismus, Asylunterkunft, NSU, Rechtsextremismus, Rüstungsindustrie, Kleinwaffen, Islamismus, Terrorismus, politische Gewalt, Rassismus, ... Sowie Buchstabe (Expertengruppe) und Zahl (Stammgruppe) vermerken
Gruppenpuzzle (Einzelarbeit > Partnerarbeit > Expertengruppe > Stammgruppe)	60 Minuten	Die Texte befinden sich in der Broschüre. Text 01 - Schreiner, Patrick (2014). Rechtspopulismus in Europa - Gründe und Hintergründe. Vision Europa 02/2014, Friedrich-Ebert-Stiftung Niedersachsen. Text 02 – Zick, Andreas (2015). Gewalt gegen Flüchtlinge: "Deutschland ist ein zerrissenes Land". Zeit Online, 06.12.2015. Text 03 – a) Maaß, Stephan (2016). Vor allem muslimische Länder leiden unter dem Terror. Welt.de, 14.04.2016. und b) Steinke, Ronen (2017). Wenn Mitgefühl nicht für alle da ist. Süddeutsche.de, 01.02.2017. Text 04 – a) Rötzer, Florian (2017). Das Waffengeschäft brummt weltweit. Heise.de. Und b) Friederichs, Hauke (2014). Rüstungsexporte: Deutsche Waffen töten überall. Zeit.de.
Fragen klären - Plenum	10 Minuten	
Pause	15-20 Minuten	

BLOCK 3 – 90 Minuten Proteste und Widerstand		
Was?	*Zeit*	*Benötigte Materialien*
Kurze Zusammenfassung des zweiten Blocks - Überleitung zu Block 3	10 Minuten	Flipchart oder Power Point um den Ablauf vorzustellen
Bilderreicher Input zum Thema Widerstand und Protest + Quiz	15 Minuten	Diashow und Quizfragen
Das trifft auf mich zu! -	20 Minuten	Zettel mit der jeweiligen Aufschrift „Trifft zu",

Das trifft nicht auf mich zu!		„Trifft nicht zu"
Ein Protestplakat entwerfen	30 Minuten	Plakate, Stifte, eventuell Wasserfarben und Pinsel
Abschluss und Feedback	20 Minuten	

1.2 Internationale Wirtschaftspolitik als Fluchtursache

Ein Teil des Eindrucks, dass die Welt aus den Fugen geraten sei, entsteht durch die Debatten um Verfolgung und Flucht von Menschen als Konsequenz neuer Konflikte und Kriege. Die Zahl Geflüchteter stieg in den vergangenen Jahren rasant an und war 2016 mit rund 65 Millionen Menschen weltweit so hoch wie nie zuvor (UNHCR 2017, 2). Die Gründe hierfür sind vielfältig. Medial präsent sind vor allem neuere große Konflikte wie der Krieg in Syrien. Doch auch anhaltende Krisen wie in Afghanistan oder Somalia sowie Umweltzerstörung, Klimawandel und wirtschaftliche Not zwingen Menschen zur Flucht. Während das Ausmaß solcher Fluchtgründe in der Zukunft noch zunehmen wird, gilt etwa sozial-ökonomische Bedrohung nach der Genfer Flüchtlingskonvention weiterhin nicht als legitimer Asylgrund.

Zwei Drittel der geflohenen Menschen zählen zu den sogenannten Binnenflüchtlingen. Die Mehrzahl der Geflüchteten, die ihr Herkunftsland verlassen haben, befindet sich in sogenannten Entwicklungs- und Schwellenländern. Nur ein sehr kleiner Anteil kommt also nach Europa (ebd., 3 ff.). Dennoch ist der Diskurs in Deutschland geprägt durch Narrative von überfüllten Schiffen, dem ‚vollen Boot' und ‚Flüchtlingsströmen', welche nicht abreißen und eine Überforderung für europäische Staaten darstellen würden. Rechtspopulistische Forderungen wie eine Verschärfung des Asylgesetzes sind bereits Teil der Tagespolitik geworden.

Zugleich werden geflüchtete Menschen als Opfer dargestellt und die Machtlosigkeit ihrer Situation hervorgehoben. Hierdurch wird ihnen die Möglichkeit zur Selbstbestimmung, wie beispielsweise in Form der Wahl des Wohnortes oder eigener Lerninteressen, weitgehend abgesprochen. In dieser Situation ist es wichtig, durch einen differenzierteren Eindruck Toleranz und Verständnis, insbesondere bei jungen Menschen, zu fördern. Den beschriebenen emotional aufgeladenen Bildern und politischen Schlagwörtern kann begegnet werden, indem die Vielfältigkeit persönlicher Fluchtgründe und unterschiedlicher Lebensgeschichten hervorgehoben wird. Zudem sollten Bezüge zwischen der eigenen Lebensweise und den Erfahrungen Geflüchteter hergestellt werden. Wie steht unsere neoliberale Wirtschaftsweise in den Industrienationen in Zusammenhang mit den Konsequenzen von Flucht und Vertreibung?

Die Lehreinheit ‚Internationale Wirtschaftspolitik als Fluchtursache' setzt an den Themenbereichen ‚Vielfalt der Werte, Kulturen und Lebensverhältnisse: Diversität und Inklusion', ‚Globalisierung von Wirtschaft und Arbeit' sowie ‚Migration und Integration' des Orientierungsrahmens für den Lernbereich ‚Globale Entwicklung' an (Engagement Global 2016). In ihrer jetzigen Form ist sie für die Jahrgangsstufen 10 bis 12 geeignet, allerdings kann das Grundkonstrukt durch die Auswahl weniger voraussetzungsvoller Texte und Materialien durchaus für weitere Altersklassen zugänglich gemacht werden.

Der sechsstündige Projekttag ist in drei Blöcke à 90 Minuten unterteilt. Im ersten Block soll zunächst eine Sensibilität geschaffen werden für die Heterogenität der Lebensumstände und -geschichten von Menschen, welche als Geflüchtete in Deutschland wahrgenommen werden. Im Laufe der Auseinandersetzung sollte die pauschale Kategorisierung als ‚Flüchtling' problematisiert und die nichtdiskriminierende Bezeichnung als ‚Mensch', welche der Vielfalt von Eigenschaften, Möglichkeiten und Vorstellungen gerechter wird, als Alternative vorgeschlagen werden. Im anschließenden Teil werden Gründe gesammelt, wegen derer sich die Schüler*innen selbst vorstellen könnten zu migrieren. Diese sollen anschließend durch die Fluchtgründe aus den Portraits ergänzt werden. Das Ziel dieser Aufgabe ist es, durch den

Bezug zur eigenen Lebensrealität Empathie für Migrationsgründe zu stärken. Um die Eindrücke dieses emotionalen Abschnittes noch einmal zu reflektieren, wird er mit einer kurzen Blitzlichtrunde abgeschlossen. Als Übergang zum zweiten thematischen Block sollen durch eine freie, geheime Abfrage der Assoziation mit dem Begriff ‚Freier Handel' vorhandene politökonomische Denkmuster identifiziert werden, um diese dann zu einem späteren Zeitpunkt unter dem Eindruck neuer Informationen reflektieren zu können.

Im zweiten Block folgt eine ausführlichere inhaltliche Auseinandersetzung mit einer Gruppe von Migrationsgründen, welche in Teil 1 identifiziert wurden. Am Beispiel der Economic Partnership Agreements (EPA) können nicht nur Einblicke in die komplexen Regularien globaler Wirtschaftsbeziehungen gewonnen werden. Auch der Zusammenhang zwischen dem wirtschaftlichen Wohlstand weniger Industrienationen mit dem Entzug der Lebensgrundlage in anderen Teilen der Welt und somit die Mitverantwortung für Fluchtursachen wird diskutiert. Dies soll anhand verschiedener Medien und Methoden erfolgen. Hierbei sollen auch die Medienkompetenz und der reflektierte Umgang mit Informationen aus fremden Quellen gestärkt werden.

Zwischenstaatliche Entscheidungen über wirtschaftspolitische Regularien scheinen aus der Perspektive von Schüler*innen kaum beeinflussbar. Um zu vermeiden, dass am Ende der Lehreinheit ein Gefühl von Ohnmacht zurückbleibt, ist der dritte Block des Projekttages von besonderer Relevanz. Hier sollen trotz der scheinbaren Schwierigkeit direkter Handlungsmöglichkeiten, Wege zur politischen Einflussnahme und Emanzipation erschlossen werden, welche direkt bei der Lebenswelt der Jugendlichen ansetzen. Als praktisches Handlungsbeispiel sollen Schüler*innen in Gruppen politische Plakate erstellen. Dabei sollen die Schüler*innen sowohl eine konkrete Position zu EPAs einnehmen als auch darüber nachdenken, in welcher Situation die Plakate Verwendung finden können. Die gewählten Argumente und mediale Umsetzung werden anschließend vor der Gruppe präsentiert und politisch vertreten. Ziel hierbei ist außerdem, dass Schüler*innen lernen Strategien der politischen Kommunikation, welche ihnen im Alltag auch in weniger direkter Form etwa durch soziale Medien begegnen, zu hinterfragen.

Tab. 2: Unterrichtsentwurf „Internationale Wirtschaftspolitik als Fluchtursache“

BLOCK 1 – 90 Minuten Welt aus den Fugen: Fluchtursachen		
Was?	*Zeit*	*Benötigte Materialien*
Kennenlernen, Warmwerden, Vorstellung des Tagesplans	10 Minuten	Flipchart oder Power Point um den Ablauf vorzustellen
Portrait-Ausstellung	30 Minuten	DIN A4-Zettel mit Portraits aus dem Anhang, Kreppband o.ä. zum Befestigen
Migrationsgründe	15 Minuten	Moderationskarten, Stifte
Blitzlichtrunde	10 Minuten	
Was fällt euch eigentlich ein? – Freier Handel	15 Minuten	1 Blatt Papier pro Person, Stifte
Pause	15-20 Minuten	
BLOCK 2 – 90 Minuten Internationale Wirtschaftspolitik als Fluchtursache		
Was?	*Zeit*	*Benötigte Materialien*
Kurze Zusammenfassung des ersten Blocks - Überleitung zu Block 2	5 Minuten	
Kurze Einführung, gemeinsames Anschauen des Videos	10 Minuten	Video “EPA - oder wie Europa sich an Afrika bereichert”, abrufbar unter https://www.youtube.com/watch?v=oxUvX1KttE8
Auswertung des Videos	15 Minuten	
Fiktives Interview	35 Minuten	Die Texte befinden sich in der Broschüre. 1. Brandenburger, Ida, Eyrich, Eva und Hofmann, Lilly (2016). „On Signe pas“ – Stimmen des Protests. https://weltausdenfugen.wordpress.com, 25.11.2016. 2. Abiola, Hafsat (2016). Westafrika: Europa erzeugt die Flüchtlinge selbst. Zeit Online, 02.08.2016. 3. Pfaff, Isabel und Piper, Nikolaus (2016). Freihandelsabkommen - Ursache oder Lösung. Süddeutsche.de, 23.11.2016. 4. Ladurner, Ulrich (2017). An den Hühnchen liegt es nicht. Zeit Online Blog, 23.01.2017
Gruppendiskussion und Pro/Contra-Liste	25 Minuten	Ein Blatt Papier pro Gruppe, Stifte
Pause	15-20 Minuten	
BLOCK 3 – 90 Minuten Politische Information und Emanzipation		

Was?	*Zeit*	*Benötigte Materialien*
Kurze Zusammenfassung des zweiten Blocks - Überleitung zu Block 3	5 Minuten	
Erstellung von Plakaten zur politischen Information	40 Minuten	DIN A3 Plakate, Stifte, Farben, Schere und Kleber. Außerdem Zeitungen und Zeitschriften zum Ausschneiden, wenn möglich weitere Materialien zur kreativen Gestaltung
Plakatgalerie	25 Minuten	Erstellte Plakate
Abschluss und Feedback	20 Minuten	Moderationskarten in grün, weiß und rot, Stifte

1.3 Deutsche Waffenexporte

Terrorismus und Waffenexporte stellen weitere Themenfelder dar, mit denen sich junge Menschen zunehmend beschäftigen. Dies gilt insbesondere auch für das Leben und Aufwachsen in Deutschland, einem Staat, der weltweit zu den führenden Exporteuren von Kriegswaffen und sonstigen Rüstungsgütern gehört. U-Boote und Kriegsschiffe, Kampfjets und Militärhubschrauber, Panzer und Raketenwerfer, Sturmgewehre und Maschinenpistolen, Lizenzen zur Waffenproduktion und ganze Rüstungsfabriken werden weltweit geliefert, nicht selten auch in Krisenregionen (Henken 2012). Viele Exporte und auch die Rüstungsexport-Politik sind dabei hochumstritten.

Auf der einen Seite stehen die Befürworter*innen: Der Rüstungssektor macht große Profite und bietet zehntausenden Menschen Arbeitsplätze. Zudem wird argumentiert, durch die Exporte würde Sicherheit geschaffen. Sie würden strengen Kontrollen und Rüstungsexport-Richtlinien unterliegen. Auf der anderen Seite stehen die Gegner*innen von Waffenexporten: Sie kritisieren, dass Waffen immer wieder an autokratische oder menschenrechtsverletzende Regime geliefert werden. Darüber hinaus komme es sogar zu illegalen Exporten. Die Kehrseite der Profite dieser Industrie sei eine Mitschuld an aktuellen militärischen Konflikten. Darüber hinaus sei die Zahl der Beschäftigten in der Rüstungsindustrie bundesweit betrachtet verschwindend gering. Rüstungsexporte sind also ein kontroverses Thema, welches in Debatten um konkrete Konflikte und deren Folgen oft wenig Beachtung findet.

Das dritte Lehrmodul soll in zwei 90-minütigen Blöcken einen Einblick in die Zusammenhänge zwischen bewaffneten Konflikten und lokaler Rüstungsindustrie und -politik bieten. Damit knüpft es an die Themenbereiche ‚Frieden und Konflikt', ‚Politische Herrschaft, Demokratie und Menschenrechte' sowie ‚Global Governance – Weltordnungspolitik' des Orientierungsrahmens für den Lernbereich ‚Globale Entwicklung' an (Engagement Global 2016).

Der Einstieg in das Thema erfolgt durch die Erschließung eines Textes in Kleingruppen. Durch das Erarbeiten von Fragen an den Autor soll insbesondere die kritische Auseinandersetzung mit der vermittelten Position gefördert werden. Die folgenden Einheiten des Lernmoduls basieren auf der Zuteilung von Rollen, welche auf verschiedenen gesellschaftlichen Akteur*innen basieren, die am Konflikt um Rüstungsexporte beteiligt sind. So sollen im ersten Block die Positionen von Friedensaktivist*innen, Parlamentarier*innen für/gegen Waffenexporte, Rüstungslobbyist*innen und Rüstungsfabrikant*innen kennengelernt werden. Anschließend wird im zweiten Block anhand eines Filmes in das konkrete Beispiel von Rüstungsexporten nach Mexiko eingeführt. Daran anknüpfend überlegen sich die Schüler*innen aus der Perspektive ihrer Rolle Argumente und diskutieren diese mit Mitschüler*innen anderer Positionen. Die Argumente und Ergebnisse werden anschließend im Plenum zusammengetragen und kritisch evaluiert.

Tab. 3: Unterrichtsentwurf „Deutsche Waffenexporte"

BLOCK 1 – 90 Minuten **Einleitung „Deutsche Waffenexporte2**		
Was?	*Zeit*	*Benötigte Materialien*
Kennenlernen, Warmwerden, Vorstellung des Tagesplans	20 Minuten	Flipchart oder Power Point um den Ablauf vorzustellen
Lesen des Textes „Händler des Todes" von Lühr Henken (2012)	20 Minuten	Der Text befindet sich in der Broschüre. Henken, Lühr: Händler des Todes, in: www.imi-online.de, 24. Februar 2012.
Murmelrunde	10 Minuten	
Plenumsdiskussion	20 Minuten	
Einteilung der Gruppe in die verschiedenen Rollen	10 Minuten	Evtl. Lose mit den Rollen: Friedensaktivist*in, Parlamentarier*in pro Waffenexporte, Parlamentarier*in contra Waffenexport, Rüstungslobbyist*in, Rüstungsfabrikant*in
Die jeweiligen Rollen kommen an einem Tisch zusammen und finden sich mit den Beschreibungstexten in ihre Rolle ein	10 Minuten	Infotext: Rollenbeschreibungen Ein Schild auf dem Tisch macht die Rolle der jeweiligen Gruppe klar
Pause	15-20 Minuten	
BLOCK 2 – 90 Minuten **Argumente zu Waffenexporten**		
Was?	*Zeit*	*Benötigte Materialien*
Dokumentationsfilm über den Fall deutscher Waffenexporte nach Mexiko	30 Minuten	Fernseher/Beamer sowie Dokumentation „Netzwerk des Todes" (SWR 2015)
Die jeweiligen Tische überlegen sich Argumente aus Sicht ihrer Rolle	10 Minuten	Notizkärtchen
Immer fünf Personen der verschiedenen Rollen finden sich zusammen und vertreten und diskutieren Aussagen zu Rüstungsexporten	30 Minuten	Fünf Aussagen zu Rüstungsexporten: 1. „Waffenexporte sorgen weltweit für Sicherheit." 2. „Waffenexporte sichern Arbeitsplätze." 3. „Waffenexporte zerstören die Umwelt." 4. „Rüstungskonzerne stärken die Wirtschaft." 5. „Waffenexporteure sind ‚Händler des Todes'."
Zusammentragen der Dis-	10 Minuten	Flipchart oder Tafel

kussions-Ergebnisse und besten Argumente der verschiedenen Rollen im Plenum		
Fazit aus der Diskussion und Evaluation der Unterrichtseinheit	10 Minuten	

2 Konfliktfeld Internet: Lesen und Schreiben in bewegten Zeiten

Das Internet ist für die (akademische) Mediennutzung von Schüler*innen und Studierenden nicht nur eine Quelle von (Des-)Informationen, sondern Teil einer zunehmend ambivalenten virtuellen Öffentlichkeit. Diese ist jedoch bislang im sozialwissenschaftlichen Studium kaum analysiert und mediendidaktisch zugänglich gemacht worden. Es gibt derzeit kein ausgearbeitetes Konzept eines Seminars zur Friedens- und Konfliktforschung, das sich mit onlinebasierter Publizistik beschäftigt, obwohl das Internet insgesamt, aber auch die Blogosphäre im Speziellen, als transnationales Medium aus der Welt politischer Deutungskämpfe und Mobilisierungen für Bewegungen unterschiedlicher Couleur nicht mehr wegzudenken ist.

Das weltweite Netz, im wahrsten Sinne, spinnt sich zwischen populärwissenschaftlichen bis seriös recherchierten Nachrichten und Statistiken – von Verschwörungstheorien, wortgewaltig geführten Debatten in der Kommentarspalte, bis hin zu ausdrucksstarkem und mal verstörendem Bildmaterial. Sprache, Bild und Ton sind dabei nicht einfach Mittel des Ausdrucks oder der Informationsdarstellung, sondern transportieren selbst bestimmte Stimmungen, Werte und Weltanschauungen. So rief das Bild des dreijährigen Aylan Kurdi, der mit seiner Familie aus Syrien floh und dessen toter Körper an einem türkischen Strand angespült wurde, unterschiedliche Gefühle wach: von Wut, Entsetzen, Gleichgültigkeit, Trauer bis Zynismus. Diese verbreiteten sich mitsamt dem Bild auf verschiedenen Webseiten sozialer Medien. Die Verarbeitung von Bildmaterial wie diesem und den dazugehörigen Debatten findet jedoch allzu selten im (Hochschul-)Unterricht statt.

Das als Begleitveranstaltung zur Ringvorlesung ‚Welt aus den Fugen?‘ durchgeführte BloG-Seminar war ein Pilotprojekt im Rahmen der Entwicklung und Erprobung innovativer, digitaler Lehr- und Lernkonzepte an der Universität Kassel. Im Verlauf des Seminars verfassten Studierende in Kleingruppen über das gesamte Semester fünf Blogeinträge sowie drei Kommentare. Die Ergebnisse dieses Experiments lassen sich auf dem zugehörigen Blog nachlesen: weltausdenfugen.wordpress.com.

Ziel dieser Veranstaltung war es, den Studierenden die Möglichkeit zu geben, nicht nur passive Konsument*innen einer Vorlesung zu sein, sondern selbst publizistische Handlungsräume mithilfe des Blogs zu bespielen. Eigene Beobachtungen wurden geteilt und Beiträge erstellt, um damit Teil des (netz)politischen Diskurses zu werden, der die Ringvorlesung ‚Welt aus den Fugen’ begleitete. Dieses Konzept wurde zwar hochschuldidaktisch entwickelt, jedoch werden im Folgenden einige Gesichtspunkte vorgestellt, die bei der Arbeit mit Schüler*innen im regulären Unterricht integriert werden können. Denn auch unter Schüler*innen von denen mittlerweile 85 % ab zwölf Jahren ein Smartphone besitzen, wird das Internet weitaus häufiger zur Informationsbeschaffung verwendet als klassische Printmedien (Eis 2016, 69). Selbstbestimmtes Lernen findet daher schon lange nicht mehr nur innerhalb des vergleichsweise abgeschirmten Raumes Schule statt, sondern kann eingebettet werden in gesamtgesellschaftliche Prozesse und Diskussionen, die Schüler*innen auch in ihrem Alltag bewegen.

Im folgenden Teil soll daher ein weiterer Umgang mit der alltäglichen Vermittlungsebene der Debatten um diese Themen vorgestellt werden. Dabei soll es sowohl um die Frage des barriere- und diskriminierungsfreien Schreibens gehen als auch um das Decodieren von Verschwörungstheorien sowie um das Annehmen und Geben von Feedback, insbesondere im Onlinebereich.

2.1 Warum einen ‚Blog' verwenden?

Das Wort ‚Blog' setzt sich zusammen aus Web-Log (Log wie Logbuch, eine in der Seefahrt übliche Form der Aufzeichnung und Archivierung der Fahrtstrecke). Es bezeichnet ein im Internet veröffentlichtes Tagebuch. Blogs sind mittlerweile sehr vielfältig: Es gibt private Blogs, Politiker*innen-Blogs, Journalist*innen-Blogs, Kollektiv-Blogs, Unternehmen-Blogs etc. Der Vorteil liegt darin, dass Inhalte selbst erarbeitet und auf eine fortlaufend aktualisierbare Seite gestellt werden können. Das Schreiben eines Blogs eröffnet eine individuelle Bearbeitung eines Themas sowie einen individuellen Zugang zu einem Lernbereich. Ein Blog vollzieht sich im Dialog mit der Öffentlichkeit, Diskurse können mitgestaltet werden. Die eigenen Lernfortschritte werden sichtbar. Zudem haben Blogs einen immer größeren Stellenwert im öffentlichen Diskurs eingenommen – Blogger*innen sind Teil des öffentlichen Meinungsaustauschs- und Bildungsprozesses.

Autor*innen nutzen Blogs, um neue Gedanken zu formulieren, auszuprobieren und durch die Rückmeldungen über E-Mails und öffentliche Kommentare diese Ideen weiterzuentwickeln. Blogs sind daher anders als gedruckte Texte. Durch zahlreiche Querverweise und Verlinkungen, sind sie stets mehrdimensional, können Komplexität und widerstreitende Meinungen anders darstellen. Ein Blog kann dazu beitragen sich gerade mit sehr aktuellen Themen und im Dialog mit anderen auseinanderzusetzen.

2.2 Publizieren im Internet: Sprache, Bild und Ton sind politisch

Insbesondere im Internet gilt: Informationen können unterschiedliche kognitive Ebenen ansprechen. Darin besteht ein entscheidender Vorteil des Mediums. Doch wegen der häufigen Überfrachtung von Webseiten, Artikeln und Sätzen, ist auch besondere Klarheit gefordert.

Bei Verschwörungstheorien fällt auf, dass der Schreibstil besonders stark mit Vermutungen, emotionalen Begriffen und Superlativen aufgeladen ist. Als Verschwörungstheorie werden im weiteren Sinne Versuche bezeichnet, ein Ereignis, einen Zustand oder eine Entwicklung durch eine Verschwörung zu erklären, also durch das zielgerichtete, geheime Wirken von vermeintlich ‚bösen' oder ‚feindlich gesinnten' Personen zu einem meist illegalen oder nicht legitimierten Zweck (Klöckner 2012). Nicht nur, um verschwörungstheoretische Texte zu identifizieren, sondern generell, gilt beim Lesen von Texten, sich über mögliche Wünsche, Ziele, Intentionen des Textes und der*des Autor*in Gedanken zu machen. Wichtig ist eine skeptische Lesehaltung. Wird mit dem Text versucht Leser*innen in ihren Verhaltensweisen auf eine bestimmte Weise zu beeinflussen? Wie plausibel ist die dargelegte Argumentation – enthält sie Widersprüche? Auch können Quellen und vermeintliche Fakten immer noch einmal über weitere Quellen geprüft werden. Damit wird der Versuch unternommen, Diskurse im Internet immer wieder auf nachprüfbare Fakten, weg von ‚Fake News', zu bewegen. Beim Schreiben können Schüler*innen selbst auf folgende Dinge achten: Sätze sollten z. B. nicht mehr als etwa 13 Wörter umfassen, zudem sollte deutliche, klare und einfache Sprache verwendet werden. Eine hohe Anzahl von Superlativen (massiv, total, phänomenal, super, extrem) und emotionalen Begriffen (Katastrophe, Chaos, Machtlosigkeit, Brutalität) sollten vermieden bzw. der Umgang damit reflektiert werden. Zudem sollte anstelle von Vermutungen (irgendwie, irgendein, vielleicht, irgendwo) deutlich werden wer, was, wann, wo, wie, warum getan oder gesagt hat.

2.3 Barrierearme, geschlechtergerechte, diskriminierungsfreie Sprache

Ein weiterer Vorteil des Internets ist, dass ein breites Publikum erreicht werden kann. Das bedeutet jedoch, sich mit bestimmten Schreibweisen vertraut zu machen, damit es zwischen Texten und Leser*innen keine Barrieren, Irritationen oder Ausschlüsse gibt. Um allen Menschen den Zugang zu Texten zu ermöglichen, werden ständig neue Möglichkeiten, insbesondere technische Neuerungen, entwickelt. Jedoch kann ebenso durch eine bewusste Schreibweise ermöglicht werden, einige Barrieren abzubauen[134]. Gerade in aktuellen Debatten um Inklusion und erste Gehversuche, z. B. in NRW und im Land Hessen, nehmen Themen wie Barrierefreiheit und auch Kommunikation zwischen den Schüler*innen mit sehr unterschiedlichen Bedürfnissen eine wachsende Bedeutung ein. Wie wird ermöglicht, dass potentiell alle die Debatten – auch im Internet – verfolgen und auf relevante Daten zurückgreifen können? Welchen Beitrag kann auch Schule dabei leisten? Ein - wenn auch kleiner - Beitrag kann über die Sensibilisierung für barrierearmes Schreiben erreicht werden.

Ziel des barrierearmen Schreibens ist es, eine vorlesbare Version einer Seite zu erstellen. Dabei helfen eine einfache, klare Sprache, kurze Sätze, aber auch beispielsweise offensichtliche Verlinkungen anderer Seiten, indem Links ausgeschrieben werden und auf Javascript, animierte Grafiken, Flash Player etc. verzichtet wird. Des Weiteren hilft es, Abkürzungen auszuschreiben, Fachbegriffe genau zu erklären und Bildunterschriften zu verwenden, die den Inhalt der Grafiken genau wiedergeben. Statt Tabellen können auch Alternativtexte geschrieben werden, da ein Vorlesen von Tabellen das Gegenteil von Übersichtlichkeit erreicht. Durch Hervorhebungen im Text, wie fettgedruckt oder kursiv, können auch Betonungen angezeigt werden.

Darüber hinaus ist auch im Unterricht ein sensibler Umgang damit wichtig, welche gesellschaftlichen Ungleichheiten Sprache widerspiegelt und produziert. Sehr früh lernen Kinder, dass Sprache verletzen und ausgrenzen kann. Zudem gibt es immer wieder Fälle von Online-Mobbing, Eskalationen in Privatchats usw. Wo, wenn nicht im Schulalltag, können Kinder und Jugendliche die Grenzen von Worten austesten und den Umgang mit Sprache im Austausch mit ihren Mitmenschen lernen? Schon in der Schule wird deutlich, dass Sprache einerseits Solidarität und Freundschaften ermöglicht, andererseits bestehende Machtverhältnisse stabilisieren kann. Denn auch scheinbar neutrale Bezeichnungen können diskriminierend sein, weil sie bestimmte Merkmale für Unterscheidungen herausgreifen, alle anderen Merkmale werden dabei irrelevant. Die Unterteilung in Menschengruppen wie beispielsweise ‚Männer' und ‚Frauen' erschafft zwei (und nur zwei) scheinbar in sich homogene Gruppen. Nicht selten werden aufgrund solcher gewachsenen Differenzen auch soziale Ungleichheiten gerechtfertigt.

Ein reflektierter Umgang mit Kategorien, Zuschreibungen und Unterscheidungen ist auch beim Publizieren im Internet relevant. Schreibe ich über eine bestimmte Person oder schreibe ich über eine ganze Gruppe von Menschen, indem ich die Nationalität, Glaubensgemeinschaft, das Geschlecht etc. hervorhebe? Hebe ich äußere Merkmale hervor, die vor allem dadurch relevant sind, dass sie sich von den Merkmalen, die mich ausmachen, unterscheiden? Diese Thematik wird unter dem Begriff des ‚Othering' zusammengefasst. Othering bedeutet, dass andere als fremd, exotisch, nicht-zugehörig, unterentwickelt, eben als ‚anders' beschrieben werden. Insbesondere wenn es dabei um die Abgrenzung und angebliche Überlegenheit von einem ‚uns' (unserer Kultur, unseren Werten, …) gegenüber einem ‚die anderen' geht, entstehen häufig aufgeladene Diskussionen. Welche Rolle möglicherweise unser eigener Bei-

[134] Eine gute Zusammenfassung davon, was ‚barrierearm' bedeutet, bietet die Website www.die-barrierefreie-website.de.

trag, unsere eigene Brille, unsere Vorstellungen über ‚andere' dabei spielen, sollte beim Schreiben immer mitbedacht werden.

All diese Fragen sind nicht nur für die Sprachverwendung, sondern auch für die Verwendung von Bildmaterial, wichtig. Wenn sich Schüler*innen entscheiden, einen Beitrag über Flucht und Verfolgung oder Migration zu publizieren, welche Bilder verwenden sie dabei? Welche Emotionen rufen dargestellte Szenen wach? Wer steht im Vordergrund, wer (nur) im Hintergrund? Müssen Gewaltexzesse und Zerstörung im Vordergrund stehen, um einen bestimmten Punkt zu unterstreichen? Dabei geht es nicht darum, Bildmaterial zu verbieten, sondern Kinder und Jugendliche zur Reflektion darüber zu motivieren, warum sie eine Auswahl für relevant halten, um eine Aussage zu stützen. Denn Bilder und Aussagen begegnen ihnen auch in Nachrichtensendungen, Filmen und bei Dokumentationen. Wer stellt was, warum, wie dar? Wie würde ich das machen? Diese Fragen helfen, einen geübten Umgang mit Nachrichten zu erlangen und einem Ohnmachts- oder Überforderungsgefühl eigene Gedanken und Überlegungen entgegenzusetzen.

2.4 Kommentieren und Umgang mit Feedback

Auf dem digitalen Schlachtfeld um Ideen, Analysen und Gefühle spielt der Austausch auf Onlineplattformen eine große Rolle. Postings und Artikel zu kommentieren, ist dabei eine Art, das Feedback zu geben. Hat dieser Beitrag gefallen? Wirft er Fragen auf? Ist er widersprüchlich? Schnell können sich durch unbedachte Kommentare erhitzte Diskussionen entzünden. Den Schüler*innen soll deutlich werden, dass wenn Feedback auf beleidigende Art gegeben wird, die Diskussion per Internet am besten beendet und wenn möglich außerhalb der virtuellen Ebene fortgeführt wird. Doch auch über das Internet kann ein konstruktiver Schlagabtausch stattfinden.

Feedback bzw. Kommentieren ist eine direkte und konkrete Form der Rückmeldung an eine Person. Feedback setzt immer bei der subjektiven Wahrnehmung der Feedback-Gebenden an. Es besteht notwendigerweise aus Feedback-Geben und Feedback-Annehmen. Damit ein Feedback wirksam und hilfreich sein kann, ist es wichtig, dass es auf wertschätzende Art stattfindet. Die größte Kunst dabei ist: Ich sage einem Menschen, wie ich seine Arbeit sehe, ohne ihn*sie dabei zu verletzen. Feedback sollte zielorientiert und konstruktiv sein. Das Feedback sollte keinen Legitimations- und Rechtfertigungszwang herstellen. Es geht bei einem Meinungsaustausch schließlich nicht darum, das Gegenüber persönlich anzugehen, sondern darum, eine bestimmte Position in Frage zu stellen. Beim Feedback-Annehmen gilt das ebenfalls. Es ist wichtig, sich klar zu machen, dass andere nie beschreiben können, wie man ist, sondern immer nur, wie eine gemachte Aussage auf andere wirkt. Diese Wahrnehmung ist aber durch keine Klarstellung revidierbar. Es ist daher vor allem wichtig zu verstehen, was die anderen meinen, Verständnisfragen sind daher oft zielführender als eine vorschnelle Verteidigungsschrift[135].

Während unseres Blog-gestützten Seminars haben wir die Erfahrung gemacht, dass sich Studierende sehr intensiv mit diesen Themen auseinandersetzen und immer wieder auf der Suche sind, ihren Stil und ihren Online-Austausch zu verbessern. Wir denken, dass dies auch für Schüler*innen gilt. Die angeschnittenen Themen, wie gendersensible, barrierearme, diskriminierungsfreie Sprache, bilden dabei sicher nur einen, wenn auch nicht irrelevanten, Aspekt der Online-Publikation und -kommunikation, insbesondere in einer Welt, in der politische Spannungen und Konflikte zunehmen.

[135]Weitere Tipps dazu sind in der Broschüre zu ‚Welt aus den Fugen' zusammengefasst.

3 Fazit

Das Internet ist aus der Schule nicht mehr wegzudenken: In Zeiten der alltäglichen Nutzung von Smartphones und sozialen Medien brauchen Schüler*innen Unterstützung im Umgang mit Informationen und digitaler Kommunikation. Medienkompetenz und ein selbstbewusster und im wahrsten Sinne geschulter Blick helfen, das vermeintliche Wirrwarr an Audio, Video, Bild und geschriebenem Wort zu sortieren und politisch einzuordnen. Dadurch erst können diese Informationen auch nutzbar gemacht werden, so dass Schüler*innen vom politischen Geschehen nicht eingeschüchtert werden, sondern trotz einer komplexen Weltlage politische Handlungsfähigkeit erlangen können. Mit den drei Lehrmodulen möchten wir Vorschläge zum praktischen Umgang mit dieser Herausforderung machen.

Zudem bietet sich das Konzept eines Blog-Seminars auch an, auf den Schulunterricht übertragen zu werden, um den Umgang mit digitalen Medien und der Öffentlichkeit des Internets praktisch zu erlernen und mit einer Sensibilisierung für die Wirkung von medialen Darstellungen zu verbinden.

In den Lerntagebüchern, die die Studierenden zum Abschluss des BloG-Seminars abgaben, wurde angemerkt, dass ein Leitfaden zur Arbeit in Gruppen wichtig ist. Auch außerhalb der virtuellen Ebene sind ‚Softskills' gefragt, insbesondere, wenn es darum geht, gemeinsam Beiträge zu verfassen oder sich ein Publikationskonzept zu überlegen.

Was aus diesem Beitrag ebenfalls deutlich geworden sein sollte, ist, dass das Schreiben von Blogeinträgen beispielsweise als Alternative zu Hausarbeiten oder zu einer Klausur keinesfalls weniger Aufwand bedeutet. Die Reflektion über die Quellenrecherche und die eigene Verwendung von Sprache nimmt selbstverständlich Zeit in Anspruch. Vor allem auch dann, wenn im Internet damit gerechnet werden muss, dass der erstellte Beitrag auch tatsächlich gelesen wird. Was sich jedoch unterscheidet, ist die Vielfalt an Möglichkeiten, welche die Erstellung eines Blogbeitrags bietet. Von einem Glossar, zu einer Film- oder Buchbesprechung, der Auswertung von Statistiken, Radiobeiträgen oder Lernmaterial für die eigene Unterrichtsvorbereitung. All diese Möglichkeiten waren den Studierenden offengelassen worden. Die Vielfältigkeit des Mediums Internet und die Themen selbst haben bei vielen ein Eigeninteresse wecken können und nach eigenen Angaben einen Lernfortschritt ermöglicht.

Ziel politischer Bildung ist es, Kindern und Jugendlichen im Schulunterricht, aber auch Studierenden, eine Auseinandersetzung damit zu ermöglichen, dass die Welt, wie sie ist, von Menschen geprägt wurde, dass die Verhältnisse nicht immer so waren und nicht immer so sein werden, und dass es unterschiedliche Möglichkeiten gibt, politische und gesellschaftliche Veränderungen mitzugestalten. Dieser Art der Selbstermächtigungen setzen Verschwörungstheorien eine Art der vernetzten Allmacht, und damit der individuellen Ohnmacht, entgegen. Dadurch wird politische Bildung immer wieder herausgefordert. Vor allem bei Thematiken wie rechtem oder islamistischen Terror, Fluchtursachen oder Krieg, begegnen uns im Internet sehr verschiedene Positionierungen. Von wissenschaftlich unterschiedlichen Rahmungen, die akademischen Standards entsprechen und daher ein hohes Diskussionsniveau ermöglichen, bis hin zu Verschwörungstheorien, die offene und transparente Debatten verhindern oder zumindest verzerren. Im Verlauf des BloG-Seminars haben wir gemerkt, dass sich die Studierenden von Beitrag zu Beitrag intensiver mit ihrer eigenen Wahrnehmung beschäftigt haben und ihre Sprach- und Schreibgewohnheiten verfeinerten.

Neben den Beiträgen selbst ist uns vor allem deutlich geworden, wie wichtig die Funktion der Kommentare ist. Wir haben den Eindruck gewonnen, dass die Studierenden besonders hier Wert auf die vorher debattierten Feedbackregeln legten und selbst ein Interesse daran entwickelten, ernst genommen zu werden. Innerhalb der Kommentare passierten interessante Dinge: Studierende reflektierten, was sie aus dem Beitrag lernen. Sie benannten teilweise detailliert die Aspekte, die sie als Widerspruch zu den eigenen Meinungen, dem eigenen Wissen/Positionen wahrnahmen. Und selbst, wenn die Studierenden vielleicht ursprünglich nur das Interesse hatten, schnell den Kommentar ‚runterzuschreiben', um ihre Leistung zu bestehen, sind die Kommentare beeindruckend, nachdenklich, ermunternd und konstruktiv und weisen ein Wissen und Interesse auf, dass teilweise durch die Beiträge selbst nicht immer durchdrang[136].

Wir haben erlebt, dass auch in Zeiten, in denen die Welt aus den Fugen zu geraten scheint, der Informationsflut eine reflektierte und emanzipierte Auseinandersetzung entgegengesetzt werden kann, die selbstbewusstes Entwickeln eigener Ideen und neuer Handlungsspielräume sowohl im Internet als auch im Alltag eröffnet.

---

[136]Für die Kommentare bietet eine geschlossene Seite, die nur für die Mitglieder des Kurses und die Dozent*innen zugänglich ist, eine sehr gute Arbeitsatmosphäre. Die Kommentare öffentlich schreiben zu lassen, würde eine größere Hemmschwelle erzeugen, die den konstruktiven Prozess, in der Art wie wir ihn erlebt haben, ausbremsen könnte.

Literatur

Eis, A. (2016): Edutainment statt Politische Bildung? (Post)Politische Events, simulierte Partizipation und Gelegenheiten der Selbstermächtigung im Zeitalter des „communicative capitalism“. In: Dust, M./Lohmann, I./Steffens, G. (Hrsg.): Jahrbuch für Pädagogik 2016: Events & Edutainment, Frankfurt a. M. u. a., 183-196.

Engagement Global (2016): Orientierungsrahmen für den Lernbereich Globale Entwicklung. 2. aktualisierte und erweiterte Auflage. Bonn: Engagement Global gGmbH.

Klöckner, M. (2012): Was ist eine Verschwörungstheorie und wann ist ein Verschwörungsverdacht glaubwürdig? Heise online. Online abrufbar unter: https://heise.de/-3395562 (letzter Zugriff 28.08.2017).

Henken, L. (2012): Händler des Todes. In: junge Welt, 24.02.2012.

UNHCR (2017): Global Trends. Forced Displacement in 2016. Genf. Online abrufbar unter: https://www.uno-fluechtlingshilfe.de/fileadmin/redaktion/PDF/UNHCR/GlobalTrends 2016.pdf (letzter Zugriff 17.08.2017).

Zeit Online (2016): Deutschland ist weltweit drittgrößter Waffenexporteur 13.06.2016. Online abrufbar unter: http://www.zeit.de/wirtschaft/2016-06/ruestungsindustrie-waffenexporte-deutschland-drittgroesster-waffenexporteur (letzter Zugriff 28.08.2017).

Angaben zu den Personen:

Die Autor*innen organisierten die Ringvorlesung ‚Welt aus den Fugen: Krisen, Konflikte, Widerstand‘ im WS 2016/2017 an der Uni Kassel

Anne Engelhardt

promoviert an der Universität Kassel zu Arbeitskämpfen im Logistiksektor Brasiliens und Portugals. Sie hat die öffentlichen Ringvorlesungen ‚Leben in Zeiten der multiplen Krise‘ und ‚Welt aus den Fugen?‘ mit initiiert und arbeitet als Lehrbeauftragte an den Universitäten Kassel und Göttingen.

Carolin Müller

studierte den Master ‚Global Political Economy‘ an der Universität Kassel und arbeitete im Rahmen der Ringvorlesungen ‚Leben in Zeiten der multiplen Krise‘ und ‚Welt aus den Fugen? Krisen, Konflikte, Widerstand‘.

Norma Tiedemann

studierte den Master ‚Global Political Economy‘, hat zeitweise an der Universität Kassel im Rahmen der Ringvorlesungen ‚Leben in Zeiten der multiplen Krise‘ sowie ‚Welt aus den Fugen?‘ gearbeitet und bereitet derzeit ihre Dissertation zu progressiven Stadtpolitiken vor.

Carolin Philipp

Die Krise als Möglichkeitsraum? Lerngelegenheiten in und für soziale/n Bewegungen in Griechenland

Zusammenfassung: Im Beitrag wird die Frage behandelt, ob Krisensituationen auch einen Möglichkeitsraum für die Etablierung von Gegenhegemonien darstellen können. Auf der empirischen Basis von Interviews mit 16 Aktivist*innen aus Athen wird untersucht, wie sich ihre Konzepte und Strategien in den letzten Jahren, die in Griechenland als Krisenjahre definiert werden, transformiert haben.

Schlüsselbegriffe: Krise als Möglichkeitsraum, soziale Bewegungen, empirische Forschung, Griechenland

The Crisis as possibility? Learning in and for social movements in Greece

Abstract: This paper deals with the question of whether a crisis can also be an opportunity for establishing counter-hegemonies. On the empirical basis of interviews with 16 activists from Athens, the author analyses how their concepts and strategies have been transformed in recent years, which have been defined in Greece as 'crises'.

Keywords: Crisis as possibility, social movements, empirical research, Greece

„The crisis consists precisely in the fact that the old is dying
and the new cannot be born;
in this interregnum a great variety of morbid symptoms appear."
Antonio Gramsci[137]

Die Krise gebiert Monster: Der griechische Staat ist hoch verschuldet, strikte Reformen werden von internationalen Geldgeber*innen verlangt, der Staat wird immer repressiver, die soziale Ungleichheit wächst, Löhne brechen ein, die Hälfte der jungen Erwachsenen sind arbeitslos, die gut Ausgebildeten wandern aus, Hoffnungslosigkeit macht sich breit, eine Neo-Nazi-Partei zieht im dritten Krisenjahr ins Parlament ein.

Meldungen wie diese bestimmen seit 2009 die Schlagzeilen über Griechenland und so auch die Wahrnehmungen in Resteuropa (siehe hierzu Bickes et al. 2012). Was passiert in dem Mittelmeerstaat? Gebiert die sogenannte Krise tatsächlich Monster oder wird sie als Gelegenheit von der „herrschenden Elite" genutzt, die neoliberalen Stellschrauben fester zu drehen, wie die Philosophen Badiou und Balibar es behaupten (Badiou, Balibar et al. 2012)? Die berüchtigten Strukturanpassungsmaßnahmen (SAPs) – die in ihrer radikalen Form vorher eher während Krisenmomenten im Globalen Süden eingesetzt wurden – sind in der europäischen Peripherie angekommen. Laut einer OECD-Studie von 2015 ist Griechenland in den letzten Jahren „die reformfreudigste Volkswirtschaft unter allen Industrieländern" (Klormann 2015).[138]Auch der griechische Historiker Antonis Liakos spricht davon, dass die Krise als Instrument benutzt wird, um die Gesellschaft radikal und gegen den Willen der Bevölkerung zu verändern (Liakos 2011). Ist Griechenland also – wie Naomi Klein in

[137]Gramsci (1971, 556)

[138]Die OECD-Studie mit dem Titel „Economic Policy Reforms: Going for Growth 2015" kann auf der OECD-Webseite vollständig eingesehen werden.

einer Rede in Athen gesagt hat – zum zentralen Labor für die Schock-Doktrin, dem Meta-Narrativ unserer Zeit, geworden (Klein 2013)?

Der Soziologe William Carroll behauptet, dass das neoliberale Meta-Narrativ gerade in Krisenmomenten als Hegemonie verfestigt werde. Wir als Linke, so Carroll, müssten aber Lösungen außerhalb der existierenden Hegemonie finden, gegenhegemoniale Praktiken entwickeln (Carroll 2006, 20). Doch wie soll das geschehen, gerade in Krisenmomenten? Eine neuere Studie belegt sogar, dass die meisten Krisen der letzten hundert Jahre Parteien und soziale Bewegungen der extremen Rechten gestärkt haben (Funke/Schularik/Trebesch 2015). Genau das scheint sich mit den neu-rechten Tendenzen nicht nur in Griechenland, sondern im gesamten Globalen Norden gerade wieder zu bestätigen.

Aber können Krisen auch Möglichkeitsräume für progressive Gegenhegemonien, Chancen für linke soziale Bewegungen sein? Wie nehmen linke Aktivist*innen die Krisen in Griechenland wahr? Wie entwickeln sich radikal-linke politische Räume aus einer sozialen Bewegungsforschungsperspektive? Können Krisen Lerngelegenheiten darstellen, in denen soziale Bewegungen ihre Konzepte und Strategien transformieren? Entstehen nicht gerade in Krisenzeiten Handlungsspielräume, um Alternativen zu erproben, um kollektive Handlungsfähigkeit auszubauen, die in nicht-Krisenzeiten nicht möglich, nicht denkbar und nicht zu verwirklichen sind? Besteht nicht gerade in Krisenzeiten die Möglichkeit, über Widerstand hinauszugehen, und gegenhegemoniale Gesellschaftsentwürfe zu schaffen?

Viele theoretische Überlegungen stützen die Hypothese von Krise als linker Möglichkeitsraum (Gramsci 1971, 178; Bourdieu 2000, 160; Wallerstein 1984, 23 zitiert von Smith/West 2012, 5) ebenso wie empirisch-historische Forschung aus anderen Weltregionen (Smith 2009 für die haitianische Unabhängigkeitsbewegung; Linhard 2005 für die mexikanische und spanische Revolution). Für den griechischen Kontext untersuchte Tassoula Vervenioti das „Möglichkeitsfenster“ der Kriegsjahre in den 1940ern. Sie fand heraus, dass viele Frauen diese Krisenphase für eine radikale Redefinition von Geschlechterrollen nutzten. Im Ausnahmezustand des Widerstand gegen die deutsche Besatzung von 1941 bis 1944 und im darauf folgenden Bürgerkrieg ab 1946 veränderten sich grundlegend traditionelle Rollenbilder und Aufgabenverteilung, zumindest für einen kurzen Zeitraum. Im griechischen Widerstand gegen die Nationalsozialisten waren viele Frauen an den Waffen, auch in Führungspositionen (Hart 1996, 77) wie die jüdische Thessalonikierin Sara Yeshua alias 'Captain Sarika'. Vervenioti behauptet, dass der *„radikale Geist des Widerstands Möglichkeiten für Initiativen und Aktivitäten hervorbrachte, die in Friedenszeiten nicht zur Verfügung standen*“ (Vervenioti 2000, 105). Janet Hart, die ebenfalls zu dem Thema forschte, stimmt überein darin, dass eine Krisensituation kulturelle und gesellschaftliche Transformationen erleichtert und die etablierte Hegemonie in Frage stellen kann (Hart 1996, 68).

In den letzten Jahren ist die Forschung zu sozialen Bewegungen in gesellschaftlichen Krisensituationen stark angestiegen. Das krisengeschüttelte Griechenland bietet für viele Bewegungsforscher*innen ein spannendes Forschungsfeld (Dalakoglou/Vradis 2011; Kornetis/Kouki 2016).[139] Krise wird aber erstens in den meisten Untersuchungen nicht als Möglichkeitsraum begriffen, sondern es wird eher konkret erforscht, wie soziale Bewegungen auf Austeritätsmaßnahmen *reagieren* oder welche Rolle physischer Raum für sie spielt (vgl. Kotronaki/Seferiadis [2009], Makrygianni|Tsavdaroglou [2011], Stavridis [2010)].

[139]Siehe auch die Konferenz an der Athener Polytechnischen Universität 2013 „Crisis Regimes and Emerging Social Movements in the Cities of Southern Europe“ oder den Sammelband „Spreading Protest. Social Movements in Times of Crisis“, herausgegeben von Donatella Della Porta und Alice Mattoni 2014.

Zweitens konzentrieren sich viele Untersuchungen auf kurze Zeitspannen oder punktuelle Ereignisse wie die Dezember-Proteste von 2008, die Syntagmaplatz-Besetzung von 2011 oder die Demonstration am 5. Mai 2010, bei der drei Menschen in einer Bank verbrannten (Giovanopoulos & Mitropoulos (Eds., 2011), Leontidou (2012).

Untersuchungen, die über einen längeren Zeitraum erforschen, ob die gegenwärtige multiple Krise von den Bewegungsteilnehmer*innen als Möglichkeitsraum begriffen wird – etwa um radikal alternative Gesellschaftsentwürfe zu etablieren – gab es bislang noch nicht.

Um diese Fragen zu beantworten, habe ich im Rahmen der Forschung für meine Dissertation Interviews mit 16 Aktivist*innen der radikalen Linken, autonomen und anarchistischen Szene in Athen durchgeführt (Philipp 2017). Gerade das radikale Aktivist*innenspektrum schien mir als Zielgruppe interessant, denn sie protestieren nicht nur gegen die Sparmaßnahmen oder machen Korrekturvorschläge für mehr soziale Gerechtigkeit, sondern sie behaupten, eine radikal andere Gesellschaft zum Ziel zu haben, über die gegebene Realitäten hinauszudenken, Räume von gegenhegemonialem Widerstand und Gestaltung zu schaffen. Die interviewten Aktivist*innen grenzten sich ab von der breiteren Linken: von reformistischen Strategien der Sozialdemokraten, hierarchischen Organisationsstrukturen der kommunistischen Partei und von Strategien, die darauf abzielen, die Gesellschaft von oben über die Regierungsgewalt zu verändern, wie die gegenwärtige Regierungspartei der SYRIZA. Die Stichprobe der Befragten besteht aus Aktivist*innen verschiedener politischer Orientierungen. Sie umfasst Anarchist*innen verschiedener Couleur, Anarchokommunist*innen, radikale Linke, autonome Marxist*innen, Internationalist*innen und Situationist*innen. Die meisten sind in antirassistischen oder antifaschistischen Nachbarschaftsversammlungen oder in Direct-Action-Praktiken im weiteren politischen Raum tätig. Im folgenden Artikel möchte ich den sozio-historischen Rahmen der Aktivist*innen skizzieren und darauf aufbauend ihre Krisenwahrnehmung, um dann darauf einzugehen, wie sich konkret Konzepte und Strategien in der Stichprobe radikaler Linker verändert haben.

1 Sozio-historischer Rahmen

Der sozio-historische Horizont der griechischen Gesamtgesellschaft ist geprägt von Krisen, Kriegen und politischen Kämpfen, die viele Generationen zurückreichen (Fleischer 2006, 237). Die Gesellschaft ist von vielfältigen Spaltungen durchwirkt. Die Besetzungs- und Widerstandsgeschichte spielt eine wichtige Rolle für die Zusammensetzung von Identitäten, Bewusstsein, Konzepten und Strategien des anarcho-autonom-linken politischen Raumes. Das 20. Jahrhundert wird von den Interviewpartner*innen als Zeitraum der Unterdrückung und der politischen Kämpfe erinnert: gegen Diktatur, gegen die deutsch-geführte faschistische Besatzung, gegen rechte Kräfte im Bürgerkrieg und die westlich unterstützten autoritären Regierungen bis 1974. Die Erinnerung an die Unterdrückung beeinflusst noch tiefgreifend die Wahrnehmungen von Staat, wirtschaftlichem System, den Konzepten von Nation und Gewalt innerhalb der Interview-Stichprobe. Auch die Strategien der Interviewpartner*innen, besonders im Bezug auf Konfrontation, Selbstorganisation und Befreiung sind nur unter Berücksichtigung des historischen Gewordenseins der griechischen Linken nachzuvollziehen. Neben der Unterdrückung halten sich die Aktivist*innen auf der anderen Seite auch die Erfolge, vor allem des antifaschistischen Widerstandes in Erinnerung: Den kommunistisch geführten Widerstand der EAM organisierte in Großteilen des Landes die Gesellschaft autonom von der mit den Nazis kollaborierenden griechischen Regierung. Ihr bewaffneter Arm ELAS fügte den faschistischen Besatzern empfindliche Niederlagen zu. 1944 übernahm EAM/ELAS beinahe die Regierungsgewalt in Griechenland (Fleischer 2006: 237). Für die Linke bedeutet diese Erfahrung nicht nur eine positive Erinnerung daran, dass kollektiver Widerstand Erfolg haben kann, sondern beeinflusst auch ihre Beziehung zu bewaffnetem Kampf (positiv) und zu autonomer Gesellschaftsorganisation (positiv).

Auch der unvollständige Demokratisierungsprozess ab 1974 nach dem Ende der Militärjunta beeinflusste die Linke. In Griechenland gab es zwar in der Parteienlandschaft – wie in anderen Mittelmeerländern, die im 20. Jahrhundert autoritär regiert wurden – nur relativ unbedeutende extrem rechte Parteien,[140] allerdings wurden die Verbrechen des Bürgerkriegs oder der Junta nie wirklich aufgearbeitet. Um den fragilen sozialen Frieden nicht zu gefährden, blieben viele Verbrechen der Junta ungesühnt. Extrem rechte Kräfte blieben auch nach 1974 in Schlüsselpositionen innerhalb von Polizei, Justiz, Militär und Kirche und bilden den sogenannten „Vathi Kratos" („Tiefen Staat", Christopoulos 2014, 10).

Allerdings fand in den 1980ern unter der sozialdemokratischen PASOK-Regierung von Andreas Papandreou eine Liberalisierung der Gesellschaft statt. Aber auch die Sozialdemokrat*innen führten mit ihrem Regierungsstil einerseits die klientilistischen Netzwerke fort, andererseits wurde auch unter ihnen keine Vergangenheitsbewältigung forciert.[141] In den 2000er Jahren wurde die vorher stets abgelehnte Neoliberalisierung durchgeführt. Die sogenannte 700-€-Generation wuchs heran, eine gut ausgebildete, aber prekäre Generation.

Die Erschießung des 15-jährigen Teenagers Alexis Grigoropoulos im Dezember 2008 durch einen Polizisten löste den „Dezember-Aufstand" aus. Der Konflikt zwischen staatlichen Autoritäten und einer über den anarcho-autonom-linken politischen Raum weit hinausgehenden Bevölkerung eskalierte für einen Monat. Die staatliche Repression, steigende Migrant*innenzahlen aus dem Globalen Süden, eine Ausbreitung neo-faschistischer Gewalt zusammen mit einer Prekarisierung des Alltagslebens kreierten eine Atmosphäre, die die Interviewpartner*innen als krisenhaft bezeichnen.

2 Krise als Normalität

> *„Die Tradition der Unterdrückten belehrt uns darüber, daß der >Ausnahmezustand<, in dem wir leben, die Regel ist. (...) Dann wird uns als unsere Aufgabe die Herbeiführung des wirklichen Ausnahmezustands vor Augen stehen."*
>
> *Walter Benjamin*[142]

Vielfältige Krisen durchziehen bis heute die griechische Geschichte. Die Interviewpartner*innen bezeichnen mit Krise dadurch auch keine Ausnahmesituation, sondern die Normalität der griechischen Gesellschaft. Der Begriff ‚Krise' – das kompakteste und am meisten genutzte Label, um das zeitgenössische Griechenland zu beschreiben, – ist umstritten. Die interviewten Aktivist*innen vertreten mehrheitlich die These, dass die „griechische Krise" ein perspektivischer Rahmen der europäischen Regierungen und Wirtschaftsinstitutionen ist. Krise bedeutet in der dominanten Interpretation, dass ein stabiles System vor einer Herausforderung steht, die von politischen Autoritäten überwunden werden muss, um wieder die vorher existierende Ordnung herzustellen. Das Gegenteil von „Krise" in diesem Diskurs ist „Normalität". Die Etikettierung der Post-2009-Jahre als „Krise" definiert das normale Funktionieren der Marktwirtschaft als nicht anfällig für Risiken. Die Analyse der Krise als ein be-

[140] Das wird im Allgemeinen darauf zurückgeführt, dass in der Bevölkerung aus der Erfahrung mit Diktaturen eine große Ablehnung gegenüber autoritären Staatsformen besteht (Psarras 2013, 4).

[141] Papandreou verbrannte 1989 tausende von Akten, die über Jahrzehnte von autoritären Regierungen über linke „Systemfeinde" angelegt wurden, in den griechischen Stahlwerken. Die Vernichtung der sogenannten „Akten des Hasses" sollte zur nationalen Einheit zwischen linken und rechten Bürger*innen führen (Bitsika 2016).

[142] Benjamin (2003, 697)

grenztes Phänomen – geographisch („die griechische Krise“), zeitlich (ab 2009) und thematisch (weitgehend als ökonomisches Problem) – wird von den sogenannten „Helfenden“ (der EU und dem Internationalen Währungsfond) so codiert. Diese Begriffssetzung, die Delegierung von Verantwortlichkeiten nur auf die „Hilfeempfänger*innen“ zu verengen, – in diesem Fall „die Griech*innen“ –, verhindert eine tiefere Analyse der globalen systemischen (Dys-) Funktionen.

Es ist unleugbar, dass es in Griechenland für den Großteil der Bevölkerung eine Verschlechterung der Lebensbedingungen gibt, die den Aufstieg von Armut und Prekarität sowie eine Erhöhung der Gewalt und autoritäre Kontrolle beinhalten. Dennoch unterscheidet sich die Rahmung der Interviewpartner*innen für diese Entwicklungen radikal. In linken und radikaleren politischen Räumen, denen die Interviewpartner*innen entstammen, sind andere Interpretationsschemata verbreitet, die die aktuelle Situation als einen breiteren und kontinuierlichen Konfliktprozess sehen. Die griechische Staatsverschuldung wird hier oft als eine Manifestation eines wirtschaftlichen Krisenprozesses betrachtet, aber nicht als Ursache (siehe auch Hadjimichalis 2011, 255). Viele kritisieren den Krisendiskurs in und über Griechenland als Teil eines globalen Hegemonialdiskurses, der eine Neuausrichtung der EU forcieren soll, die sich in veränderten globalen, ökonomischen und politischen Strukturen neu positionieren will. Der Diskurs ist in dem Sinne hegemonial, dass die von den EU-Institutionen vorgeschriebene „bittere Medizin der Strenge“ (Žižek 2012, 15) nicht strittig ist, sondern als Sachzwang aufgefasst wird. Der EZB-Präsident Mario Draghi hat diese Neuausrichtung angesprochen, als er in einem Interview behauptet, dass der europäische Sozialstaat und seine Wohlfahrtssysteme veraltet sind, um den Weg für ein großes Umstrukturierungsprogramm zu ebnen (Blackstone et al. 2012). Die gegenhegemoniale Perspektive der Interviewpartner*innen analysiert die Krise in einem Rahmen, der Weltwirtschaft, politische Machtverschiebungen und radikale Veränderung der Werte mit einbezieht.

Während Krise im öffentlichen Diskurs allgegenwärtig ist, wird der Terminus von den Interviewpartner*innen selten erwähnt. Sie lassen sich nicht auf den hegemonialen Diskursrahmen ein, sondern verschieben ihn. Als gesellschaftliches Problem wird nicht die ökonomische Situation ihres Landes, sondern die gesellschaftlich-ökonomisch-politische Ordnung an sich kritisiert. Das Krisenmanagement in Griechenland wird als strategische Maßnahme des globalen Kapitalismus gesehen, um die Gesellschaften auf zeitgenössische ökonomische Anforderungen anzupassen. Es wird als ein inhärenter Teil der Normalität der kapitalistischen Wirtschaft gesehen, die eine Übergangszeit markiert.

Obwohl Krise in den Interviews nicht oft erwähnt wird, scheint sie als strukturierender Faktor ständig anwesend, als Prekarisierung der alltäglichen Lebens- und Arbeitsbedingungen, als Verletzung der Rechte durch Sparmaßnahmen, als Brutalisierung des öffentlichen Raumes durch den Aufstieg der Neofaschist*innen der Goldenen Morgenröte.

> „Es war okay, [...] wir konnten arbeiten, wir konnten ausgehen. Wir versuchten, unsere Rechte auszuweiten, andere Menschen in unsere [...] politischen Rechte einzubeziehen. [...] Jetzt, mit der Krise, erkennen wir ... nein, dass war alles nicht so real!“ (C/53:00)

Viele Befragte wie der linke °A, die anarchistische °L und der autonom-marxistische °Q beginnen mit „der Krise“, wenn sie über ihre politischen Aktivitäten sprechen, obwohl alle auch schon vorher aktiv waren. Sie definieren das Memorandum als „historischen Wendepunkt“ (L/1:00), kritisieren die „Abschaffung von Rechten (für die Bevölkerung,)“ (A/1:00) durch das Krisenmanagement, versuchen in Lesekreisen/theoretischen Gruppen eine zeitgenössische marxistische Einordnung der Krise (Q/2:00). Während linke, autonom-marxistische und Interviewpartner*innen mit migrantischem und Arbeiter*innen-Hintergrund sich mit ökonomischen Facetten der Krise beschäftigen, beschreiben vorwiegend anarchistisch-anti-autoritäre Aktivist*innen nicht die Ursachen und möglichen Strategien aus der ökonomischen Krise, sondern analysieren eher deren gesellschaftliche Konsequenz des Neo-Faschismus. Eine strikte Unterscheidung zwischen Linken und Anarchist*innen ist aber oft nicht möglich. Auch Anarchistisch-Autonome verwenden marxistische Konzepte, während radikale linke Aktivist*innen eine starke anti-staatliche Haltung zeigen, die oft eher Anarchist*innen zugeschrieben wird (Dalakoglou/Vradis 2009).

Der autonome Marxist °Q kritisiert den Standpunkt der Linken, die die Krise als „ein natürliches Ereignis" oder „eine wirtschaftliche Unvermeidlichkeit" (Q/13:00) in der Ursache der Geschichte betrachten. Er weist auf die Macht der Kräfte von unten hin, um das System zu unterbrechen: „Der Dezember(aufstand 2008) zeigte, dass eine Krise auch durch die Kämpfe der Proletarier ausgelöst werden kann" (Q/13:00) und hebt hiermit die mögliche Transformationskraft der Bevölkerung hervor. Auch die Linke °C erwähnt die Chancen, die die Krise bei der Rückführung des „Klassenkampfes" (C/49:00) beinhalten könnte, die Aktivierung und die Verbindung von Personen, wie auch die Anarchistin °L betont:

„In einer Krisensituation musst du wie ein Fisch im Wasser sein, mit den normalen Leuten auf die Straße gehen, versuchen mit ihnen zusammenzuarbeiten" (L/4:00).

Diese neue Art von Aktivismus wird von verschiedenen Befragten erwähnt:

„Diese Krise betrifft alle, sie ist sehr horizontal (52:00) [...], die örtlichen Versammlungen [...] lockten viele Leute, andere Leute, neue Leute, an." (E/43:00)

„Die meisten Kollektive sind mit der Krise verbunden. Das ist die on." (K/30:00)

Aber es gibt auch Enttäuschung, die von °L geäußert wird, was den oben erwähnten Aussagen widerspricht. Sie betont, dass sie auf diesen Aktivierungs- und Politisierungseffekt gehofft hatte, aber schließlich enttäuscht wurde:

„[...] ich habe geglaubt, dass die Leute [...] sich radikalisieren werden. Ein großer Fehler. Das passiert nicht so einfach." (°L/3:00)

3 Wird Krise als Möglichkeitsraum wahrgenommen?

Die Rahmenanalyse der 16 problemzentrierten Interviews mit Aktivist*innen aus dem anarcho-autonomen linken Raum deutet darauf hin, dass viele der interviewten Aktivist*innen Griechenland als eine Gesellschaft in einer ständigen Krise wahrnehmen. Die aktuelle Situation ab 2008 wird trotzdem als ein besonders kritischer Zeitraum und als Ausnahmesituation gefasst. Der Begriff Krise wird allerdings für ein breiteres gesellschaftspolitisches Phänomen verwendet, das in viele Bereiche des gesellschaftlichen Lebens eindringt. Hierbei übertrifft sie die negative Definition der Krise, wie sie gewöhnlich wahrgenommen wird und bezieht sich vielmehr auf die wörtliche Bedeutung des Wortes, eine Periode von „ ‚abspalten', ‚wählen', ‚beurteilen', ‚entscheiden', als eine Möglichkeit ‚sich selbst zu messen', zu ‚streiten' oder zu ‚kämpfen'" (Koselleck/Richter 2006, 358).

Die Interviewpartner*innen identifizieren vier kritische Protestphasen für ihren radikalen Aktivismus, die auch als multiple Krisen gefasst werden können: den Aufstand im Dezember 2008 als Krise mit staatlicher Autorität (ausgelöst durch die Erschießung eines Teenager durch einen Polizisten, 1. Zyklus), die Wirtschaftskrisenproteste (2. Zyklus) mit der Syntagma-Besetzung 2011 als Höhepunkt (3. Zyklus) und der Aufstieg des Neo-Faschismus und einer starken anti-faschistischen Bewegung (4. Zyklus). Die Überzeugung, dass sie in einem außergewöhnlichen Zeitraum leben, beeinflusst das Verhältnis ihrer theoretischen Erwägungen mit ihren Strategien und Praktiken und bestätigt hiermit die Hypothese, dass die Krise ein entscheidender Moment für soziale Bewegungen ist. Doch während einige Verschiebungen und Entwicklungen innerhalb der Gesellschaft und soziale Bewegungen während der identifizierten vier Protestzyklen als Chancen wahrgenommen werden, Konzepte und Strategien radikal zu verändern, betrachten die Aktivist*innen andere Entwicklungen als sehr bedrohlich. Krise wird also nicht nur als Gelegenheit gerahmt, da die meisten Interviewpartner*innen eher von problematischen und sogar gefährlichen gesellschaftlichen Entwicklungen sprechen.

Während des ersten Protestzyklus im Dezember 2008 gab es eine Verstärkung von konfrontativen Strategien. Der Staat wurde zunehmend als ein repressiver Gegner wahrgenommen, dem man etwas entgegensetzen musste. Nach dem Tod des 15-jährigen Alexis Grigoropoulos wurde massiv, radikal und in kürzester Zeit mobilisiert. Die Interviewpartner*innen betonten, dass sie große Teile des Athener Zentrums „zurückgewinnen" konnten: „Es fühlte sich so an, als würde die Stadt uns gehören" (G/28:00). Die politische Agenda wurde durch die Protestierenden bestimmt, die Polizei reagierte. Dies bestärkte bereits bestehende Vorstellungen von positiver sozialer Macht: Das „neue Proletariat" (Q/11:00) war in der Lage, Veränderung der Gesellschaft anzustoßen. Fast alle Befragten beschreiben den Dezember 2008 als starke und transformierende Erfahrung für Individuen und Bewegungen: Neue Allianzen verschiedener Teilnehmer*innen wurden gebildet, die „befreiten" Räume wurden genutzt, um kurz- und langfristige Selbstorganisationsstrategien zu erproben: auf der Straße, in besetzten Häusern, auf den Plätzen der Stadtviertel.

Auch im zweiten Zyklus der sogenannten ökonomischen Krise seit 2009 beschreiben die Interviewpartner*innen eine Steigerung des Konfrontationsniveaus. Systemische Macht und Gewalt werden für sie auf vielen Ebenen des Alltagslebens noch mehr spürbar. Ökonomische Thematiken werden wieder stärker von den Aktivist*innen diskutiert, marxistische Positionen tauchen wieder auf. Nicht nur Demonstrationen werden zahlreicher und massiver, auch Stadtteilgruppen bekommen Zuwachs, neue Solidaritätsnetzwerke versuchen, die Auswirkungen des Krisenmanagements abzufedern. Aber auch Konservative, rechtsextreme und neo-faschistische Formationen gewinnen dazu.

Der dritte Protestzyklus, die Syntagmaplatz-Besetzung, war genau genommen ein Höhepunkt des zweiten Protestzyklus', sein zeitlich und räumlich dichtestes Ereignis. Die Besetzung dauerte im Frühsommer 2011 etwa zwei Monate. Aus den Interviews wird deutlich, dass sich hier anti-systemische und anti-autoritäre Begriffe verstärkten, da sowohl ökonomische Gewalt des Krisenmanagements als auch physische Polizeigewalt während des Protestes besonders massiv waren. Der Bruch zwischen den linken und rechten Protestierenden verstärkte sich. Enttäuschte Konservative, Patriot*innen und auch Nationalist*innen bevölkerten den oberen Teil des Syntagmaplatzes, während linke Demonstrant*innen die untere Platzhälfte besetzten. Die meisten der Interviewten kehrten den Protesten den Rücken, als die reaktionären Tendenzen stärker wurden. Sie beschreiben den ‚nationalen Zusammenhalt als Griech*innen' als Charakteristikum der Syntagma-Besetzung und sehen die Besetzung somit kritisch. Ihre schon vorher vorhandenen Wahrnehmungen über die gesellschaftliche Mehrheit als patriotisch und nationalistisch „verblendet" verstärkten sich. Die anarcho-autonomen Linken zogen sich in die Stadtteile zurück.

Der vierte Protestzyklus ist vom Aufstieg der rechtsextremen Bewegungen und Parteien geprägt. Während vorher Staat und kapitalistische Strukturen als die Hauptgegner*innen gesehen werden, rückt ab 2012 die Faschisierung innerhalb der Nachbarschaften und auf der zentralen politischen Bühne in den Fokus der Aktivist*innen. Alltägliche körperliche Gewalt gegen politische Gegner*innen und gesellschaftlich ‚Andere' wird als das zentrale Problem wahrgenommen, sie transformiert und erhöht nochmals Konfrontationen. Die Konzepte und Strategien der Befragten änderten sich: Der Staat wird zwar immer noch für Repression der Bewegung und sein Krisenmanagement verantwortlich gemacht, aber zusätzlich als Aufstiegshilfe für rechte und neofaschistische Gruppen gesehen. Um diese Herausforderungen der Diversifizierung der Gegner*innen zu meistern, wurden die Stadtteilgruppen neu konzipiert. Hauptfokus wurde neben Solidaritätsstrukturen die antifaschistische Arbeit. Ehemals getrennte Gruppen taten sich zusammen, neue wurden gegründet, um der Herausforderung gewachsen zu sein. Die Versammlungen konfrontierten die Faschist*innen auf lokaler Ebene, aktive Antifa-Gruppen vernetzten sich auch überregional. Ein breiter antifaschistischer Konsens ermöglichte neue Kooperationen und wurde verbunden mit der Schaffung von sozialen Solidaritätsstrukturen.

Historische Parallelen zum kommunistischen antifaschistischen Widerstand werden zunehmend auch von Anarchist*innen gezogen. Die Erinnerung an den massiven bewaffneten antifaschistischen Widerstand bestärkt auch die Erinnerung an die Selbstorganisationspraktiken, die während des zweiten Weltkrieges von der Widerstandsarmee EAM/ELAS praktiziert wurden. Autonome Strategien der Selbstorganisation, direktes Handeln und Graswurzeldemokratie, die auch in der Vergangenheit verfolgt wurden, breiten sich noch mehr aus. Während sie das Konfrontationsniveau mit staatlichen Autoritäten im Alltag aufrechterhalten, wenden die Befragten auch zunehmend Strategien an, die über Konfrontation hinausgehen. Der radikale Raum öffnet sich für anti-nationalistische Teile der Bevölkerung, die nicht unbedingt dessen spezifische Weltanschauung teilen.

> „Die Nachbarschaftsversammlungen sind pluralistisch. Ich war damit nicht vertraut, denn bis dahin diskutierten wir mit Leuten und Genoss*innen, die gemeinsame ideologische Traditionen hatten. Plötzlich sind wir in ganz anderen Zusammenhängen. Mit Menschen, die sich nie mit Politik beschäftigt haben.“ (S/27:00)

Über die Protestzyklen der multiplen Krisen haben sich die Kooperationsstrategien des politischen Raums gewandelt. Während bis zur Dezember-Revolte von 2008 ein hohes Maß an Separatismus den anarcho-autonom-linken Raum charakterisiert hat, wurden in diesem ersten Protestzyklus die Kooperationen auf marginale Identitäten wie Migrant*innen und sozial Ausgeschlossene ausgedehnt. Auch der vierte Protestzyklus erweiterte durch den Aufstieg des Neofaschismus diverse Koalitionen, um eine weitere Verbreitung faschistischer Gedanken zu verhindern. Es bestand eine größere Bereitschaft, sich offen zu zeigen gegenüber anderen gesellschaftlichen Gruppen, die nicht traditionell Teil der Befragten sind.

> „Ein großer Teil der anarchistischen Szene hat erkannt, dass wir uns mit anderen Teilen der Gesellschaft in Beziehung setzen müssen, die nicht die gleiche politische Identität wie wir haben oder die gleiche Art zu sprechen, die gleichen Codes. Für mich ist das sehr interessant, es ist etwas Neues [...]“ (Q/56:00)

Die Antifa organisiert jetzt Feste in Nachbarschaften, Filmvorführungen, Kindernachmittage, an denen sich Griech*innen und Migrant*innen kennenlernen. Aus dem bloßen Kontra – dem Muskelspiel gegen Staat und Faschist*innen – wurden Strategien, die auf die Veränderung der Vorstellungswelten der Menschen zielten. Einige Interviewpartner*innen formulierten, dass große Teile des anarchistischen Raumes verstanden hätten, dass „militärische Bereitschaft nicht genug“ sei (Q/58:00) und dass es notwendig ist, das Politische in „allen Aspekte des Lebens neu zu erfinden“ (M/1:34:00), um „den Hintergrund zu schaffen für soziale Revolution“ (T/1:17:00).

Und das passiert genau wegen der Bedrohung durch den Neo-Faschismus, wie es eine Interviewpartnerin sagt:

> „... es gibt immer Meinungsverschiedenheiten, es gibt Diskrepanzen. Auch innerhalb unserer politischen Szene, nicht nur mit anderen Gruppen. Aber was uns bewegt, ist unser gemeinsames Ziel. (...) Momentan können wir uns nicht damit aufhalten, über unsere Meinungsverschiedenheiten zu diskutieren. Wir haben das Problem des Neo-Faschismus, und wenn wir nicht aufpassen, zerbricht es uns.“ (F/27:00/30:00)

Im politischen Raum Athens, der durch verstärkte Migrationsbewegungen zu einem Zwischenraum zwischen Globalem Süden und Norden geworden ist, arbeiten nun griechische und nicht-griechische Gemeinschaften als Teil des anti-faschistischen und anti-rassistischen Spektrums zusammen. Die neuen und vielfältigen Koalitionen können das Sektierertum und den Elitismus des politisch-radikalen Spektrums nicht beseitigen, aber doch bedeutend transformieren. Die Schaffung von neuen Gemeinschaften (Q/2:00) ist neben der Bekämpfung des neo-Faschismus – oder gerade *durch* diese Bedrohung – das neue Hauptziel. Das abstrakte Trachten nach systemischer Veränderung wird nicht mit einer Machtübernahme von oben angestrebt, sondern durch „die Schaffung von Epizentren der Solidarität" (F/45:00).

Die Ausweitung der Handlungspalette, der Fokus auf spezifische Themen wie Antifaschismus oder die Entwicklung von Gemeinschaften und Wendung von Widerstand zu Autonomie sowie einer Konzentration auf den Alltag stärkten eine Wende im radikalen Raum hin zu gegenhegemonialer Mikropolitik. Innerhalb des Athener anarcho-autonomen linken Raumes entstand besonders im vierten Protestzyklus eine starke Tendenz zu einer „affective politics [...], die Menschen neben dir als Nachbar*innen anzusprechen und zu betrachten" (Q/52:00) oder einem Gramscianischen „Positionskrieg", der darauf abzielt, die Vorstellungswelten der Gesellschaft zu verändern, da neue Graswurzelinitiativen in den Nachbarschaften aktiv waren, Räume schufen, die über die Logik des Staates, des Systems, des Kapitalismus und der sozialen Ausgrenzung hinausgehen.

All diese Transformationen wurden durch die Wahrnehmung von gesellschaftlich-politischen Entwicklungen als Krisen und ihren tatsächlichen Manifestationen ermöglicht. Es entstand räumliche Unmittelbarkeit, Selbstorganisation in den Nachbarschaften, Kombinationen von Solidaritätsaktionen und Antifaschismus, Arbeiter*innenkollektive, autonome Strukturen, Schaffung von Räumen, in denen unterschiedliche politische Identitäten agieren und interagieren.

4 Fazit

Seit dem Ende der Datenerhebung im Dezember 2013 haben sich die „morbiden Symptome" (Gramsci 1971, 556) der Krise verstärkt. Die anhaltende Sparpolitik wird immer wieder verschärft, auch von der im Januar 2015 gewählten links-rechts-Koalition von SYRIZA-ANEL.[143] Die SYRIZA-Partei, die die Welt verändern wollte – Holloway paraphrasierend[144] – indem sie die Macht übernahm, wurde in die Strukturen, Logiken und Verpflichtungen der repräsentativen neoliberalen Demokratie eingesogen. Die Abschottungspolitiken gegen Menschen aus dem Globalen Süden, die in den Grenzgebieten Griechenlands besonders brutal und sichtbar sind, haben sich verschärft.[145] Praktiken der Stärkung der europäischen Hegemonie, zum Beispiel durch die Verschärfung der Asylgesetze und Grenzkontrollen oder beschleunigende Deportationen, haben das globale Rennen und die Klassenspaltungen verstärkt. Globale Krisen und Kriege, Armut und Kämpfe um Ressourcen und globale Hegemonie erreichten neue Höhepunkte und produzierten Migrationsbewegungen, die Konzepte und Strategien des politischen Raumes der Anarcho-Autonom-Linken massiv beeinflussen.

[143] Ein zentraler Referenzpunkt für die Abkehr von der SYRIZA-Partei ist deren Reaktion auf das Referendum im Juli 2015, in dem von einem Großteil der Bevölkerung neue Sparmaßnahmen abgelehnt, diese aber trotzdem von der SYRIZA-ANEL-Regierung durchgesetzt wurden (Kouvelakis 2015).

[144] John Holloway (2010) schrieb das nicht nur für Anarchist*innen einflussreiche Buch: „Die Welt verändern, ohne die Macht zu übernehmen."

[145] Die Internationale Organisation für Migration (IOM) verkündete am 22.02.2016, dass seit Anfang des Jahres 2016 mehr als 100.000 Migrant*innen und Geflüchtete Griechenland erreicht haben. Im Jahr 2015 war die 100.000-Grenze erst im Juni erreicht worden. Auf ihrem Weg durch das Mittelmeer sind in den ersten sechs Wochen des Jahres 2016 410 Menschen ertrunken, die meisten von ihnen in der griechischen Ägäis (IOM 2016).

Hoffnungslosigkeit macht sich in den sozialen Bewegungen und links-politischen Räumen in Athen breit. Aber, basierend auf den Wahrnehmungen und Praktiken, die in der vorliegenden Forschung zusammengetragen wurden, dürfen wir uns in unseren sozialen Bewegungen nicht von der hegemonialen Krisenerzählung entmutigen lassen.[146] Denn wir lernen auch aus der Krise. Über die letzten Jahre wurden in den Athener Bewegungen während der multiplen Krisenprotestzyklen Konzepte transformiert, Strategien und Strukturen geschaffen, die als Basis gesehen werden können, auf denen wir selbst und neue Bewegungen aufbauen können – etwa die aktuelle Hausbesetzer*innenbewegung, die Wohn- und Schutzräume mit und für Geflüchtete in Athen schafft (siehe hierzu Philipp 2016).

In der vorliegenden Studie berichten die Interviewpartner*innen von bedeutenden Verschiebungen und Entwicklungen in ihren Konzepten und Strategien. Für die meisten Krisenprotestzyklen identifizieren sie allerdings eher die Risiken. Abgesehen vom ersten Zyklus in der Dezemberrevolte 2008 beschreiben sie ihre Situation, auf Entwicklungen in der Gesellschaft zu reagieren und nicht aktiv die Agenda zu setzen.

Die beschriebenen Transformationen bieten aber auch Chancen, von diesen krisenhaften Entwicklungen zu lernen. Aus einer Bewegungsforschungsperspektive bieten diese Transformationen Chancen für die Etablierung von Gegenhegemonien und Lernerfolge. Denn die aktuellen Konzepte und Strategien der Aktivist*innen gehen weit über ihre traditionellen Ziele hinaus. Handlungen blieben bis dahin oft defensiv, räumlich beschränkt auf die Schutzmauern des alternativen Stadtteils Exarcheias und personell bestimmt von einer etablierten Fraktion erfahrener Aktivist*innen. Hegemonie wird jetzt aber nicht nur durch eine direkte Konfrontation mit hegemonialer Macht – den Gramscianischen „Krieg des Manövers“ (direkte Konfrontation) – sondern durch die Schaffung von alternativen Vorstellungswelten („Positionskrieg“), lokaler und vernetzter Experimente, herausgefordert. Die Mikrostrategien, die von den 16 Athener Befragten beschrieben wurden, überwanden etablierte innere Bewegungsgrenzen und Trennungen zum breiteren sozialen Raum. Theoretische Überlegungen wurden durch praktische Erfahrungen der Selbstorganisation im kleinen Maßstab überprüft. Dies weist auf die transformative Kraft dieser lokalen Kämpfe hin.[147]

Durch das Studium radikalerer Aktivist*innenwahrnehmungen – jenseits von indignad@s[148], die intensiv untersucht wurden (Nez 2016, 173) und über einen größeren Zeitraum hinweg (Zyklen des Protestes von 2008-2013) – kann ein breiteres Verständnis von Gegenhegemonien in Krisensituationen erreicht werden. Genauso wie die hegemoniale Politik der Neoliberalisierung in Griechenland in einem breiteren globalen Rahmen verstanden werden muss, können auch engere Rahmen wie die lokalen Entwicklungen im Athener radikalen politischen Raum wichtig sein, da sie Anschlüsse für politische Bewegungen anderswo geben können. Denn die Herausforderungen, mit denen die anarcho-autonomen Linken in Athen konfrontiert sind, gibt es auch in anderen Ländern: Extreme Rechtsbewegungen gewinnen in vielen europäischen Ländern an Boden. Aber auch libertäre soziale Bewegungen, die diesen Tendenzen entgegenwirken sowie neoliberale Strategien ablehnen, gewinnen an Einfluss, zum Beispiel in Portugal oder Spanien. Der brasilianische Sozialgeograph Marcelo

---

[146]Ich breche hier bewusst mit der akademischen, nicht-beteiligten Beobachterrolle, die sich oft als außerhalb ihres Forschungsobjektes imaginiert, was ich gerade in der sozialen Bewegungsforschung als problematisch, betrachte (siehe Philipp 2017). Angelehnt an Routledge (1996) bezeichne ich meine Rolle zwischen Forschung und Aktivismus als „Dritten Raum.“

[147]Dennoch werden Konfrontationsstrategien, die für den Athener anarcho-autonom-linken Raum charakteristisch sind, nicht aufgegeben, da sie immer noch dazu verwendet werden, „sichere Räume“ (B/55:00) zu schaffen und zu verteidigen, aktuell die Besetzungen für Geflüchtete.

[148]Als indignadas und indignados (also indignad@s in der spanischen Schreibweise) wurden auch in Griechenland die Protestierenden gegen die Austeritätspolitik 2011 bezeichnet.

Lopes de Souza behauptet, dass die Entstehung von sozialen Bewegungen mit autonomen ‚sozio-räumlichen' Ansätzen wie in Athen ein globales Phänomen sei, wie zum Beispiel auch bei den Zapatist*innen und anderen „libertären marxistischen" Ansätzen zu beobachten sei (de Souza 2012: 696). Auch Roos (2016) argumentiert, dass die Kämpfe in Griechenland Ikonen von ähnlichen Entwicklungen innerhalb sozialer Bewegungen weltweit sind. Manchmal verbunden, aber oft unabhängig von repräsentativen politischen Strukturen, arbeiten radikale Bewegungen rund um den Globus am Aufbau autonomer Strukturen. Der sogenannte Arabische Frühling und verschiedene lateinamerikanische Bewegungen nutzen vermehrt Haus- und Platzbesetzungen, sozialer und politischer Aktivismus konzentrieren sich öfter auf die lokale Arena, um beispielhaft in Mikropolitiken zu verwirklichen, was theoretisch auf größerer Ebene gefordert wird.

Im Allgemeinen teile ich die Bedenken von Grant, der 1998 bereits kritisiert hat, dass soziale Bewegungen, die sich auf einzelne, lokale und alltägliche Fragen konzentrieren, immer die Gefahr laufen, eine ganzheitlichere Analyse und Praxis zu vernachlässigen. Dennoch weist er auch auf die große Bedeutung des „Experimentierens" in Kleinprojekten hin (Grant 1998, 31), die auch in den autonomen Praktiken in Athen zu beobachten sind. Auch die sozialen Einschlüsse und neuen Kooperationen, die der Fokus auf ein Thema, Antifaschismus, sind, sind für den aktivistischen Raum ungemein wichtig. Denn hiermit konnten seit dem Beginn der Mehrfachkrisen während der Zyklen des Protestes von 2008 bis 2013 einige traditionelle Merkmale des Athener radikalen Spektrums (wie das starke Sektierertum und das theoretische Übergewicht) vermindert und damit die Wurzeln des Widerstandes gestärkt werden, die nach Harvey (2012) in der alltäglichen Unzufriedenheit liegen. Durch diese Entwicklungen wurde der Zeitraum der Krisen von den 16 Aktivisten genutzt, um wichtige Verschiebungen hin zu gegenhegemoniellen Praktiken zu schaffen.

Literatur

Badiou, A. et al. (2012): Save the Greeks from their Saviors! Online abrufbar unter: https://developer.egs.edu/faculty/alain-badiou/articles/save-the-greeks-from-their-saviors/ (letzter Zugriff: 09.03.2016).

Benjamin, W. (2010): Über den Begriff der Geschichte. Frankfurt a. M.

Bickes, H./Butulussi, E./Otten, T./Schendel, J./Sdroulia, A./Steinhof, A. (2012): Die Dynamik der Konstruktion von Differenz und Feindseligkeit am Beispiel der Finanzkrise Griechenlands: Hört beim Geld die Freundschaft auf? Kritisch-diskursanalytische Untersuchungen der Berichterstattung ausgewählter deutscher und griechischer Medien. München.

Bitsika, P. (2016): Die Akten über die politische Gewissenhaftigkeit, die dem Feuer entkamen (Οι φάκελοι «πολιτικών φρονημάτων» που γλίτωσαν την πυρά). To Vima, (letzter Zugriff: 29.05.2016).

Bourdieu, P. [1997] (2000): Pascalian Meditations. Stanford: Stanford University Press.

Carroll, W. (2006): Hegemony, Counter-hegemony, Anti-hegemony. Annual Meeting of the Society for Socialist Studies. Toronto.

Christopoulos, D. (2014): „Introduction. The political stakes of mapping ultra-right extremism within the Greek State apparatus." In: Mapping ultra-right extremism, xenophobia and racism within the Greek state apparatus (Edited by Christopoulos, Dimitris). Brüssel.

Dalakoglou, D./Vradis, A. (2009): Anarchism, Greece. In: Ness, I. (Hrsg.): The International Encyclopedia of Revolution and Protest. Online abrufbar unter: www.revolutionprotestencyclopedia.com.

Dalakoglou, D./Vradis, A. (Hrsg.) (2011): Revolt and Crisis in Greece. Between a Present yet to pass and a Future still to come. Oakland/Edinburgh.
Della Porta, D./Mattoni, A. (Hrsg.) (2014): Spreading Protest. Social Movements in Times of Crisis. Colchester.
Blackstone, B/Karnitschnig, M./Thomson, R. (24.02.2012): Das europäische Sozialstaatsmodell gibt es nicht mehr (Interview mit Mario Draghi). Online abrufbar unter: http://www.wsj.de/nachrichten/SB10001424052970203960804577241660019666928. (letzter Zugriff: 09.03.2016).
Fleischer, H. (2006): „Authoritarian Rule in Greece (1936-1974) and It's Heritage." In: Bereisza, J. W./Ziemer, K. (Hrsg.): Totalitarianism and Authoritarian Regimes in Europe. Warschau.
Fouskas, V. (2011): A Greek tragedy: the making of the Greek and Euro-Atlantic ruling classes. In: Open Democracy. Online abrufbar unter: http://www.opendemocracy.net/vassilis-k-fouskas/greek-tragedy-making-of-greek-and-euro-atlantic-ruling-classes. (letzter Zugriff: 09.03.2016).
Funke, M./Schularick, M./Trebesch, C. (2015). Going to Extremes: Politics after Financial Crisis, 1870-2014. Working Paper No. 5553. München.
Giovanopoulos, C. & Mitropoulos, D. (Hrsg.) *2011 Δημοκρατία Under Construction. Από τους δρόμους στις πλατείες. Εμπειρίες-αναλύσεις-ντοκουμέντα (Democracy under Construction: From the streets to the squares – Experience, analysis, documents. Athens: A/synechia Publishing. (in Greek)*
Grant, I. H. (1998): Postmodernism and Politics. In: Stuart, Sim (Hrsg.): The Routledge Companion to Postmodernism. London/New York.
Gramsci, A. (1971): Selections form the Prison Notebook. In: Hoare, Q./Nowell Smith, G. (Hrsg.) (Übers.): a. a. O., London.
Hadjimichalis, C. (2011): Uneven geographical development and socio-spatial justice and solidarity: European regions after the 2009 financial crisis. In: European Urban and Regional Studies. Vol. 48, no.3, 254-274.
Hart, J. (1996): New voices of the nation. Women and the Greek resistance. 1941-1964. New York.
Harvey, D. (2012): Οι Πόλεις ως τόποι αντίστασης και ελπίδας (The city as space of resistance and hope). Vortrag an der Polytechnischen Universität Athen. Online abrufbar unter: https://ilesxi.wordpress.com/2012/06/21 (letzter Zugriff 09.03.2016).
Holloway, J. (2010): Die Welt verändern, ohne die Macht zu übernehmen. Münster.
IOM Internationale Organisation für Migration (2016): Mediterranean Migrant, Refugee Arrivals Top 100,000 (23.02.2016). Online abrufbar unter: https://www.iom.int/news/mediterranean-migrant-refugee-arrivals-top-100000. (letzter Zugriff: 09.03.2016).
Klein, N. (2013): Vortrag auf dem B-fest4/Athens. Online abrufbar unter: https://www.youtube.com/watch?v=Hnlx9uSS5zg. (letzter Zugriff: 09.03.2016).
Klormann, Sybille (2015): OECD-Studie: Griechen reformfreudig, Deutsche müde. Die Zeit, 09. Februar 2015. http://www.zeit.de/wirtschaft/2015-02/griechenland-reformen-eurozone-oecd-studie (besucht am 18.04.2016).
Kotronaki, L./Seferiades, S. (2009): Athens, December 2008: The spatial prerequisites of an uprising. Conference Contentious Politics circle. Athens: Panteion University.
Koselleck, R./Richter, M. (2006): Crisis. In: Journal of the History of Ideas. Vol. 67, 357–400.
Kouvelakis, S. (2011): The Greek Cauldron. In: The New Left Review. Online abrufbar unter: http://www.newleftreview.org/?view=2924 (letzter Zugriff: 09.03.2016).

Leontidou, L. (2012): Athens in the Mediterranean 'movement of the piazzas' Spontaneity in material and virtual public spaces. In: City: analysis of urban trends, culture, theory, policy, action. Vol. 16, no. 3, 299-312.

Liakos, A. (2011): Griechenland und Europa. Im Knäuel der Krisenreaktionskräfte – Vorurteile und Richtigstellungen. In: Lettre International. Vol. 95 (2011), 19-24.

Linhard, T. A. (2005): Fearless Women in the Mexican Revolution and Spanish Civil War. Columbia.

Lopes de Souza, M. (2012): Libertarians and Marxists in the 21st century. In: City: analysis of urban trends, culture, theory, policy, action. Vol. 16, no. 6, 692-698.

Makrygianni, V./Tsavdaroglou, H. (2011): Urban Plannung and Revolt: A Spatial Analysis of the December 2008 Uprisings in Athens. In: Revolt and Crisis in Greece. Between a Present yet to pass and a Future still to come (Edited by Dalakoglou, D./Vradis, A.). Oakland & Edinburgh.

Nez, *H. (2016):* Social Movements Facing the Crisis. In: Accornero, G./Fillieule, O. (Hrsg.): Social Movement Studies in Europe: The state of the art. Oxford/New York.

OECD (2015): Economic Policy Reforms: Going for Growth 2015. Online abrufbar unter: http://www.oecd.org/eco/growth/going-for-growth-2015.htm (letzter Zugriff: 19.04. 2017).

Philipp, C. (2017) (i. E.): Spaces of Resistance. Framing Activism and Crisis in Athens. Dissertation. Universität Kassel.

Philipp, C. (2016): Von Protest zur Schaffung von Alternativstrukturen: Solidarische Hausbesetzungen in Athen. In: Forschungsjournal Soziale Bewegungen 29, Jg. 3, 2., 235-237.

Psarras, D. (2013): Neo-Nazistische Mobilmachung im Zuge der Krise. Berlin.

Roos, J. (2016): The economic crisis and the commons. Vortrag auf dem Festival bfest *2016*, Athens. Online abrufbar unter: http://www.babylonia.gr/2016/05/11/politiko-programma-v-fest-2016-themelionontas-tin-outopia/ (letzter Zugriff: 09.03.2016).

Smith, A. (2009): The Black Jacobins. A review of C. L. R. James's classic account of Haiti's slave revolt. In: International Socialist Review. Vol 63.

Smith, J./West, D. (2012): Social Movements in the World-System. The Politics of Crisis and Transformation. New York.

Stavrides, S. (2010): The December 2008 Youth Uprising in Athens: Spatial Justice in an Emergent 'City Of Thresholds'. In: Spatial Justice, Vol. 2.

Vervenioti, T. (2000): Left-Wing Women between Politics and Family. In: Mazower, M. (Hrsg.): After the War Was Over. Reconstructing the Family, Nation, and State in Greece, 1943–1960. Princeton/Oxford.

Die Zeit (09.02.2015): OECD-Studie: Griechen reformfreudig, Deutsche müde. http://www.zeit.de/wirtschaft/2015-02/griechenland-reformen-euro-zone-oecd-studie

Žižek, S. (2012): The heart of the people of Europe beats in Greece. Discussion with A. Tsipras/G. Cafetzis. In: Take the square. Online abrufbar unter: http://takethesquare.net/2012/06/04/the-heart-of-the-people-of-europe-beats-in-greece-with-slavoj-zizek/. (Letzter Zugriff: 09.03.2016).

Angaben zur Person:

Dr. des. Carolin Philipp

ist Politik- und Erziehungswissenschaftlerin, arbeitet in der politischen Bildungsarbeit bei glokal e. V. und in Forschungsprojekten am Zentrum für Gender Studies an der Pantion-Universität Athen. Sie berichtet für verschiedene deutsche Medien aus Griechenland.

Verlagsprogramm

Politikdidaktische Schriftenreihe im Prolog-Verlag, www.prolog-verlag.de:

„Erfahrungsorientierter Politikunterricht“

Herausgeber: Prof. Dr. Bernd Overwien/ Prof. Dr. Klaus Moegling

Themen:

- Lernen für nachhaltige Entwicklung
- Globales Lernen
- Ökonomisches und politisches Lernen
- Pragmatismus und Politikunterricht
- Lernumwelt ‚Globalisierung‘
- Planspiele im Politikunterricht
- Rechtsextremismus und Schule
- Kritische Europabildung

Band 1

Klaus Moegling/ Bernd Overwien/ Wolfgang Sachs (Hrsg.):

Globales Lernen im Politikunterricht.

236 S., ISBN 978-3-934575-63-9, 24.80 €

Band 2

Andreas Füchter:

Lernlandschaft *Globalisierung*

– Grundlegung einer geöffneten Unterrichtsform für den politisch-sozialwissenschaftlichen Unterricht der Sekundarstufe II

361 S. plus CD, ISBN 978-3-934575-64-6 , 34.80 €

Band 3

Klaus Moegling:

Ökonomische Bildung im Politikunterricht.

Didaktisches Konzept, Modelle und Praxis politisch-ökonomischer Bildung.

185 S., ISBN 978-3-934575-65-3, 24.80 €

Band 4

Horst Peter/ Klaus Moegling/ Bernd Overwien:

Politische Bildung für nachhaltige Entwicklung.

Bildung im Spannungsfeld von Ökonomie, sozialer Gerechtigkeit und Ökologie.

290 S., ISBN 978-3-934575-66-0, 28,80 €

Band 5

Armin Scherb:

Erfahrungsorientierter Politikunterricht in Theorie und Praxis.

Der Pragmatismus als Grundlage politischen Lernens

176 S., ISBN 978-3-934575-67-7, 24.80 €

Band 6

Thomas Guthmann

›Sagt nicht so was!‹

Lernen im homogenisiert-fragmentierten Raum der Nation.

Eine qualitative Untersuchung bei aktiven Schüler/innen

gegen Rassismus und Rechtsextremismus

210 S., ISBN 978-3-934575-68-4, 25.80 €

Band 7

Bernd Reef:

Ökonomisches Grundlagenwissen für die politische und ökonomische Bildung.

266 S., ISBN 978-3-934575-69-1, 27.80 €

Band 9

Marcus Syring/ Erik Flügge (Hrsg.)

Die Erstbegegnung mit dem Politischen.

Erfahrungsorientierte politische Erstkontakte in Unterricht, Schule und Lebenswelt.

194 S., ISBN 978-3-934575-71-4, 24.80 €

Band 10

Andreas Eis/ Claire Moulin-Doos (Hrsg.)

Kritische politische Europabildung –

Die Vielfachkrise Europas als kollektive Lerngelegenheit?

258 S., ISBN: 978-3-934575-72-1, 29.80 €

Schriftenreihe „Theorie und Praxis der Schulpädagogik“

im Prolog-Verlag
www.prolog-verlag.de

In dieser Schriftenreihe werden Autoren/-innen aktuelle Fragen der Schulpädagogik konzeptionell durchdenken und Modelle für die Praxis des Unterrichts in den Schulen entwickeln, durchführen und evaluieren. Folgende Themen werden u.a. in der Schriftenreihe publiziert:

- **Diagnostik und Förderung im gesellschaftswissenschaftlichen Unterricht;**
- **Kompetenzorientierung im fächerübergreifenden Unterricht,**
- **Was ist moderner Unterricht?**
- **Bildungsstandards und kompetenzorientiertes Unterrichten;**
- **Forschendes Lehren und Lernen in den Naturwissenschaften;**
- **Förderung von Kindern und Jugendlichen mit Migrationsgeschichten;**
- **Binnendifferenzierung und Heterogenität;**
- **Bilinguales Lernen und interkulturelle Bildung;**
- **Inklusives Lernen;**
- **Ästhetische Bildung;**
- **Lehrer/-innenbildung.**
- **Lernen und Geschlecht;**
- **Medienpädagogik;**
- **Beziehungen in Unterricht und Schule.**
- **Schulqualität**
- **Kultureller Transfer und Bildungsinnovation**

Insbesondere wird Wert auf eine Verbindung von Theoriebildung, Forschung, didaktischer Modellierung und Unterrichtspraxis gelegt. Die Autoren/-innen sind durchweg Personen, welche die von ihnen entwickelten Modelle auch über einen längeren Zeitraum erprobt und evaluiert haben.

Herausgeber/-in der Schriftenreihe:

Prof. Dr. Dorit Bosse / Prof. Dr. Klaus Moegling